Mediation im Gewerblichen Rechtsschutz

Europäische Hochschulschriften
Publications Universitaires Européennes
European University Studies

Reihe II
Rechtswissenschaft

Série II Series II
Droit
Law

Bd./Vol. 3400

PETER LANG
Frankfurt am Main · Berlin · Bern · Bruxelles · New York · Oxford · Wien

Angela Schneider

Mediation im Gewerblichen Rechtsschutz

PETER LANG
Europäischer Verlag der Wissenschaften

Die Deutsche Bibliothek - CIP-Einheitsaufnahme

Schneider, Angela:

Mediation im Gewerblichen Rechtsschutz / Angela Schneider. -
Frankfurt am Main ; Berlin ; Bern ; Bruxelles ; New York ;
Oxford ; Wien : Lang, 2002
(Europäische Hochschulschriften : Reihe 2,
Rechtswissenschaft ; Bd. 3400)
Zugl.: Köln, Univ., Diss., 2001
ISBN 3-631-39220-6

Gedruckt auf alterungsbeständigem,
säurefreiem Papier.

D 38
ISSN 0531-7312
ISBN 3-631-39220-6

Printed in Germany 1 2 3 4 5 7

www.peterlang.de

Vorwort

Die Arbeit lag der Juristischen Fakultät der Universität zu Köln im Sommersemester 2001 als Dissertation vor. Sie wurde im November 2001 abgeschlossen. Literatur und Rechtsprechung konnten bis Dezember 2001 berücksichtigt werden.

Mein Dank gilt an vorderster Stelle Herrn Prof. Dr. Prütting, der die Arbeit betreute und den Mitarbeitern des Max-Planck-Institutes für internationales Patent-, Urheber-, und Wettbewerbsrecht in München.

Besonderen Dank schulde ich meinen Eltern, deren Unterstützung die vorliegende Arbeit ermöglicht hat sowie Herrn Rechtsanwalt Michael Bergermann aus München für seine unermüdliche Diskussionsbereitschaft hinsichtlich der Probleme des Gewerblichen Rechtsschutzes.

Gedankt sei ferner Frau Prof. Dr. Steinbeck - Menke für die zügige Zweitkorrektur.

Düsseldorf, im Januar 2002

Angela Schneider

Inhaltsverzeichnis

§ 1 Einleitung

Gewerbliche Schutzrechte sind für die auf Innovationen angewiesenen Industriestaaten seit jeher von großer Bedeutung gewesen und rücken zunehmend immer weiter in den Mittelpunkt des nationalen und internationalen Interesses, was die stetig ansteigende Anzahl von Schutzrechtsanmeldungen beim Deutschen Patent- und Markenamt (DPMA) und die zunehmenden Ausgaben deutscher und ausländischer Unternehmen zur Sicherung ihrer bereits bestehenden Schutzrechte und Entwicklung neuer technologischer Produktionsverfahren sowie Dienstleistungen illustrieren.
Sehr hoch ist aber auch das sich aus dem Abschluß von Lizenzverträgen und der Verletzung von Schutzrechten ergebende Konfliktpotential, welches oftmals in langwierige Streitigkeiten vor den staatlichen Gerichten mündet. So werden nicht selten bereits geschützte Namen ohne Lizenz verwendet, Erfindungen kopiert oder die durch Lizenzverträge eingeräumten Rechte überschritten.
Das Bedürfnis, aus wirtschaftlichen Gründen eine einfache und schnelle Lösungsform zu finden, liegt auf der Hand. Überlegungen, Konflikte auf außergerichtliche Art und Weise beizulegen, wie sie in anderen Rechtsgebieten bereits schon seit geraumer Zeit angestellt und langfristig auf ihre Effizienz und Tauglichkeit hin diskutiert wurden, sollten auch für den Bereich des gewerblichen Rechtsschutzes angestellt werden.

Gegenstand der vorliegenden Untersuchung ist die Behandlung der Frage, ob die Einführung von Mediationstechniken zur außergerichtlichen Streitbeilegung auch in Streitigkeiten aus dem Bereich des gewerblichen Rechtsschutzes von Vorteil sein kann und damit den Beteiligten als Angebot offenstehen sollte.
Eine analytische Erfassung der Mediation und ihrer genauen Einordnung in den Bereich der „Alternative Dispute Resolution“, sowie eine Darstellung und Gegenüberstellung sämtlicher Streitbeilegungsformen, ist nicht Teil dieser Arbeit.

Im Mittelpunkt der Untersuchung stehen vielmehr die Darstellung der Notwendigkeit einer Einführung der Mediation in den gewerblichen Rechtsschutz, aber auch Bedenken und Anwendungsproblematiken der Mediation im Zusammenhang mit speziellen Sachverhaltskonstellationen aus dem Patent- und Markenrecht, als wichtigste Vertreter des gewerblichen Rechtsschutzes, finden Berücksichtigung.

Nachdem zu Beginn dieser Arbeit die Begriffe „gewerblicher Rechtsschutz" und „Mediation" verdeutlicht werden (§§ 1–2), folgt eine Gegenüberstellung des Mediationsverfahren mit bereits bestehenden Schlichtungsalternativen (§ 3). Hieran schließt sich die Untersuchung an, warum gerade im gewerblichen Rechtsschutz mediative Strukturen hilfreich sein können (§ 4). Derzeit noch bestehende Schwachstellen des gewerblichen Rechtsschutzes werden hervorgehoben und ihre Optimierungschancen durch ein Mediationsverfahren analysiert. Schwachstellen und gesetzliche Regelungslücken bilden im Folgenden den Schwerpunkt (§§ 5-6), wobei nun die Mediation auf diese hin untersucht wird. Insbesondere wird die Frage hervorgehoben, ob sich diverse Sachverhalte des gewerblichen Rechtsschutzes der Mediationstauglichkeit entziehen. Zum Schluß folgt eine Untersuchung über die Art und Weise der Einführung von mediativen Strukturen in den gewerblichen Rechtsschutz. Möglich wäre beispielsweise die obligatorische Einführung einer Mediation (§ 7), wobei auf die bestehende Verjährungsproblematik zu achten ist (§ 8).

I. Einführung

In den letzten Jahren hat die außergerichtliche Streitbeilegung in der Rechtspflege der Bundesrepublik Deutschland ein stark zunehmendes Interesse gefunden. Dies ist nicht zuletzt auf die Unzufriedenheit der Rechtssuchenden zurückzuführen, welche insbesondere aufgrund der langen Prozeßdauer und der damit verbundenen hohen Prozeßkosten[1], die bei den traditionellen Rechtsschutzmöglichkeiten anfallen, entstanden ist.

Ein Ende der Prozeßflut ist gerade im Bereich des gewerblichen Rechtsschutzes nicht abzusehen, was die stetig steigende Zahl der in München beim Deutschen Patent- und Markenamt (DPMA) eingereichten Schutzrechtsanmeldungen illustriert. Gegenwärtig werden über 1 Millionen aktiv bestehender Schutzrechte durch das DPMA verwaltet[2].

Allein im Jahre 1999 wurden 90.000 Patente, 80.000 Marken, 70.000 Geschmacksmuster und 20.000 Gebrauchsmuster beim DPMA angemeldet[3]. Allein die Zahl der Markenanmeldungen ist damit um 20% gegenüber dem Vorjahr gestiegen[4]; die Steigerungsrate für nationale Patentanmeldungen beläuft sich auf 10% und für europäische Patente auf beinahe 13% gegenüber dem Jahre 1997, wobei im Bereich der Gentechnik und Biochemie eine Steigerungsrate von sogar 16% registriert wurde[5].

---

1 Vgl. *Stadler*, NJW 1998, S. 2479. Zu den Ursachen der Überlastung der Gerichte *Pfeiffer*, ZRP 1981, S. 121 (122); vgl. auch *Nerlich*, MDR 1997, S. 416.

2 *Aktuelle Berichte*, GRUR 2000, S. 212; *Haugg/van Raden*, Mitt. 1997, S. 169, gehen sogar von 1,5 Millionen aktiv bestehenden Schutzrechten aus. Das DPMA stellt nach den Ämtern in Tokio und Washington die drittgrößte nationale Zentralbehörde des gewerblichen Rechtsschutzes dar.

3 *Aktuelle Berichte*, GRUR 2000, S. 212 für das Jahr 1999; *Landfermann*, Mitt. 2000, S. 123 (124); vgl. *Aktuelle Berichte*, GRUR 1999, S. 675 (676); vgl. auch *Haugg*, GRUR 1999, S. 785 für die statistischen Werte des Jahres 1998, die gegenüber dem Vorjahr im patentrechtlichen Bereich um ca. 5 % und im markenrechtlichen Bereich um ca. 20 % angestiegen sind; vgl. hierzu auch *Haugg/van Raden*, Mitt. 1997, S. 169; siehe auch *Bodewig*, GRUR Int. 2000, S. 461 (465), in den USA wurden im Jahre 1999 169.154 Patente erteilt, von denen 9. 896 deutschen Antragstellern erteilt wurden

4 *Haugg*, GRUR 1999, S. 785. Diese Steigerungsrate der Markenanmeldungen seit dem Jahre 1995 beläuft sich auf 90 %, vgl. *Aktuelle Berichte*, GRUR 2000, S. 212, wodurch die stetig ansteigende Bedutung des Markenrechtes deutlich wird. Durch die am 1. 11. 1998 erfolgte Umbenennung des Deutschen Patentamtes in Deutsches Patent- und Markenamt wird die gewachsene Bedeutung des Markenbereiches dokumentiert.

5 Vgl. *Aktuelle Berichte*, GRUR 1999, S. 675 (676), für das Europäische Patent; vgl. *Haugg*, GRUR 1999, S. 785. Zumindest für das Europäische Patent ist Folge der gestiegenen Antragszahlen eine Erhöhung der Wartezeit zwischen Prüfungsantrag und erstem Prüfbescheid von 3,4 Monaten auf 16 Monaten, vgl. *Aktuelle Berichte*, GRUR 1999, S. 675 (676).

Bei derart vielen bestehenden Schutzrechten erhöht sich das Konfliktpotential beträchtlich[6]. Massenhaft begangene, teilweise auch gezielte Schutzrechtsverletzungen sind die Folge; aber auch Verletzungen der zwischen den Beteiligten abgeschlossenen Lizenzverträge bleiben nicht aus. Dies führt zu Verletzungsstreitigkeiten, Löschungsklagen und Nichtigkeitsverfahren, die je nach Zuständigkeit vor den Zivilkammern der Landgerichte oder den Nichtigkeits- und Beschwerdesenaten des DPMA verhandelt werden.

Diese ständig ansteigenden Anmeldezahlen verdeutlichen, daß die Wirtschaft und Industrie den Schutzrechten einen wichtigen Rang beimessen[7]. Bereits die am 12. 8. 1949 ergangene amtliche Begründung zum „Gesetz über die Errichtung eines Patentamtes im Vereinigten Wirtschaftsgebiet" hebt dieses wirtschaftliche „dringende Interesse" hervor[8]. Die Bedeutung des gewerblichen Rechtsschutzes als wesentlicher Faktor zur Erhaltung und Förderung der wirtschaftlichen Wettbewerbsfähigkeit ist unbestreitbar und aktueller denn je[9]. Sie stellt häufig den entscheidenden Einflußfaktor für die Gründung, den Bestand und die Entwicklung von Unternehmen dar. Innovationen sind für die Leistungsfähigkeit einer Volkswirtschaft heute nicht mehr weg zu denken. Für die Industrie ist es gerade im Hinblick auf europäisch vereinheitlichte Standarts, die den freien Warenverkehr begünstigen, von Bedeutung, daß ihre Produkte sich von denen der Mitbewerber abheben und dementsprechend auch geschützt sind. Die Realisierung einer Idee kann effektiv erst durch die Erlangung eines wirksamen Schutzrechtes ermöglicht werden[10].

---

6 Dies belegen auch die Eingangszahlen bei den Zivilgerichten. Die Zahl der erstinstanzlichen Zivilsachen ist in dem Zeitraum von 1957 bis 1980 um rund 30 % gestiegen und die Steigerungsrate von 1980 bis 1986 belief sich auf 33 %. Von 1991 bis 1994 erhöhte sich die Anzahl der Neuzugänge in Zivilsachen von 1,63 Millionen auf 2,12 Millionen Verfahren und seit diesem Zeitpunkt verbleiben die Eingangszahlen auf dem erreichten hohen Niveau, das nicht zufriedenstellend bewältigt werden kann, vgl. *Leeb*, BB 1998, Beilage 10, S. 3.

7 Vgl. *Haugg*, GRUR 1999, S. 785; *Haugg/van Raden*, Mitt. 1997, S. 169 (170),

8 *Bl.f. PMZ* 1949, S. 262.

9 Vgl. *Haugg*, GRUR 1999, S. 785.

10 Vgl. *Aktuelle Berichte*, GRUR 1999, S. 1074; vgl. *Haugg*, GRUR 1999, S. 785.

Die ständig ansteigende Anzahl an Verletzungsverfahren[11] und die langwierigen Überprüfungen der Wirksamkeit eines Schutzrechtes stehen diesen Zielen des gewerblichen Rechtsschutzes aber evident entgegen. Bildet ein gewerbliches Schutzrecht den Streitgegenstand eines Verfahrens, so stellt dieses keine verläßliche Grundlage mehr dar, auf die sich eine Produktion aufbauen ließe. Das Patent und die Marke sind immaterielle Wirtschaftsgüter[12], und wie bei anderen Wirtschaftsgütern macht es keinen Sinn, Aufwendungen zu tätigen, wenn keine effiziente Nutzung in Aussicht zu nehmen ist. Spezielle technische Sachverhalte im patentrechtlichen Bereich erschweren die Einschätzung eines möglichen Prozeßausganges. Im Hinblick auf die zeitlich beschränkte Erteilung eines gewerblichen Schutzrechtes ist für seine wirtschaftliche Verwertbarkeit aber schnelle Rechtssicherheit gefordert.

Es stellt sich somit die Frage, wie eine schnelle Bereinigung von Streitigkeiten des gewerblichen Rechtsschutzes ermöglicht wird, mithin langwierige gerichtliche Auseinandersetzungen vermieden werden können und damit die Ausschöpfung eines gewerblichen Schutzrechtes sicher gewährleistet werden kann.

II. Außergerichtliche Schlichtung in Deutschland

1. Bewegungen auf dem Gebiet der Schlichtung

In der deutschen Justizpolitik ist das Thema der außergerichtlichen Streitbeilegung zwar nicht speziell bezogen auf den gewerblichen Rechtsschutz, jedoch generell schon seit geraumer Zeit bekannt. Bereits im Dezember 1977 wurde das Thema im Rahmen einer Tagung der Sektion Rechtssoziologie eingehend erörtert und damit das generelle Bedürfnis erkannt, Möglichkeiten und Angebote zu schaffen, die es den Konfliktpartnern ermöglichen, ihre Streitigkeiten außerge-

---

[11] *Paradise*, IP Law Review 1997, S. 159 (für die USA); vgl. *Arfin*, Hastings Law Lournal 1995, volume 7/4, S. 893 (895).

[12] *Busse*, Einl, Rn. 65 (für Patente); vgl. *Hubmann*, S. 1, alle gewerblichen Schutzrechte dienen der Förderung des Gewerbewesens.

richtlich beizulegen[13]. Dies zeigen die vielfältigen Bemühungen, die auch gegenwärtig noch auf dem Gebiet der Schlichtung unternommen werden[14], und teilweise die Durchführung eines Schlichtungsversuches als notwendige Voraussetzung einer späteren Klageerhebung explizit anordnen[15]. So hat beispielsweise der ehemalige nordrhein-westfälische Justizminister *Behrens* Ende März 1997 ein „Kombinationsmodell" vorgestellt, nach dem gerichtliches Verfahren und außergerichtliche Streitschlichtung mit dem Ziel verknüpft werden sollen, Tatsachenfeststellungen, die im Rahmen von Schiedsverfahren getroffen wurden, im gerichtlichen Verfahren verwerten zu können[16]. Zum 1.1.2000 ist durch das „Gesetz zur Förderung der außergerichtlichen Streitbeilegung" § 15a EGZPO eingeführt worden, der für bestimmte Streitigkeiten die Zulässigkeit eines ge-

---

[13] *Prütting*, BB 1999, Beilage 9, S. 7 (8); *ders.* in: Verhandlungen des 62. Juristentages, Band II/1, O 11.

[14] Zudem wurde das Schiedsverfahrensrecht zum 1.1.1998 umfassend geändert, so daß nun auch über technische Schutzrechte in einem Schiedsverfahren verhandelt werden kann, vgl. § 65 PatG. Eigene Schlichtungsstellen existieren auch unter anderem für Arbeitnehmererfindungen beim Deutschen Patentamt, vgl. § 37 ArbnErfG, und für einige Urheberrechtlichen Streitigkeiten, vgl. § 14 UrhRwahrungsgesetz. Ebenso sind die gemäß § 91 Abs. 1 Nr. 10 Handwerksordnung einzurichtenden Gütestellen zu nennen, deren bekannteste Stellen wohl die Schiedsstelle des Kfz-Handwerks ist, vgl. *Leeb*, BB 1998, Beilage 10, S. 3 (4). Zudem haben in ähnlicher Weise verschiedene Kammern der freien Berufe Gütestellen eingerichtet, wie bspw. Das Vermittlungsverfahren vor der Rechtanswaltskammer, Schlichtungsstellen einiger Architektenkammern, der Landes-Ärzte Kammern, der Landes-Apothekerkammer, der Landes-Tierärztekammer und der Landes-Zahnärztekammer. Zu nennen sind auch die in Hamburg und Frankfurt bestehenden Stellen für Mietstreitigkeiten. Siehe umfassend hierzu *Preibisch*, S. 51 ff. .

[15] So verlangt die am 1.1.1999 in Kraft getretene Insolvenzordnung für Verbraucherinsolvenzen, daß zuvor eine außergerichtliche Schuldenbereinigung versucht wurde, vgl. § 305 I Nr. 1 InsO. Auch die durch das Rechtspflege-Vereinfachungsgesetz des Jahres 1990 vollzogene Änderung der ZPO hat mit ihrem Inkrafttreten zum 1.4.1991 die Möglichkeit einer Streitschlichtung durch sog. Anwaltsvergleich gemäß § 1044b Abs. 1 ZPO a.F. geschaffen und durch die Einführung des § 15a EGZPO wurde ein obligatorischer Schlichtungsversuch für die dort genannten Streitigkeiten angeordnet, vgl. *Mitteilungen* der Rechtsanwaltskammer für den OLG Bezirk München, S. 268; *Bayerisches Verordnungsblatt* Nr. 11/2000.

[16] Siehe ausführlich zu dem „Eckpunktepapier zur außergerichtlichen Streitschlichtung" *Behrens*, DRiZ 1997, S. 236 (238).

richtlichen Verfahrens von der vorherigen Durchführung eines Schlichtungsversuches abhängig macht[17].

Die jüngste Entwicklung im Bereich außergerichtlicher Streitbeilegung besteht in dem durch die Europäische Kommission am 20.3.2000 veröffentlichten und den Mitgliedsstaaten im April vorgelegten Arbeitspapier[18]. Dieses verfolgt den Zweck, eine rechtliche Rahmengebung für die Einrichtung eines europäischen Netzes für die außergerichtliche Beilegung im Bereich der verbraucherrechtlichen Streitigkeiten zu gewähren[19]. Diese Initiativen, auf deutscher und europäischer Ebene allgemeine Schlichtungsverfahren einzuführen, zeigen, daß ein generelles Bedürfnis an außergerichtlicher Streitbeilegung besteht.

2. Mediation als Schlichtungsform in Deutschland

Die grundlegende Idee des Schlichtungsverfahrens basiert auf dem hier im Mittelpunkt stehenden Gedanken der Mediation, die ihren Ursprung in den USA hat[20].

Die Mediation erfreut sich mittlerweile auch in Deutschland eines hohen Bekanntheitsgrades[21], wobei sich das Interesse in den letzten zwanzig Jahren unter

---

[17] Zu den Überlegungen im Zusammenhang mit der Mediation und einer obligatorischen Schlichtung verweise ich auf § 7 dieser Arbeit.

[18] Vgl. http://europa.eu.int/search/s97.vts; *Singer*, MMR 2000, S. 20.; *Bodewig*, GRUR 2000, S. 461 (463).

[19] *Bodewig*, GRUR Int. 2000, S. 461 (463); *Singer,* MMR 2000, S. 20.

[20] *Gottwald*, WM 1998, S. 1257 (1260); vgl. *de With*, ZRP 1982, S. 188 (189); *Schmidt*, BB 1998, Beilage 10, S. 6 (7); *Stadler*, NJW 1998, S. 2479 (2482); *Weigand*, BB 1996, S. 2106, aufgrund der durch zeitaufwendige discovery noch stärkere Unzufriedenheit der Amerikaner, wurde beispielsweise in New York als Reaktion auf diese „pathology of litigation" das Centre for Public Resources (CPR) gegründet, das die Förderung von alternativen Streitbeilegungsmöglichkeiten (ADR), insbesondere den Bereich Mediation in der Wirtschaft, zur Aufgabe hatte – Mediation ist Teil dieser ADR. Das CPR wird von rund 500 Anwaltskanzleien, Unternehmen und juristischen Fakultäten getragen und bewirkte in den letzten Jahren eine jährliche Einsparung an Gerichts- und Anwaltskosten von 300.000$.

[21] Der Gedanke der Mediation hat auch in den Kulturen Japans, Chinas, Afrikas, Lateinamerikas und des Fernen und Nahen Ostens weite Verbreitung gefunden, *Besemer*, S. 1 ff.; *Leeb*, BB 1998, Beilage 10, S. 3 (6). Aber auch in den Niederlanden und in Großbritannien sind Mediationstechniken nicht unbekannt, vgl. *Haltermann/Boysen*, ZRP 1995, S. 28 (29f.).

Zivilrechtlern im wesentlichen auf ihren Einsatz im Familienrecht (Scheidung, Unterhaltsregelungen Sorgerecht) beschränkte[22]. Mit der Verabschiedung des Gesetzes zur Reform des Kindschaftsrechtes vom 16.12.1997, sog. Kindschaftsrechtsreformgesetz (KindRG)[23], hat schließlich auch der Gesetzgeber einen wichtigen Schritt in Richtung konsensuelle Streitbeilegung gesetzt, denn den Schwerpunkt dieser Reform des Verfahrensrechtes stellt die Förderung der eigenständigen Konfliktlösung durch die Eltern in den die Kinder betreffenden Verfahren dar[24].Dies läßt sich vor allem damit erklären, daß die Durchführung von Mediationsverfahren in Familienkonflikten nicht mit einem derart hohen Aufwand verbunden sind, wie dies beispielsweise im Umweltrecht oder gar im gewerblichen Rechtsschutz der Fall wäre. Denn in diesen Verfahren besteht nicht die Notwendigkeit, eine Vielzahl von Personen in das Verfahren einzubeziehen. Seit 1988 gibt es an der Universität Heidelberg bereits Forschungsvorhaben zum Thema Familienmediation, und in der Zwischenzeit wurde eine Bundesarbeitsgemeinschaft für Mediation in Familienkonflikten gegründet. Seit kurzem sind jedoch auch Themen wie „Wirtschaftsmediation“[25], „Mediation in der Arbeitswelt“[26] und „Mediation im Öffentlichen Recht“[27] in den Blickpunkt eines breiteren fachlichen Interesses gerückt. So wurde beispielsweise zur Implementierung der Umweltmediation in Deutschland der „Förderverein Um-

---

[22] *Gottwald*, WM 1998, S. 1257 (1261); vgl. *Goll,* ZRP 1998, S. 314 (315); *Hoyningen-Huene*, JuS 1997, S. 352; vgl. *Breidenbach*, AnwBl 1997, S. 135; vgl. *ders.* in: Mediation für Juristen, S. 1; *Sobota*, JA 1999, S. 261 (262); *Altmann/Fiebiger/Müller*, S. 22; Durch die seit dem 1.1.1992 durch § 17 KJHG erstmaligen gesetzlichen Anerkennung der Basisidee von Mediation wird die Einigung der sich trennenden Eltern konsequent Unterstützt.

[23] *BGBl.* I (1997), S. 2942; *BGBl.* I (1998), S. 946.

[24] Gemäß § 52 FGG wird hierbei insbesondere auf die bestehenden Möglichkeiten der Beratung durch die Beratungsstellen der Träger der Jugendhilfe hingewiesen.

[25] Vgl. *Risse*, BB 1999, Beilage 9, S. 1; *Strempel*, NJ 1999, S. 461; *Gottwald*, BRAK-Mitt. 1998, S. 60 (62); *ders.* WM 1998, S. 1257 (1261); *Mähler/Mähler*, NJW 1997, S. 1262 (1263); *Ewig*, BRAK-Mitt. 1996, S. 147 (148).

[26] *Stevens-Bartol*, in: Mediation für Juristen, S. 141 (144); Strempel, NJ 1999, S. 461; *Gottwald*, BRAK-Mitt. 2/1998, S. 60 (62).

weltmediation e.V." und 1996 der „Bundesverband für Mediation in Wirtschaft und Arbeitswelt" gegründet[28].

III. Schlichtung im gewerblichen Rechtsschutz

Die allgemeinen Gesetzeswerke und die Einrichtung verschiedener Schlichtungs- und Einigungsstellen beim Deutschen Patent- und Markenamt[29] zeigen, daß auch im Bereich des gewerblichen Rechtsschutzes außergerichtliche Schlichtungen[30] dem deutschen Recht nicht unbekannt sind.

So sieht beispielsweise das Gesetz über Erfindungen von Arbeitnehmern vom 25.7.1957 in den §§ 28 ff. vor, daß bei Streitfällen, die sich aus Arbeitnehmererfindungen (ArbEG) zwischen den Arbeitsvertragsparteien ergeben, jederzeit eine Schiedsstelle angerufen werden kann[31]. Die Schiedsstelle ist nicht „im" Patent- und Markenamt, sondern ihm als eigene Behörde angegliedert, welche aber rechtlich nicht selbständig ist[32]. Zu ihren Kompetenzen gehört es unter anderem,

---

27 *Holznagel*, Jura 1999, S. 71; *Strempel*, NJ 1999, S. 461; *Hoyningen-Huene*, JuS 1992, S. 352; *Sobota*, JA 1999, S. 261 (262); vgl. *Stuer/Rude*, DVBl 1998, S. 630; *Altmann/Fiebiger/Müller*, S. 24.

28 Vgl. *Altmann/Fiebiger/Müller*, S. 25 (zum Bundesverband für Mediation in der Wirtschafts- und Arbeitswelt).

29 Das DPMA stellt eine Art Zentralbehörde auf dem Gebiet des Gewerblichen Rechtsschutzes dar. Seiner Rechtsstellung nach ist es eine dem Bundesministerium der Justiz nachgeordnete Bundesbehörde, die in vier Hauptabteilungen (Patente, Information/Dokumentation, Marken und Muster, Verwaltung/Rechtsabteilung) untergliedert ist, http://www.patentamt.de/allgem/ind_kurz.htm.

30 Allgemein existieren in Deutschland weit mehr als 300 außergerichtliche Stellen, *Proppe/Krapp*, JA 1990, S. 65 (69).vgl. *van Raden*, BB 1999, Beilage 9, S. 17 (19).

31 Ferner besteht eine weitere Schiedsstelle für Arbeitnehmererfindungen mit räumlich begrenzter Zuständigkeit bei der Dienststelle Berlin (§ 47 Abs. 2 ArbEG). Daneben existieren auch Einigungsstellen nach § 27 a UWG und für spezielle Streitigkeiten aus dem Urheberrecht nach § 14 des Urheberrechtwahrnehmungsgesetzes. Beim Patentamt ist ferner eine Schiedsstelle zur Vermittlung der Einigung über Fragen errichtet worden, die sich aus der nach dem Gesetzes über die Eingliederung des Saarlandes auf dem Gebiet des Gewerblichen Rechtsschutzes vom 30.6.1959 vorgesehenen Erstreckung von Warenzeichen ergeben.
Für internationale Streitigkeiten besteht eine durch die WIPO eingerichtete Schieds- und Schlichtungsstelle.

32 Reimer/Schade/Schepper, § 29 Rn. 1.

sich mit der Frage der Verletzungen von Patenten und in diesem Zusammenhang mit Lizenzgebühren zu befassen[33]. Das im Arbeitnehmererfindungsgesetz geregelte Verfahren vor der Schiedsstelle ist jedoch kein Schiedsverfahren im herkömmlichen Sinne[34]. Vielmehr handelt es sich um eine Verfahrensstufe, die nach § 37 Abs. 1 und 2 ArbEG zwingend durchzuführen ist, möchte der Arbeitnehmer gegen seinen Arbeitgeber nachträglich Klage erheben. Diese Schiedsstelle wird weder als staatliches Gericht noch als Schiedsgericht tätig, denn ihr kommt keine materielle Entscheidungsbefugnis zu[35]. Um Mißverständnissen vorzubeugen, sollte an Stelle von „Schiedsverfahren" besser der Begriff des „Schlichtungsverfahrens" verwendet werden.

Ferner bestehen beim Deutschen Patent- und Markenamt verschiedene Schlichtungs- und Einigungsstellen, wie beispielsweise die Einigungsstelle für Streitigkeiten aus kollidierenden Schutzrechten[36], die sowohl die kollidierende Schutzrechte nach der Eingliederung des Saarlandes, als auch nach der deutschen Wiedervereinigung 1990 umfassen. Unter Rechtsstreitigkeiten aus kollidierenden Schutzrechten sind Konflikte zu verstehen, die sich daraus ergeben, daß vor der deutschen Einigung oder Eingliederung des Saarlandes begründete gewerbliche Schutzrechte oder Benutzungsrechte nach ihrer Erstreckung auf den anderen Teil Deutschlands zusammentreffen.
In diesem Fall kann ebenfalls jederzeit, also auch während eines bereits anhängigen Prozesses, die Einigungsstelle angerufen werden. Anders als die Schiedsstelle nach dem ArbEG, ist die Anrufung der Einigungsstelle für beide Seiten lediglich fakultativ und stellt damit keine notwendige Verfahrensvoraussetzung zur Klageerhebung dar[37].

---

[33] *Chrocziel*, FS für Preu, S. 177 (189).
[34] Vgl. *Chrocziel*, FS für Preu, S. 177 (190); *Bartenbach/Volz*, § 28, Rn. 5.
[35] Vgl. *BGH*, GRUR 1964, S. 449 (452); vgl. *Volmer*, BB 1968, S. 253(255).
[36] *Benkard*/Schäfers, vor § 26 PatG, Rn. 16; van *Raden*, BB 1999, Beilage 9, S. 17 (19); www.patentamt.de/verfahren/verf_17.htm.
[37] *Benkard/Rogge*, § 143 PatG, Rn. 18a.

Eine nationale allgemeine Schlichtungsstelle für Schutzrechtsverfahren existiert in Deutschland gegenwärtig noch nicht.
Die Schlichtungsstellen sind jeweils nur für die Streitigkeiten aus den speziellen Gesetzen zuständig, in denen sie aufgeführt sind. Es existieren somit im gewerblichen Rechtsschutz nur für eine sehr begrenzte Anzahl an Streitigkeiten Schlichtungsstellen. Im Patentrecht ist die Schlichtungsstelle auf Arbeitnehmererfindungen begrenzt. Für Streitigkeiten im Bereich von Marken besteht beim Deutschen Patent- und Markenamt noch überhaupt keine Schlichtungs- oder Einigungsstelle.
Auch der Gedanke an eine außergerichtliche Konfliktlösung im Wege eines Mediationsverfahrens im gewerblichen Rechtsschutz ist in Deutschland noch nicht verbreitet. An das Mediationsverfahren als Lösungsmöglichkeit für den Bereich des gewerblichen Rechtsschutzes ist, bis auf wenige Ausnahmen[38], noch nicht einmal gedacht worden.

IV. Mediation in den USA und im internationalen Bereich

Im Unterschied dazu weisen die USA gegenwärtig eine große Palette[39] unterschiedlicher Formen von Streitschlichtungsmöglichkeiten auf, die von dem hier zu behandelnden klassischen Modell der Mediation über sämtliche Arten der ADR („Alternative Dispute Resolution“)[40] bis hin zu Schiedsverfahren reichen[41].

---

38 *van Raden*, BB 1999, Beilage 9 S. 17 ff.; *ders* , GRUR 1998, S. 444 ff. .

39 Für den gewerblichen Rechtsschutz haben sich als effektiv dargestellt: formal-binding arbitration, non-binding arbitration, private judging or rent a judge, mini-trial, summary jury trials, moderated settlement conference und mediation. Eine Erläuterung der einzelnen ADR-Verfahren findet sich in :Arnold, Patent Dipute Resolution Handbook, chapter 7 – 13.

40 Der Begriff „ADR“ bürgerte sich im Jahre 1970 in den USA ein und bereits in den 90er-Jahren erfolgte in manchen Staaten der USA eine Institutionalisierung von ADR, die eine obligatorische Verweisung mancher Verfahren, wie bspw. Scheidungsverfahren zur Mediation mit sich brachte, *Altmann/Fiebiger/Müller*, S. 21f.

41 Vgl. *Krapp*, ZRP 1994, S. 115; *Blankenburg/Gottwald/Strempel*, S. 17ff.; *Altmann/Fiebiger/Müller*, S. 22; vgl. *Kaskell*, in: Schiedsgerichtsbarkeit im deutsch-

Sie werden gegenwärtig zur Beilegung von Streitigkeiten aus fast allen Rechtsbereichen eingesetzt[42]. Die Mediation bildet einen Teil dieser „ADR"-Verfahren[43], deren Einsetzung, bedingt durch den internationalen Handelsverkehr, ständig steigt[44].

Auch die Mediation ist im Gegensatz zu Deutschland in den USA in „Intellectual Property Disputes" schon eine langfristig angewandte und äußerst erfolgreiche[45] Methode geworden[46], deren Techniken bereits an einer Vielzahl von „Law Schools" gelehrt werden[47].

Dies ist nicht zuletzt auf die Besonderheiten des amerikanischen Zivilprozesses zurückzuführen, denn in den USA gelten „Intellectual Property Disputes", vor allem wegen der vorgerichtlich durchgeführten „pre-trial discovery", generell als sehr langwierig und damit teuer[48]. Das „discovery" - Verfahren ist ein förm-

---

amerikanischen Wirtschaftsverkehr, S. 85 (89f); vgl. *Klingsberg* in: Schiedsgerichtsbarkeit im deutsch-amerikanischen Wirtschaftsrecht.

42 *Arnold,* Patent Alternative Dispute Resolution Handbook, § 4.02, S. 4-3, Fn. 14, selbst Fälle mit einem Streitwert von $ 1.000. 000 Streitwert, werden ADR-Methoden anvertraut, wie beispielsweise der „Puerto Rico hotel fire" – Fall.

43 *Schaffner*, AnwBl 1997, S. 139; Altmann/*Fiebiger/Müller*, S. 20; *Breidenbach*, AnwBl 1997, S. 135.

44 Comment, Post Mitsubishi Motors Corp. V. Soler Chrysler-Plymouth, Inc., 36 Am. U. L. Rev. 57, S. 57 (1986) (für die Einsetzung von Schiedsverfahren, die auch einen Teil der ADR in den USA darstellen.

45 http://www.arbiter.wipo.int/center/index.html; vgl. *Schäfer,* Mitt. 2001, S. 109.

46 Als größte Mediationsgesellschaft hat sich in den USA die JAMS-Endispute etabliert, deren Aktien an der Börse gehandelt werden. Zudem hat die Mediation an den meisten amerikanischen „Law Schools" ihren festen Platz in Forschung und Lehre. Zu der Verbreitung der Mediation in den USA siehe auch http://members.magnet.at/arge-konfliktmanag/medi.htm, S. 1 f. Für Streitigkeiten des gewerblichen Rechtsschutzes stellt in Nordamerika das staatliche Gerichtsverfahren aber immer noch die am häufigsten angewandte Verfahrensform dar, vgl. *Rayner,* in: University of Western Ontario Law Review, vol. 22, no. 1 (1984), S. 33 (65).

47 In den *American Bar Asociation Directory of Law School Alternative Dispute Resolution Courses and Programs* findet sich ein Überblick über die verschiedenen Law Schools. Als namenhafteste Befürworter der Mediation sind die Wissenschaftler William L. Ury, Jeanne M. Brett und Stephen B. Goldberg zu nennen, die eine alternative Konfliktlösung durch eigenes Verhandeln den staatlichen Gerichtsverfahren vorziehen und damit ihren Einsatz für die Mediation begründen.

48 *Arfin*, Hastings Law Journal 95 volume/7-4; *Bowes*, 18 IDEA 1976, S. 49 (50); *Hollander*, Journal of the Patent and Trademark Office Society, Vol. 80, 1998, S. 513; *Paradise*, IP

liches Verfahren des amerikanischen Zivilprozesses, welches zwischen Klageerhebung und dem Termin zur mündlichen Verhandlung vor dem Richter stattfindet[49]. Es stellt somit keinen Bestandteil der gerichtlichen Verhandlung, sondern einen selbständigen Verfahrensabschnitt dar, in dem streitige Tatsachen, die in der Sphäre der Gegenpartei liegen, ergründet werden können[50]. Neben der Beweisfunktion wird mit der „pre-trial discovery" das Ziel verfolgt, die Parteien von den jeweiligen Ansprüchen und Einwendungen in Kenntnis zu setzen *(notice-giving)*, den Streitstoff für die Hauptverhandlung zu begrenzen *(issue-formulation)* und jede Partei mit den erforderlichen Tatsachen bekannt zu machen *(fact-revelation)*[51].

Im internationalen Verkehr hat die Mediation im gewerblichen Rechtsschutz inzwischen auch Berücksichtigung gefunden. Die Weltorganisation für geistiges Eigentum (WIPO)[52] mit Sitz in Genf beschäftigt sich seit mehreren Jahren in verstärktem Maße mit diesem Thema[53]. Nachdem sie bereits einen Vertrag über die Schlichtung von Streitigkeiten zwischen Staaten über deren Verpflichtungen aus völkerrechtlichen Verträgen auf dem Gebiet des gewerblichen Rechtsschutzes entworfen hat, wendet sie sich nun auch dem Problem der Streitschlichtung zwischen privaten Parteien zu. Ihr Center für Mediation- und

---

Law Review 1997, S, 159 (165); *Plant*, David, ADR and Patents, 350 Prac.L.Inst.,P.L.I. Handbook Series Order No. G4-3892 (Nov.-Dec.1992); *Gottwald*, WM 1998, S. 1257 (1260).

49 Vgl. Schack, S. 44; *Duve*, § 8, S. 419; *Pfeiffer*, GRUR Int. 1999, S. 598.

50 *Pfeiffer*, GRUR Int. 1999, S. 598 (602); vgl. *Reufels*, RIW 1999, S. 667 (668); vgl. Junker, S. 98; Schack, S. 44; vgl. *Rippert*

51 Vgl. *Reufels*, RIW 1993, S. 626 (628); vgl. *Rippert*, RIW 1993, S. 626 (628).

52 Die WIPO wurde am 14. Juli 1967 durch das auf der Stockholmer Konferenz geschlossene Übereinkommen, welches am 26. April 1970 in Kraft trat, errichtet, vgl. *Kaboth*, S. 62; *Fernandez/Spolter*, Dispute Resolution Journal (1998), vol. 53, S. 62 (67).

53 Vgl. WIPO-Aktuelle Berichte, GRUR 1992, S. 589; vgl. WIPO-Aktuelle Informationen, GRUR 1991, S. 66; vgl. *Wittenzeller*, Mitt. 1995, S. 147; vgl. *Collier/Lowe*, S. 6; *Lew*, in: ASA Special Series, No. 6 1994. S. 44 (45).

Schiedsverfahren[54] etabliert sich, unterstützt durch die Hilfe von Experten der Streitbeilegung[55], nunmehr seit Oktober 1994, in dem sie ihre WIPO Mediations- und Schiedsgerichtsvorschriften zwecks Beilegung internationale Streitigkeiten aus dem Bereich des gewerblichen Rechtsschutzes zwischen privaten Parteien zur Verfügung stellt[56]. Die WIPO ist der Meinung, Schutzrechtsinhabern und ihren Kontrahenten sollen im Konfliktfall Möglichkeiten außergerichtlicher Streitbeilegung angeboten werden, die besonders auf den gewerblichen Rechtsschutz zugeschnitten sind. Insbesondere den Fällen gutgläubiger Schutzrechtsverletzungen soll dabei Rechnung getragen werden. Um eine effektive Hilfestellung zur Beilegung von Streitigkeiten des gewerblichen Rechtsschutzes leisten zu können, paßt die WIPO ihr Schlichtungsangebot den jeweiligen gegenwärtigen Rechtsproblemen an, was die erst Ende Dezember 1999 eingerichtete Schlichtungsstelle für Streitigkeiten aus dem Bereich Internet - Domains demonstriert, die als eine Reaktion auf die Vielzahl der mißbräuchlichen Domainregistrierungen zu sehen ist[57]. Aber auch die Cooperation for Assigned Names and Numbers (ICANN)[58] hat für den Bereich der Top-Level-Domains „.com", „.net" und „.org" mit der am 24.10.1999 verabschiedeten „Uniform Domain Name Dispute Resolution Policy" ein administratives Konfliktlösungs-

---

54 Die Schieds- und Schlichtungsstelle, eine Verwaltungseinheit der WIPO, wurde in der Zeit vom 20. bis 29.9.1993 konstituiert und nahm mit dem Inkrafttreten der Regeln am 1.10.1994 ihre Tätigkeit auf, The Services of the WIPO Arbitration Center, WIPO Publication No. 445 (E), S. 8.

55 http://www.arbiter.wipo.int/center/index.html, S. 1.

56 *Walter*, FS Lüke, S. 921 (939); http://www.arbiter.wipo.int/center/index.html, S. 1. Abgedruckt auch in: Martindale-Hubbell, International Arbitration and Dispute Resolution Directory, 1997, S. 223 (WIPO).

57 http://www.arbiter.wipo.int/new/index.html, S. 1.; http://www.arbiter.wipo.int/domains/index.html.; Die abschließende Stellungnahme der WIPO vom 30. April 1999 zu den möglichen Reformen des Domain Name Systems, welches auch die außergerichtliche Streitbeilegung für Domainnamenskonflikte umfaßt, findet sich im Internet unter http://www.wipo2.wipo.int/process/eng/final-report.htm. Der Vorschlag umfaßt drei verschiedene Formen der Streitbeilegung, *mediation procedures*, *arbitration procedures* und *administrative procedures*, wobei sich letztere von den anderen dadurch unterscheidet, daß die Inanspruchnahme nicht dem freien Willen der Parteien unterliegt, sondern sich die Parteien bereits bei der Registrierung des Domainnamens diesem Verfahren zu unterwerfen haben.

verfahren erstellt, das auch in internationalen Streitigkeiten eine effektive Streitbeilegung fördern soll[59]. Allgemein für den Schlichtungsablauf mit Hilfe der WIPO gilt, daß die Parteien vertraglich festlegen sollten, wenn sie im Konfliktfall eine Schlichtung nach den WIPO–Regeln[60] wünschen. Wurde eine solche Vereinbarung getroffen, so beginnt das Verfahren mit einem Antrag der Parteien an die WIPO. Diese benennt dann den zuständigen Schlichter und legt die Vergütung fest, wobei das Verfahren selber durch die Parteien frei gestaltet werden darf[61]. Allgemeine Mediationsregeln werden von der WIPO auch zu Verfügung gestellt[62].

V. Zwischenergebnis

Die Entwicklung und Einsatzbereitschaft der Mediation als alternative Streitbeilegungsmöglichkeit ist in den USA, Japan aber auch in anderen europäischen Nationen wesentlich weiter entwickelt, als dies in Deutschland der Fall ist. Deshalb verwundert es nicht, daß für den speziellen Bereich des gewerblichen Rechtsschutzes in Deutschland die Möglichkeit der Anwendung von Mediationstechniken bis auf wenige Ausnahmen weitestgehend ignoriert wird. Die Einführung dieser für Deutschland noch neuen Streitbeilegungsmethode ist vielmehr auf vermeintlich „einfache“ Sachverhalte beschränkt, die häufig dem Familien-, Miet- und Arbeitsrecht zu entnehmen sind, welchen gemeinsam ist, daß sich ihr Konfliktpunkt auf persönlicher Ebene abspielt.

---

58 Weitere Informationen unter http://www.icann.org/udrp.htm.

59 *Bettinger*, CR 2000, S. 234 (235). Dieses „Strategiepapier“ entspricht inhaltlich weitgehend den bereits durch die WIPO in ihrem Abschlußbericht zum „Internet Domain Name Process“ erstellten Vorschlägen, vgl. *Bettinger*, CR 1999, S. 445.

60 Die WIPO-Regeln wurden für alle bestehenden Rechtssysteme konzipiert, vgl. *Kaboth*, S. 65. Grundsätzlich könnten damit auf der Schlichtungsverfahren auf der ganzen Welt durchgeführt werden. Ausführlich zu den „WIPO Mediation-Rules“, *Blessing*, in: WIPO – Conference on Rules for Institutional Arbitration and Mediation, S. 120ff. .

61 *Albrechtskirchinger*, FS Glossner, S. 11 (15), für das Schiedsverfahren vor der WIPO.

62 www.abcny.org/lawyerdisp.html, S. 1ff. – Association-Sponsored Mediation and Arbitration of disputes Among Lawyers. Die ersten Mediations-Regeln wurden 1991 veröffentlicht.

Untersucht werden soll im folgenden, ob in Deutschland die Einführung eines Mediationsverfahren im gewerblichen Rechtsschutz sinnvoll ist.
In diesem Zusammenhang wird aufgezeigt, welche Probleme sich diesbezüglich aus dem gewerblichen Rechtsschutz und dem Prozeßrecht ergeben können, wobei sich die Untersuchung auf die Behandlung möglicher vorprozessualer Probleme, die im gewerblichen Rechtsschutz im Zusammenhang mit der Mediation entstehen können, beschränkt.

§ 2 Begriffsklärung und rechtliche Einordnung

Bevor die in Frage kommenden Sachverhalte aus dem gewerblichen Rechtsschutz auf ihre „Mediationstauglichkeit" hin untersucht werden, gilt es, für die folgende Darstellung vorab den Begriff der Mediation zu definieren und den Begriff „gewerblicher Rechtsschutz" zu konkretisieren.

I. Begriff der Mediation

Mediation bedeutet nach allgemeiner Auffassung die Behandlung eines Konfliktes durch die Einschaltung einer neutralen dritten Person ohne Entscheidungsbefugnis mit dem Ziel, den Parteien durch Unterstützung der dritten Person zu einer freiwilligen und außergerichtlichen Einigung zu verhelfen[63].
Die Hauptfunktion des Dritten besteht demzufolge in einer Art Vermittlertätigkeit. Dies folgt begrifflich aus der Übersetzung des englischen Begriffes „mediation", der am genausten mit „Vermittlung" zu übersetzen ist. Der Begriff „Mediation" als eigener Begriff hat sich im deutschen Sprachgebrauch eta-

---

[63] *Breidenbach*, Mediation, S. 4; *Collier/Lowe*, S. 27; *Bühring-Uhle*, S. 272; *Brunda*, 15 AIPA, S. 74 (77,78); *Duve*, BB 1999, Beilage 9 S. 15 (18); *Gläßer/Beneschovsky*, NJW 1999, S. 1238 (1238,1239); *Gottwald*, WM 1998, S. 1257 (1260); *Hill*, Arb.Int. 1998, S. 173; vgl. *Holznagel*, Jura 1999, S. 71 (72); *Hoyningen-Huene*, JuS 1997, S. 352; *Labes*, DZWir 1998, S. 353 (360), *Sobota*, JA 1999, S. 261; *Stadler*, NJW 1998, S. 2479 (2482); *Strempel*, ZRP 1998, S. 319 (321).

bliert[64]; es wird daher nicht immer von einer „Vermittlung“ oder „Vermittler“ gesprochen, wenn Mediation bzw. der Mediator gemeint ist. Da der Begriff „Vermittlung“ schnell in einen, wenn auch nur gedanklichen, Zusammenhang mit einer Vermittlungstätigkeit im Bereich Makler oder Ehe gebracht wird, soll in der folgenden Darstellung auf seine Verwendung verzichtet werden. Es wäre darüber hinaus durchaus möglich, das Ziel der Mediation mit dem Begriff der „Schlichtung“ zu umschreiben. „Schlichtung“ erfolgt aber in der Regel in Verfahren, bei denen sich die Beteiligten der Entscheidung des Schlichters unterwerfen. Dies widerspricht gerade dem Mediationsverfahren, an dessen Ende gerade keine Entscheidung und kein Urteil oder Spruch des Mediators steht, sondern die Einigung der Parteien, zu der es ggf. durch die Hilfe des Mediators gekommen ist[65]. Der Begriff der „Schlichtung“ soll demnach im folgenden ebenfalls vermieden werden.

Um Unklarheiten zu vermeiden, werden in dieser Arbeit allein die Begriffe „Mediation“ und –für den Dritten- „Mediator“ verwendet.

II. Verständnis des Begriffs „Gewerblicher Rechtsschutz“

Schwieriger als die Beantwortung der Frage, was unter einer Mediation zu verstehen ist, gestaltet sich das Definieren und Erklären des Begriffes des gewerblichen Rechtsschutzes.

1. Definition

Eine gesetzliche Definition des Begriffs „gewerblicher Rechtsschutz“ existiert nicht[66]; die Bezeichnung „gewerblicher Rechtsschutz“ hat aber Eingang in die Gesetzessprache gefunden.

---

[64] *Risse,* NJW 2000, S. 1614; *Breidenbach,* Mediation, S. 4; *Gottwald,* WM 1998, S. 1257 (1260).

[65] *Plant,* in: Patent Litigation, S. 14; vgl. *Niklisch,* BB 1999, S. 2 (7).

[66] *Chrocziel,* S. 1; vgl. *Fischer,* § 1, S. 4.

Im Grundgesetz finden sich in Art. 73 Nr. 9 GG (ausschließliche Gesetzgebung des Bundes für den „gewerblichen Rechtsschutz“) und Art. 96 I GG (Kompetenz des Bundes zur Errichtung eines Bundesgerichts für „Angelegenheiten des gewerblichen Rechtsschutzes“) zwei Hinweise hierauf. Zudem existieren sechs Überleitungsgesetze zum gewerblichen Rechtsschutz[67], sowie das Gesetz über die Eingliederung des Saarlandes auf dem Gebiet des gewerblichen Rechtsschutzes vom 30.06. 1959. Auch international hat dieses Rechtsgebiet sehr früh durch die Pariser Verbandsübereinkunft (PVÜ)[68] vom 20. März 1883 eine Rahmenregelung zu ihrem Schutze erfahren.

Die Bezeichnung „gewerblicher Rechtsschutz“ wurde zwar von der Rechtslehre und Praxis entwickelt und verwendet, eine allgemeingültige Definition hat sich aber noch nicht herausgebildet. Allgemein werden gegenwärtig unter der Bezeichnung „gewerblicher Rechtsschutz“ diejenigen Rechtsgebiete gefaßt, die sich mit gewerblichen Leistungen befassen und dem Schutz des geistigen Schaffens im gewerblichen Bereich dienen[69].

---

67 Auf dem Gebiet des gewerblichen Rechtsschutzes trat durch den zweiten Weltkrieg eine starke Zerrüttung ein, zumal im April 1945 das Reichspatentamt geschlossen wurde und damit für einen gewissen Zeitraum keine neuen Rechte mehr erworben werden konnten, vgl. *Gaul/Bartenbach*, Bd. I, A-24; *Busse*, Einl, Rn. 19. Um einen geordneten Zustand im gewerblichen Rechtsschutz wiederherzustellen, ergingen in der Folgezeit 6 Überleitungsgesetze (1. ÜberlG vom 8.7. 1949, *WiGBl* 1949, S. 175; 2. ÜberlG vom 02.07.1949, *BGBl* 1949, S. 31; 3. ÜberlG vom 3.10.1951, *BlPMZ* 1951, S. 327; 4. ÜberlG vom 20.12.1951, *BlPMZ* 1952, S. 2). Eigentlich sollte den Abschluß dieser Neuordnung das 5. Überleitungsgesetz vom 18.7.1953 bilden, welches auch eine Neufassung des Patent-, Warenzeichen- und Gebrauchsmusterrechtes beinhaltete. Durch das Urteil des BVerwG (*BVerwG*, GRUR 1959, S. 435), welches das Patentamt als Verwaltungsbehörde qualifizierte und damit gegen seine Entscheidungen den Rechtsweg zu den Verwaltungsgerichten mit 3 Instanzen eröffnete, bestand die Notwendigkeit eines 6. Überleitungsgesetzes, das am 23.3.1961 auch erlassen wurde, vgl. *BGBl*. I, S. 273 (274).

68 Die PVÜ gilt als die bedeutendste Vereinbarung auf dem Gebiet des internationalen gewerblichen Rechtsschutzes. Ihr gehören heute 89 Staaten und alle wesentlichen Industriestaaten an. Der Beitritt Deutschlands erfolgte am 1.5.1903 bei. Organisatorisch stellt die PVÜ einen Verband dar, dessen oberstes Organ die Versammlung der Mitgliedstaaten ist, *Nirk*, S. 207. Die letzte Revision der PVÜ erfolgte in Stockholm 1967, vgl. *Chrocziel*, S. 2.

2. Inhalt

Unter den Begriff „gewerblicher Rechtsschutz“ werden in Deutschland vor allem die Schutzgesetze des Marken- (bis 1994 Warenzeichenrecht), Patent-, Gebrauchsmuster- , Sorten- und Geschmacksmusterrechts gefaßt[70]. Zielsetzung des gewerblichen Rechtsschutzes ist es, der Förderung und Sicherung des Gewerbewesens und den damit verbundenen Innovationen zu dienen[71]. Den Schutzgegenstand stellt dabei die gewerbliche Leistung des einzelnen dar, die im Patentrecht in einem bestimmten Ergebnis und im Markenrecht in ihren Zeichen und Symbolen zu sehen ist.

Eine Sicherung der geistig - gewerblichen Leistungen durch die speziellen Schutzgesetze soll ermöglichen, daß die betreffende gewerbliche Tätigkeit vor Störungen und Beeinträchtigungen bestmöglichst geschützt und dem Schutzrechtsinhaber der wirtschaftliche Wert seiner geistigen Güter zugeordnet wird[72]. Dem Schutzrechtsinhaber wird hierdurch ein Freiraum für seine leistungsbezogenen Aktivitäten geschaffen. Im Vordergrund steht also der Schutz privater Interessen, die überwiegend wirtschaftlicher Natur sind[73]. Nicht nur der Einzelne, sondern ganze Unternehmen begehren eine sinnvolle wirtschaftliche Auswertung ihrer geistig - gewerblichen Leistungen, denn nicht selten ist mit einem gewerblichen Schutzrecht die Existenz eines wirtschaftlichen Unternehmens verbunden[74]. Es ist jedoch zu berücksichtigen, daß es sich bei den Leistungen häufig um Güter handelt, die Gebrauchsgüter der Allgemeinheit dar-

---

[69] Vgl. *Chrocziel*, S. 1; *Fischer*, S. 4 II; *Hubmann/Götting*, S. 1; *Hering*, S. 1; vgl. *Ilzhöfer*, Rn. 5.

[70] *Hering*, S. 4; vgl. *Chrocziel*, S. 1; *Fischer*, § 1, S. 4; *Busse*, Einl, Rn. 40, der die Frage, ob das Wettbewerbsrecht auch Teil des gewerblichen Rechtsschutzes ist, als strittig bezeichnet; differenzierend zwischen UWG und GWB *Hubmann/Götting*, § 1, S. 5.

[71] Vgl. *Beier*, GRUR Int. 1979, S. 227 (234); vgl. *Beier/Strauss*, GRUR 1977, S. 282 (283); *Ilzhöfer*, S. 3, Rn. 2; *van Raden*, BB 1999, Beilage 9, S. 17; *Chrocziel*, S. 1, Rn. 1; vgl. *Sedemund-Treiber*, Mitt. 2000, S. 124; *Hering*, S. 3; vgl. *Nirk*, S. 44; vgl *Fischer*, S. 1.

[72] Vgl. *Stauder*, S. 1 zur Ausschließlichkeitswirkung des Schutzrechtes; vgl. *Chrocziel*, S. 1, Rn. 2.

[73] Vgl. *Fezer*, Einl MarkenG, Rn. 26; vgl. *Busse*, Einl, Rn. 53.

[74] Vgl. *van Raaden*, BB 1999, Beilage 9, S. 17; *ders.* GRUR 1998, S. 444.

stellen. Die Ausgestaltung des Rechtsschutzes gestaltet sich demzufolge insofern schwierig, als daß auch dem Gesichtspunkt des öffentlichen Interesses Rechnung getragen werden muß.

a) Urheberrecht

Fraglich ist, ob auch das Urheberrecht ein Schutzgesetz darstellt, das dem gewerblichen Rechtsschutz zuzuordnen ist, welches aufgrund seiner ansteigenden wirtschaftlichen Bedeutung[75] in der folgenden Darstellung Berücksichtigung finden sollte.

Grundsätzlich sind gewerbliche Schutzrechte Immaterialgüter und stellen dingliche Rechte dar[76], die dem Inhaber Verwertungsrechte als „positive" innere Seite geben aber auch als nach außen gekehrte „negative" Seite Verbotsrechte in dem in den jeweiligen Gesetzen angegebenen Umfang[77]. Immaterialgüterrechte unterscheiden sich von dem Sachenrecht des BGB durch ihr Rechtsobjekt. Sachen im Sinne des § 90 BGB sind Rechte an körperlichen Gegenständen. Bei den Immaterialgüterrechten im gewerblichen Rechtsschutz handelt es sich dagegen um Rechte an den durch geistige Leistung geschaffenen unkörperlichen

---

[75] Das Urheberrecht ist längst nicht mehr nur Schutz des Künstlers und Schutz des Kulturgutes, sondern kann rein wirtschaftliche Komponenten haben, vgl. *Schricker,* Einleitung, Rn. 8.

[76] Vgl. für die Einordnung als absolutes Recht, *RGZ* 77, S. 81 (83); *RGZ* 153, S. 211 (213), für die Bezeichung als absolute Rechte; *Bühling*, GRUR 1997, S. 196; *Schanda*, GRUR Int. 1994, S. 275 (278); vgl. *Chrocziel*, S. 140; *Troller*, Bd. I, S. 69; vgl. *Geigy*, S. 1; vgl. *Nirk*, S. 207; vgl. für das Patent: *Lüdecke*, GRUR 1964, S. 470 (471); vgl. für die Einordnung als absolutes Recht, *Kent*, § 1, S. 40; *Held*, S. 19; Beachte auch *Benkard*, GRUR 1950, S. 481 (488), der für die Erfindung unter dem Gesichtspunkt des Persönlichkeitsrechtes von vornherein ein absolutes Recht annimmt.

[77] Vgl. *Gaul*/Bartenbach, H 38-40, Rn. 38 (für Patente); Ilzhöfer, S. 194, Rn. 172; vgl. *Busse*, § 9 PatG, Rn. 43f. (für Patente); vgl. *Bernhardt/Kraßer*, § 1, S. 4; *Kraßer*, GRUR Int. 1983, S. 537 (544); *Schanda*. GRUR Int. 1994, S. 275 (279).

Gütern[78]. Als eigentlicher Gegenstand einer geistigen Leistung ist somit der in die Außenwelt getretene schöpferische Gedanke zu qualifizieren[79].
Ein dingliches Recht verleiht dem Berechtigten in gewissem Umfang Herrschaftsmacht und wirkt in diesem Umfang auch gegenüber jedermann[80]. Der Schutzrechtsinhaber erlangt somit eine Position, die es ihm ermöglicht, Dritte von der Nutzung auszuschließen. Er kann über sein Recht frei verfügen, es also übertragen, aufheben, verändern und belasten.

Auch das Urheberrecht ist als Immaterialgüterrecht als absolutes Ausschließlichkeitsrecht ausgestaltet[81]. Ebenso wie das Patent[82]- und Markenrecht[83] beinhaltet es die Möglichkeit der positiven Nutzung sowie des negativen Verbotsrechtes, d.h. andere von seiner Nutzung auszuschließen. Eine Besonderheit ergibt sich beim Urheberrecht jedoch durch den im Vergleich zu anderen Immaterialgüterrechten viel stärkeren Einschlag des Persönlichkeitsrechtes, des sog. Urheber-

---

78 Vgl. *Bernhardt/Krasser* zum Erfinderrecht, § 1, S. 4. Ausführlich zu dem Begriff des Immaterialgüterrechts, *Schönherr,* FS Troller, S. 57 ff. .

79 Früher wurde deswegen auch von „geistigem oder gewerblichen Eigentum" gesprochen (z.B. im AHKG Nr. 8). Im Patentrecht wurde die Stellung des Erfinders zu seiner Idee mit der Stellung des Eigentümers zu seiner Sache verglichen. Eine Gleichstellung beider Rechte ist jedoch dogmatisch unrichtig. So wird der zivilrechtliche Eigentumsbegriff gemäß § 903 BGB auf Sachen beschränkt. Hier handelt es sich aber um unkörperliches Gut. Zudem ist beispielsweise die Erfindungsherrschaft zeitlich begrenzt, während hingegen das Eigentum ein ewiges Recht darstellt, vgl. *Bernhardt/Kraßer*, § 2, S. 8, 692 – für die ausschließliche Lizenz. Argumentiert trotzdem für den Begriff „ geistiges Eigentum", *Kent*, § 1 S. 41.

80 *RGZ* 153, S. 211 (213); vgl. *Schwab/Prütting*, § 3, Rn. 15; *Staudinger/Seiler*, Einl. zu §§ 854 ff., Rn. 17f.; vgl. *Palandt*/Thomas, Einf. § 854 BGB, Rn. 2; Henn, § 33, S. 41.

81 *Schricker*, Einl., Rn. 18; vgl. *Enders*, § 1, Rn. 43; vgl. *Bühling*, GRUR 1998, S. 196; *Chrocziel*, S. 140

82 Patent als dingliches Recht: *Villinger,* CR 1996, S. 331 (336).

83 Erst seit der Aufhebung der Bindung der Marke an den Geschäftsbetrieb, ist im Zugen des Erstreckungsgesetzes die Marke unabhängig von der Übertragung des Geschäftsbetriebes übertragbar, § 47 ErstrG hat § 8 WZG entsprechend geändert. Diese Änderung ist von § 27 MarkenG übernommen worden.(Stand in Bühling für Warenzeichen geschrieben). Konsequent bestimmt § 29 MarkenG, daß darüber hinaus die Marke auch verpfändet werden oder Gegenstand eines dinglichen Rechts sein kann, sowie Maßnahmen der Zwangsvollstreckung unterliegt.

persönlichkeitsrechtes[84]. Dieses besagt, daß sich das Recht des Urhebers an seinem Werk nicht darin erschöpft, daß er es verwerten und daraus einen Gewinn erzielen kann[85], sondern er hat darüber hinaus als „Schöpfer" ein persönliches und ideelles Interesse und damit auch ein Interesse nicht wirtschaftlicher Art.

Im Gegensatz zu den gewerblichen Schutzrechten ist seine Übertragungsmöglichkeit auf die Fälle der Erbauseinandersetzung oder der Erfüllung einer Verfügung von Todes wegen beschränkt. Ansonsten ist es selbst nicht übertragbar, § 29 S. 2 UrhG, und von seiner persönlichkeitsrechtlichen Seite gesehen, zumindest im Kern nicht abtretbar[86]. Nur hinsichtlich Nutzungs- und Verwertungsrechten besteht eine Übertragungsmöglichkeit[87].

Denn Gegenstand des Urheberrechts ist das Werk i.S.d. § 1 UrhG als immaterielles Gut. Dieses Werk ist jedoch streng von der Verkörperung, in der das Werk zu finden ist, zu unterscheiden (z.B. dem Buch oder Bild). Erwirbt ein Dritter käuflich ein Bild, so wird dieser zwar Eigentümer hinsichtlich des Werkstückes. Er hat damit jedoch nicht das Recht erhalten, das in dem Werkstück enthaltenen Werk zu vervielfältigen, indem er Abbildungen herstellt, die er veräußert oder veröffentlicht.

Trotz der Tatsache, daß das Urheberrecht außerhalb des persönlichkeitsrechtlichen Bereichs den gewerblichen Schutzrechten ähnlich ist, ist das Urheberrecht somit als selbständig neben dem gewerblichen Rechtsschutz stehendes Rechtsgebiet anzusehen.

---

[84] Teilweise werden der Urheber-, Namen-, Zeichen- und Erfinderrecht von einem allgemeinen Persönlichkeitsrecht abgeleitet und den zureichenden Grund für diese Sonderrechte wird in der Betätigung der Persönlichkeit erblickt. Dieses allgemein Persönlichkeitsrecht wird jedoch überwiegend zugunsten der dualistischen Theorie abgelehnt, deren Gründer Josef Kohler war. Das Patentrecht umfaßt neben anderen Rechten auch das Erfinderpersönlichkeitsrecht, vgl. *Busse*, Einl., Rn. 52.

[85] Becker-Bender, S. 6.

[86] Vgl. *Forkel*, S. 168.

[87] Vgl. *BGH*, GRUR 1962, S. 595); *Reimer,* Anm. zu BGH 28. Juli 1962, Aktz. I ZR/ 20/61; *Schricker*, Rn. 22, 37 f. vor §§ 28 ff. UrhG, wobei den praktisch wichtigsten Fall hierbei ihre Übertragung zur Wahrnehmung an Verwertungsgesellschaften bildet.

Die gesonderte Behandlung des Urheberrechts von dem Bereich des gewerblichen Rechtsschutzes rechtfertigt sich auch im Hinblick auf die unterschiedlichen Arten der Entstehung der Schutzwirkung. So bedarf es im Urheberrecht zur Begründung des Schutzrechts keiner formalen Kriterien[88], wie z.B. eines staatlichen Verleihungsaktes oder einer Anmeldung bei einer Behörde. Dies ist im Patentrecht und primär auch im Markenrecht[89] notwendige Voraussetzung. Für Tonwerke, Bildwerke und Literaturwerke entsteht der Rechtsschutz allein kraft der geistigen Schöpfung[90]. Diese unterschiedliche Handhabung läßt sich damit begründen, daß beim Urheberrecht aufgrund der starken Individualisierung des schöpferischen Gutes durch seine konkrete Form wohl keine Zweifel hinsichtlich Urheberschaft oder Rechtskonflikte wegen fehlender Neuheit zu erwarten sind. Es wird nicht häufig vorkommen, daß zwei gleiche Bücher geschrieben oder identische Bilder gemalt werden. Auch ist zu berücksichtigen, daß ein etwaiges Monopol am Einzelwerk im Bereich der Kunst und Literatur die Öffentlichkeit weniger beschränkt als dies bei einer technischen oder pharmazeutischen Erfindung der Fall ist.

b) Ergebnis

Im Ergebnis bleibt somit festzustellen, daß das Urheberrecht eine Art Sonderstatus einnimmt. Es ist Teil des Immaterialgüterrechtes, läßt sich aber nicht dem Bereich des gewerblichen Rechtsschutzes zuordnen. Es wird daher bei der folgenden Untersuchung ausgeklammert. Von den genannten gewerblichen Schutzrechten[91] stellen das Patent und die Marke die wichtigsten Vertreter dar.

---

[88] *Kisch*, GRUR 1951, S. 175.

[89] Grundsätzlich entsteht der Markenschutz durch Registereintragung, § 4 Nr. 1 MarkenG. Ohne Eintragung genießen aber die notorische bekannte Marke (§ 4 Nr. 3 MarkenG), die berühmte Marke (§ 4 Nr. 2 MarkenG) und die geschäftlichen Bezeichnungen (§ 5 MarkenG) Markenschutz.

[90] *Kisch*, GRUR 1951, S. 175.

[91] s.o. § 2 II 2.

Die übrigen Schutzrechte ähneln in ihrem Entstehen, Schutzrechtsdauer und Wirkung dem Patent, so daß die Untersuchung auf das Patent und die Marke foccussiert wird.

III. Wirkung des Mediationsergebnisses

Fraglich ist, welche Wirkung einem einmal gefundenen erfolgreichen Mediationsergebnis zukommt, insbesondere, ob sich entgegen des Begriffsverständnisses der klassischen Mediation eine Verbindlichkeit ihres Ergebnisses herleiten läßt.

Aus dem Mediationsergebnis selbst könnte sich ggf. eine prozessuale Bindungswirkung herleiten lassen.
Die Beantwortung der Frage nach einer möglichen Bindungswirkung eines erfolgreichen Mediationsergebnisses läßt sich nur im Hinblick auf seine Rechtsnatur beantworten.

1. Mediationsergebnis als Titel im Sinne des § 794 Abs. 1 Nr. 1 ZPO

Das Mediationsergebnis stellt keinen vollstreckbaren Titel im Sinne des § 794 Abs. 1 Nr. 1 ZPO dar. Hiernach findet eine Zwangsvollstreckung unter anderem auch aus einem vor den durch die Landesjustizverwaltungen eingerichteten und damit anerkannten Güte- und Schlichtungsstellen abgeschlossenen Vergleich statt, wie beispielsweise Vergleiche vor der Bauschlichtungsstellen in Bremen, Frankfurt und Dortmund, den Mietschlichtungsstellen Düsseldorf, der ÖRA Hamburg und Lübeck und der Schlichtungsstelle des Amtsgerichtes München[92]. Das Mediationsverfahren erfolgt grundsätzlich nicht vor diesen

[92] Zu den einzelnen Stellen siehe, *Baumbach/Lauterbach/Albers/Hartmann,* § 794 ZPO, Rn. 4.

anerkannten Güte- oder Schlichtungsstellen und stellt damit auch keinen Titel im Sinne des § 794 Abs. 1 S. 1 ZPO dar.

2. Titelwirkung durch Anerkennung als Schiedsgutachten

Eine Bindungswirkung des Mediationsergebnisses könnte dann zu bejahen sein, wenn dieses als rechtsgeschäftliche Einigung bzw. als Vertrag angesehen wird, dessen Wirkung über die eines „normalen" Vertrages hinausgeht, beispielsweise die Wirkung eines Schiedsgutachtens[93] erlangen kann. Von dem Schiedsgutachten ist der Schiedsvertrag im Sinne der §§ 1029 ff ZPO zu unterscheiden, bei dem der Dritte nicht nur ein Element der Entscheidung begutachtet, sondern anstelle eines ordentlichen Gerichtes endgültig entscheiden soll[94]. Die staatliche Gerichtsbarkeit wird damit komplett ausgeschaltet. Ein Schiedsgutachten eröffnet dagegen die Möglichkeit, Vertragslücken zu schließen, einen bestehenden Vertrag an veränderte Umstände anzupassen und Meinungsverschiedenheiten schon während der Vertragserfüllung zu klären[95]. Bereits zum Zeitpunkt des Vertragsschlusses können die Parteien ausdrücklich oder stillschweigend vereinbaren, daß bei Meinungsverschiedenheiten ein Dritter den Inhalt einer Leistung im Wege eines Schiedsgutachtens zu bestimmen hat[96]. Hinter dieser Vereinbarung steht die Absicht der jeweiligen Partei, im Falle eines für sie un-

---

93 Im deutschen Recht sind drei verschiedene Fälle eines Schiedsgutachtens bekannt. Den ersten Fall bildet die Vollendung eines noch unvollständigen Rechtsverhältnisses, den zweiten die Klarstellung des Inhalts eines *Rechtsverhältnisses* und die dritte Fallgruppe stellt die Ermittlung von Tatsachen oder sonstigen Tatbestandselementen eines Rechtsverhältnisses dar, vgl. *Habscheid*, FS Kralik, S. 189f.

94 So die herrschende Meinung: *BGH*, NJW 1975, S. 1556; *BGH*, WM 1982, S. 543 (544); *BGH*, WM 1968, S. 1143 (1144); *BGH*, WM 1971, S. 39 (40); *BGHZ* 48, S. 25 (28); *BGHZ* 6, S. 335 (338); *BGH*, BB 1966, S. 802; *BGH*, BB 1963, S. 281; *OLG* Zweibrücken, NJW 1971, S. 943, mit Anmerkung *von Dahlen*, NJW 1971, S. 1756; *Schwab*, Schiedsgerichtsbarkeit, S. 6f.; *Zöller/Geimer*, § 1025 ZPO, Rn. 40; *A.A. Schlosser*, Internationale Schiedsgerichtsbarkeit, Rn. 26; *Stein/Jonas/Schlosser*, vor § 1025 ZPO, Rn. 27, nach diese Abgrenzung generell nicht vorzunehmen sein soll.

95 *Leonhard*, BB 1999, Beilage 9, S. 13 (16); vgl. auch *Habscheid*, FS Kralik, S. 189f; vgl. *Palandt/Heinrichs*, § 317 BGB, Rn. 9.

96 Vgl. *Walter*, ZZP 103 (1990), S. 141 (147); *Leonhard*, BB 1999, Beilage 9, S. 13 (16); vgl. *Duve*, § 8, S. 414.

günstigen Gutachtens, ihre Rechte nicht mehr weiterverfolgen zu wollen, mithin den Streit beizulegen. Im Unterschied zu einem Privatgutachten kommt einem Schiedsgutachten kraft Parteivereinbarung vertraglich verbindliche Wirkung zu[97].

Für das Schiedsgutachten finden sich keine ausdrücklichen gesetzlichen Regelungen; seine Existenz ist aber allgemein anerkannt[98]. Zweifel, ob einem Mediationsergebnis wirklich die Wirkung eines Schiedsgutachtens zuzusprechen ist, ergeben sich jedoch im Hinblick auf die rechtliche Einordnung eines Schiedsgutachtens. Im Unterschied zu einer Mediation wird das Schiedsgutachten als Leistungsbestimmung durch einen Dritten nach §§ 317, 319 BGB verstanden[99]. Das Ergebnis wird gerade nicht, wie in einer Mediationseinigung, lediglich durch einen Dritten infolge fachgerechter und kompetenter Verhandlungsunterstützung vermittelt. Zwar wird der Streit nicht allein durch das erstellte Gutachten erledigt, sondern dieses stellt vielmehr lediglich eine weitere Entscheidungsgrundlage dar, die erst im Zusammenspiel mit einer Vereinbarung der Parteien über die Anerkennung dieses Gutachtens zu einer Erledigung des Streites führt. Selbst wenn die Parteien die endgültige Entscheidung freiwillig und eigenmächtig derart aus der Hand gegeben haben, daß sie zur Lösungsfindung auf ein durch einen Dritten nach billigem Ermessen angefertigtes Schiedsgutachten vertrauen, so gleicht diese Art der Streitbeilegung aber wohl eher einem außergerichtlichen Vergleich[100], als einer Mediation, in der ein Mediator

---

97 Vgl. *Duve*, § 8, S. 416; vgl. *Blankenburg/Gottwald/Strempel*, S. 44.

98 *Duve*, § 8, S.414; vgl. *Palandt/Heinrichs*, § 317 BGB, Rn. 3.

99 *RGZ* 152, S. 201 (204); vgl. *Palandt/Heinrichs*, § 317 BGB, Rn. 3, 6f.; vgl. *Prütting*, BB 1999, Beilage 9, S. 7 (9); vgl. *Duve*, § 8, S. 414; vgl. *Walter*, ZZP 103 (1990), S. 141 (149); vgl. *Gehrlein*, VersR 1994, S. 1009 ff.; ***A.A.*** *Habscheid,* FS Kralik, S. 189 (190), der eine einheitliche Lösung über die Qualifikation des Schiedsgutachtens als materiell - rechtlichen Vertrag ablehnt und lediglich ein Schiedsgutachten, das der Vollendung eines noch unvollständigen Rechtsverhältnisses dient, als einen Fall des materiellen Rechts nach §§ 317 ff. BGB ansieht.

100 Die Funktion des Schiedsgutachters wird grundsätzlich als mit der eines Richters oder Schiedsrichters verglichen, vgl. *Duve*, § 8, S. 415 und Fn. 27. Siehe auch *Stadler*, NJW 1998, S. 2479 (2484), Entscheidungskompetenzen im Falle einer Nichteinigung der Parteien wäre für eine geplante Mediation kontraproduktiv.

nur vermittelt und nicht entscheidet. Der Schiedsgutachter nimmt funktionell eine „Rechtsprechungsaufgabe“ wahr. Erschwerend tritt hinzu, daß selbst die freiwillig an den Dritten delegierte Entscheidungsmacht nicht als abschließend bewertet werden kann. Gemäß § 319 Abs. 1 S. 1 BGB ist die durch den Dritten getroffene Entscheidung bei offenbarer Unbilligkeit für die Parteien nicht verbindlich. Die unverbindliche Bestimmung wird unter Aufrechterhaltung der Vereinbarung durch eine gerichtliche ersetzt, § 319 Abs. 1 S. 2 1 HS. Von offenbarer Unbilligkeit ist auszugehen, wenn die Entscheidung in grober Weise gegen Treu und Glauben verstößt und sich dies einem sachkundigen, neutralen Beobachter regelrecht aufdrängt[101]. Die Parteien gäben ihre Entscheidungsmacht im Rahmen des § 319 BGB an das Gericht ab, welches den Leistungsinhalt feststellt[102] und was mit einer Mediation in keinem Zusammenhang mehr steht. Zwar muß auch ein erarbeitetes Mediationsergebnis mit den rechtlichen Grundsätzen vereinbar sein. Der in §§ 317, 319 BGB manifestierte Grundsatz, ein in Anlehnung an die Interessen der Parteien entstandenes Ergebnis auf seine Billigkeit hin zu überprüfen, ließe sich demnach grundsätzlich auch auf die Mediation bzw. das Mediationsergebnis übertragen. Das Selbstbestimmungsrecht der Beteiligten eines Mediationsverfahrens (Medianten) würde allerdings leerlaufen, wenn die Parteien ein Ergebnis vereinbart haben, welches gegen § 138 BGB verstößt und deswegen in Anlehnung an § 319 Abs. 1 S. 2 1 HS BGB durch eine gerichtliche Entscheidung ersetzt werden würde. Den Konfliktparteien sollte nicht die Möglichkeit genommen werden, nach eigenem Ermessen und Vorstellungen ein Ergebnis den rechtlichen Grundsätzen anzugleichen bzw. von diesem gänzlich wieder Abstand nehmen zu können.

Ein Vorteil der Mediation sollte gerade die Möglichkeiten einer zunächst von rechtlichen Grundsätzen losgelösten Entscheidungsfindung darstellen. Hierdurch

---

[101] *RGZ* 96, S. 57 (62); vgl. *RGZ* 99, S. 105 (106); vgl. *RGZ* 147, S. 58 (63); *BGH*, NJW 1958, S. 2067; *BGH*, NJW 1991, S. 2761; *Kornblum*, AcP 168 (1968), S. 450 (468).

[102] *Zöller/Geimer*, § 1029 ZPO, Rn. 4.

sollen flexiblere Ergebnisse herbeigeführt werden können[103], sofern Kompetenz über den Streitgegenstand besteht[104]. Die Regeln über die Billigkeitsprüfung der Leistungsbestimmung führen nicht zu diesen Zielen. Um zu vermeiden, im Zweifelsfall mit einer subjektiv unzufriedenstellenden gerichtlichen Entscheidung konfrontiert zu werden, würde sich die Aufmerksamkeit der Beteiligten eher auf die Vereinbarkeit ihres Ergebnisses mit Rechtsgrundsätzen konzentrieren, als darauf, eine zukunftsorientierte Lösung zu erarbeiten.

Die Einordnung eines Mediationsergebnisses als Schiedsgutachten ist mit ihrer Zielrichtung und ihren Grundsätzen nicht vereinbar. Eine sich hierauf gründende Verbindlichkeit des Mediationsergebnisses ist abzulehnen.

3. Rechtskraft über einen Schiedsspruch mit vereinbartem Wortlaut

Eine Verbindlichkeit des Mediationsergebnisses könnte sich aber in Anlehnung an das Schiedsrecht ergeben, insbesondere, wenn das durch das Schiedsverfahren – Neuregelungsgesetz vom 21. 12 1997[105] - geschaffene Instrument des Schiedsspruchs mit vereinbartem Wortlaut nach § 1053 i.V.m. § 1054 ZPO Anwendung finden würde.

Gemäß § 1053 Abs. 1 S. 1 ZPO wird ein Schiedsverfahren durch das Gericht beendet, wenn sich die Parteien währenddessen über die Streitigkeit vergleichen. Auf Antrag der Parteien hält das Gericht den Vergleich in Form eines Schiedsspruchs mit vereinbartem Wortlaut fest, sofern sein Inhalt nicht gegen die öffentliche Ordnung (ordre public) verstößt, § 1053 Abs. 1 S. 2 ZPO. Wird ein Schiedsspruch mit vereinbartem Wortlaut gemäß den in § 1054 ZPO vorgeschriebenen Formvorschriften erlassen, so hat er nach § 1053 Abs. 2 S. 2 ZPO die gleiche Wirkung wie jeder andere Schiedsspruch zur Sache. Ihm kommt

---

[103] *Breidenbach*, S. 194; vgl. *ders.* AnwBl 1997, S. 135 (136); vgl. *Ortloff*, in: Mediation für Juristen, S. 111 (114); vgl. *Risse*, BB 1999, Beilage 9, S. 1; *Duve*, BB 1998, Beilage 9, S. 15 (18).

[104] Siehe hierzu ausführlich § 5 dieser Arbeit.

[105] *BGBl.* I (1997) S. 3224; vgl. *Labes/Lörcher,* MDR 1997, S. 420 (425).

nach § 1055 ZPO die Wirkung eines Urteils zu und ist damit vollstreckbar. Auf Antrag der Parteien kann der Schiedsspruch mit vereinbartem Wortlaut nach § 1053 Abs. 4 S. 1 ZPO auch von einem Notar für vollstreckbar erklärt werden. Das Mediationsergebnis könnte damit vollstreckbar sein, wenn es als Schiedsspruch mit vereinbartem Wortlaut anzusehen wäre, mithin die §§ 1053 ff. ZPO auf es Anwendung finden würden.

Fraglich ist jedoch, wie die bisher noch theoretische Idee der Umwandlung des Mediationsergebnisses in einen Schiedsspruch mit vereinbartem Wortlaut praktisch auszusehen hat. Problematisch erscheint in diesem Zusammenhang der eindeutige Wortlaut des § 1053 Abs. 1 S. 1 ZPO, nach dem ein Vergleich „während eines Schiedsverfahrens" geschlossen werden muß. Das Mediationsergebnis ist aber keine Vereinbarung, die im Rahmen eines Schiedsverfahrens abgeschlossen wird. Bei rein formalistischer Betrachtung könnte dies zu der Annahme führen, daß der Gesetzgeber durch den auf die genannte Fallgruppe beschränkten Regelungsbereich dieser neuen Vorschrift, bewußt die Fallgestaltung ausschließen wollte, nach der es zuerst zu einem Vergleichsschluß der Parteien kommt und diese erst anschließend in ein, wenn auch kurzes, Schiedsverfahren eintreten.

Selbst bei einer Ablehnung dieser doch sehr engen Betrachtungsweise bestünde jedoch die einzige Möglichkeit, dem Mediationsergebnis Titelfunktion zukommen zu lassen in einer nachträglichen Durchführung eines Schiedsverfahrens.

Ein diesbezüglich nachträgliches Schiedsverfahren kann jedoch nur durchgeführt werden, wenn beide Parteien freiwillig eine Schiedsvereinbarung im Sinne des § 1029 Abs. 1 ZPO treffen, nach der sie die „Streitigkeit" oder einen Teil hiervon der Entscheidung eines Schiedsgerichtes unterwerfen wollen[106].

---

[106] Die Schiedsvereinbarung muß keine Verfahrensvereinbarungen enthalten, also Abreden hinsichtlich der Ernennung des Schiedsrichters etc., *Zöller/Geimer*, § 1029 ZPO, Rn. 11.

Läßt sich beispielsweise eine Partei nur zum Schein auf eine Mediation ein und handelt mit der Intention, den anderen bestmöglich auszuhorchen, wird sie nach der Mediation keine derartige Schiedsvereinbarung abschließen. Erfüllt die eine Partei die ihr aufgrund der abschließenden Mediationsvereinbarung ergebenden schuldrechtlichen Verpflichtungen nicht, so besteht für den Anspruchsgegner keine Möglichkeit, dem Ergebnis nur einseitig durch einen Schiedsspruch mit vereinbartem Wortlaut Titelfunktion zukommen zu lassen. Selbst wenn beide Parteien vor einem ordentlichen Gericht erklären, sie hätten sich außergerichtlich geeinigt, liegt damit kein „gerichtlicher Vergleich" vor, aus dem die Zwangsvollstreckung erfolgen könnte[107].

Insofern wäre es ratsam, auf den Abschluß einer Schiedsvereinbarung bereits zu einem Zeitpunkt zu drängen, welcher vor dem Ende der Mediation liegt[108].
Diese Situation würde jedoch dazu führen, daß nur derjenige von der Gegenpartei als redlich angesehen wird, der freiwillig während der Mediation Vereinbarungen eingeht, die im Endeffekt nur auf die Erlangung eines Titels gerichtet sind. Dieses Ziel widerspräche aber evident dem Wesen der Mediation. Parteien, die sich auf eine Mediation einlassen, sind grundsätzlich auf eine gütliche Einigung aus. Das Drohen mit einem möglichen Titel läßt sich hiermit nicht vereinbaren. Eine Mediation, in der die Parteien, um redlich zu erscheinen, eine Vereinbarung treffen müssen, die auf den Erhalt eines Titels gerichtet ist, würde gegenüber dem gerichtlichen Verfahren nicht mehr vorteilhaft angesehen werden. Im übrigen wird ein in Mißbrauchsabsicht handelnder Anspruchsgegner sich wohl zu keinem Zeitpunkt auf eine Schiedsvereinbarung einlassen.
Damit die in einer Mediation geschlossenen Vereinbarungen überhaupt in einem Schiedsspruch Geltung finden könnten, ist notwendige Voraussetzung, daß während der Mediation auch die wesentlichen Grundsätze des Schiedsverfahrens

---

[107] Vgl. *Zöller/Stöber*, § 794 ZPO, Rn. 17.
[108] Vgl. *Lörcher*, DB 1999, S. 789f.

eingehalten werden, insbesondere eine Vereinbarkeit mit den Vorschriften des Grundgesetzes besteht. Dies läßt sich vor allem damit begründen, daß das dem Schiedsrecht eingeräumte besondere Privileg eines Schiedsspruches mit Rechtskraft nur auf diesem Mindestschutz beruht, der den Parteien in einem Schiedsverfahren gewährt wird. Soll nun einer Mediationsvereinbarung die Wirkung eines Schiedsspruches mit vereinbartem Wortlaut unter Einhaltung der praktischen Verfahrensweise zukommen, so muß der gleiche Mindestschutz auch in der Mediation gewährleistet werden, denn ansonsten bestünde die Möglichkeit, die durch den Gesetzgeber als notwendig erachteten Schutzanforderungen durch die Zwischenschaltung einer Mediation umgehen zu können.
Bei Vorliegen der genannten Anforderungen und im Hinblick auf die Aufgabe des Schiedsrichters, in jeder Lage des Verfahrens auf eine gütliche Beilegung des Rechtsstreits bedacht zu sein, und damit der Vorschrift des § 279 ZPO zu entsprechen, bestehen auch keine Bedenken gegen die Doppelrolle eines Mediators bzw. eines Schiedsrichters, d.h. ein Schiedsrichter ist nicht als befangen anzusehen, weil er zunächst in der Position eines Mediators vermittelt, damit also auf eine Einigung hinwirkt und darauffolgend das Schiedsverfahren einleitet[109].
Im Ergebnis besteht damit grundsätzlich die Möglichkeit, durch die Einordnung des Mediationsergebnisses als Schiedsspruch mit vereinbartem Wortlaut, diesem Titelfunktion zukommen zu lassen. Allerdings müßten dann bereits während dem Mediationsverfahren die für das Schiedsverfahren geltenden Grundsätze eingehalten worden sein, damit keine Umgehungsmöglichkeit hierfür eröffnet wird[110].

---

[109] *Niklisch*, RIW 1998, 169 (170); vgl. *Lörcher*, DB 1999, S. 789.
[110] Zu berücksichtigen ist jedoch der Aspekt der Schiedsfähigkeit im Sinne des § 1030 ZPO. Ein nachträgliches Schiedsverfahren kann nur für solche Streitigkeiten anberaumt werden, die auch schiedsfähig sind. Siehe hierzu ausführlich § 3 III.

4. Zwischenergebnis

Der mediativen Einigung kommt aus sich selbst heraus keine Titelfunktion zu. Ihr Ergebnis ist weder als Titel im Sinne der ZPO einzuordnen, noch mit den Grundsätzen und der rechtlichen Einordnung eines Schiedsgutachtens im Sinne der §§ 317, 319 BGB vereinbar. Lediglich durch ein angehängtes Schiedsverfahren läßt sich in manchen Streitigkeiten ein Titel durch das Instrument des Schiedsspruchs mit vereinbartem Wortlaut erwirken, vgl. § 1053 ZPO i.V.m. § 1054 ZPO. Die Parteien demonstrieren hierdurch, daß sie zu dem Mediationsergebnis stehen. Im Umkehrschluß kann dies allerdings zu einem Druck der Parteien führen, in jedem Fall ein solches Verfahren durchführen zu müssen, da auch bei einer redlichen Partei andernfalls ein falscher Eindruck entstehen könnte. Ob eine solche Verkettung von Verfahren gegenüber einem gerichtlichen Verfahren allerdings noch vorteilhafter im Sinne eines Zeit- und Kostenersparnisses ist, erscheint fraglich.

Der Umstand, daß einem Mediationsergebnis keine Titelfunktion zukommt, aus dem vollstreckt werden kann, entspricht dem Wesen der klassischen Mediation. Die Mediation zielt ihrem Wesen nach gerade nicht auf die Erlangung eines Titels ab, sondern auf die gütliche freiwillige Einigung. Die Parteien sollten sich vielmehr genau überlegen, wieviel geheime Informationen tatsächlich für die Beilegung der Streitigkeit preisgegeben werden müssen.

IV. Zeitpunkt für die Durchführung der Mediation

Fraglich ist weiterhin, zu welchem Zeitpunkt eine Mediation durchzuführen ist. Grundsätzlich sind verschieden Zeitpunkte für die Durchführung einer Mediation denkbar.

In Betracht zu ziehen ist sowohl ein Mediationsverfahren, das einem gerichtlichen Verfahren zeitlich vorangestellt ist, als auch ein solches, das in einem bereits laufenden Prozeß in Anspruch genommen wird.

In Amerika wird eine Mediation zeitlich vor einem gerichtlichen Verfahren durchgeführt. Dies bietet sich dort jedoch allein schon wegen der aufwendigen „discovery“ an, die grundsätzlich durchzuführen ist, bevor anschließend der Prozeß erfolgt. Sinn und Zweck der „discovery“ ist es, die zwischen den Parteien erfolgenden Auseinandersetzungen vor Beginn des Prozesse umfassend vorzubereiten[111]. Anders als in vielen europäischen Rechtssystemen liegt dem amerikanischen Zivilprozeßrecht nämlich die Prämisse zugrunde, daß möglichst viele Überraschungen in der Hauptverhandlung eines Prozesses vermieden werden sollen.

Vor dem Hintergrund einer effektiven Entlastung der staatlichen Gerichte, einer selbständigen Streitbeilegung durch die Parteien und auch aus Kostengesichtspunkten, erscheint es jedoch auch nach deutschem Verfahrensrecht am effektivsten, die Mediation einem staatlichen Gerichtsverfahren voranzustellen[112]. Wird eine Mediation einem gerichtlichen Verfahren vorangestellt und verläuft diese erfolgreich, so müssen staatliche Gerichte erst gar nicht zur Rechtsfindung herangezogen werden. Zumindest die Gerichtsgebühren können hier eingespart werden, wenngleich die zu einer Mediation hinzugezogenen Anwälte bezahlt werden müssen.

Auch die Chance, eine Mediation erfolgreich abzuschließen, ist vor der Entstehung eines staatlichen Gerichtsverfahrens größer[113]. Hierdurch kann verhindert werden, daß ein Konflikt eskaliert und dieser überhaupt in den gerichtlichen Bereich vordringt. Ist erst einmal ein Verfahren eingeleitet, so entspricht eine gütliche Beilegung gewöhnlich nicht dem Hauptinteresse der Beteiligten. Ziel ist es vielmehr, den Prozeß für sich zu entscheiden, was durch die Kostenregelung

---

[111] Vgl. *Duve*, § 8, S. 419; *Pfeiffer*, GRUR Int. 1999, S. 598; vgl. *Schack*, S. 44.

[112] In den USA hat sich herausgestellt, daß die Kosten eines Verfahrens in gleichem Maße steigen, wie der Einfluß der Parteien auf das Verfahren abnimmt. Je mehr sich die Parteien mit den Alternative Dispute Resolution-Möglichkeiten befaßten, desto geringer waren die anfallenden Kosten, vgl. *Labes*, DZWir 1998, S. 353 (359).

der „Unterliegenshaftung“ nach § 91 Abs. 1 S. 1 ZPO unterstützt wird, nach der die unterliegende Partei die Kosten des Rechtsstreites zu tragen hat. Auch in einem Vergleichsfall fallen für die beteiligten Parteien Kosten an. Gemäß § 98 ZPO sind sowohl die Kosten eines abgeschlossenen Vergleichs, als auch die Kosten des durch den Vergleich erledigten Rechtsstreites als gegeneinander aufgehoben anzusehen, sofern die Parteien nicht etwas anderes vereinbarten.

Gegen die Durchführung einer Mediation im Rahmen eines staatlichen Gerichtsverfahrens spricht zudem, daß dem Richter, wenn er auch als Mediator eingesetzt würde, was sich anbieten würde, da er mit der Sache bereits vertraut ist, bereits zu diesem Zeitpunkt die Entscheidungsmacht zusteht und er diese auch im Falle von Vergleichsverhandlungen behält, da er im Falle eines Scheiterns der Verhandlungen weiterhin gezwungen bleibt, eine Entscheidung herbeizuführen[114].

Die nachfolgende Untersuchung soll aus den genannten Gründen vornehmlich auf Mediationsverfahren abstellen, die zeitlich vor einem streitigen Gerichtsverfahren durchgeführt werden.

§ 3 Alternativen für die Mediation im gewerblichen Rechtsschutz

Die Einführung der Mediation als neue außergerichtliche Konfliktlösungsmöglichkeit für Streitigkeiten des gewerblichen Rechtsschutzes ist nur dann sinnvoll, wenn nicht bereits ausreichende Mittel zur Verfügung stehen, die ein gleiches oder ähnliches Ziel auf ähnlichem und sinngemäßen Wege ebenso effektiv verfolgen. Zu untersuchen ist daher, ob in Deutschland bereits Möglichkeiten für eine außergerichtlichen Streitbeilegung im Bereich des gewerblichen

---

[113] Vgl. *Gottwald*, BRAK-Mitt. 1998, S. 60 (64); ***A.A.*** *Stadler*, NJW 1998, S. 2479 (2482); *Prütting*, in: Mediation für Juristen, S. 57 (66) im Zusammenhang mit obligatorischen Güteverfahren.

[114] Zustimmend *de With*, FamRZ 1989, S. 211 (212).

Rechtsschutzes bestehen, die von ihrer Verfahrensausgestaltung und Zielrichtung her eine mit der Mediation vergleichbare Streitbeilegungsmethode darstellen und die von daher eine Einführung der Mediation in den gewerblichen Rechtsschutz als sinnlos und unzweckmäßig erscheinen lassen könnten.
Dabei ist vor allem auf die Möglichkeiten abzustellen, die die Zivilprozeßordnung den Verfahrensparteien zum Zwecke einer einvernehmlichen Streitbeilegung zur Verfügung stellt.

I. Der Prozeßvergleich als Alternative

Zu denken ist zunächst an den Prozeßvergleich gemäß § 794 Abs. 1 Nr. 1 ZPO[115]. Im gewerblichen Rechtsschutz spielt der Vergleich an sich eine erhebliche Rolle, zumal nicht nur die vor dem Bundespatentgericht und Bundesgerichtshof geschlossenen Vergleiche zu berücksichtigen sind, sondern sich auch hinter der beträchtlichen Anzahl von Rücknahmen eines Rechtsmittels vor dem Bundespatentgericht außergerichtlich abgeschlossene Vergleiche verbergen[116].
Der hier in Frage stehende Prozeßvergleich scheint bereits von seiner Namengebung her keine als Ersatz für eine Mediation in Betracht zu ziehende Lösungsmöglichkeit darzustellen. Der Prozeßvergleich[117] soll seiner Funktion nach einen bereits laufenden Prozeß beenden[118]. Er wird häufig nach mündlicher Verhandlung oder am Ende der Beweisaufnahme eines Prozesses geschlossen[119], da

---

[115] Der Prozeßvergleich ist in der ZPO nicht umfassend geregelt, sondern wird nur in einzelnen Bestimmungen erwähnt. § 794 Abs. 1 Nr. 1 ZPO nennt die Erfordernisse des Prozeßvergleichs und § 160 III ZPO erfordert seine Protokollierung. Darüber hinaus wird als Wirksamkeitsvoraussetzung der Abschluß vor einem deutschen Gericht oder einer der in § 794 Abs. 1 Nr. 1 ZPO beschriebenen Gütestellen verlangt.

[116] *Steup*, Mitt. 1992, S. 94; vgl. zu Vergleichen über den Schutzumfang eines Patentes *Bernhardt/Kraßer*, § 42, S. 711; siehe auch *Mes*, § 81 PatG, Rn. 61 zu den Grenzen der Dispositionsbefugnis in einem Vergleich.

[117] Gemeint sind auch der Vergleich im Arrestverfahren und ein Verfahren im Verfahren einer einstweiligen Verfügung.

[118] Baumbach/Lauterbach/Albers/Hartmann, § 794, 2.).

[119] *Salger*, DriZ 1994, S. 420 (422).

für einen fundierten Abschluß eine sehr genaue und zeitaufwendige Vorbereitung notwendige Voraussetzung ist, die bei schwierigen Sachverhalten, die gerade im Bereich der technischen Schutzrechte auftreten, eine hohe Anzahl an Vergleichsgesprächen beinhaltet. Das Ziel einer Mediation ist es jedoch, bereits die Entstehung eines Rechtsstreites im Vorfeld zu vermeiden. Ein Prozeßvergleich käme damit in zeitlicher Hinsicht zu spät.

Der Prozeßvergleich stellt zudem einen vollstreckbaren Titel im Sinne der §§ 704, 794 Abs. 1 Nr. 1 ZPO dar. In diesen wird das Obsiegen einer Partei manifestiert, die den titulierten Anspruch im Wege der Zwangsvollstreckung gegen die unterlegene Partei durchsetzen kann.

Die mediative Einigung erfolgt dagegen durch die Parteien selbst. Sie endet nicht mit einem „Spruch“ und ist auch nicht vollstreckbar. Ist eine Mediation erfolgreich verlaufen, so schließt sie mit einer einvernehmlichen Entscheidung, einer privatrechtlichen Vereinbarung der Parteien ohne Rechtskraft[120]. Die Eigenart der Mediation ist es, daß der Mediator keine Streitentscheidung und demzufolge keine Rechtsprechung herbeiführt[121], was ihre Attraktivität erhöhen soll. Es entspricht gerade ihrem Sinn und Zweck[122], daß die Mediation nicht in eine vollstreckbare Entscheidung mündet. Die aus einer abschließenden Funktion eines vorgerichtlichen Schlichtungsverfahrens für die Parteien herrührenden Rechtsnachteile sollen durch den Charakter einer unverbindlichen Mediation gerade vermieden bzw. umgangen werden.

Der Prozeßvergleich stellt keine adäquate Alternative zu einer Mediation dar und kann diese somit nicht ersetzen.

---

120 *Kaboth*, S. 51.

121 Rechtsprechung liegt immer dann vor, wenn die entgegenstehenden Auffassungen typisch sind, vgl. *Achterberg*, FS Menger, S. 125 (136).

122 Vgl. *Prütting*, BB 1999, Beilage 9, S. 7 (11); vgl. *Stadler*, NJW 1998, S. 2479 (2484).

II. Der Anwaltsvergleich

Eine weitere Alternative zu einer Mediation könnte jedoch der Anwaltsvergleich darstellen.

Aufgrund einer durch das Rechtspflege-Vereinfachungsgesetz des Jahres 1990[123] vollzogenen Änderung der ZPO wurde den Parteien die Möglichkeit der Streitschlichtung im Wege des sogenannten Anwaltsvergleichs[124] eröffnet, § 1044b Abs. 1 ZPO a.F.[125], in dem die Anwälte an die Stelle der Schiedsrichter treten[126]. Durch die Einführung dieser Regelung, die auf Anregungen der Richter- und Anwaltschaft zurückzuführen ist[127], wurde eine Entlastung der Gerichte mittels außergerichtlicher Streitbeilegung durch direkte Verhandlungen der Parteien angestrebt[128], wobei man sich mit der Abkehr von dem Erfordernis der Unterzeichnung des Vergleichs durch beide Parteien, wie es noch § 1044 b ZPO a.F. vorsah, eine Verfahrensvereinfachung und Verfahrensbeschleunigung erhoffte. Durch die Regelungen über das Schiedsverfahren - Neuregelungsgesetz wurden die Regelungen über den Anwaltsvergleich mit Wirkung zum 1.1.1998 neu gestaltet. An die Stelle des § 1044b ZPO a.F., dessen rechtliche Einordnung im Bereich des Schiedsrechts vielfach als systematisch verfehlt angesehen wurde[129], ist nun § 796a ZPO getreten.

Seiner Rechtsnatur nach stellt er einen Vergleich im Sinne des § 779 BGB mit der Besonderheit dar[130], daß der ihn für vollstreckbar erklärende Beschluß

---

[123] Vgl. Art. 1 Nr. 68 des Rechtspflegevereinfachungsgesetzes vom 17.12.1990, BGBl. I, S. 2847.

[124] Diesen Begriff verwendet das RPflVG selbst in dem neuen § 148 a KostO.

[125] *Baumbach/Lauterbach/Albers/Hartmann*, § 307 ZPO, Anh. § 307 ZPO 1), § 794 ZPO, 2) A; *Thomas/Putzo*, § 1044 b ZPO, Rn. 1.

[126] *Geimer*, DNotZ 1991, S. 266.

[127] Vgl. Tagung der ZPO-Kommission des Deutschen Richterbundes am 24.4.1987 in Bonn, DRiZ 1987, S. 245; Ausschuß „Außergerichtliche Konfliktbeilegung" des Deutschen Anwaltvereins (DAV), AnwBl. 1989, S. 456 f; *Hansen*, AnwBl. 1991, S. 113.

[128] *Baumbach/Albers*, § 1044 b ZPO aF, 1); vgl. *Huchel/Huchel*, MDR 1993, S. 939; *Ziege*, NJW 1991, S. 1580; vgl. *Zöller/Geimer*, § 796a ZPO, Rn. 7.

[129] Vgl. Begründung des Entwurfs *BT-Drucks.* 13/5274.

[130] Vgl. *Baumbach/Lauterbach/Albers/Hartmann*, § 796 a ZPO, Rn. 1; vgl. *Zöller/Stöber*, § 796a ZPO, Rn. 4; Huchel/*Huchel*, MDR 1997, S. 939. Im Gegensatz hierzu weisen

(§ 796 b, § 796c ZPO) Grundlage der Zwangsvollstreckung sein kann (§ 794 Abs. 1 Nr. 4b ZPO). Zudem besteht bei Vorliegen einer schriftlich abgefaßten Unterwerfungserklärung der als Vollstreckungsschuldner in Anspruch genommenen Vergleichspartei die Möglichkeit seiner Durchsetzung mit den Mitteln der Zwangsvollstreckung[131].

Die Konzeption des Anwaltsvergleichs im Sinne des § 796a ZPO stellt sich aber im Vergleich zu einer Mediation als völlig unterschiedlich dar.
Zwar sind beide Institute auf eine vorgerichtliche Beilegung von Streitigkeiten gerichtet und sollen damit das Entstehen eines Prozesses gerade vermeiden[132]. Allerdings divergiert hierbei die Art und Weise, wie es zu einer gütlichen Einigung kommen soll. In einem Anwaltsvergleich soll zwar auch nicht ein Vergleich durch einen Dritten herbeigeführt werden, wie dies auch in einer Mediation der Fall ist, da der Mediator lediglich eine Hilfestellung geben soll, in dem er die mit einem Streit im gewerblichen Rechtsschutz häufig zusammenhängenden wirtschaftlichen Interessenlagen klärt und herausfindet, worum es den Parteien eigentlich geht.
Zu berücksichtigen ist aber, daß in einem Anwaltsvergleich nach § 796a ZPO und einer Mediation unterschiedliche Interessen wahrgenommen werden. In einem Anwaltsvergleich wird jeder Anwalt versuchen, nur die Interessen seines Mandanten wahrzunehmen. Dies führt zu einer Situation, in der beide Seiten streitig verhandeln und ein Nachgeben als eine Art Punktverlust gewertet wird. Im Unterschied dazu ist in einer Mediation ein Mediator anwesend, der im Interesse beider Parteien handelt. Er hat als neutraler Dritter kein persönliches In-

---

Prozeßvergleich und Schiedsvergleich eine Doppelnatur auf und zugleich Prozeßhandlung uns materieller Vergleich sind.

131 Aus § 794 Abs. 1 Nr. 4 a ZPO ergibt sich unmittelbar, daß der Anwaltsvergleich ohne Vollstreckbarkeitserklärung der Partei nicht vollstreckbar ist.; hierzu auch: *Baumbach/Hartmann*, § 307 ZPO, Anh. § 307 1) ZPO; § 794 ZPO, 2) A; *Huchel/Huchel*, MDR 1993, S. 939.

teresse an dem Obsiegen einer Partei[133]. Er überläßt den Beteiligten die Gespräche und schreitet ein, wenn eine Verhandlungsbasis verloren scheint. Sein Interesse gilt beiden Beteiligten gleichermaßen, womit die Chancen einer gütlichen Einigung steigen.

Die Mediation und der Anwaltsvergleich stellen sich von ihrer Grundidee her als völlig unterschiedlich dar. In einer Mediation können auch Anwälte hinzugezogen werden; dies ist aber keineswegs notwendige Voraussetzung für den Abschluß eines erfolgreichen Mediationsergebnisses. Damit steht es den Parteien auch frei, ihr Verfahren kostengünstig zu halten. Wollen die Parteien dagegen einen Anwaltsvergleich herbeiführen, müssen sie ihre Rechtsanwälte auch bei Vorliegen einer Streitigkeit hinzuziehen, die eigentlich der Zuständigkeit des Amtsgerichtes unterfallen würde, und in der sich die Parteien, ohne Anwaltskosten entrichten zu müssen, grundsätzlich selber vor Gericht vertreten könnten. Durch den Anwaltsvergleich besteht zwar eine Möglichkeit für die Parteien, ihre Streitigkeit fachgerecht beizulegen. Die Erfolgschance dürfte aber aufgrund der einseitigen Interessenvertretung der agierenden Rechtsanwälte nicht sehr hoch sein.

Es ist trotz einer vergleichbaren Zielrichtung im Ergebnis nicht davon auszugehen, daß der Anwaltsvergleich einen adäquaten Ersatz für die Mediation im Gewerblichen Rechtsschutz darstellt.

---

[132] Für den Anwaltsvergleich, *Zöller/Geimer,* § 796a ZPO, Rn. 2; vgl. *Baumbach/Lauterbach/Albers/Hartmann*, § 796a ZPO, Rn. 1.

[133] Dem steht nicht entgegen, daß der Rechtsanwalt grundsätzlich die Funktion des Mediators in einer Mediation übernehmen kann, vgl. hierzu § 4 IV.

III. Das Schiedsverfahren als Alternative zur Mediation

Das schiedsgerichtliche, verfassungsrechtlich zulässige[134] Verfahren ist geregelt in den §§ 1025-1066 des 10. Buches der ZPO[135] und dient der Erledigung bürgerlich - rechtlicher Streitigkeiten mit Hilfe privater, auf vertraglicher Vereinbarung der Parteien beruhender Gerichte[136]. Die Parteien vereinbaren, alle oder einzelne Streitigkeiten, die zwischen ihnen in bezug auf ein bestimmtes Rechtsverhältnis vertraglicher oder nicht vertraglicher Art entstanden sind oder künftig entstehen, der Entscheidung durch ein Schiedsgericht zu unterwerfen. Eine solche Schiedsvereinbarung ist die Grundlage und unerläßliche Bedingung eines jeden Schiedsverfahrens. Diese privaten Gerichte treten an die Stelle der staatlichen Gerichte und regeln somit die Streitigkeiten außergerichtlich, d.h. außerhalb der staatlichen Gerichtsbarkeit[137]. Im Unterschied zur Mediation endet ein Schiedsverfahren in der Regel mit einem bindenden und vollstreckbaren Schiedsspruch durch das bei umfangreicheren Streitigkeiten meist aus drei Personen bestehende Schiedsgericht[138].

---

[134] *BAG,* NJW 1964, S. 268 (269).

[135] Gesetz zur Neuregelung des Schiedsverfahrens (Schiedsverfahrens-Neuregelungsgesetz-SchiedsVfG) vom 22.12.1997, *BGBl.* I, S. 3224. Das Schiedsverfahrens – Neuregelungsgesetz ist am 1. Januar 1998 in Kraft getreten. Dessen Artikel 1 ersetzt das 10. Buch der ZPO vom 30. Januar 1877 komplett. Die Neuregelung entspricht weitgehend dem UNCITRAL-Modellgesetz der UN-Handelsrechtskommission vom 21. Juni 1985 (United Nations Commission on International Trade Law), welches eigentlich nur für die internationale Schiedsgerichtsbarkeit gedacht war und bislang von mehr als 30 Staaten in nationales Recht umgesetzt wurde, vgl. *Berger*, DZWir 1998, S. 45 (46); Das UNCITRAL-Modell ist abgedruckt in *Glossner/Bredow/Bühler*, „Das Schiedsgericht in der Praxis", 3. Aufl., 1990, S. 272 ff. .

[136] *Proppe*, JA 1990, S. 65; *MüKo* ZPO, § 1025 ZPO, Rn. 1; *Schwab/Walter*, Kap. 1, S. 1, Rn. 1; *Albrechtskirchinger*, in FS für Glossner, S. 11.

[137] Die Schiedsgerichtsbarkeit ist in der ZPO als gleichwertiger Ersatz für die staatliche Gerichtsbarkeit anerkannt worden, *Ramm*, ZRP 1989, S. 136 und RWS-Dok. 21, § 1030 ZPO, S. 179; vgl. hierzu auch *Voit*, JZ 1997, S. 120; *BT-Drucks.* 13/5274.

[138] *Bercovitch*, S. 12 zur Abgrenzung von Mediation und Schiedsgerichtsbarkeit; vgl. § 1055 ZPO, wonach dem Schiedsspruch die Wirkung eines Urteils zukommt. Vergleichen sich die Parteien in einem Schiedsverfahren, so kann gemäß § 1053 Abs. 1 S. 2 ZPO auf Antrag der Parteien ein Schiedsspruch mit vereinbartem Wortlaut durch das Schiedsgericht erlassen werden, dem nach § 1053 Abs. 2 S. 2 ZPO dieselbe Wirkung zukommt, wie jedem anderen Schiedsspruch zur Sache; vgl. hierzu auch *Nikilisch*, BB 1999, S. 2 (7).

Auf dem europäischen Kontinent ist die Popularität des Schiedsverfahrens durchaus weit verbreitet[139]. Dies läßt sich nicht zuletzt damit begründen, daß in vielen Ländern auch in ein Schiedsgerichtsverfahren ein kontinuierliches Schlichtungsverfahren integriert ist, welches keine zusätzliche Kosten verursacht[140] und in jeder Verfahrenslage auf eine gütliche Einigung der Parteien hinarbeiten soll[141]. Dies wird durch die während der Schiedsverfahren erfolgte Vergleichsquote untermauert, die sich in Deutschland auf 45-60% und in den internationalen ICC[142] – Verfahren auf über 50% beläuft. Das Schiedsverfahren scheint demnach eine erfolgreiche Methode zur außergerichtlichen Streitschlichtung darzustellen.

1. Gewerbliche Schutzrechte als Gegenstand des Schiedsverfahrens

Das Schiedsverfahren würde aber nur dann eine adäquate Alternative zur Mediation darstellen können, wenn Streitigkeiten aus dem Bereich des gewerblichen Rechtsschutzes überhaupt vor einem Schiedsgericht verhandelt werden könnten, die gewerblichen Schutzrechte mithin objektiv schiedsfähig wären. Ferner müßten die einer Mediation zugrundeliegenden Gedanken auch in einem Schiedsverfahren zum Ausdruck kommen.

a) Objektive Schiedsfähigkeit nach neuer Rechtslage, § 1030 Abs. 1 S. 1 ZPO

Nach der neuen Rechtslage sind gemäß § 1030 Abs. 1 S. 1 ZPO alle vermögensrechtlichen Ansprüche schiedsfähig. Die Zulässigkeit einer Schiedsvereinbarung

---

[139] *Niklisch*, RIW 1998, S. 169.

[140] *Niklisch*, BB 1999, S. 2 (7); *ders.* RIW 1998, S. 169f.

[141] Vgl. beispielsweise § 19 der Schiedsgerichtsordnungen für deutsches Schiedsgerichtswesen, der slowakischen Handelskammer (§ 32), der ungarischen Handelskammer (Art. 16 Abs. 3) und des Schiedsgerichtes der tschechischen Handelskammer (Sec. 29).

[142] International Chamber of Commerce – ICC. Um die Freiheit des Welthandels zu fördern wurde die ICC 1919 mit Hauptsitz in Paris als freiwilliger Zusammenschluß von

ist somit gegenüber dem bisherigen Recht[143] in objektiver Hinsicht erheblich erweitert worden[144]. Das bisherige Recht knüpfte die objektive Schiedsfähigkeit in § 1025 Abs. 1 ZPO a.F. generell, also auch für vermögensrechtliche Ansprüche, an das Kriterium der Vergleichsfähigkeit.

An dieser Regelung hält der Entwurf der Regierung zum neuen Schiedsrecht nicht fest[145]. Mit der Gesetzesänderung, die im wesentlichen auf das Modellgesetz der Kommission für Internationales Handelsrecht der Vereinten Nationen (UNCITRAL)[146] zurückgeht, wurde das Ziel verfolgt, eine der staatlichen Gerichtsbarkeit gleichwertige Rechtsschutzmöglichkeit zu schaffen, um den Standort Deutschland auch für internationale Schiedsverfahren attraktiver zu machen[147] und zugleich die nationalen Gerichte zu entlasten. Dieses Ziel würde verfehlt, wenn die Schiedsgerichtsbarkeit an dem engen Kriterium der Vergleichbarkeit scheitern würde[148]. Ein Schiedsverfahren soll nur dann nicht in Betracht zu ziehen sein, wenn sich der Staat im Interesse besonderer schutzwürdiger Rechtsgüter ein Entscheidungsmonopol vorbehalten hat[149].

Nach § 1030 Abs. 1 S. 1 ZPO n.F. kann nun grundsätzlich jeder vermögensrechtliche Anspruch Gegenstand einer Schiedsvereinbarung sein. Das Kriterium der Vergleichsfähigkeit ist nur noch für die Abgrenzung der schiedsfähigen von den nicht schiedsfähigen, nicht vermögensrechtlichen Streitigkeiten entscheidend (§ 1030 Abs. 1 S. 2 ZPO). Unproblematisch können gewerbliche Schutz-

---

Privatpersonen und Firmen mit Interesse am internationalen Waren- und Dienstleistungsaustausch begründet, vgl. *Kaboth*, S. 57; vgl. *Collier/Lowe*, S. 47.

143 Vergleiche § 1025 ZPO a.F. .

144 *Trittmann*, ZGR 1999, S. 340 (348); *Schwab*, FS Henkel, S. 803 (812); *Berger*, DZWir 1998, S. 48; *Winkler*, BB 1998, S. 597 (600).

145 *Berger*, S. 133; *BT-Drucksache* 13/5274 vom 12.7.1996, S. 1ff.

146 UNCITRAL = United Nations Commission on International Trade Law, hervorgerufen 1966, vgl. *Collier/Lowe,* S. 50.

147 Weitestgehend entspricht die Neuregelung dem UNCITRAL-Modellgesetz der UN-Handelsrechtskommission vom 21. Juni 1985 (United Nations Commission on International Trade Law), das an sich nur für die internationale Schiedsgerichtsbarkeit gedacht und inzwischen von mehr als 30 Staaten in nationales Recht umgesetzt worden ist.

148 *BT-Drucksache*, 13/5274, S. 34 zu § 1030; vgl. *Winkler*, BB 1998, S. 597 (600).

149 *BT-Drucksache*, 13/5274, S. 34 zu § 1030.

rechte somit Gegenstand eines Schiedsverfahrens sein, wenn es sich um eine vermögensrechtliche Streitigkeit im Sinne des § 1030 Abs. 1 S. 1 ZPO handelt. Für nicht vermögensrechtliche Streitigkeiten knüpft das Gesetz nach § 1030 Abs. 1 S. 2 ZPO an das aus der alten Gesetzesfassung des § 1025 Abs. 1 ZPO bekannte Merkmal der Vergleichsfähigkeit an.

aa) Vermögensrechtliche Streitigkeit im Sinne des § 1030 Abs. 1 S. 1 ZPO n.F.

Fraglich ist aber, was nach geltender Rechtslage unter einer vermögensrechtlichen Streitigkeit im Sinne des § 1030 Abs. 1 S. 2 ZPO zu verstehen ist.

So wird vertreten[150], eine vermögensrechtliche Streitigkeit sei dann anzunehmen, wenn der ihr zugrundeliegende Anspruch auf die Erlangung von Geld oder eben eines Geldwertes gerichtet ist, wie dies beispielsweise bei einer Klage des Patent- oder Markeninhabers als Lizenzgeber gegen den Lizenznehmer auf Zahlung der Lizenzgebühren für die Verwendung des Schutzrechtes der Fall ist[151]. Die Unterlassungsklage, die den Hauptfall einer Schutzrechtsklage darstellt, würde diesem Verständnis zufolge nicht unter den Begriff einer vermögensrechtlichen Streitigkeit subsumiert werden können.

Diese Interpretation des Begriffes der vermögensrechtlichen Streitigkeit steht aber keineswegs im Einklang mit den Gründen für die Änderung des Schiedsgesetzes.
In Anlehnung an die Begründung des Regierungsentwurfes zur Änderung des Schiedsgesetzes und im Hinblick auf das Vorbild des Art. 177 Abs. 1 schweiz.

---

[150] Vgl. *Trittmann*, ZGR 1999, S. 340 (348).
[151] Ausführliche Untersuchungen zum Lizenzvertrag: 2. Kapitel, A.,I, 1.

IPRG[152] ist der Begriff der vermögensrechtlichen Streitigkeit nach § 1030 Abs. 1 S. 1 ZPO viel weiter[153] zu verstehen. Die mit der Änderung des Schiedsrechtes verfolgten Ziele, der Öffentlichkeit die Schiedsgerichtsbarkeit näher zu bringen und eine Entlastung der Gerichte zu bewirken, indem eine der staatlichen Gerichtsbarkeit gleichwertige Rechtsschutzmöglichkeit geschaffen wird, können durch eine derart enge Auslegung des Begriffes der vermögensrechtlichen Streitigkeit im Sinne des § 1030 Abs. 1 S. 1 ZPO nicht realisiert werden. Das als zu eng bewertete Kriterium der Vergleichsfähigkeit nach § 1025 Abs. 1 ZPO a.F. würde durch den Zusatz der vermögensrechtlichen Streitigkeit keine spürbare Erweiterung erfahren. Der Begriff „vermögensrechtliche Streitigkeit" muß dahingehend verstanden werden, daß jedes wirtschaftliche Interesse des Klägers an der schiedsgerichtlichen Geltendmachung des Anspruches genügt, selbst wenn das Interesse nur subjektiv empfunden wird[154]. Auch wenn ein bloß ideeller, nicht vermögensrechtlicher Anspruch mit einem vermögensrechtlichen eng verbunden ist, soll die Voraussetzung einer vermögensrechtlichen Streitigkeit gegeben sein[155]. Ausschlaggebend für die Beurteilung ist somit, ob im weitesten Sinne ein wirtschaftlicher Zweck verfolgt wird[156] und nicht, ob der betreffende Anspruch auf Geld oder einen Geldwert gerichtet ist[157].

In Anlehnung an Sinn und Zweck der Gesetzesänderung und des damit verbundenen weiten Verständnisses der „vermögensrechtlichen Streitigkeit", sind nicht nur Streitigkeiten des gewerblichen Rechtsschutzes schiedsfähig, die Lizenz-

---

[152] Vgl. *König*, Mitt. 1999, S. 347 (350f.); *BT-Drucksache*, 13/5274, S. 34 zu § 1030; *Berger*, S. 24. Die Regelung der Schweiz ist von dem deutschen Recht wörtlich übernommen worden, *Schlosser* in: DIS Mat. IV. S. 49 (53).

[153] Der BGH hat ein erweitertes Verständnis der Schiedsfähigkeit bereits für die alte Rechtslage aufgenommen, vgl. *BGH*, NJW 1991, S. 2215; vgl. *BGH*, DB 1996, S. 1172 (1173).

[154] Vgl. *Berger*, S. 24 ff.; vgl. *Baumbach/Lauterbach/Albers/Hartmann*, § 1030 ZPO, Rn. 2.

[155] Vgl. *Berger*, S.24 ff. m w.N..

[156] Vgl. , *Berger*, S 24 ff. m.w.N.

gebühren oder Schadensersatz zum Gegenstand haben. Jedwede Streitigkeit mit wirtschaftlichem Bezug kann nun den Gegenstand eines Schiedsverfahrens bilden und damit auch Widerrufs- und Unterlassungsansprüche[158].

Etwas Anderes muß aber unabhängig von dem Vorliegen einer vermögensrechtlichen Streitigkeit auch nach der neuen Rechtslage gelten, wenn die Zuständigkeitsregelung sich nicht nur als Regelung innerhalb des jeweiligen Gerichtszweiges, sondern eine hiervon unabhängige Einrichtung eines Sondergerichtes durch den Gesetzgeber darstellt. Dies ist beispielsweise bei Klagen auf Nichtigerklärung oder Zurücknahme von Patenten gemäß § 65 PatG der Fall[159].
Auch nach der Neuregelung des Schiedsrechtes sind gewisse Streitigkeiten des gewerblichen Rechtsschutzes grundsätzlich von der Möglichkeit eines Schiedsverfahrens ausgenommen[160].

---

157 *Berger*, S. 25.
158 Vgl. Baumbach/Lauterbach/Albers/Hartmann, § 1030 ZPO, Rn. 2.
159 *BT-Drucksache*, 13/5274, S. 35 zu § 1030; *Baumbach/Lauterbach/Albers*, § 1030 ZPO, Rn. 8; *Schlosser*, in: Stein/Jonas, § 1025, Rn. 27d; vgl. auch *Schütze/Tscherning/Wais*, S. 87, Rn. 155, wonach eine Schiedsvereinbarung über solche Streitigkeiten nach § 134 BGB unwirksam sein soll. ***A.A.*** *Schlosser* in: DIS Mat. IV, S. 49 (60), der eine generelle Schiedsfähigkeit patentrechtlicher Streitigkeiten annimmt, weil das PatG weder ausdrücklich noch sinngemäß eine schiedsrichterliche Erledigung ausschließe und ein über eine Nichtigkeitsklage gefälltes Schiedsurteil ohnehin nur inter partes wirke und somit die Nichtigkeitsklage durch andere nicht ausschließe. Zudem könne der Patentinhaber durch den Verzicht auf sein Patent nach § 20 PatG die Grundlage des Streites jederzeit zerstören; *Zöller/Geimer*, § 1030 ZPO
160 Anders stellt sich dagegen die Rechtslage beispielsweise in den USA dar. Das Public Law 97 –247 vom 27. August sieht die Möglichkeit eines freiwilligen Schiedsverfahrens über Patentstreitigkeiten vor, das nicht nur Fragen der Patentverletzung, sondern auch der Rechtsbeständigkeit des jeweiligen Schutzrechtes umfaßt. Auch in England und in der Schweiz besteht diese Möglichkeit. In England bestehen zwar keine diesbezüglichen Regelungen, je nach Art der Schiedsvereinbarung wird aber von einer Befugnis des Richters ausgegangen und der Unterliegende zum Verzicht gegenüber dem Patentamt verurteilt.

bb) Objektive Schiedsfähigkeit nach § 1030 Abs. 1 S. 2 ZPO n.F.

Liegt eine vermögensrechtliche Streitigkeit nicht vor, so richtet sich die Frage der Schiedsfähigkeit nach § 1030 Abs. 1 S. 2 ZPO n.F., welcher der alten Regelung des § 1025 Abs. 1 ZPO entspricht.

Nach alter Rechtslage wurde die Frage der Schiedsfähigkeit an das Kriterium der Vergleichsfähigkeit geknüpft, § 1025 Abs. 1 ZPO aF.

Notwendige Voraussetzung für die Schiedsfähigkeit gewerblicher Schutzrechte ist somit, daß das jeweilige Schutzrecht Gegenstand eines Vergleiches sein kann, der Schutzrechtsinhaber mithin über das Schutzrecht verfügungsberechtigt ist. An der Verfügungsberechtigung fehlt es, wenn sich der Staat im Interesse des Schutzes besonders wichtiger Rechtsgüter ein Entscheidungsmonopol vorbehalten hat [161].

Die Frage hinsichtlich der Vergleichs- bzw. Verfügungsberechtigung[162] über die hier in Frage stehenden Schutzrechte (Patent und Marke) kann nicht einheitlich beantwortet werden. Zu differenzieren ist nach der Art des zugrundeliegenden Streitgegenstandes, d.h. ob es sich um ein Verletzungsverfahren[163] handelt, oder ob den Streitgegenstand Fragen der Rechtsbeständigkeit des Patentes bilden. Diese Differenzierung schlägt sich vergleichsweise auch in der Systematik des Patentgesetzes nieder, dem sogenannten „Trennungsprinzip“[164]. So sind in Deutschland[165] gemäß § 143 Abs. 1 PatG gewisse Verletzungsstreitigkeiten aus-

[161] *Diedrich*, JuS 1998, S. 158 (161); vgl. *Voit*, JZ 1997, S. 120 (124); *Maier*, § 5 II, Rn. 23; *Schwab*, FS Gaul, S. 729 (732).

[162] Auch der heute erweiterte § 1030 ZPO ist in dem Sinne zu verstehen, daß eine Verfügungsmöglichkeit immer dann anzunehmen ist, wenn die Parteien das eigentlich mit einer Klage erstrebte Ziel, auch durch eine Vereinbarung, also einen Vergleich erreichen können.

[163] Von einer Schutzrechtsverletzung, die ein Verletzungsverfahren auslösen kann, ist zu sprechen, wenn ein Dritter mit seiner Ausführungsform in das Schutzrecht eingreift und damit gegen das Verbotsrecht des Schutzrechtsinhabers verstößt.

[164] Zum Trennungsprinzip siehe *Bernhardt/Kraßer*, § 36, S. 655; *Horn*, GRUR 1969, S. 169; *Stauder*, GRUR Int. 1975, S. 86 (87); Zur *Kritik* am Trennungsprinzip siehe *Pakuscher*, GRUR 1977, S. 371; *ders.* GRUR Int. 1983, S. 71 (80).

[165] In anderen Rechtsordnungen findet sich diese weitgehende Selbständigkeit von Verletzungsprozeß und Nichtigkeitsverfahren nur selten. In Frankreich, Italien, Österreich,

schließlich den Landgerichten zugewiesen, während gemäß § 65 Abs. 1 PatG für Fragen hinsichtlich der Wirksamkeit eines Patentes eine ausschließliche Zuständigkeit des Bundespatentgerichts angeordnet ist[166].
Mit dem Einwand mangelnder Schutzfähigkeit des Klagepatentes kann sich der Beklagte in einem Verletzungsverfahren somit nicht verteidigen[167]. Das Gericht kann die Verhandlung gemäß § 148 PatG aussetzen bis das Bundespatentgericht über die Wirksamkeit entschieden hat, wenn die eigene Entscheidung ganz oder teilweise von der Wirksamkeit des Patentes abhängt. Für die Marke besteht eine solche Zweiteilung des Verfahrens nicht.

cc) Streitgegenstände, die nicht die Rechtsbeständigkeit betreffen

Hinsichtlich der Geltendmachung von Ersatzansprüchen, Ansprüchen aus einem Patent, seiner Verwertung und allgemeinen Verletzungsansprüchen in Marken- oder Patentstreitigkeiten[168] ist eine Verfügungsbefugnis und damit eine Schiedsfähigkeit nach alter Rechtslage zu bejahen.
Es handelt es sich dabei nämlich um die Geltendmachung von Ansprüchen aus bereits wirksam bestehenden Schutzrechten, deren Zugrundelegung notwendige Voraussetzung für das Vorliegen des jeweiligen Anspruches ist.

Schweiz, Großbritannien, Dänemark und den USA kann der Beklagte bereits im Verletzungsprozeß die Nichtigkeit des Klagepatentes in Form einer Einwendung oder Widerklage geltend machen.

166 Diese Trennung der Zuständigkeit hat zur Folge, daß für denjenigen, der aufgrund einer Patentverletzung belangt wird, keine Möglichkeit besteht, sich mit der Behauptung zu verteidigen, daß das Patent für nichtig erklärt hätte werden müssen. Der vermeintliche Verletzer kann lediglich den Einwand des freien Standes der Technik vorbringen, also daß das von ihm angewendete Verfahren oder hergestellte Produkt zum Stand der Technik gehört.

167 *Busse*, § 140 PatG, Rn. 6; vgl. hierzu ausführlich *Bernhardt/Kraßer*, § 39, S. 655.

168 Schon die „Tauchpumpe" – Entscheidung des *BGH* aus dem Jahre 1951 (*RG*, GRUR 1939, S. 609) verdeutlicht, daß derartige Streitigkeiten einem Schiedsverfahren zugänglich sein müssen. Ebenso: *Schütze*, S. 100, Rn. 174; *van Raden*, BB 1999, Beilage 9, S. 17 (18); vgl. *Albrechtskirchinger*, in FS Glossner, S. 11 (13); *Wittenzeller*, Mitt. 1995, S. 147 (152).

Über ein bereits bestehendes Schutzrecht kann sein Inhaber grundsätzlich frei verfügen[169]. Daraus folgt, daß die Parteien eines Verletzungsprozesses sich zu jeder Zeit über die bestehende Auseinandersetzung vergleichen können[170]. Ebenso wie in derartigen Verletzungsprozessen Vergleiche geschlossen werden können, kann folglich auch in Schiedsverfahren über Ansprüche aus der Verletzung gewerblicher Schutzrechte entschieden werden.
Eine Vergleichsfähigkeit und damit auch grundsätzlich bestehende Schiedsfähigkeit ist damit nach § 1030 Abs. 1 S. 2 ZPO a.F. zu bejahen. Allerdings kommt § 1030 Abs. 1 S.2 ZPO keine abschließende Funktion zu, d.h. es existieren auch andere Vorschriften außerhalb des 10. Buches der ZPO, die einer Schiedsfähigkeit entgegenstehen können[171].

aaa) Entgegenstehen des § 143 Abs. 1 PatG und § 140 Abs. 1 MarkenG

Die Anordnung einer ausschließlichen Zuständigkeit eines bestimmten Gerichtes könnte der Möglichkeit, ein Schiedsverfahren durchzuführen entgegenstehen.
Der Schiedsfähigkeit könnten die Regelungen der §§ 143 Abs. 1 PatG und § 140 Abs. 1 MarkenG entgegenstehen.
Gemäß § 143 Abs. 1 PatG besteht für Klagen wegen Verletzung eines Patentes unabhängig vom Streitwert eine ausschließliche sachliche Zuständigkeit der ordentlichen Gerichte. An den Landgerichten wurden zudem Zivilkammern, die speziell für Patentstreitigkeiten und andere Streitigkeiten aus dem Bereich des gewerblichen Rechtsschutzes zuständig sind, gebildet[172]. Welches einzelne Gericht zuständig ist, kann von der jeweiligen Landesregierung abhängen, die gemäß § 143 Abs. 2 S. 1 PatG ermächtigt ist, durch Rechtsverordnungen die Pa-

[169] *van Raden*, BB 1999, Beilage 9, S. 17 (18).
[170] *Busse*, § 143 PatG, Rn. 233, 235.
[171] *Baumbach/Lauterbach*, § 1030 ZPO, Rn. 7; *MüKo/Maier*, § 1025 ZPO, Rn. 11 ff. .
[172] An den für die Berufung zuständigen Oberlandesgerichten wurden besondere Senate eingerichtet.

tentstreitsachen für die Bezirke mehrerer Landgerichte einem von ihnen zuzuweisen, was auch praktisch in allen Ländern geschehen ist[173].
Im Markenrecht sind für alle Klagen, durch die ein Anspruch aus einem im Markengesetz geregelten Rechtsverhältnis geltend gemacht wird (Kennzeichenstreitsachen), nach § 140 Abs. 1 MarkenG unabhängig von der Höhe des Streitwertes[174] die Landgerichte ausschließlich zuständig, an denen spezielle Kammern eingerichtet wurden[175]. Auch im Markenrecht sind die Landesregierungen ermächtigt, Kennzeichenstreitsachen für die Bezirke mehrerer Landgerichte einem von ihnen zuzuweisen, § 140 Abs. 2 S. 1 MarkenG. Dies ist allerdings nur möglich, wenn die Zuweisung der sachlichen Förderung oder schnelleren Erledigung der Verfahren dient. Eine Zuweisung erfolgte hier nicht so allgemein, wie dies für Patentstreitsachen der Fall ist, wurde aber bereits in einzelnen Ländern durchgeführt[176].

Diese gesetzlich angeordneten ausschließlichen Zuständigkeiten bezüglich Verletzungsstreitigkeiten stehen der Möglichkeit einer Schiedsgerichtsbarkeit jedoch nicht entgegen[177]. Die Frage der Schiedsfähigkeit bestimmt sich nicht an

---

[173] *Fritze*, GRUR Int. 1997, S. 143.
[174] *Fezer*, § 140 MarkenG, Rn. 2, 6; *Fritze*, GRUR Int. 1997, S. 143 (144).
[175] So besteht gemäß § 95 Abs. 1 Nr. 4 c GVG für Ansprüche aus Rechtsverhältnissen, die sich auf den Schutz von Marken und sonstigen Kennzeichen beziehen die Kammer für Handelssachen. Patentstreitkammern sind keine Kammern für Handelssachen, sondern Zivilkammern, vgl. *Schulte*, § 143 PatG, Rn. 7; *Benkard/Rogge*, § 143 PatG, Rn. 9. In Deutschland existieren neun Patentstreitkammern, nämlich gemäß LG Berlin und LG Saarbrücken gemäß § 143 Abs. 1 PatG und gemäß Zuweisung nach § 143 Abs. 2 PatG: LG Braunschweig für Niedersachsen, LG Düsseldorf für NRW, LG Frankfurt für Hessen und Rheinland-Pfalz, LG Hamburg für Bremen, Hamburg und Schleswig Holstein; LG Mannheim für Baden Württemberg; LG München I für OLG-Bezirk München und LG-Nürnberg-Fürth für OLG Bezirke Nürnberg und Bamberg, LG Leipzig für Sachsen; LG Rostock für Mecklenburg-Vorpommern; Kreisgericht der Stadt Leipzig für Brandenburg, *Schulte*, § 143 PatG, Rn. 7; vgl. *Arnold*, § 7.04, 7-24.
[176] *Fritze*, GRUR Int. 1997, S. 143 (144).
[177] Vgl. *BGHZ* 6, S. 248 (256); *Schwab*, FS Henckel, S. 803 (805,806), *BT-Drucksache* 13/5274 zu § 1030 ZPO, S. 35; *Baumbach/Lauterbach/Albers*, § 1030 ZPO, Rn. 2; *Thomas/Putzo*, § 1030 ZPO, Rn. 2.

der ausschließlichen Zuständigkeit bestimmter Gerichte[178]. Dies läßt sich damit begründen, daß sich derartige Zuständigkeitsnormen ohnehin nur auf die Zuständigkeit unter den staatlichen Gerichten innerhalb der ordentlichen Gerichtsbarkeit beziehen und hinsichtlich der Schiedsgerichtsbarkeit keine Aussagekraft haben.

Den Regelungen der § 143 Abs. 1 PatG und § 140 Abs. 1 MarkenG ist darüber hinaus auch nicht zu entnehmen, daß schiedsrichterliche Vereinbarungen unterbunden werden sollen[179].

Es ist damit festzustellen, daß trotz der Existenz ausschließlicher Zuständigkeitsregelungen die Schiedsfähigkeit für Streitigkeiten des gewerblichen Rechtsschutzes grundsätzlich besteht, soweit es um Schutzrechtsstreitigkeiten geht, in denen ein Anspruch aus einem bereits bestehenden Schutzrecht geltend gemacht wird.

bbb) Fragen hinsichtlich der Rechtsbeständigkeit

Damit ist noch nicht geklärt, ob auch Fragen, die sich auf die Rechtsbeständigkeit eines gewerblichen Schutzrechtes beziehen, Gegenstand eines Schiedsverfahrens sein können.

(1) Bei Patenten

Bei patentrechtlichen Streitigkeiten könnte es im Hinblick auf Fragen, die die Rechtsbeständigkeit des Schutzrechtes betreffen, an der Verfügungsbefugnis der Parteien fehlen.

Hier ist zu berücksichtigen, daß der Gesetzgeber besondere Gerichte für bestimmte Streitigkeiten wie die Nichtigkeitsklage eingerichtet hat. So sind gemäß

---

[178] Vgl. *BT-Drucksache* 13/5274 zu § 1030 ZPO, S. 35; *Chrocziel*, in FS für Preu, S. 176 (191); vgl. *Baumbach/Lauterbach/Albers*, § 1030 ZPO, Rn. 2; *Benkard*/Rogge, § 143 PatG, Rn. 15ff.; vgl. *Schweyer*, S. 115; *Schlosser*, Nr. 318, S. 314; *Reimer/Neumer*, § 51 PatG Anm. 1, S. 1789; *Stumpf*, „Technology and Arbitration", S. 5; vgl. *Klauer/Möhring*, Band II, § 51 Rn. 4.

[179] *Busse*, § 143 PatG, Rn. 85; *Benkard/Rogge*, § 143 PatG, Rn. 13; *Schweyer*, S. 115f..

§ 65 Abs. 1 PatG Entscheidungen über Nichtigkeitsklagen, Beschwerden gegen Beschlüsse der Patentabteilungen oder Prüfungsstellen und für die Durchführung von Zwangslizenzverfahren[180] (vgl. §§ 81, 85 PatG) dem Bundespatentgericht vorbehalten[181].

Verfahren vor dem Bundespatentgericht werden, obwohl § 2 Abs. 2 Nr. 3 VwVfG 1976 das Verfahren vor dem Patentamt ausdrücklich aus dem Verwaltungsverfahren herausgenommen hat, weil der Gesetzgeber die besondere und bewährte Verfahrensordnung des Patentgesetzes beibehalten wollte, an den allgemeinen Grundsätzen des Verwaltungsverfahrensgesetzes gemessen[182]. In Anlehnung an diese Grundsätze wird das Erteilungsverfahren und damit auch das Rücknahmeverfahren[183] vor dem Patentamt als Verwaltungsverfahren bezeichnet[184]; seine Entscheidungen sind somit als Verwaltungsakte zu qualifizieren[185]. Das Patent stellt ein Recht dar, das seine Entstehung dem Erteilungsakt verdankt[186] und wird durch Behörden kraft Verwaltungsakt und damit durch staatlichen Hoheitsakt erteilt, beziehungsweise begründet.

---

[180] Zu den Einzelheiten und Problemen des Zwangslizenzverfahren verweise ich auf § 5 dieser Arbeit.

[181] Die zweite Instanz erfolgt gemäß § 110 PatG zum BGH, der die Kompetenz hat, sowohl über Verletzung als auch über Nichtigkeit zu urteilen, vgl. hierzu auch *Brinkhof*, GRUR Int. 1996, S. 1115 (1117). Für Zwangslizenzen sieht jedoch der EuratomV ein Schiedsverfahren vor.

[182] Vgl. *BVerfG* GRUR 1959, S. 435 (437); *König*, GRUR 1999, S. 809 (810).

[183] Vgl. *Krabel*, GRUR 1977, S. 204 (205).

[184] *König*, GRUR 1999, S. 809 (810); vgl. *Hirte*, Mitt. 1993, S. 292 (300); vgl. auch *Kern*, der eine Trennung des Patentamtes in eine Verwaltungsbehörde und ein Patentgericht befürwortet, NJW 1960. S. 1429 (1431).

[185] Vgl. *Albrechtskirchinger*, in FS Glossner, S. 11 (14); *König*, GRUR 1999, S. 809 (810); *Mediger*, GRUR 1967, S. 180; vgl. *Benkard/Schäfers*, § 1 PatG, Rn. 2, § 35 PatG, Rn. 125; vgl. *Windisch*, FS v. Gamm, S, 477 (489); vgl. *van Raden*, GRUR 1998, S. 444 (446); vgl. *RWS-Dokumentation* 21, S. 179; *Bessong*, GRUR Int. 1958, S. 286 (288) mit einer ausführlichen Darstellung des Meinungsstreites; BGH, GRUR 1968, S. 447 (449); vgl. auch *Tetzner*, GRUR 1978, S. 73 (74); ***A.A.*** *Krabel*, GRUR 1977, S. 204 (207).

[186] *Benkard/Bruchhausen,* § 1, Rn. 2; vgl. *Bessong,* GRUR Int. 1958, S. 286.

Die Parteien können somit nicht einfach durch Vertrag ein Patent einräumen oder vernichten[187]. Fragen hinsichtlich des Bestehens, also der Wirksamkeit oder Nichtigkeit des Patentes, sind von daher der Dispositionsbefugnis entzogen[188]. Entscheidungen hierüber sind dem Bundespatentgericht oder gegebenenfalls dem BGH vorbehalten. Eine schiedsgerichtliche Vereinbarung hierüber ist aufgrund eines unzulässigen Vertragsgegenstandes unwirksam.

Dieses Ergebnis ermöglicht auch, dem gesetzgeberischen Willen Rechnung zu tragen. Wird der Gesetzgeber derart tätig und errichtet für bestimmte Streitigkeiten ein besonderes Gericht außerhalb der ordentlichen Gerichtsbarkeit, im Unterschied zu der Zuständigkeitsregelung des § 143 Abs. 1 PatG innerhalb der ordentlichen Gerichtsbarkeit, verdeutlicht dies seinen Willen, die Parteien an eben dieses Sondergericht, also dessen Zuständigkeit, zu binden. Sie sollen nicht an Stelle des Bundespatentgerichts ein Schiedsgericht entscheiden lassen dürfen. Die Schiedsfähigkeit soll nicht über den Bereich der Privatautonomie hinausgehen.

Folgerichtig wird hinsichtlich der patentrechtlichen Nichtigkeitsklage nach ganz herrschender Meinung[189] die Schiedsfähigkeit von Nichtigkeitsstreitigkeiten abgelehnt.

---

[187] Als Begründung hierfür wird eingeräumt, die Erteilung und Vernichtung gehöre zum „ordre public“, die der Verfügung Privater und damit der Schiedsgerichtsbarkeit entzogen sind.

[188] Vgl. *Pitz*, S. 135.Dieser zitiert: RGZ 153, S. 329 (331); BGH, GRUR 1962, S. 294 (295) – „Hafendrehkran“; *Baumbach/Lauterbach/Albers*, § 1030 ZPO, Rn. 8; vgl. *Rahmann*, S. 45.

[189] *MüKo/Maier*, § 1025 ZPO, Rn. 13; *Schütze/Tscherning/Wais*, S. 87, nach denen sich die Unwirksamkeit der Schiedsvereinbarung aus § 134 BGB ergibt, denn das Schiedsgericht könne die beanspruchte Rechtsfolge nicht wirksam aussprechen; *Kornmeier* in Schwab, S. 32, nach dem die Schiedsfähigkeit immer dort abzulehnen ist, wo die prozessuale Untersuchungs- bzw. Offizialmaxime herrscht und wo es um die Einwirkung auf einen Hoheitsakt geht; *Schwab*, S. 36, der eine Schiedsgerichtsbarkeit für eine Nichtigkeitsklage aufgrund der ausschließlichen Zuständigkeit des § 65 Abs. 1 PatG ablehnt; *Schütze*, S. 138 lehnt aus den gleichen Gründen die Schiedsfähigkeit der patentrechtlichen Nichtigkeitsklage ab.

(2) Markenrecht

Die Rechtslage im Markenrecht stellt sich einfacher dar.

Der Grund hierfür ist vor allem darin zu sehen, daß im Markenrecht nicht die strenge Zweiteilung des Verfahrens existiert, wie dies im Patentrecht der Fall ist, indem Fragen der Rechtsbeständigkeit notwendig vor dem Bundespatentgericht verhandelt werden müssen und Verletzungsverfahren den ordentlichen Gerichten zugewiesen sind. Im Markenrecht ist gemäß § 66 MarkenG ausschließlich dem Bundespatentgericht zugewiesen die Beschwerde gegen die Beschlüsse der Markenstellen des Marken- und Patentamtes, soweit gegen sie nicht Erinnerung stattfindet. Im Markenrecht besteht darüber hinaus, anders als im Patentrecht die Möglichkeit, daß die mit einer Verletzungsklage vor dem ordentlichen Gericht angegriffene Partei im Wege der Widerklage auf Löschung der betreffenden Marke die Rechtsbeständigkeit der Klagemarke angreifen kann, § 140 MarkenG. Die Frage der Rechtsbeständigkeit wird in diesem Fall nicht ausgesetzt und vor dem Bundespatentgericht, sondern vor den ordentlichen Gerichten verhandelt und entschieden. Gleiches gilt für die Nichtigkeitsklage, mit der die Löschung einer Marke im Register begehrt wird. Dies gilt allerdings nur hinsichtlich Markenlöschungsklagen, die auf relative Nichtigkeitsgründe (§§ 51, 55 MarkenG) und nicht auf absolute Nichtigkeitsgründe (§§ 50, 54, 55 MarkenG) gestützt sind[190]. Die Fragen hinsichtlich der Rechtsbeständigkeit der Marke müssen demnach nicht notwendig vor dem Bundespatentgericht geltend gemacht werden, sondern können vor die ordentlichen Gerichte gebracht werden. Demzufolge kann mangels ausdrücklicher Errichtung eines Sondergerichtes eine Schiedsfähigkeit der Schutzrechte hinsichtlich der Rechtsbeständigkeit nicht generell, wie es im Patentrecht der Fall ist, verneint werden.

---

[190] Vgl. *Chrocziel*, FS Preu, 176 (195) für die Warenzeichen.

ccc) Zwischenergebnis zu S. 1 und S. 2

Es bleibt somit festzustellen, daß unter Zugrundelegung eines weiten Verständnisses der vermögensrechtlichen Streitigkeit im Sinne des § 1030 Abs. 1 S. 1 ZPO n.F. grundsätzlich alle Streitigkeiten im Marken- und Patentrecht, die nicht dem Bundespatentgericht als Sondergericht unterfallen, schiedsfähig sind.
Liegt keine vermögensrechtliche Streitigkeit vor, so richtet sich die Frage nach der Schiedsfähigkeit von Marken- und Patentstreitigkeiten danach, ob Vergleichsfähigkeit über den Streitgegenstand besteht, § 1030 Abs. 1 S. 1 ZPO, was der alten Regelung des § 1025 Abs. 1 ZPO a.F. entspricht.
Wegen der unterschiedlichen Verfahrensausgestaltungen von Marken- und Patentstreitigkeiten kann die Frage nach der Vergleichsfähigkeit des Streitgegenstandes jedoch nicht einheitlich beantwortet werden, sondern es bedarf einer Differenzierung zwischen Verletzungsstreitigkeiten und solchen, die die Rechtsbeständigkeit des Schutzrechtes betreffen.

Während beide Schutzrechte hinsichtlich Verletzungsstreitigkeiten schiedsfähig sind, stellt sich dies bei Fragen der Rechtsbeständigkeit des betreffenden Schutzrechtes anders dar.
Nach dem Willen des Gesetzgebers kommt dem Bundespatentgericht für Nichtigkeitsfragen im Patentrecht die Stellung eines Sondergerichtes zu. Dem wird nur durch konsequente Verhandlung dieser Streitigkeiten vor eben diesem Gericht entsprochen. Die Entscheidungsgewalt liegt hier beim Bundespatentgericht als Sondergericht. Obwohl die Änderung des § 1025 ZPO a.F. zu § 1030 ZPO eine Erweiterung des Merkmals der Schiedsfähigkeit bewirkte, ist auch nach neuer Rechtslage eine Schiedsfähigkeit der gewerblichen Schutzrechte hinsichtlich Fragen der Rechtsbeständigkeit wegen der Sonderstellung des Bundespatentgerichts abzulehnen. Über die Wirksamkeit eines Patentes muß durch richterliches Gestaltungsurteil entschieden werden, das gegenüber jedermann

wirkt und nicht nur mit einer schiedsgerichtlichen Wirkung inter partes ausgestattet ist.
Dem Markenrecht dagegen ist diese Zweiteilung nicht bekannt. Über Verletzungs- und Löschungsklagen, denen relative Löschungsgründe zugrundeliegen, entscheidet das Zivilgericht, und zwar gegebenenfalls durch Klage und Widerklage in nur einem Urteil.
Fragen hinsichtlich der Rechtsbeständigkeit eines gewerblichen Schutzrechtes können somit zwar im Markenrecht, nicht aber im Patentrecht Gegenstand eines Schiedsverfahrens sein.

b) Zwischenergebnis: Schiedsverfahren ist keine Alternative zur Mediation

Im Ergebnis bleibt festzustellen, daß die gewerblichen Schutzrechte Patent und Marke grundsätzlich Gegenstand eines Schiedsverfahrens sein können.
Zwar zeigen die obigen Ausführungen, daß ein Schiedsverfahren nicht in allen Streitpunkten einsatzfähig ist und demnach nicht alle Problemkonstellationen umfassend abzudecken vermag.
Sowohl nach alter als auch nach neuer Rechtslage ist aber von einer Schiedsfähigkeit gewerblicher Schutzrechte auszugehen, soweit Fragen zur Diskussion stehen, die nicht die Rechtsbeständigkeit des Schutzrechtes betreffen. Fragen hinsichtlich der Wirksamkeit eines Schutzrechtes sind aufgrund mangelnder Verfügungsbefugnis als nicht schiedsfähig zu bewerten.
Im Hinblick auf die später noch zu untersuchende Problematik der Mediationsfähigkeit bestimmter Sachverhalte, bei der sich hinsichtlich der Dispositionsbefugnis eine ähnliche Problematik stellt, kann die Tatsache, daß nur die vor dem Bundespatentgericht zu verhandelnden Streitigkeiten der Schiedsgerichtsbarkeit entzogen sind, kein taugliches Kriterium darstellen, welches die Schiedsgerichtsbarkeit hinter der Mediation zurücktreten läßt.

2. Verfahrensausgestaltung

Daß die Schiedsgerichtsbarkeit nicht als Alternative zu einer Mediation anzusehen ist, verdeutlicht zudem die unterschiedliche Ausgestaltung beider Verfahren. Kennzeichen der Mediation ist gerade die selbständige Entscheidungsfindung der beteiligten Parteien, zu deren Förderung und Unterstützung ein Mediator gewählt wird. Zwar können sich die Parteien auch in einem Schiedsverfahren über die anzuwendenden Regelungen und auch den Schiedsrichter einigen (§ 1035 Abs. 1 ZPO), der ebensowenig wie bei der Mediation ein gesetzlicher Richter sein muß. Der Schiedsrichter ist aber wie der staatliche Richter zur Entscheidungsfindung berufen. Was rechtens ist und was nicht hat er endgültig und bindend auszusprechen.

Das Schiedsgericht tritt dabei an die Stelle des staatlichen Gerichts. Letztlich tritt bei einem Schiedsverfahren nur der durch die Parteien privat bestimmte Richter an die Stelle des gesetzlichen Richters[191]. Dem Schiedsspruch kommt dieselbe Wirkung wie einem gerichtlichen Urteil zu (§ 1055 ZPO). Hieraus folgt die Möglichkeit der Vollstreckung eines Schiedsspruches, auch im Ausland, wie die eines Urteils, was insbesondere nach dem UN-Übereinkommen (UNÜ)[192] über die Anerkennung und Vollstreckung ausländischer Schiedssprüche vom 10. Juni 1958 der Fall ist.

Der Mediator erläßt im Unterschied zum Schiedsverfahren keine bindende Entscheidung im Sinne eines Urteils oder Schiedsspruchs. Er kann die Parteien nicht zu einer gütlichen Einigung zwingen[193], denn infolge der Freiwilligkeit des Verfahrens ist eine einseitige Beendigung des Verfahrens von beiden Seiten der Parteien jederzeit möglich[194]. Die Mediation ist einem möglichen staatlichen Ge-

---

[191] *Risse,* NJW 2000, S. 1614.

[192] Vgl. *BGBl.* 1961 II, S. 121.

[193] *Street,* in: Worldwide Forum, WIPO Publication No. 728 (E), S. 247; *Dore,* S. 3; vgl. *Plant,* in: Patent Litigation, S. 197 (216).

[194] Vgl. *Strempel,* NJ 1999, S. 461 (463); vgl. *Breidenbach,* Mediation, S. 4; vgl. *Collier/Lowe,* S. 27; vgl. *Bühring-Uhle,* S. 272.

richtsverfahren in der Regel nur vorgeschaltet[195]. Sie ist nicht als eine Alternative zur staatlichen Gerichtsbarkeit zu betrachten, die dieses ersetzt, sondern als ein Angebot, welches die staatliche Gerichtsbarkeit vermeiden soll. Daß kein Dritter, sondern die Parteien selber eine Entscheidung treffen, soll gerade ihren Anreiz für die Parteien darstellen. Auch kommt einer durch die Parteien gefällten Lösung keine Titelfunktion zu, und sie ist somit nicht vollstreckbar.

Aus den Vorschriften der deutschen Zivilprozeßordnung läßt sich somit keine Alternative herleiten.

Das schiedsgerichtliche Verfahren und die Mediation schließen sich aber nicht gegenseitig aus, stehen somit nicht in einem Alternativverhältnis zueinander. Die Mediation ist als ein Angebot zu verstehen, welches nach dem zugrundegelegten Verständnis die staatliche Gerichtsbarkeit gerade vermeiden soll. Die Mediation kann vielmehr auch als ein möglicher Bestandteil des schiedsgerichtlichen Verfahrens gesehen werden, in dem die Parteien unter Entscheidungszwang stehen. Ein Nebeneinander und auch ein Zusammenspiel von Schiedsverfahren und Mediation ist im Ergebnis möglich etwa dergestalt, daß nach einer fehlgeschlagenen Mediation nicht ein staatliches Gerichtsverfahren durchgeführt, sondern der Schiedsweg bestritten wird.

3. Ergebnis

Sowohl Prozeß- und Anwaltsvergleich, als auch das Schiedsrecht stellen für sich gesehen effektive Institute der Streitbeilegung dar, sei es gerichtlich oder außergerichtlich.

Keine dieser Formen weisen jedoch die Kriterien auf, die eine Mediation ausmachen. Die Freiwilligkeit der Mediation, die selbständige Ergebnissuche durch die Parteien und vor allem ihr Ende ohne einen vollstreckbaren Titel stellen Ausgestaltungen dar, die dem deutschen Verfahrensrecht bisher unbekannt sind.

---

[195] s.o. § 1.

Gründe, warum die Einführung einer neuen Form der Streitbeilegung, die in anderen Ländern bereits erfolgreich angewandt wird, aufgrund bisher bestehender Streitbeilegungsmöglichkeiten des deutschen Rechts sinnlos oder unnötig erscheint, sind nicht ersichtlich.

§ 4 Gründe für eine Mediation im gewerblichen Rechtsschutz

Nach diesen grundsätzlichen Ausführungen soll nun der eigentliche Kern der vorliegenden Untersuchung folgen, indem dargestellt wird, warum eine Einführung der Mediation, gerade im Bereich des gewerblichen Rechtsschutzes vorteilhaft und notwendig ist.

Gründe für das Einsetzen eines Mediationsverfahrens in einem speziellen Bereich wie dem gewerblichen Rechtsschutz sind insbesondere vor dem Hintergrund seines Bekanntwerdens in Deutschland nicht sofort ersichtlich. Wie den obigen Ausführungen zu entnehmen ist[196], wurde die Mediation auf dem Gebiet des Familienrechts, insbesondere im Bereich der Ehestreitigkeiten bekannt, und in diesem Bereich sind die Vorteile einer Mediation und ihr Sinn und Zweck auch leicht erkennbar. Die Mediation soll in diesen Fällen beide Partner an einen Ort führen, um mit Hilfe des Mediators eine möglichst einvernehmliche Lösung zu finden. Ihr Sinn und Zweck liegen darin, bestenfalls die noch bestehende Bindung zu erhalten, zumindest aber eine Basis für weiteres kommunikatives Verhalten schaffen zu können.
Es stellt sich von daher die Frage, warum die Mediation gerade im gewerblichen Rechtsschutz angewandt werden sollte, haben doch der Familienprozeß und der Gewerbliche Rechtsschutz auf den ersten Blick wenig miteinander gemeinsam

[196] s.o. § 1.

und die für den Familienkonflikt offensichtlichen Vorteile einer Mediation sind im gewerblichen Rechtsschutz nicht derart leicht zu erkennen.

I. Erhalten vertraglicher Beziehungen im Patent- und Markenrecht

Im gewerblichen Rechtsschutz existieren vielfach vertragliche Beziehungen zwischen den Beteiligten. Die Schutzrechtsinhaber räumen Dritten das Recht ein, das jeweilige Schutzrecht benutzen, bzw. verwerten zu dürfen. Es geht daher - ähnlich wie auch im Familienrecht - im Falle eines Konfliktes um die Erhaltung von „Kontakten“.

Im Familienrecht haben diese „Kontakte“ ihren Schwerpunkt im persönlichen Bereich, wo hingegen er im gewerblichen Rechtsschutz in vertraglichen Beziehungen zu sehen sind[197].

1. Lizenzen und Lizenzvertrag

Gewerbliche Schutzrechte können Gegenstand verschiedenster Verträge sein[198], überwiegend bilden sie aber den Vertragsgegenstand sogenannter Lizenzverträge.

Dabei handelt es sich um die vertragliche Gewährung eines Nutzungs- oder Verwertungsrechts, die der Schutzrechtsinhaber (Lizenzgeber) einem Dritten (Lizenznehmer) gegen Zahlung einer sog. Lizenzgebühr einräumt.

---

197 Kritisch hierzu *König*, Mitt. 1999, S. 347 (360), der hinsichtlich der Frage, ob im gewerblichen Rechtsschutz Sachverhalte überhaupt außergerichtlich beilegungsfähig sind, zwischen den einzelnen gewerblichen Schutzrechten differenziert. So sieht er bezüglich des Patentes und des Gebrauchsmusters lediglich ein geringe Einsatzmöglichkeit, da in diesen Verletzungsprozessen das Interesse der Parteien auf eine Streitentscheidung gerichtet sei, um die Konkurrenz ausschalten zu können oder zu erhalten. Im Markenrecht könne dies aufgrund seiner geringeren wirtschaftlichen Bedeutung anders sein; hier gäbe es eine größere außergerichtliche Regelungsvielfalt, als im Bereich der technischen Schutzrechte. Auf das grundsätzliche Kriterium der Erhaltung vertraglicher Beziehungen, das aber beiden Schutzrechtsarten zugrundeliegt, verzichtet *König* gänzlich.

198 *Ohl*, GRUR 1992, S. 77; vgl. *Körner*, GRUR 1982, S. 341 (342).

a) Gesetzliche Regelung

Eine gesetzliche Definition des Lizenzvertrages existiert aber weder für die Marke noch für das Patent. Der Gesetzgeber verzichtete lange Zeit auf eine besondere Institutionalisierung der Lizenzerteilung. Sowohl die Reichs - Patentgesetze von 1877, 1891 und 1936, als auch das Bundespatentgesetz von 1968 enthielten hierüber keine besonderen Bestimmungen. Lediglich im Zusammenhang mit Zwangslizenzen wurde der Lizenzbegriff verwendet[199]. Heute findet sich im Patentrecht in § 15 Abs. 2 PatG[200] eine ausdrücklich klarstellende[201] Regelung, daß Patentrechte[202] ganz oder teilweise Gegenstand von ausschließlichen oder nicht ausschließlichen Lizenzen sein können. Damit wird die Existenz einer Lizenz zumindest als bestehend vorausgesetzt.

Eine ähnliche gesetzliche Anbindung existiert für die Marke in § 30 Abs. 1 MarkenG, wobei hier die Besonderheit zu berücksichtigen ist, daß die Übertragung der Marke erst seit der Aufhebung ihrer Bindung an den Geschäftsbetrieb unabhängig davon erfolgen werden kann[203]. Zuvor herrschte auch im Marken- bzw. Warenzeichenrecht lange Zeit Unstimmigkeit darüber, inwie-

---

199 § 15 PatG 1968 (nunmehr § 24 PatG); Als die maßgebliche Grundlage des Lizenzrechtes wurde früher § 9 S. 2 a.F. PatG bezeichnet, der den Begriff der Lizenz zwar nicht ausdrücklich erwähnte, sondern die Übertragbarkeit eines Patentes regelte. In Anbetracht des heutigen § 15 PatG läßt sich sagen, die gesetzliche Situation hat sich bis heute grundlegend geändert.

200 Der deutsche Gesetzgeber hat mit Wirkung zum 1.1.1981 eine Regelung formuliert, die mit Art. 43 GPÜ Abs. 1 und 2 GPÜ wörtlich übereinstimmt. Diese Änderung der Gesetzeslage ist in Folge der europäischen Patentrechtsentwicklung eingetreten. Diese hat im GPÜ zu Wirtschaftsklauseln geführt, , die das Verhältnis zwischen Schutzrechten und freiem Warenverkehr innerhalb der EWG regeln.

201 Von einer lediglich klarstellenden Regelung ist auszugehen, da schon vor dem Inkrafttreten des Reichspatentgesetzes im Jahre 1877 die Möglichkeit der Vergabe einer Lizenz aufgrund ihrer praktischen Bedeutung für den Handelsverkehr allgemein anerkannt war, *Kraßer/Schmidt*, GRUR Int. 1982, S. 324 (325); *Benkard/Ullmann*, § 15 PatG, Rn. 1; *Gaul/Bartenbach*, Bd. II, K, Rn. 50, Fn. 111.

202 Nach dem Gesetzeswortlaut heißt dies „Der Anspruch auf Erteilung des Patentes und das Recht aus dem Patent".

203 § 47 ErstrG hat § 8 WZG entsprechend geändert. Diese Änderung wurde von § 27 MarkenG übernommen. Siehe hierzu auch *Kunz-Hallenstein*, GRUR 1993, S. 439 (440,441); sowie zu einer umfassenden historischen Darstellung *Bussmann*, GRUR 1949, S. 170 ff..

weit eine Lizenz an einem Warenzeichen erteilt werden könne. Die Bedenken basierten vor allem auf der damaligen Regelung des § 8 WZG[204], entschärften sich aber durch die seit dem 1.1.1968 in das WZG eingefügten Vorschriften der §§ 5 Abs. 7 S. 2, 11 Abs. 1 Nr. 4 WZG, wonach es der Benutzung durch den Markeninhaber gleichstehen solle, wenn ein anderer das Zeichen mit der Zustimmung des Inhabers benutzt.

b) Vertragsart

Der Lizenzvertrag nimmt gegenüber anderen Vertragstypen des BGB keine Sonderstellung ein[205], wird aber nach überwiegender Meinung als ein Vertrag sui generis [206] bezeichnet, weil er sich unter die gesetzlich normierten Vertragstypen des BGB nicht vollständig und befriedigen subsumieren läßt[207]. Der Lizenznehmer setzt sich der Gefahr des Eintritts nicht vorhergesehener Umstände aus, durch die sich das betreffende Schutzrecht möglicherweise nach Vertragsschluß als nicht rechtsbeständig erweist. Der Lizenznehmer hat beispielsweise bereits Investitionskosten in Aussicht der Verwertung des Schutzrechtes getätigt, die

[204] Gemäß § 8 Abs. 1 S. 1-3 WZG geht „das durch die Anmeldung oder Eintragung eines Warenzeichens begründete Recht" auf die Erben über „und kann auf andere übertragen werden", wobei die Übertragung aber nur zusammen mit dem Geschäftsbetrieb übertragen möglich ist und anderweitige hiervon abweichende Vereinbarungen unwirksam sind.

[205] *Henn*, S. 25.

[206] Seit dem „Maffei-Urteil"des RG vom 11.11.1933 (RGZ 142, S. 212) hat die Rechtsprechung die sog. *Sui-generis-Theorie* vertreten: vgl. *BGHZ* 2, S. 331 (335); *BGHZ* 26, S. 7 (9); BGH, GRUR 1961, S. 27 (29); *BGH*, GRUR 1970, S. 547 (548) offengelassen; *Reimer/Neumer*, § 9 PatG, Rn. 5; *BGH*, GRUR 1989, S. 68 (70) für einen Vertrag eigener Art; ebenso *Schulte*, § 15 PatG, Rn. 16; *Busse,* § 15 PatG, Rn. 53; *Kraßer/Schmidt*, GRUR Int. 1982, S. 324 (328); *Forkel*, NJW 1990, S. 2805 (2806); kritisch *Knap*, GRUR Int. 1973, S. 225 (227), fordert den Gesetzgeber auf, den Vertragstypus als solchen zu gestalten und abzugrenzen.

[207] Eine Anlehnung des Lizenzvertrages an den Mietvertrag oder an die sachenrechtliche Nutznießung, wie sie vereinzelt versucht wurde, war aufgrund der begrifflichen Schwierigkeiten abzulehnen. So ist die Miete nur an eine körperliche Sache im Sinne des § 90 BGB gebunden. Die Nutznießung an demselben Recht und für dieselbe Zeit kann nur einmal bestellt werden, wohingegen die mehrfache Erteilung einer Lizenz am Patent jederzeit möglich ist. Obwohl die Anwendung der pachtrechtlichen Vorschriften begrifflich zulässig gewesen wäre, vgl. *Kohler*, S. 588, mußte eine solche Einordnung

dann im Nachhinein als nutzlos erscheinen. Von den Verträgen über den Kauf, die Miete oder die Pacht[208] unterscheidet der Lizenzvertrag sich vor allem auch dadurch, daß er für beide Parteien ein wirtschaftliche Wagnis darstellt. Für den Lizenznehmer besteht das Risiko vor allem darin, daß sich die wirtschaftliche Verwertbarkeit des Schutzrechtes nicht voraussehen oder nur wage abschätzen läßt. Der Lizenzgeber geht das Risiko des Vertragsschlusses mit einer ihm oftmals unbekannten Person ein. Die in die Person seines Vertragspartners gesetzten Erwartungen hinsichtlich dessen Leistungen und Fähigkeiten können enttäuscht werden. Vor allem im Markenrecht, in dem die Qualitäts- und Herkunftsfunktion eine überragende Rolle spielt[209], kommt es in erster Linie auf die Person des Lizenznehmers an. Der Lizenzgeber muß darauf bedacht sein, eine solche Person als Lizenznehmer einzusetzen, die in der Lage ist, die Qualitätsfunktion der Marke zu erfüllen.

Dem Lizenzvertrag haftet damit grundsätzlich ein gewisses Risiko an[210]. Er kann nicht einem einzigen Vertragstyp des BGB untergeordnet werden. Geregelt werden im Lizenzvertrag die schuldrechtlichen Beziehungen der Parteien zueinander. Die Hauptleistung des Schutzrechtsinhabers ist darin zu sehen ist, daß dieser seine Rechtsposition an dem Schutzrecht einem anderen zwar nicht überträgt, sie ihm aber durch Einräumung einer Benutzungsbefugnis gleichwohl zur Auswertung überläßt[211], ihm also die Nutzungsrechte einräumt. Diese Auswer-

---

abgelehnt werden, denn die deutschen Gerichte fanden bei praktischer Anwendung heraus, daß kaum eine Vorschrift über die Pacht auf die Lizenz Anwendung finden könnte.

[208] Im Urteil vom 5.5.1911 (RGZ 76, S. 235) wurde eindeutig vertreten, der Lizenzvertrag müsse als ein Pachtverhältnis angesehen werden. Die Anwendung von Kaufrecht käme allein bei der ausschließlichen Lizenz in Betracht, denn hier sei der Erwerber an einer dinglichen Rechtsposition interessiert, wogegen die Pacht ein rein obligatorisches Rechtsverhältnis begründen würde. Die darauffolgenden Urteile (RGZ 90, S. 162 und RGZ 116, S. 78 (82)) beinhalten die gleiche rechtliche Einstufung.

[209] Vgl. *Bühling*, GRUR 1998, S. 196 (199); vgl. *Stumpf/Groß,* S. 124, Rn. 195.

[210] Vgl. *RGZ* 33, S. 103 (104); vgl. *BGH*, GRUR 1961, S. 27 (28); vgl. *BGHZ* 83, S. 283 (288); vgl. *BGHZ* 129, S. 236 (248); *Stumpf/Groß*, S. 36, Rn. 14.

[211] Vgl. *Körner*, GRUR 1982, S. 341 (342); vgl. *Pfaff*, A.I, S. 2, Rn. 7; vgl. *Lichtenstein*, NJW 1965, S. 1839; vgl. *Ilzhöfer*, S. 198, Rn. 175; vgl. *Busse*, § 15 PatG, Rn. 50.

tung des Schutzrechtes ist im Markenrecht in dem Recht zu sehen, Waren oder deren Verpackungen mit dem Zeichen des Markenberechtigten zu versehen und diese so bezeichneten Waren in den Verkehr zu bringen. Im Patentrecht wird dem Lizenznehmer die Befugnis eingeräumt, unter Verwertung des Patents ein Produkt herzustellen oder ein solches in den Verkehr zu bringen und zu vertreiben. Als Gegenleistung für die Gewährung der Lizenz erhält der Schutzrechtsinhaber von dem Lizenznehmer gewöhnlich eine Lizenzgebühr[212], selbst wenn keine ausdrückliche Vereinbarung der Parteien hierüber vorliegt[213]. Das deutsche Recht geht im Fall fehlender Vereinbarung nicht von der Vermutung des Vorliegens einer Freilizenz aus, sondern legt eine konkludente Vereinbarung hierüber zugrunde, wobei sich die Höhe nach Maßgabe der für die Zwangslizenz geltenden Vorschriften der §§ 315, 316 BGB richtet, mithin nach billigem Ermessen zu bestimmen ist[214].

Insofern können die Regelungen des BGB, sofern sie auf den Lizenzvertrag zugeschnitten sind, zumindest entsprechend angewandt werden[215].

c) Wirtschaftliche Bedeutung

Die Erhaltung dieser Lizenzverträge ist gerade im gewerblichen Rechtsschutz von extrem hoher Bedeutung. Der Grund hierfür ist vor allem darin zu sehen, daß die gewerblichen Schutzrechte, das Patent und die Marke, aus sich selber heraus keinen eigenen wirtschaftlichen Wert verkörpern[216]. Ihre wirtschaftliche Bedeutung hängt ausschließlich von ihrer Benutzung bzw. Verwertung ab, wobei dem Schutzrechtsinhaber verschiedene Möglichkeiten der Verwertung

---

212 Vgl. *RG*, GRUR 1937, S. 1003 (1006).

213 Es gilt in diesen Fällen analog den §§ 612 Abs. 1, 653 Abs. 1 und 689 BGB eine Vergütungspflicht als vereinbart, vgl. *Lüdecke/Fischer*, S. 513f.

214 *Gaul/Bartenbach*, Bd. II, K, Rn. 625; *Klauer/Möhring*, Bd. 1, § 9, Rn. 75; *Bernhardt/Kraßer*, § 41, S. 702; *Stumpf/Groß*, S. 84, Rn. 101.

215 Vgl. *Schaefer*, S. 164 ff., 228 ff; welche Vorschriften des BGB entsprechend anzuwenden sind, soll sich nach dem Inhalt des Vertrages richten, vgl. *Schulte*, § 15 PatG, Rn. 16.

216 *Völp*, GRUR 1983, S. 45 (49).

offenstehen. Die Verwertung kann entweder durch den Marken- oder Patentinhaber selbst, oder durch einen dazu ermächtigten Dritten erfolgen[217].
So erlangt das Patent, wenn es nicht durch den Schutzrechtsinhaber selber verwertet wird, für seinen Inhaber in der Regel erst durch den Abschluß eines Lizenzvertrages zwischen ihm als Lizenzgeber und dem Lizenznehmer einen wirtschaftlichen Wert. Häufig ist nämlich der Patentinhaber aufgrund mangelnden Kapitals oder mangelnder eigener Fabrikationsanlagen nicht in der Lage, sein Patent auszuwerten[218]. Möchte er sein Patent in diesen Fällen nicht veräußern, so bleibt ihm als Möglichkeit nur, einem anderen das Recht an der Verwertung mittels einer Lizenz einzuräumen, die in der Regel aus einer Herstellungs- oder Vertriebslizenz bestehen kann[219]. In der Praxis kommt es durchaus selten vor, daß nur ein einziges Patent lizensiert wird. Dem Vertragspartner wird meist an einem Produkt oder einer gesamten Anlage gelegen sein, also an einer marktfähigen Lösung. Hierbei handelt es sich um von vornherein auf eine lange Laufzeit angelegte Verträge[220], die sinngemäß auch als „Langzeitverträge" bezeichnet werden können, und die es zu erhalten gilt.

Auch die Marken leben von ihrer veröffentlichten Verbindung mit Dienstleistungen oder Waren[221]. Der Markeninhaber erhält durch Lizenzerteilung seine Lizenzgebühr[222], wobei die Markenlizenz gegenüber dem Patent einen anderen Zweck erfüllen soll. Das Patent ist aufgrund seiner in ihm verkörperten Erfin-

---

[217] *Miller/Davis*, Intellectual Property, ch. 1, S. 13; *Stumpf/Groß*, S. 29, Rn. 2; vgl. *Fischer*, S. 92f.

[218] Vgl. *Held*, S. 2; vgl. *Fischer*, S. 92f.

[219] *Stumpf/Groß*, S. 44, Rn. 26.

[220] Vgl. *Weick*, FS Coing, S. 545; vgl. *Albrechtskirchinger*, FS Glossner, S. 11 (13) (für Verträge über das Patent). Derartige Dauerschuldverhältnisse bilden in den USA den typischen Anwendungsbereich für die Mediation, vgl. *Günther/Hoffer,* in: Henssler/Koch, § 11, S. 355 (372).

[221] Vgl. *Windisch*, FS v. Gamm, S. 477 (479); vgl. *Fezer*, § 30 MarkenG, Rn. 6; vgl auch zu den nicht lizensierbaren Marken, *Engels*, S. II-19.

[222] *Fezer*, § 30 MarkenG, Rn. 6f.; vgl. *Kur*, GRUR 1990, S. 1 noch für das Warenzeichengesetz; *Stumpf/Groß*, S. 124, Rn. 195f., der sich auch auf die Lizenz am Warenzeichen bezieht.

dungsidee unabhängig von seinem Ruf, den es in der Öffentlichkeit genießt, verwertbar. Dagegen ist für den Wert einer Marke grundsätzlich die Vorstellung des Verkehrs maßgeblich. Sie entscheidet über die sog. „Qualitätsfunktion“ und soll möglichst ihren Wert für den Lizenzgeber steigern[223]. Allein die Eintragung einer Marke, ohne ihre Benutzung, bleibt für den Markeninhaber wirtschaftlich sinnlos. Sind die eigenen Kapazitätsgrenzen des Markeninhabers erreicht oder stellt sich eine eigenmächtige vollständige Abdeckung des vom Schutzbereich umfaßten Territoriums aufgrund zu hoher Transportkosten als unwirtschaftlich dar, kann der Markeninhaber die Ausschöpfung seines Schutzgebietes einem Dritten überlassen, dem er zu diesem Zwecke eine Lizenz an seinem Schutzrecht erteilt[224].

Trotz der Verschiedenheit der Schutzrechte Marke und Patent, kann auch zwischen der Patentlizenz und der Markenlizenz ein enger wirtschaftlicher Zusammenhang bestehen, wenn die Verwendung der Marke mit der Benutzung einer Erfindung verbunden wird. Am Beispiel „Aspirin“ wird deutlich, daß die Marke oftmals zunächst durch die Qualität des Produktes gestützt wird, um später, nach dem Ablauf des Patentschutzes, eine marktmäßige Vorzugsstellung und damit einen Leistungsvorsprung vor äquivalenten Mitteln zu erlangen. Nach dem Ablauf des Patentes muß dem Mittel eine andere wirtschaftliche Nutzungsform zugeteilt werden. Das Patent auf das Mittel „Aspirin“ ist bereits seit geraumer Zeit abgelaufen und seine genaue chemische Zusammensetzung ist seitdem kein Geheimnis mehr. Der Wert der ursprünglich erfinderischen Leistung verlagerte sich in die Marke, deren Träger weiterhin den Umsatznutzen genießen. Das Bedürfnis und die Wichtigkeit einer Lizenzerteilung ist vor diesem wirtschaftlichen Hintergrund offensichtlich.

---

[223] *Bühling*, GRUR 1998, S. 196 (199); vgl. *Stumpf/Groß*, S. 124, Rn. 195.

[224] Vgl. *Fikentscher*, FS Ulmer, S. 405 (423); vgl. *Engels*, S. II-18.

d) Zwischenergebnis

Festzuhalten ist, daß der gewerbliche Rechtsschutz durch Vertragsbeziehungen gekennzeichnet ist, deren Aufrechterhaltung für den jeweiligen Schutzrechtsinhaber in wirtschaftlicher Hinsicht von hoher Bedeutung und Notwendigkeit ist. Aber nicht nur für den Schutzrechtsinhaber als einzelne Person besteht eine solche Bedeutung. Sowohl für den Lizenznehmer des gewerblichen Schutzrechtes als auch für die Entwicklung bzw. Gründung ganzer Unternehmen ist die Erhaltung der Patent- und Markenlizenzverträge von hoher Wichtigkeit, da von ihrem Bestand und Umfang häufig Investitionsentscheidungen oder Produktionsvereinbarungen abhängen und sie somit entscheidende Einflußfaktoren darstellen[225]. Ähnliches gilt, wenn sich Patentverletzungen zwischen Unternehmen ereignen, die im Grunde einander nahestehen und enge kommerzielle Beziehungen unterhalten. Es gilt den vollständigen Abbruch der vertraglichen Verknüpfungen zu vermeiden.

e) Anwendung der Mediation

In diesem Zusammenhang zeigt sich die erste Anwendungsnotwendigkeit der Mediation für den gewerblichen Rechtsschutz. Innerhalb der vertraglichen Beziehungen zwischen Lizenzgeber und Lizenznehmer kommt es in vielen Fällen immer wieder zu Streitigkeiten, deren Gegenstand häufig die Höhe oder auch die mangelnde Bezahlung der vereinbarten Lizenzgebühr ist. Solche Streitigkeiten können zum einen im Zusammenhang mit dem oben genannten Risiko entstehen, daß oftmals bei Lizenzvertragsabschlüssen die wirtschaftliche Verwertbarkeit des Patentes als zu positiv eingeschätzt wird und dementsprechend eine zu „hohe" Lizenzgebühr vereinbart wurde[226]. Zum anderen resultieren solche Streitigkeiten daraus, daß aus der Sicht des Lizenznehmers der Lizenzgeber

---

[225] Vgl. *van Raden*, GRUR 1998, S. 444.

[226] Dem kann zwar durch Vereinbarung einer sog. „Umsatzlizenz" Rechnung getragen werden; häufig werden aber auch sog. „Stücklizenzen" oder Pauschalbeträge vereinbart.

seine vertraglichen Pflichten nicht vollständig erfüllt hat, beispielsweise nicht alle Unterlagen übergeben hat, die zur Verwertung des Patentes notwendig sind.

Die Häufigkeit dieser auftretenden Unstimmigkeiten läßt sich im Patentrecht oftmals darauf zurückführen, daß die zwischen den Beteiligten abgeschlossenen Technologieverträge keineswegs alle Punkte abschließend regeln. Regelmäßig sehen diese Verträge durch bestimmte Vertragsformulierungen Anpassungsmöglichkeiten für künftige Entwicklungen vor, aus denen Meinungsverschiedenheiten resultieren[227]. Die damit verbundenen Konflikte werden gewöhnlich vor den Gerichten ausgetragen. Kommt es zwischen den Vertragsparteien zu einem prozessualen Rechtsstreit, so steht nicht die Erhaltung der Vertragsbeziehungen im Vordergrund, sondern in der Regel das Gewinnen des Prozesses. Oftmals zerstört ein Prozeß die laufenden Vertragsbeziehungen der Parteien[228], was dem wirtschaftlichen Interesse beider Beteiligten aus den oben dargestellten Gründen entgegensteht.

Der Streit über Recht und Unrecht bildet in einem Mediationsverfahren dagegen nicht den Mittelpunkt der Verhandlung. Statt einer objektiven Rechtsfindung geht es vielmehr darum, einen Konsens zwischen den subjektiven Interessen der Parteien zu finden, der möglichst mit der Fortsetzung der bisherigen Zusammenarbeit verbunden ist. Im Vordergrund steht demgemäß die Erhaltung oder Neubegründung vertraglicher Beziehungen[229] und damit die Vermeidung eines gerichtlichen Verfahrens.

---

[227] *Albrechtskirchinger*, FS Glossner, S. 11 (13).

[228] *Alfin*, Hastings Law Journal, 95 volume 7/4, S. 893 (896) Fn. 7; vgl. *Heinze*, 18 AIPLA (1990), S. 333 (346); vgl. *Seymour*, J.PTOS volume 80, No. 7, S. 513.

[229] *Plant*, in; WIPO conference on mediation, S. 17; *Bercovitch*, S. 3; der Abschluß von Lizenzverträgen kann die Streitbeilegung fördern, vgl. *Stumpf/Groß*, S. 33, Rn. 10.

2. Probleme bei der Veräußerung des Schutzrechtes oder weiterer Lizenzierung

Konflikte im Rahmen lizenzvertraglicher Beziehungen können aber nicht nur aus Meinungsverschiedenheiten zwischen Lizenzgeber und Lizenznehmer herrühren, die ihre Grundlage in der unterschiedlichen Auffassung von Inhalt oder Umfang der jeweiligen Vertragspflichten haben.

Ein gesteigertes Konfliktpotential ist auch immer dann anzunehmen, wenn der Lizenzgeber das zuvor an den Lizenznehmer lizensierte Schutzrecht nachträglich veräußert oder einem oder mehreren Dritten ebenfalls eine Lizenz einräumt[230]. Der Verkauf eines Schutzrechtes stellt auch eine Art der Verwertung dar. Bei einem Patent wird dieses in der Patentrolle auf den Erwerber umgeschrieben, § 30 Abs. 3 PatG. Der Rechtsübergang bei einer Marke wird gemäß § 27 Abs. 1 MarkenG vertraglich vereinbart und auf Wunsch gemäß § 27 Abs. 3 MarkenG in das Register des DPMA eingetragen[231]. Eine Übertragung der Lizenz erfolgt mangels spezialgesetzlicher Bestimmungen durch formlose Abtretung nach §§ 413, 398 BGB[232].

Dabei handelt es sich aber regelmäßig um vertragliche Beziehungen im Drei- oder Mehrpersonenverhältnis. Der ursprüngliche oder erste Lizenznehmer wird häufig mit einem solchen Verhalten des Lizenzgebers nicht einverstanden sein.

Das Ausmaß des sich aus einer späteren Übertragung oder weiteren Lizenzierung des Schutzrechtes ergebenden Konfliktpotentials hängt aus Sicht des Lizenznehmers vornehmlich davon ab, inwieweit sich dieser Rechtsakt des

---

[230] Entgegen der Rechtsprechung, die eine einfache Lizenz grundsätzlich als nicht übertragbar einstuft, vgl. *BGHZ* 62, S. 272 (274), richtet sich die Übertragbarkeit der Lizenz in erster Linie nach dem Parteiwillen, bedarf aber einer Entscheidung im Einzelfall vgl. *RGZ* 134, S. 91 (96); vgl. *Bernhardt/Kraßer*, § 40, S. 694f. Im folgenden wird von der Möglichkeit der Lizenzübertragung ausgegangen; Beachte auch *Held,* S. 36f. mwN., der in bezug auf die Marke nach schweizerischem Recht eine Lizenzübertragung ablehnt.

[231] Für den erforderlichen Inhalt und die Form eines solchen Antrages ist auf die Vorschriften der §§ 31 Abs. 1, Abs. 2 und Abs. 8 MarkenV und §§ 64 ff MarkenV (i.V.m. § 65 Abs. 1 Nr. 7 und Nr. 8 MarkenG) zu achten.

[232] *Herms*, S. 29; *Mes*, § 15 PatG, Rn. 7; vgl. *Bernhardt/Kraßer*, S. 695; *Schulte,* § 15 PatG, Rn. 7; *Benkard/Ullmann*, § 15 PatG, Rn. 4.

Lizenzgebers auf „seine“ Lizenz auswirkt, mithin auf den zuvor abgeschlossenen Lizenzvertrag.

Die Auswirkungen eines solchen Rechtsaktes hängen von der Art, der dem ursprünglichen Lizenznehmer erteilten Lizenz ab.

a) Lizenzarten

Den Gegenstand des Lizenzvertrages bilden die in § 15 Abs. 2 PatG und § 30 MarkenG erwähnten Lizenzen[233]. Durch sie erlangt der Lizenznehmer ein positives Benutzungsrecht[234], also das Recht, das betreffende gewerbliche Schutzrecht in einem Umfang zu nutzen, der ansonsten dem Verbietungsrecht und dem Benutzungsrecht des Schutzrechtsinhabers unterliegt[235]. Im Rahmen dieses Ausschließlichkeitsrechtes kann jedoch die Ausweitung dieses Rechtes variieren, was sich danach richtet, welche Befugnisse der Lizenzgeber dem Lizenznehmer eingeräumt hat, also welche Lizenz dem Lizenzsuchenden erteilt wurde. Dem Schutzrechtsinhaber stehen verschiedene Möglichkeiten der

---

[233] Das bis 1996 geltende WZG enthielt keine Regelung der Markenlizenz, jedoch war sie nach ständiger Rechtsprechung auch nach der Rechtslage im WZG anerkannt. Ihr kam nach überwiegender Meinung im Schrifttum jedoch keine dingliche, sonder nur schuldrechtliche Wirkung zu. Diese dingliche Wirkung der Markenlizenz im MarkenG stellt eine der wesentlichen Änderungen der Rechtslage gegenüber dem WZG dar.

[234] Heute beurteilen das überwiegende deutsche Schrifttun und die deutsche Rechtsprechung die Lizenz an Schutzrechten als positives Benutzungsrecht, vgl. *RG*, GRUR 1937, S. 1086 (1088); *BGH*, GRUR 1953, S. 114 (118); *RG*, GRUR 1940, S. 23 (25); *Held*, S. 34 (für die Marke); *Baumbach/Hefermehl*, § 8 WZG, Rn. 9, S. 442f.; *Schwerdtner*, GRUR 1968, S. 9; *Lehman/Schönfeld*, GRUR 1994, S. 481 (485), für die Marke; vgl. *Lichtenstein*, NJW 1965, S. 1839 (1841); *Isay*, Anm. 20 ff. zu § 6; *Busse*, § 9 PatG, Rn. 13; Im Gegensatz hierzu definierte das Patentgesetz vom 25. 5. 1877 § 4 Abs. 1 das Patentrecht rein negativ: „Das Patent hat die Wirkung, daß niemand befugt ist, ohne Erlaubnis des Patentinhabers den Gegenstand der Erfindung gewerbsmäßig herzustellen, in Verkehr zu bringen oder feilzuhalten“. Früher sah man in der Erteilung einer Lizenz den Verzicht des Schutzrechtsinhabers auf sein Recht, die Auswertung des Schutzrechtes zu verbieten, *vgl. RGZ* 17, S. 53. Kritisch: *Schanda*, GRUR Int. 1994, S. 275 (280) m.w.N.

[235] *Benkard/Ullmann*, § 15, Rn. 33 PatG; vgl. *Herbst*, S. 2;*Krieger*, FS Rowedder, S. 229 ff.; vgl *Lichtenstein*, NJW 1965, S. 1839. Gleiches ergibt die Untersuchung des Wortes „Lizenz“, das sich aus dem lateinischen „licet“ ableiten läßt und mit der Bedeutung „es ist erlaubt“ übersetzen läßt.

Lizenzerteilung zu, beispielsweise die Erteilung einer ausschließlichen, einfachen, alleinigen oder anderweitig beschränkten Lizenz zu, wie beispielsweise[236] die Gebiets- oder Bezirkslizenz[237], die Zeitlizenz[238] und die Betriebslizenz[239]. Zu unterscheiden ist somit zwischen der schuldrechtlichen Verpflichtung zur Lizenzerteilung, die jedermann möglich ist und der Einräumung einer Lizenz als Verfügungsgeschäft, die nur durch den Berechtigten erfolgen kann[240]. Als Hauptarten der Lizenz erkennt sowohl das Patent[241], als nun auch das Markenrecht die „ausschließliche", die alleinige und die nicht ausschließliche, sogenannte „einfache" Lizenz an[242].

Durch eine ausschließliche Lizenz erlangt der Lizenznehmer die alleinige positive Befugnis, innerhalb eines bestimmten Marktgebietes das lizensierte Schutzrecht alleine im Rahmen des ihm eingeräumten Rechtes auszuüben[243]. Dies bedeutet, daß ausschließlich nur der Lizenznehmer und nicht einmal der Lizenz-

---

[236] Um bestimmte Benutzungsarten festzulegen, können auch Herstellungs-, Gebrauchs-, Verkaufs-, Handels- und Vertriebslizenzen erteilt werden, vgl. *Schaefer*, S. 88f.

[237] Die Herstellung und der Vertrieb sind auf ein bestimmtes festgelegtes Gebiet beschränkt, vgl. *Miller/Davis*, Intellectual Property, ch. 1, S. 13 (für US –Lizenzen).

[238] Diese Lizenz endet automatisch durch Zeitablauf des zugrundeliegenden Schutzrechtes. Im patentrechtlichen Bereich können vor Zeitablauf hergestellte Gegenstände nach Zeitablauf noch vertrieben werden.

[239] Die Betriebslizenz gestattet die Benutzung des Schutzrechtes (wohl Patent) nur in einem bestimmten festgelegten Betrieb und kann auch nur mit diesem Betrieb zusammen übertragen werden, vgl. *RGZ* 127, S. 197 (205).

[240] *Benkard/Ullmann*, § 15 PatG, Rn. 51; *Völp*, GRUR 1983, S. 45 (50); *Lichtenstein*, NJW 1965, S. 1839ff.; vgl. *Lüdecke*, NJW 1966, S. 815.

[241] Seit der patentrechtlichen Entscheidung vom 19. 1. 1904 in *RGZ* 57, S. 38 (40) geht die Rechtsprechung des Reichsgerichtes davon aus , daß prinzipiell zwischen einfacher und ausschließlicher Lizenz unterschieden werden müsse. Das Schwergewicht des Entwicklungsprozesses, daß die Lizenz zu einem stabilen Rechtsinstitut geformt werden, und ihr ein fester Stellenwert im Rechtssystem zugewiesen werden muß, liegt somit im Patentrecht.

[242] *Greuner* in: Münchner Vertragshandbuch, Bd. 3, VIII.2, Anm. 4; *Fezer*, § 30 MarkenG, Rn. 1; *Benkard/Ullmann*, § 15 PatG, Rn. 52,56; *Hubmann/Götting*, § 41 II, S. 301; vgl. *Bühling*, GRUR 1998, S. 196; vgl. *Ilzhöfer*, S. 198, Rn. 175; vgl. *Ohl*, GRUR 1992, S. 77.

[243] Vgl. *RGZ* 57, S. 38 (40); vgl. *RGZ* 75, S. 400 (403); vgl. *RGZ* 76, S. 235 (236); vgl. *RGZ* 130, S. 275 (282); *Stumpf*, S. 47, Rn. 36; vgl. *Henn*, § 6, S. 51; *Ilzhöfer*, S. 201, Rn. 177; *Bühling*, GRUR 1998, S. 196; vgl. *v. Gamm*, WRP 1960, S. 299.

geber selbst das Schutzrecht nutzen darf[244]. Der ausschließlichen Lizenz kommt dinglicher Charakter zu[245], da sie das Schutzrecht dem Lizenznehmer derart zuordnet, daß ihm aufgrund der dinglichen Wirkung absoluter Schutz durch Einräumung von Unterlassungs- und Schadensersatzansprüchen gewährt wird, die ihm bei Mißachtung seiner alleinigen Nutzungsrechte durch den Schutzrechtsinhaber oder Dritte zustehen[246]. Der Lizenzgeber behält bei Erteilung einer ausschließlichen Lizenz nur die Hülle des Schutzrechtes und bleibt lediglich formal Eigentümer.

Im Patentrecht hat dies zur Folge, daß der ausschließliche Lizenznehmer auch zur Geltendmachung sämtlicher Verbietungsrechte aktivlegitimiert ist und weitere einfache Lizenzen (Unterlizenzen) erteilen darf, soweit keine hiervon abweichenden Vereinbarungen geschlossen wurden[247]. Durch die Erteilung einer ausschließlichen Lizenz wird dem Lizenznehmer die Befugnis gewährt, die Rechte aus dem Patent selbst geltend zu machen[248].

Die ausschließliche Markenlizenz, die häufig in Fällen erteilt wird, in denen der Lizenznehmer für einen im Ausland ansässigen Markeninhaber die Versorgung

---

[244] *RG*, GRUR 1937, S. 627 (629); *Forkel*, § 7, S. 52; *Kur*, GRUR 1990, S. 1; Im Unterschied hierzu hat die sogenannten „alleinigen Lizenz" die Bedeutung, daß zwar nur einem einzigen Lizenznehmer eine Lizenz erteilt wird, der Lizenzgeber behält hieran jedoch ein eigenes Nutzungsrecht. Die alleinige Lizenz ist jedoch für den hier zu behandelnden Problemkreis von geringer Bedeutung.

[245] Vgl. *RGZ* 57, S. 38 (40f.); vgl. *RGZ* 130, S. 275 (282); vgl. *BGHZ* 83, S. 251 (256); *Brandi-Dohrn*, GRUR 1983, S. 146; *OLG Düsseldorf*, GRUR Int. 1962, S. 256 (257); *RGZ* 142, S. 168 (170); vgl. *RGZ* 134, S. 91 (96); *Lüdecke*, GRUR 1964, S. 470 (473); *Tetzner*, § 9 PatG , Anm. 47; *Benkard/Ullmann*, § 15 PatG, Rn. 53; *Ohl*, GRUR 1992, S. 77; *Mes*, § 15 PatG, Rn. 22.

[246] *Benkard/Ullmann*, § 15 PatG, Rn. 52; *Bernhard/Kraßer*, S. 692; *Pfanner*, GRUR Int. 1985, S. 357; *Kraßer*, FS für Ulmer , S. 80; *Schanda*, GRUR Int.

[247] *Henn*, § 5, Rn. 83; *Schaefer*, S. 97; vgl. *Benkard/Ullmann*, § 15 PatG, Rn. 53; *Lüdecke/Fischer*, D-62.

[248] Vgl. *RGZ* 57, S. 38 (40f.);*RGZ* 148, S. 146 (147); vgl. *BGH*, GRUR 1992, S. 310 (311) für das Urheberrecht. Diese allgemeine Meinung gilt jedoch nur soweit das Benutzungsrecht reicht. Für Rechnungslegung und die Geltendmachung von Schadensersatzansprüchen: vgl. *RGZ* 83, S. 93 (94); *RG*, GRUR 1937, S. 627 (629).

eines inländischen Marktes übernimmt, hat ebenfalls dinglichen Charakter. Allerdings schränkt § 30 Abs. 3 MarkenG die Rechte des ausschließlichen Lizenznehmers im Vergleich zum Patentrecht ein. Gemäß § 30 Abs. 3 MarkenG kann der Lizenznehmer nur mit der Zustimmung des Markeninhabers eine Markenverletzungsklage erheben[249], unabhängig davon, ob es sich um eine ausschließliche oder eine einfache Lizenz handelt[250]. Sinn und Zweck dieses Zustimmungserfordernisses ist die Abstimmung der Schutzinteressen zwischen Lizenzgeber und Lizenznehmer.

Den Gegenpol zur ausschließlichen Lizenz bildet die einfache Lizenz. Sie gewährt dem Lizenznehmer nur einen schuldrechtlichen Anspruch auf Benutzung der Erfindung[251]. Durch sie erhält der Lizenznehmer daher nur ein Mitbenutzungsrecht neben dem Lizenzgeber und möglichen anderen Lizenznehmern[252], wie es im Bereich des Franchising oder im Rahmen eines Konzerns vorkommen kann. Er erhält aber kein Verbotsrecht gegenüber Dritten, die in das durch den Vertrag definierte Nutzungsrecht eingreifen. Der Lizenzgeber behält sein Recht, weitere Lizenzen zu erteilen und zudem den Gegenstand der Lizenz selbst zu nutzen; der einfachen Lizenz kommt daher keine Ausschließlichkeitswirkung zu[253]. Ein Klagerecht gegenüber Dritten entfällt demzufolge mangels Übertragung einer ausschließlichen Rechtsposition[254]. Dem einfachen Lizenz-

---

[249] Es ist jedoch zu berücksichtigen, daß § 30 Abs. 3 MarkenG vertraglich abdingbar ist, vgl. *Fezer*, § 30 MarkenG, Rn. 31, oder eine solche Zustimmung bei Vertragsschluß für die Zukunft erteilt werden kann, vgl. *Bühling*, GRUR 1998, S. 196 (197).

[250] *Althammer/Ströbele/Klaka*, § 30 MarkenG, Rn. 10; *Fezer*, § 30 MarkenG, Rn. 31.

[251] *Schulte*, § 15 PatG, Rn. 20.

[252] *Hubmann/Götting*, § 41 II, S. 301; vgl. *Bühling*, GRUR 1998, S. 196.

[253] Vgl. *BGH*, GRUR 1982, S. 411 (413); *Fischer*, GRUR 1980, S. 374 (377); *Klauer/Möhring*, Bd. I, § 9, Rn. 38 ff.; *Kraßer*, GRUR Int. 1983, S. 537 (542); vgl. *Bühling*, GRUR 1998, S. 196f.; *Busse*, § 15 PatG, Rn. 55; *Schaefer*, S. 103.

[254] So auch für das Patent *RGZ* 83, S. 93 (95); *KG*, GRUR 1940, S. 32 (33); *Fischer*, GRUR 1980, S. 374 (377); Differenzierend *Bueb*, GRUR 1938, S. 470 (474); *A.A. Pinzger*, GRUR 1938, S. 148 (153).

nehmer steht weder ein Unterlassungsanspruch gegen den Patentverletzer zu, noch kann er von diesem Schadensersatz verlangen.
Die Veräußerung des Schutzrechtes oder (ausschließlichen) Lizenzerteilung wird sich daher auf eine zeitlich zuvor erteilte Lizenz unterschiedlich auswirken, abhängig davon, ob dies in Form der ausschließlichen oder einfachen Lizenz erfolgte.

b) Auswirkungen auf die ausschließliche Lizenz

Besteht zwischen dem Schutzrechtsinhaber und dem Lizenznehmer eine ausschließliche Lizenz, beschränkt die nachträgliche Veräußerung des Schutzrechtes oder eine nachträgliche Lizenzerteilung die Rechtsposition des Lizenznehmers nicht. Da die erteilte ausschließliche Lizenz dingliche Wirkung und der Schutzrechtsinhaber sich quasi aller Rechte entledigt hat[255], ist die Erteilung einer weiteren ausschließlichen Lizenz bzw. die Schutzrechtsveräußerung gegenüber dem alten Lizenznehmer unwirksam, soweit sie seine Rechte betreffen[256], sog. relative Unwirksamkeit.
Der Erwerber des Schutzrechtes muß daher die bestehende ausschließliche Lizenz gegen sich gelten lassen[257]. Ein gutgläubiger lastenfreier Erwerb ist mangels gesetzlicher Regelungen nicht möglich. Die Rechte des Lizenznehmers werden also grundsätzlich nicht beeinträchtigt.
Allerdings kann sich die nachträgliche Veräußerung des Schutzrechtes bzw. Einräumung einer ausschließlichen Lizenz als Vertragsverletzung darstellen, so daß dem Lizenznehmer grundsätzlich ein Schadensersatzanspruch gegen seinen Lizenzgeber – zumindest dem Grunde nach – zusteht.

---

255 s.o. § 4 I 2.
256 *Schulte*, § 15 PatG, Rn. 18.
257 Vgl. *RGZ* 142, S. 168 (170); *Benkard/Ullman*, § 15 PatG, Rn. 60; *Stumpf/Groß*, S. 194, Rn. 359; *Tetzner*, Anm. 54 zu § 9 PatG; *Lüdecke*, GRUR 1964, S. 470 (473) Fn. 20 mwN.; *Rosenberger*, GRUR 1983, S. 203 (205).

Im Verhältnis zum neuen Schutzrechtsinhaber sind zudem weitere Problemfelder denkbar. Sofern der ausschließliche Lizenznehmer im Wege der einfachen Lizenz (Sub - Lizenz) andere zur Benutzung des Patentes legitimiert hat, besteht die Möglichkeit, daß der neue Schutzrechtsinhaber gegen diese – in Kenntnis oder Unkenntnis hiervon – gerichtlich vorgeht und sie auf Unterlassung in Anspruch nimmt. Dem neuen Schutzrechtsinhaber steht nämlich grundsätzlich das Recht der Geltendmachung eines Unterlassungsanspruches zu, weil dem alten Schutzrechtsinhaber trotz Erteilung einer ausschließlichen Lizenz ein formales Patentrecht verblieb[258], wonach er für eine Unterlassungsklage gegen schutzrechtsverletzende Dritte aktivlegitimiert ist. Dieses Recht geht – trotz der relativen Unwirksamkeit der Schutzrechtsübertragung – auf den neuen Schutzrechtsinhaber mit über. Ob ein Dritter aber tatsächlich das Schutzrecht verletzt oder sich auf seinen Sublizenzvertrag mit dem ausschließlichen Lizenznehmer zur Rechtfertigung berufen kann, hängt vornehmlich von der Ausgestaltung der jeweiligen Verträge ab. Jedenfalls besteht im Fall der berechtigten oder unberechtigten Inanspruchnahme durch den neuen Schutzrechtsinhaber die Gefahr, daß sich dies mittelbar auch auf den ausschließlichen Lizenznehmer auswirkt, weil beispielsweise dessen Sublizenznehmer die Zahlung der Lizenzgebühren deswegen – berechtigt oder unberechtigt – einstellt.

Obwohl der ausschließliche Lizenznehmer vor Rechtsverlusten durch spätere Rechtsübertragungen des Schutzrechtsinhabers geschützt wird (relative Unwirksamkeit), können erhebliche Konfliktpotentiale entstehen, und zwar sowohl im Verhältnis zu seinem alten Lizenzgeber (ursprünglicher Schutzrechtsinhaber), als auch im Verhältnis zum neuen Schutzrechtsinhaber bzw. den Sublizenznehmern des ausschließlichen Lizenznehmers. Angesichts der Vielschichtigkeit der bestehenden Verbindungen erscheint die Durchführung einer Mediation als vorteilhaft gegenüber einem gerichtlichen Vorgehen, um die lizenzvertraglichen Beziehungen zu erhalten. Insbesondere,

---

[258] Siehe § 4.

wenn mehr als zwei Parteien an dem Konflikt beteiligt sind, besteht – anders als bei einem gerichtlichen Verfahren – die Option, eine Lösung unter Beteiligung sämtlicher Parteien herbeizuführen, die ihre Interessen möglichst weitgehend berücksichtigt.

c) Auswirkungen auf die einfache Lizenz

Hat der Schutzrechtsinhaber dem Lizenznehmer lediglich eine „einfache Lizenz" eingeräumt, stellt sich ebenfalls die Frage, wie sich eine nachträgliche Veräußerung oder Lizenzierung des Schutzrechtes durch den Schutzrechtsinhaber auf die bereits existierende Lizenz und die Rechte des Lizenznehmers auswirkt. Da dem einfachen Lizenznehmer nur ein schuldrechtlicher Anspruch auf Benutzung der Erfindung eingeräumt wird[259], bestünde die Gefahr, daß dann der neue Schutzrechtsinhaber oder ausschließliche Lizenznehmer ihm möglicherweise die Nutzung untersagen könnte.

Aus der Sicht des Lizenznehmers ist von entscheidender Bedeutung, ob Sukzessionsschutz besteht. Unter Sukzessionsschutz ist der Schutz des Lizenznehmers, also die Frage der Weitergeltung der alten Lizenz bei Veräußerung des zugrunde liegenden Schutzrechtes oder anderweitiger Lizenzierung zu verstehen[260]. Besteht kein Sukzessionsschutz und veräußert der Schutzrechtsinhaber das Schutzrecht an einen Dritten mit Auswirkungen auf das Verhältnis zum einfachen Lizenznehmer, so ist davon auszugehen, daß durch den ursprünglichen Lizenznehmer ein gerichtliches Verfahren eingeleitet werden wird, sofern im Vorfeld an ihn kein Angebot einer Einigungsmöglichkeit herangetragen wurde. Der Lizenznehmer wird von einem bösgläubigen und absichtlichen Verhalten des Schutzrechtsinhabers ausgehen. Dies muß jedoch nicht notwendig der Wahrheit entsprechen, so kann dem Schutzrechtsinhaber auch lediglich ein auf Fahrlässigkeit zurückzuführender Fehler unterlaufen sein. Ohne die Möglichkeit

---

[259] Siehe § 4.

eines im Vorfeld durchzuführenden Verhandlungsgespräches, wie dies bei einer Mediation der Fall wäre, könnten Mißverständnisse, die ein Gerichtsverfahren unnötig erscheinen ließen, nicht ausgeräumt werden. Selbstverständlich hat auch die Mediation dann keinen Erfolg, wenn der Lizenzgeber an einer Einigung nicht interessiert ist, seine Position beispielsweise als Druckmittel einsetzt und von dem Lizenznehmer beispielsweise die Zahlung höherer Lizenzgebühren verlangt, da er ansonsten die Lizenz bzw. das Schutzrecht anderweitig zu veräußern droht[261], was die Position des einfachen Lizenznehmers beeinträchtigt.
In diesen Fällen würde die Einstellung des Lizenzgebers dem Sinn und Zweck einer erfolgreichen Mediation im Wegen stehen.
Da der Lizenznehmer im Vertrauen auf das Bestehen der Lizenz teilweise hohe Investitionen getätigt haben wird und gewöhnlich auch seine Produktion auf die lizensierten Produkte eingerichtet hat, kann ein Verbot der Weiterbenutzung die Existenz des jeweiligen Unternehmens bedrohen.
Aus wirtschaftlicher Sicht bleibt auch hier das Erfordernis der Erhaltung der Verträge, welchem durch die alleinige Möglichkeit eines gerichtlichen Verfahrens nicht ausreichend Rechnung getragen werden kann.
Zu prüfen ist somit, ob ein Sukzessionsschutz des Lizenznehmers besteht, oder ob die Weiterveräußerung des Schutzrechtes oder eine anderweitige ausschließliche Lizenzierung sich derart nachteilig auf dessen Rechtsposition auswirkt, daß die Mediation für diesen Zusammenhang enorme Bedeutung erlangt.

aa) Patentrecht

Ein Blick in das Patentgesetz könnte zu der Annahme führen, daß das Problem des Sukzessionsschutzes durch den durch das Gesetz zur Änderung des Gebrauchsmustergesetzes vom 15.8.1986 (Art. 2 Abs. 9) eingefügten und am

---

260 *Leßmann*, DB 1987, S. 45; *Schanda*, GRUR Int. 1994, S. 275; vgl. *Stumpf/Groß*, S. 195, Rn. 382; vgl. *Busse*, § 15 PatG, Rn. 70; vgl. *Schulte*, § 15 PatG, Rn. 20.
261 Dieses könnte er nur dann tun, wenn ein Sukzessionsschutz nicht bestehen würde.

1.1.1987 in Kraft getretenen § 15 Abs. 3 PatG[262] gelöst ist. Gemäß § 15 Abs. 3 PatG berührt ein Rechtsübergang oder die Erteilung einer weiteren Lizenz nicht solche Lizenzen, die Dritten zu einem früheren Zeitpunkt erteilt wurden. Diese Regelung differenziert nicht zwischen den einzelnen Lizenzen, wonach die Drittwirkung, d.h. der Bestandsschutz für sämtliche Lizenzarten, somit auch für die sogenannte „einfachen Lizenz" anerkannt wird[263].

Der einfache Lizenznehmer erfährt daher gemäß § 15 Abs. 3 PatG den gleichen Schutz, der dem ausschließlichem Lizenznehmer zukommt. Es kann insofern auf die obigen Ergebnisse verwiesen werden.

Darüber hinaus sind trotz beschränkter Schutzdauer eines Patentes auf 20 Jahre (§ 16 Abs. 1 S. 1 PatG) Streitigkeiten denkbar, die auf einem vor dem 1.1.1987 erteilten Patent sowie einer davor erteilten einfachen Lizenz fußen. Erfaßt werden von dem Anwendungsbereich des § 15 Abs. 3 PatG nur nach dem 1.1.1987 erfolgte Rechtsübergänge[264]. Für alle zeitlich davor liegenden Rechtsübergänge sind die bis zum 1.1.1987 geltenden Grundsätze anzuwenden[265], die aber keine der eindeutigen und zufriedenstellenden Regelung des § 15 Abs. 3 PatG entsprechenden Vorschriften aufweisen.

Fraglich und höchst umstritten war unter Geltung der alten Rechtslage, ob der einfachen Lizenz eine gleiche Wirkung wie der dinglichen Lizenz[266] zuzusprechen ist und damit Sukzessionsschutz besteht, oder ob diese vielmehr nicht bloß schuldrechtlicher Natur ist.

---

[262] Zum selben Termin trat auch § 22 Abs. 3 GebrMG mit gleichem Inhalt in Kraft; *BGBl.* I 1986, S. 1449 (1453, 1459).

[263] *Mes*, § 15 PatG, Rn. 44; vgl. zur Abdingbarkeit des § 15 Abs. 3 PatG, *Mes*, § 15 PatG, Rn. 44; vgl. *Bühling*, GRUr 1998, S. 196 (197), für die Markenlizenz.

[264] *Benkard/Ullmann*, § 15 PatG, Rn. 60.

[265] Vgl. *Ohl*, GRUR 1992, S. 79 (80); *Benkard/Ullmann*, § 15 PatG, Rn. 60.

[266] Vgl. *Mes*, § 15 PatG, Rn. 23; *v. Gamm*, WRP 1960, S. 299; *Kraßer/Schmidt*, GRUR Int. 1983, S. 324 (330); *Bühling*, GRUR 1998, S. 198.

Auslöser dieser Diskussion stellte die Entscheidung des BGH „Verankerungsteil“[267] aus dem Jahre 1982 dar, in welcher er feststellte, eine an einem Patent erteilte einfache Nutzungserlaubnis sei im Regelfall schuldrechtlicher Natur und verpflichte einen späteren Erwerber des Patentes in keiner Weise. Mit den Versuchen eines Teiles der Literatur[268], über § 571 BGB oder § 33 UrhG analog einen Sukzessionsschutz zu begründen, hat sich der BGH in dieser Entscheidung zwar auseinandergesetzt, sie im Ergebnis aber alle abgelehnt.
Denn für eine Analogie zu der Vorschrift des § 571 BGB fehle es an der vergleichbaren Rechtslage. Gemäß § 571 Abs. 1 BGB wirke zwar ein bestehendes Mietverhältnis nach § 535 BGB gegenüber dem Käufer des Mietobjektes fort und der Erwerber trete an die Stelle des Vermieters. Voraussetzung hierfür sei jedoch eine vertragsmäßige Überlassung des Vertragsgegenstandes und damit die Schaffung einer erkennbaren Rechtslage. Eine solche erkennbare Rechtslage sei jedoch bei der einfachen Lizenz, die im Gegensatz zur ausschließlichen Lizenz zu den nichteintragungsfähigen Tatsachen gehört und auch nicht der bei beim DPMA geführten Patentrolle zu entnehmen ist, nicht vorhanden[269]. Darüber hinaus schütze die Vorschrift des § 571 BGB den Mieter lediglich gegenüber dem Erwerber des Eigentums oder eines dinglichen Rechtes an der Mietsache. Sie schützt ihn jedoch nicht gegenüber jedwedem Dritten, also auch nicht gegenüber anderen Mietern[270]. Der Schutzumfang des § 571 BGB ist demnach für den erforderlichen Sukzessionsschutz des Lizenznehmers als nicht ausreichend zu betrachten. Es besteht die Erfordernis, den Lizenznehmer vor jedem weiteren

---

[267] *BGHZ* 83, S. 251 (257).

[268] Für § 571 BGB siehe *Lüdecke*, GRUR 1964, S. 470 (473); *Reimer/Neumer*, Anm. 95 zu § 9 PatG; ***A.A.*** *Pinzger*, GRUR 1938, S. 148 (150); *Bernhardt/Kraßer*, § 40, S. 693, der dem Einwand, der einfachen Lizenz sei lediglich schuldrechtliche Wirkung zuzusprechen keine Bedeutung beimißt.

[269] Vgl. *BGH*, DB 1982, S. 1769; kritisch hierzu die Stellungnahme von *Klawitter*, MDR 1982, S. 895 (896),Fn. 6, mit Hinweis auf die amerikanische Rechtslage, nach der die Eintragung der einfachen Lizenz in die Patentrolle zwar möglich sei, eine einfache Lizenz aber auch ohne eine solche Eintragung gegen jeden Patenterwerber fortwirke.

Lizenznehmer zu schützen und nicht nur vor dem Lizenzgeber. Im übrigen kommt der Norm des § 571 BGB wegen des im Schuldrecht geltenden Relativitätsgrundsatzes ein lediglich gesetzlich normierter Ausnahmecharakter zu, der nicht analogiefähig ist.

Ähnliches gelte für § 33 UrhG. Zum einen sei diese gesetzliche Entscheidung nicht für die gewerblichen Schutzrechte, sondern für die Nutzungsrechte des Urheberrechtes getroffen worden[271]. Zum anderen stelle § 33 UrhG eine Ausnahme von dem Grundsatz dar, daß Nutzungsrechte im Urheberrecht rein schuldrechtliche Wirkung entfachen und der Gesetzgeber ausreichend Gelegenheit gehabt hätte, während der vielen Änderungen des Patentgesetzes eine derartigen Gedanken gesetzlich zu berücksichtigen. Dies sei jedoch offensichtlich nicht gewollt gewesen.

Eine analoge Übertragung des Art. 42 Abs. 3 GPÜ, Art. 39 Abs. 2 GPÜ, nach denen vorbehaltlich des Art. 24 Abs. 1 GPÜ die Rechte Dritter nicht von einem Rechtsübergang berührt werden, sofern sie vor dem Zeitpunkt des Rechtsüberganges erworben wurden, sei darüber hinaus bereits deshalb abzulehnen, weil das deutsche Patentrecht umfassend an das Gemeinschaftspatentübereinkommen (GPÜ) angeglichen wurde, jedoch gerade auf eine dem Art. 40 Abs. 2 GPÜ entsprechende Regelung verzichtet wurde[272].

Eine einfache Lizenz galt somit nach dem BGH gegenüber dem Lizenznehmer nicht fort. Mit der Übertragung des dem Lizenzvertrag zugrundeliegenden Schutzrechtes konnte folglich der Hauptinhalt der einfachen Lizenz, die Gewährung des einfachen Mitbenutzungsrechtes, zunichte gemacht werden[273].

---

[270] Kritisch zu der Argumentation des BGH äußert sich *Klawitter*, MDR 1982, S. 895 (896), insebsondere käme es auf eine erkennbare Rechtslage nicht an, da im Vordergrund die Interessenlage und Schutzbedürftigkeit der Beteiligten stehen müsse.

[271] Zur begrifflichen Abgrenzung des Urheberrechts vom gewerblichen Rechtsschutz verweise ich nach oben, § 2.

[272] ***A.A.*** Schaefer, S. 102.

[273] Vgl. *Körner*, Mitt. 1960, S. 230.

Auch die überwiegende Meinung der Literatur bestimmt, zum Teil in Anlehnung an die Entscheidung des BGH, die einfache Lizenz als schuldrechtlich und kam damit konsequenterweise zu einer Ablehnung des Bestandsschutzes[274]. Die einfache Lizenz sei eine rein schuldrechtliche Absprache zwischen dem Schutzrechtsinhaber, dem Lizenzgeber und dem Lizenznehmer, in der sich der Lizenzgeber verpflichte, dem Lizenznehmer die Benutzung des betreffenden Schutzrechtes in vertraglich bestimmten Umfang zu gestatten. Diese Verpflichtung stelle einen Verzicht des Lizenzgebers darauf dar, das ihm zustehende Verbietungsrecht zu erklären. Und ein solcher Verzicht wirke lediglich inter partes. Zudem würde ein Vergleich mit dem Verhältnis zwischen Eigentümer und Mieter Aufschluß darüber geben, daß dem Lizenznehmer zu keiner Zeit ein dingliches Recht übertragen würde. In einem Mietverhältnis sei der Eigentümer auch nur seinem Mieter gegenüber gehalten, ihm das Recht zur Benutzung und zum Besitz des durch das Ausschlußrecht geschützten Gegenstandes einzuräumen. Derartige schuldrechtlichen Vereinbarungen hätten aber nicht die Minderung des Ausschlußrechtes zur Folge, sondern erschöpfen sich in den zwischen der Vertragspartnern bestehenden Rechtsbeziehungen. So sei es auch bei dem Lizenznehmer, der sich bei möglichen Eingriffen oder Störungen Dritter nur an seinen Vertragspartner halten könne.
Bei Anwendung der alten Rechtslage im Patentrecht kommt der einfachen Lizenz daher keine dingliche, sondern bloß schuldrechtliche Wirkung zu. In diesen Fällen besteht kein Sukzessionsschutz des jeweiligen Lizenznehmers.
Der einfachen Lizenz kommt jedoch besondere praktische Bedeutung zu. Damit ist nicht bloß der klassische Fall gemeint, in dem durch die Erteilung eines nicht ausschließlichen Mitbenutzungsrechtes eine Produktion durch den Lizenznehmer ermöglicht oder aufrechterhalten werden soll. Es geht vielmehr auch um

---

[274] *Damme/Lutter*, S. 490; vgl. *Pietzcker*, § 6 Anm. 18; *Schulte*, § 15 PatG, Rn. 20; vgl. *Kisch*, Handbuch des deutschen Patentrechts, 1923, S. 215; vgl. *Klauer/Möhring*, Bd. I, § 9, Rn. 39; vgl. *Tetzner*, § 9 PatG, Anm. 39; ***A.A.*** *Völp*, GRUR 1983, S. 45, der damit einen

die praktisch wichtigen Fälle, in denen bei Verletzungsvorkommnissen vergleichsweise ein Mitbenutzungsrecht eingeräumt wird, um ein Einspruchs- oder Nichtigkeitsverfahren zu vermeiden.

Veräußert der Lizenzgeber sein Schutzrecht oder erteilt er einem weiteren Lizenznehmer eine ausschließliche Lizenz, die in ihren Befugnissen wesentlich weiter reicht als die einfache Lizenz, so muß der ursprüngliche Lizenznehmer dies jedenfalls unter Anwendung der alten Rechtslage gegen sich gelten lassen. Der einfache Lizenznehmer sieht sich der Gefahr ausgesetzt, daß er in den finanziellen Ruin gerät, wenn ein neuer Inhaber des betreffenden gewerblichen Schutzrechtes oder ein ausschließlicher Lizenznehmer ihm die Fortsetzung seines ursprünglichen Verwertungs- oder Benutzungsrechtes untersagt. Er hat weder Interesse daran, seine Produktion für diesen Fall aufgeben zu müssen, noch will er sich seiner Einspruchs- oder Widerspruchsrechte begeben, die lediglich gegenüber dem ursprünglichen Schutzrechtsinhaber gelten. Dem Lizenznehmer der einfachen Lizenz bliebe demzufolge in diesen Fällen nur die Möglichkeit, seine Interessen gerichtlich durchzusetzen. Dies würde jedoch nicht zu einer Aufrechterhaltung oder Neubegründung, sondern bei Forderung von Schadensersatz etc. vielmehr zu einem endgültigen Bruch der vertraglichen Beziehungen führen. Eine Mediation kann in diesen Fälle dazu beitragen, daß alle Beteiligten gemeinsam nach einer Möglichkeit suchen, dem Schutz des nach dargestellter Rechtslage noch schutzbedürftigen einfachen Lizenznehmers gerecht zu werden. So bestünde im Falle einer Veräußerung des Schutzrechtes die Option der Neubegründung von Lizenzverträgen zwischen dem Erwerber und dem alten einfachen Lizenznehmer und auch der ursprüngliche ausschließliche Lizenznehmer könnte mit dem neuen Schutzrechtserwerber in Kontakt treten. Im Falle eines hinzugetretenen ausschließlichen Lizenznehmers könnten dieser und der ursprüngliche einfache Lizenznehmer dahingehend eine schuldrecht-

---

eventuellen Systemkonflikt zwischen dem Bundesgerichtshof und dem Europäischen Gerichtshof vermeiden möchte, der diese Trennung nicht derart vornimmt.

liche Vereinbarung treffen, daß der ausschließliche Lizenznehmer dem einfachen trotz seiner ausschließlichen Lizenz beispielsweise ein Verwertungsrecht einräumt, um diesen vor dem finanziellen Aus zu schützen.
Die Begründung vertraglicher Beziehungen kann sich auch für den Erwerber bzw. neuen ausschließlichen Lizenznehmer als durchaus interessant und wirtschaftlich sinnvoll erweisen. Es besteht nicht nur die Möglichkeit, Lizenzgebühren vom einfachen Lizenznehmer zu erhalten. Vielmehr kann ihm auch die Möglichkeit eröffnet werden, auf dessen Know-how[275] bei der Verwertung der Erfindung, Herstellung eines serienreifen Produktes, etc. zurückzugreifen.
In einem gerichtlichen Verfahren könnte ein derart persönlicher Kontakt zwischen dem Erwerber oder eben ausschließlichen Lizenznehmer und dem einfachen Lizenznehmer nicht zustande kommen. Neue Vertragsbeziehungen würden hier im allgemeinen trotz der evidenten Schutzbedürftigkeit des einfachen Lizenznehmers nicht geschlossen werden können. Hier zeigt sich das Bedürfnis nach dem Schutz des Lizenznehmers, dem durch ein Mediationsverfahren zwischen den Beteiligten Rechnung getragen werden kann. Aufgrund der Tatsache, daß die Erteilung von einfachen Lizenzen keine Seltenheit darstellt, stellt sich die Einführung einer Mediation für diese Konstellationen aus wirtschaftlicher Sicht als wünschenswert dar. Durch sie wird es ermöglicht, den Vertragsbeziehungen auch zukünftig dauerhaften Bestand zu verleihen[276], oder gegebenenfalls eine Neubegründung von Verträgen zu erleichtern, was nicht nur zu einer dauerhaften wirtschaftlichen Verwertbarkeit des betreffenden gewerblichen Schutzrechtes führt, sondern auch die finanzielle Existenzgrundlage eines Lizenznehmers erhalten kann.

[275] Zum Begriff des Know-how siehe § 4 IV 2.
[276] *Arfin*, Hastings L.J., 95 volume7/4, S. 893 (900); *Arnold*, S. 5ff.; *Labes*, DZWir 1998, S. 353; vgl. für die gesamten ADR Angebote: *Finkelstein*, chapter III, S. 5.

bb) Markenrecht

Im Markenrecht ist der Schutz des einfachen Lizenznehmers vor Veräußerungen und weiteren Lizenzerteilungen des Schutzrechtsinhabers ebenfalls gesetzlich geregelt. § 30 Abs. 5 MarkenG bestimmt, daß ein Rechtsübergang im Sinne des § 27 MarkenG oder die Erteilung einer Lizenz nach § 30 Abs. 1 MarkenG nicht die Lizenzen berührt, die Dritten zuvor erteilt wurden[277]. Die Verfügung über die Schutzrechte zerstört selbst nicht die Rechtsposition der Lizenznehmer. Der Erwerber der Marke tritt in den bestehenden Lizenzvertrag ein, so daß die bereits erteilte Lizenz auch den Erwerber verpflichtet.

Allerdings findet der in § 30 Abs. 5 MarkenG manifestierte markenrechtliche Sukzessionsschutz nur eingeschränkt Anwendung. Er gilt nur für nach dem 1.1. 1995, also nach dem Inkrafttreten des Markengesetzes, an Dritte erteilte Lizenzen oder eingetragene Rechtsübergänge, § 155 MarkenG. Er greift also nur ein, wenn sowohl die (einfache) Lizenzerteilung, als auch die spätere Rechtsübertragung nach diesem Zeitpunkt stattfanden, §§ 152, 155 MarkenG. Für sämtliche auch vor diesem Zeitpunkt vollzogenen Rechtsübertragungen findet das MarkenG keine Anwendung.

Eine Beurteilung, welchen Einfluß früheren Rechtsänderungen auf die Rechte des Lizenznehmers zukommt, hat in diesen Fällen nach altem Recht zu erfolgen[278], mithin dem Warenzeichengesetz (WZG) entsprechend[279]. Dieses enthielt in § 8 WZG die Regelung der Bindung des Warenzeichens an den Geschäftsbetrieb. Das durch eine Eintragung oder Anmeldung begründete Recht an einem Warenzeichen konnte danach zwar übertragen werden, jedoch nur im Zusammenhang mit dem ihm zugehörigen Geschäftsbetrieb und nicht alleine für sich. Infolgedessen wurde nach überwiegender Ansicht[280] in einer Waren-

---

[277] Hierdurch wurde ein gutgläubig lastenfreier Erwerb gemäß § 936 BGB verhindert..

[278] *Althammer/Ströbele/Klaka*, § 155 MarkenG, S. 741; *Fezer*, § 30 MarkenG, Rn. 35.

[279] s.o. § 4 I 2.

[280] *BGH*, GRUR 1957, S. 34 (35) – Hadef, verneint eine dingliche Wirkung aufgrund der Beschränkung auf die Verzichtsdefinition ; *RGZ* 99, S. 90 - Gilette; vgl. *Baumbach/Hefermehl*, Anh. § 8, Rn. 2; *Schanda*, GRUR Int. 1994, S. 275 (276); *RG*,

zeichenlizenz keine Verfügung über das gewerbliche Schutzrecht mit dinglicher Wirkung gegen Dritte gesehen, sondern bloß eine schuldrechtliche Gestattung, in Form eines Verzichtes des Schutzrechtsinhabers, Verbietungsansprüche geltend zu machen. Dieser Verzicht hatte zur Folge, daß der Lizenzgeber mit einem etwaigen Unterlassungsbegehren hinsichtlich des Zeichengebrauchs gegenüber dem Lizenznehmer nicht mehr durchzudringen vermochte. Eine andere Annahme würde dem Wesen des Warenzeichens zuwiderlaufen. Der vor dem 1.1.1995 erfolgten Markenlizenzierung ist somit grundsätzlich nur schuldrechtliche Wirkung zuzusprechen. Die einfache und die ausschließliche Lizenz wurden unter diesem Gesichtspunkt gleich behandelt.

Das WZG sah eine § 30 Abs. 5 MarkenG entsprechende Regelung nicht vor. Dementsprechend war es herrschende Meinung, daß ein Sukzessionsschutz des Lizenznehmers nicht existiere.

Der ausschließliche, wie der einfache Lizenznehmer verlor damit bei nachträglicher Rechtsübertragung der Marke auf einen Dritten seine Befugnisse. Der Markeninhaber verfügte wegen der fehlenden dinglichen Wirkung der ausschließlichen Lizenz als „Berechtigter". Aufgrund der fehlenden gesetzlichen Regelung trat der Erwerber, bzw. neue ausschließliche Lizenznehmer nicht in den bestehenden Lizenzvertrag ein. Dies hatte zur Folge, daß dieser den ursprünglichen Lizenznehmer auf Unterlassung in Anspruch nehmen konnte. Dem Inanspruchgenommenen verblieben allenfalls Regreßansprüche gegen den ursprünglichen Markeninhaber, falls sich dessen Handlung als Verletzung des Lizenzvertrages darstellte.

Sofern also das WZG zur Anwendung kommt, können Konflikte vornehmlich in der rechtsgeschäftlichen Beziehung des ursprünglichen Markeninhabers mit seinem Lizenznehmer entstehen. Um eine, insbesondere für den Lizenznehmer, sachgerechte Lösung zu finden, bietet sich an, auch den neuen Schutzrechts-

---

GRUR 1940, S. 366 (367) – Sauerbruch; Verneint eine dingliche Wirkung aufgrund der Verzichtserklärung, *v. Gamm*, WRP 1960, S. 299; *Pinzger*, Anm. 19 zu § 8 WZG.

inhaber, bzw. ausschließlichen Lizenznehmer mit in das Mediationsverfahren einzubeziehen.

Seit dem Inkrafttreten des Markengesetzes und somit nach dem Wegfall der Bindung an den Geschäftsbetrieb[281] besteht heute kein Zweifel mehr an der Möglichkeit der dinglichen Wirkung der Markenlizenz. Es wird deutlich, daß erst durch § 30 MarkenG die bisher rein schuldrechtliche Wirkung der Marke verdinglicht wurde.

Kommt allein das Markengesetz zur Anwendung, steht der einfache Lizenznehmer bei nachträglicher Veräußerung der Marke bzw. ausschließlicher Lizenzeinräumung nicht schutzlos dar. Aber auch hier können Konflikte entstehen. Der Lizenznehmer sieht sich einem neuen Vertragspartner gegenüber und hat mit dieser, ihm oftmals unbekannten Person nunmehr den Vertrag abzuwickeln und ggf. auftretende Streitigkeiten zu lösen. Diese Schwierigkeiten können unter der Prämisse der Aufrechterhaltung von vertraglichen Beziehungen bzw. Verlängerung und Fortsetzung dergleichen im Wege der Mediation einer sachgerechten Lösung zugeführt werden.

II. Einsparung von Zeit und Vereinbarung flexiblerer Ergebnisse

Die Einführung einer Mediation kann darüber hinaus im Hinblick auf die Ersparnis von Zeit von hohem Interesse sein.

1. Zeitersparnis als Vorteil

Der Zeitfaktor spielt neben dem Kostenaspekt im gesamten gewerblichen Rechtsschutz eine bedeutende Rolle. Dies ist darauf zurückzuführen, daß die gewerblichen Schutzrechte ihre Schutzdauer nicht auf Lebenszeit, sondern lediglich für einen befristeten Zeitraum entfalten. So erhält der Erfinder mit dem Patent ein gemäß § 16 Abs. 1 S. 1 PatG zeitlich auf 20 Jahre beschränktes aus-

schließliches Nutzungsrecht für seine Erfindung, das mit dem Tag der Anmeldung des Patentes beim Patentamt beginnt. Da häufig bis zur Erteilung des Patentes mehrere Jahre vergehen, steht dem Schutzrechtsinhaber sogar nur eine kürzere Zeitdauer zur Verwertung des Patentes zu. In diesem Zeitraum muß der Patentinhaber Gebrauch von seinem exklusiven Recht machen, es also wirtschaftlich durch eigene Nutzung, durch die Erteilung von Lizenzen oder durch den gesamten Verkauf des Patentes möglichst gewinnbringend nutzen.
Die Schutzdauer der eingetragenen Marke ist dagegen zeitlich unbegrenzt. Nach § 47 Abs. 1 MarkenG beträgt die Schutzdauer zwar 10 Jahre, diese kann aber gemäß § 47 Abs. 2 MarkenG jeweils um weitere 10 Jahre beliebig oft verlängert werden[282].

a) Verwicklung in einen Prozeß

Wird der Hersteller oder Vertreiber eines Produktes in ein staatliches Gerichtsverfahren verwickelt, weil er – vermeintlich - das Patent des Klägers verletzt, so besteht für ihn die Gefahr einem hohen wirtschaftlichen Risiko ausgesetzt zu sein. Auch eine von ihm erhobene Nichtigkeitsklage hat auf den Rechtsbestand des Patentes des Klägers einstweilen keinen Einfluß[283], so daß für ihn grundsätzlich die Möglichkeit der Weiterproduktion und Weiterveräußerung des Produktes bestünde. Stellt sich allerdings heraus, daß das Schutzrecht des Klägers rechtsbeständig ist und seine Handlung das Klagepatent verletzt, ist er dem Klä-

---

[281] Mit der neuen Konzeption des Markenrechtes wird die Intention verfolgt, auch die Qualitätsfunktion hinsichtlich der unternehmerischen Leistung in den rechtlichen Schutz einzubeziehen, vgl. *Engels*, S. 23.

[282] Für das Gebrauchsmuster hingegen ergibt sich aus § 23 Abs. 1 GebrauchsmusterG eine Schutzdauer von nur drei Jahren, die mit dem Tage der Anmeldung des Gebrauchsmusters beim Patentamt beginnt. Diese Dauer kann gemäß § 23 Abs. 2 GebrauchsmusterG bis auf höchstens 10 Jahre verlängert werden.
Für ein Geschmacksmuster besteht hingegen die gesetzlich vorgeschriebene Schutzdauer von 5 Jahren, § 9 Abs. 1 GeschmacksmusterG, die gem. § 9 Abs. 2 GeschmacksmusterG auf maximal zwanzig Jahre erstreckt werden kann.

[283] *Schultz-Süchting*, GRUR 1988, S. 571 (576).

ger gegenüber zum Schadensersatz verpflichtet, was für ihn das wirtschaftliche „Aus“ bedeuten kann.
Gemäß § 139 Abs. 2 S. 1 PatG ist zum Schadensersatz verpflichtet, wer eine patentverletzende Handlung vorsätzlich oder fahrlässig begeht. Art und Umfang des Schadensersatzes richten sich hierbei nach den §§ 249 ff. BGB, wobei dem Schutzrechtsinhaber für die Berechnung des Schadensersatzes sowohl im Marken- als auch im Patentrecht bis zum Ende der mündlichen Verhandlung drei Möglichkeiten zur Auswahl stehen, sog. „dreifache Schadensberechnung“[284]. Sie wurde von der Rechtsprechung in Anlehnung an die allgemein anerkannten Grundsätze entwickelt, um der besonderen Interessenlage im gewerblichen Rechtsschutz gerecht zu werden und hat bereits gewohnheitsrechtliche Geltung[285]. Der Schutzrechtsinhaber kann den konkreten Schaden nach § 249 BGB unter Einschluß des entgangenen Gewinns (§ 252 BGB) geltend machen, wobei er darüber hinaus eine zusätzliche Entschädigung in Geld zu fordern berechtigt ist. Desweiteren steht ihm das Wahlrecht zu, entweder einen Schadensersatz in Höhe einer angemessenen Lizenzgebühr (sog. Lizenzanalogie)[286] zu beanspruchen, oder den vom Verletzer durch den Schutzrechtseingriff erzielten Gewinns (sog. Verletzergewinn) heraus zu verlangen[287]. Der Zeitraum, für den ein

---

[284] Vgl. *von der Osten*, Mitt. 2000, S. 95; vgl. *Berhardt/Kraßer*, § 35, S. 629; *Benkard/Rogge*, § 139 PatG, Rn. 61; *Althammer/Klaka/Ströbele*, § 14 MarkenG, Rn. 46f.

[285] Vgl. *RGZ* 126, S. 131f.; *RGZ* 130, S. 108 (109); vgl. *BGHZ* 20, S. 345 (353); *BGHZ* 57, S. 116; *BGHZ* 77, S. 16 (25); *v. Falck/Ohl*, GRUR 1971, S. 541 (547 zu 33); *Bruchhausen*, GRUR 1980, S. 515 (520); *Kraßer*, GRUR Int. 1980, S. 259 (260).

[286] Es wird ein Lizenzvertrag fingiert und die durch die Verletzung entstandene Lage wird mit einem Lizenzvertragsverhältnis verglichen, denn der Verletzer soll im Ergebnis nicht besser und nicht schlechter stehen, als ein redlicher Lizenznehmer vgl. *BGH*, GRUR 1973, S. 375 (377); *BGH*, GRUR 1966, S.375 (377); *BGH*, GRUR 1990, S. 1008 (1009); *Berlit*, S. 120, Rn. 259f.; vgl. *Pietzcker*, Anm. zu BGH, in: GRUR 1982, S. 304; vgl. *Berhardt/Kraßer*, § 35, S. 632; beachte auch die umfassenden Ausführungen zur Lizenzanalogie von *Nertz*, S. 22 ff. .

[287] Im Markenrecht existiert daneben noch ein spezieller Schadensersatzanspruch wegen eines „Marktverwirrungsschadens“. Damit ist der Schaden gemeint, der bspw. wegen der in den angesprochenen Verkehrskreisen durch eine unrichtige Vorstellung über die Herkunft der Ware entstanden und hierdurch eine Verunsicherung der angesprochenen Verkehrskreise hervorgerufen wurde, *BGH*, GRUR 1966, S. 375 (378); *BGH*, GRUR 1973, S. 375 (378); *BGH*, GRUR 1975, S. 434 (438); *Berlit*, S. 121, Rn. 261.

Schadensersatzanspruch geltend gemacht werden kann, beginnt mit dem Tag der Veröffentlichung der Patenterteilung zuzüglich einer Schutzfrist von einem Monat, sofern zu diesem Zeitpunkt bereits eine patentverletzende Handlung gegeben war. Davor kann allenfalls bis zum Tag der Offenlegung der Patentanmeldung zuzüglich einem Monat ein Anspruch auf die sogenannte angemessene Entschädigung gemäß § 33 PatG geltend gemacht werden[288].

Der in § 140b PatG als „Hilfsanspruch" zum Schadensersatzanspruch geregelte, früher auf § 242 BGB gestützte Auskunftsanspruch des Verletzten[289] wird durch den sogenannte Rechnungslegungsanspruch ergänzt, der auf § 242 BGB zu stützen ist[290], § 140b Abs. 5 PatG. Er ist von der Rechtsprechung gewohnheitsrechtlich anerkannt[291], denn häufig sind dem Schutzrechtsinhaber die Tatsachen, von denen die Höhe eines Schadensersatzanspruches, insbesondere bei der Lizenzanalogie oder der Herausgabe des Verletzergewinnes abhängt, wie beispielsweise die Mengen, Preise, Zeiten und Abnehmer patent- oder markenverletzender Lieferungen, nicht zugänglich und von daher unbekannt. Durch den Auskunfts- und Rechnungslegungsanspruch sollen dem Schutzrechtsinhaber gerade diese Berechnungsgrundlagen zur Verfügung gestellt werden.

Wird der vermeintliche Verletzer in ein solches Verfahren verwickelt, so befindet er sich bis zum Ende der gerichtlichen Klärung der Rechtslage hinsichtlich möglicher gegen ihn gerichteter Schadensersatzansprüche in einer unsicheren Position. Hinzu kommt die Gefahr, daß er Kunden und Abnehmer für sein Produkt verlieren kann, wenn diese durch die Verwicklung ihres Herstellers in einen langwierigen Prozeß verunsichert werden. So besteht die Gefahr, daß der Patentinhaber auch diese – sofern sie ihm bekannt wird, wegen der – vermeint-

---

[288] Vgl. *BGHZ* 98, S. 12, 24 = GRUR 1986, S. 803, 806.
[289] Vgl. *Apel,* BRAK 1996, S. 252 (254).
[290] Hierzu ausführlich *Bernhardt/Kraßer*, § 35, S. 640; *Stauder*, S. 10; *ders*., GRUR Int. 1982, S. 226 (230); vgl. *Benkard/Rogge* § 139 PatG, Rn. 14.
[291] *BGH*, GRUR 1962, S. 398 (400); vgl. *BGH*, GRUR 1974, S. 53 (54); *BGH*, GRUR 1984, S. 728 (730).

lichen - Verletzung seines Patentes auf Unterlassung und gegebenenfalls Auskunft und Schadensersatz in Anspruch nimmt.

Es besteht aber auch die Möglichkeit, bei vermeintlichen Verletzungsfällen vor Klageerhebung im Wege des einstweiligen Rechtsschutzes gegen den vermeintlichen Verletzer eine einstweilige Verfügung zu erwirken, nach welcher er den Vertrieb, die Herstellung und das „Inverkehrbringen" des vermeintlich patentverletzenden Produktes nach Zustellung unmittelbar zu unterlassen hat dadurch in eine finanziell bedrohliche Lage gebracht werden kann.

So steht dem Patentinhaber das Recht zu, bei Vorliegen bzw. Drohen einer der in §§ 9 bis 13 PatG normierten Verletzungshandlung gemäß § 139 Abs. 1 PatG einen Unterlassungsanspruch gegen den Verletzer geltend zu machen[292], welchen er am schnellsten durch den Antrag auf Erlaß einer einstweiligen Verfügung[293] im Sinne des §§ 936, 916 ZPO durchzusetzen vermag. Der vermeintliche Verletzer ist gezwungen, die einstweilige Verfügung zu beachten und den Vertrieb, die Produktion etc. unverzüglich einstellen[294] und zukünftig rechtswidrige Eingriffe in das Patent unterlassen[295].

---

[292] *Stauder*, S. 9.

[293] Einstweilige Verfügungen sind im Patentrecht nach den allgemeinen Grundsätzen zulässig, vgl. *Zöller/Vollkommer*, § 940 ZPO, Rn. 8 Patentrecht; *Schultz-Süchting*, GRUR 1988, S. 571; vgl. *Brinkhof*, GRUR Int. 1996, S. 1115 (1117); vgl. *Brinks/Fritze*, GRUR Int. 1987, S. 133 (137); vgl. *Nieder*, S. 1 ff.; *Klaka*, GRUR 1979, S. 593 (600). Darüber hinaus kann zur einstweiligen Sicherung des Vernichtungsanspruches nach § 140 a PatG eine einstweilige Verfügung dahingehend zulässig sein, daß die fraglichen Erzeugnisse an einen Sequester herauszugeben sind.

[294] Daneben können bei einer vermeintlichen Verletzungshandlung auch Beseitigungs- (vgl. § 140a PatG; § 18 MarkenG), Auskunfts- und Rechnungslegungsansprüche (§ 140b PatG, § 19 MarkenG) und bei vorsätzlich bzw. fahrlässigem Verhalten, Schadensersatzansprüche (§ 139 Abs. 2 PatG; §§ 14Abs. 6, 15 Abs. 5 MarkenG) geltend gemacht werden. Auch in bezug auf die Zwangslizenz besteht im Patentrecht nach § 85 Abs. 1 PatG die Möglichkeit, dem Kläger durch einstweilige Verfügung die vorläufige Benutzung seiner Erfindung zu gestatten.

[295] Vgl. *RGZ* 101, S. 135 (138).

Einstweilige Verfügungen werden im Patentrecht –im Vergleich zu anderen Schutzrechten allerdings eher selten beantragt und erlassen[296]. Der Grund hierfür ist neben dem der Unanwendbarkeit des § 25 UWG[297] darin zu sehen, daß gerade im Zusammenhang mit technischen Schutzrechten schwierige technische und rechtliche Fragen zu klären sind, die zu dessen Lösung das summarische Verfahren als nicht geeignet erscheinen lassen[298]. Das Gericht müsse hinreichend Zeit haben, um sich mit den erfinderischen technischen Einzelheiten vertraut zu machen[299], um ein sofort zu beachtendes Verbot zu erlassen. Unterlassungsverfügungen werden daher nur bei einfach zu beurteilenden Sachverhalten in Betracht kommen[300].

Von einer einstweiligen Verfügung wird aus diesem Grund durch den Schutzrechtsinhabers häufig auch abgesehen, weil Schadensersatzansprüche gemäß § 945 ZPO drohen, falls sich die einstweilige Verfügung später als ungerechtfertigt erweist.

---

[296] Vgl. *Benkard/Rogge*, § 139 PatG, Rn. 151; *MüKo/Heinze*, § 935 ZPO, Rn. 179; *Klaka*, GRUR 1979, S. 593 (600); *Liedl*, GRUR 1964, S. 54. *Kritisch* hierzu *Stauder*, S. 21, der darauf hinweist, daß in 40,5% der Anträge auf einstweilige Verfügungen in Patentsachen entsprechende Anordnungen ergangen wären, was für ihren Erfolg sprechen würde. Erheblich bedenklicher sähe die Lage im Gebrauchsmusterrecht aus, in dem die Zahl der ergangenen Anträge bei lediglich 11 % liegen würde.

[297] Patentsachen sind keine Wettbewerbssachen, vgl. *Benkard/Rogge*, § 139 PatG, Rn. 151; zur Unanwendbarkeit des § 25 UWG auf Unterlassungsansprüche wegen Verletzung von Patentrechten siehe auch *OLG* Nürnberg, Mitt. 1993, S. 118; *OLG* Karlsruhe, GRUR 1978, S. 116; *Baumbach/Hefermehl*, § 25 UWG, Rn. 5; vgl. *Fritze*, GRUR 1979, S. 290 (292); *Klaka*, GRUR 1979, S. 593 (596); *Meier-Beck*, GRUR 1988, S. 861 (865); ***A.A.*** *OLG* Karlsruhe, GRUR 1979, S. 700; *LG* Düsseldorf, GRUR 1980, S. 989 (993).
Auf das Markenrecht findet § 25 UWG dagegen analoge Anwendung; vgl. *Meier-Beck*, GRUR 1999, S. 379 (382); *OLG* Bremen, GRUR 1987, S. 241; *OLG* Hamburg, GRUR 1977, S. 175; ***A.A.*** *OLG* Hamburg, WRP 1997, S. 106 (112);vgl. *OLG* München, GRUR 1976, S. 150; *v. Gamm*, § 25 UWG, Rn. 1; *Ingerl/Rohnke*, vor §§ 14-19 MarkenG, Rn. 49.

[298] *OLG Düsseldorf*, GRUR 1959, S. 619; vgl. *OLG Karlsruhe*, GRUR 1988, S. 900; *OLG Düsseldorf*, GRUR 1935, S. 371; *Baumbach/Lauterbach/Albers/Hartmann*, § 940 ZPO, Anm. 31; *Benkard/Rogge*, § 139 PatG, Rn. 151, 153; vgl. *Rogge*, FS v.Gamm, S. 461 ff. .

[299] Vgl. *LG Düsseldorf*, GRUR 1980, S. 989 (990, 991).

[300] *OLG Karlsruhe*, GRUR 1988, S. 900; vgl. *Zöller/Vollkommer*, § 940 ZPO, Rn. 8; *Meier-Beck*, GRUR 1988, S. 861 (867); kritisch *Schulze/Süchting*, GRUR 1988, S. 571 (577).

Die Situation im Markenrecht stellt sich insofern anders dar. Der dem Markeninhaber gemäß § 14 Abs. 5 MarkenG und § 15 Abs. 4 MarkenG bei Vorliegen der dort genannten Verletzungshandlungen zustehende, verschuldensunabhängige Unterlassungsanspruch gegen den Verletzer wird häufiger als im Patentrecht auch im Wege des vorläufigen Rechtsschutzes geltend gemacht[301]. Hier stellt sich nicht im gleichen Umfang wie im Patentrecht das Problem eines umfangreichen Sachverhaltes, der von schwierigen technischen Fragen bestimmt wird. Dementsprechend läßt sich das Risiko des § 945 ZPO leichter abschätzen. Aufgrund des Willens, eine Verletzung möglichst unverzüglich zu beenden und für die Zukunft zu verhindern, werden gegenwärtig beinahe 50 % der Verfahren auf der Ebene des vorläufigen Rechtsschutzes in Form eines Antrages und Erlasses einer einstweiligen Verfügung erledigt[302].

b) Einschränkung der Verwertungsmöglichkeit durch Verwicklung in einen Prozeß

Festzuhalten ist somit, daß der vermeintliche Verletzer das Ende des Hauptsacheverfahrens abwarten muß, möchte er sich einem Schadensersatzrisiko vollständig entziehen. Er müßte demzufolge die Produktion bzw. den Vertrieb seines Produktes solange unterlassen, bis die gerichtliche Entscheidung getroffen ist. Im Hinblick auf die Dauer eines solchen Prozesses kann dies erhebliche wirtschaftliche Auswirkungen haben. So ist es in den USA nicht ungewöhnlich, wenn es mehr als fünf Jahre dauert, bis die zuständigen Gerichte in einem Patentprozeß zu einer gerichtlichen Entscheidung gelangen[303].

---

301 Zu berücksichtigen ist, daß § 25 UWG auf das Markenrecht analoge Anwendung findet, vgl. *Baumbach/Hefermehl*, § 25 UWG, Rn. 5.

302 Vgl. *Brinks/Fritze*, GRUR Int. 1987, S. 133 (137), die sogar von 90% in allen Fällen streitiger Wettbewerbssachen ausgehen.

303 *Paradise*, IP Law Review 1997, S. 159 (163); *Arnold*, §1.02, 1-2, wonach eine gerichtliche Entscheidung in der Regel 30 % der Schutzdauer eines Patentes benötigt und ein Prozeß auch häufig über die Schutzdauer eines Patentes hianusgeht; vgl. auch *Weigand*, BB 1996, S. 2106.

Aber auch in Deutschland ist die erforderliche Schnelligkeit häufig nicht gewährleistet[304], was zu einem erheblichen Hindernis hinsichtlich der Verwertung der gewerblichen Schutzrechte führt. In Markenstreitigkeiten liegt die Dauer eines erstinstanzlichen Verletzungsverfahrens zwischen 6 und 12 Monaten[305]. Es kommen aber auch Fälle vor, in denen allein die Einigung über die zu stellenden Fragen für eine demoskopische Umfrage zum Bekanntheitsgrad der Klagemarke und deren Durchführung einen Zeitaufwand von drei Jahren in Anspruch nahmen, so daß die gesamte erste Instanz fast vier Jahre andauerte.

In Patentverletzungsverfahren muß mit einem noch höheren Zeitaufwand gerechnet werden. Bis zum Ergehen einer erstinstanzlichen Entscheidung in einem Patentverletzungsverfahren ist eine Wartezeit von bis zu 15 Monaten nichts Ungewöhnliches, erstreckt sich aber in der Regel auf bis zu zwei Jahren[306], sofern kein Beweis zu erheben ist oder es lediglich auf die Vernehmung von Zeugen ankommt. Andernfalls, wenn das Gericht beispielsweise ein Sachverständigengutachten einholt, sollte eine Dauer von zwei bis vier Jahren einkalkuliert werden. Gegen die erstinstanzlichen Urteile kann Berufung an das Oberlandesgericht eingelegt werden, für die ein bis zwei weitere Jahre in Kauf genommen werden müssen. Gegen die Entscheidung des Berufungsgerichtes kann die Revision an den BGH erfolgen, sofern der Streitwert DM 60.000,- übersteigt oder das OLG die Berufung zugelassen hat (§ 546 Abs. 1 ZPO). Der BGH entscheidet erst ungefähr neun Monate nach Einlegung der Revision, ob er sie überhaupt annimmt. Bejahendenfalls findet die mündliche Verhandlung ca. ein Jahr später statt, wobei die Entscheidung gewöhnlich noch am selben Tag gefällt wird[307].

---

[304] Vgl. *Proppe/Krapp*, JA 1990, S. 65 (69); *van Raden*, BB 1999, Beilage 9, S. 17 (18);vgl. *Schreiber*, JA 1991, S. 617 (618f); vgl. auch *Schneider* in: Mediation für Juristen, S. 176. Die lange Verfahrensdauer wird nun auch in Schiedsverfahren bemängelt, *Weigand*, BB 1996, S. 2106 (2108).

[305] *Fritze*, GRUR Int. 1997, S. 143 (146).

[306] Vgl. *Pitz*, Patent World 1999, S. 21 (24); *Fritze*, GRUR Int. 1997, S. 143 (146).

[307] *Fritze*, GRUR Int. 1997, S. 143 (146).

Die Ursachen der zeitlichen Verzögerungen der Verfahren sind vielfältig. Exemplarisch herausgegriffen werden können hier aber zum einen die immer wieder als Grund angeführte Überlastung der Gerichte. Zum anderen stellt aber trotz der Konzentration auf wenige Patentstreitgerichte innerhalb Deutschlands (§ 143 Abs. 2 PatG)[308] das oftmals fehlende spezielle Wissen, das gerade im Zusammenhang mit pharmazeutischen oder technischen Patenten von hoher Notwendigkeit wäre, den Grund für derart lange Verfahren dar.
Es sind darüber hinaus auch Fälle denkbar, in denen der Prozeß durch eine Partei bewußt in die Länge gezogen wird und damit bewußt die Gefahr einer wirtschaftlichen Schädigung der anderen Partei in Kauf genommen wird. Zudem ist es im gewerblichen Bereich extrem wichtig zu wissen, wie lange ein Streit dauert, ob z.B. das Produkt auch in Zukunft weiter produziert wird, oder ob man damit erhebliche finanzielle Einschläge riskiert. Eine Prozeßdauer ist bei derart komplizierten Sachverhalten oftmals nicht im voraus kalkulierbar.

c) Zwischenergebnis

Der Hersteller bzw. Vertreiber eines Produktes sieht sich einer wirtschaftlichen Gefahr ausgesetzt, wenn er in einen Prozeß herein gezogen wird. Zum einen besteht die Ungewißheit, daß er bei einer Weiterproduktion, je nach Ausgang des Verfahrens, schadensersatzpflichtig wird. Wegen gerade im Patentrecht häufig auftretender komplizierter Sachverhalte, ist ein Ausgang des Prozesses im Vorfeld oft nicht abzuschätzen und darüber hinaus auch sehr langatmig. Im Unterschied zum Markenrecht ist auch die Anordnung einer einstweiligen Verfügung, aufgrund der komplexen Sachverhalte, eher die Seltenheit. Dir Durchführung einer Mediation an Stelle eines gerichtlichen Verfahrens stellt hier einen geeigneten Lösungsweg dar. Für den Schutzrechtsinhaber besteht die Möglich-

[308] Zu den spezielle Kammern in Patentsachen verweise ich auf die Ausführungen in Fußnote 153.

keit, schnell Gewißheit über die Ansichten der Gegenseite zu erlangen und vermag auf diese Weise den zukünftigen Verlauf besser einzuschätzen.
Gerade im gewerblichen Rechtsschutz können es sich die beteiligten Parteien nicht leisten, Zeit zu verschenken und vor allem im Bereich der technischen Schutzrechte ist eine schnelle Entscheidung über die Rechtslage gefordert, wenn man verhindern möchte, daß die ständige technische Fortentwicklung die Dauer des angestrengten Prozesses überholt. Eine Mediation würde diese Gefahr nicht beinhalten, zumal als Mediator eine Person bestimmt werden kann, die gerade auf dem streitigen Gebiet über überdurchschnittliches Fachwissen verfügt, wie z. B. ein Patent- oder Rechtsanwalt mit der erforderlichen schwerpunktmäßigen Ausbildung[309] bzw. aktueller Sachkenntnis. Zeitaufwendige Erklärungen, die in einem gerichtlichen Verfahren angestellt werden müßten, um den zuständigen Richtern die Fallgestaltung möglichst nahe zu bringen, wären hier nicht erforderlich. Damit würde nicht nur Zeit, sondern auch Geld gespart, zumal eine erfolgreiche Mediation aufgrund der Vermeidung von Berufungs- und Revisionskosten in jedem Fall die preiswertere Alternative darstellt[310]. Teil des Verfahrenszweckes einer Mediation stellen darüber hinaus die Grundsätze der Verfahrensbeschleunigung und der Förderung der gütlichen Einigung dar, deren Einhaltung durch die an der Mediation Teilnehmenden als geboten erscheint.
Selbst im Falle des Scheiterns einer Mediation, wenn es also zu keiner Einigung zwischen den Beteiligten gekommen ist, kann sich eine versuchte Mediation als vorteilhaft herausstellen, wenn durch sie komplexe Sachverhalte aufbereitet wurden und wichtige Informationen zwischen den Parteien ausgetauscht werden konnten. Ein nachfolgender Prozeß kann dementsprechend zielgerichteter ge-

[309] Die Auffassung von *Hehn*, S. 19, ein Mediator müsse nicht Experte auf dem jeweiligen Gebiet sein, trifft auf den gewerblichen Rechtsschutz nicht zu.
[310] So errechnete *Stauder* ein Kostenrisiko von rund DM 24.000,- in erster Instanz, DM 30.000 in zweiter Instanz und DM 40.000,- in dritter Instanz, für drei Instanzen somit rund DM 95.000,-, S. 133, 134b, 291f., 294f.

führt werden, wodurch sich die vermeintlich vergeblich aufgewandten Kosten rechtfertigen lassen[311].

Der Rechtsstreit könnte dadurch mehr Zeit in Anspruch nehmen, als er es ohne einen Mediationsversuch getan hätte. Nur wenn bereits technische aufbereitete Sachverhalte in einem späteren Verfahren auch verwertet werden dürften, könnte dieser Nachteil begrenzt werden.

2. Flexiblere Ergebnisse

Schließlich ist zu erwähnen, daß die Mediation den Parteien die Möglichkeit eröffnet, mit flexibleren[312] und an ihre Interessen näher angelehnten Ergebnissen den Streitpunkt abzuschließen, die vor einem staatlichen Gericht nicht denkbar wären, in dem in einer Mediation dem Einhalt bestimmter Verfahrensgrundsätze abgewichen werden kann[313].

Immer wieder zeigt sich in der Praxis, daß sich die in den Schriftsätzen aufgetretenen Mißverständnisse und Irrtümer im Rahmen der mündlichen Verhandlungen bereinigen lassen[314]. In einem Patentverletzungsverfahren muß in mindestens einem Termin der technische Tatbestand eingehend erörtert werden. Die erste mündliche Verhandlung muß unbedingt Klarheit bringen, was genau der Verletzungsgegenstand ist, wie er aussieht, inwieweit die Parteien hierüber einig sind und was hiervon bestritten ist. Häufig kommt es diesbezüglich zu einem Sachverständigengutachten. Dieser Zeitmoment besteht in einer Mediation nicht in gleichem Umfang, da die Beteiligten durch eigene Rückfragen oder solche

---

311 *Casper/Risse*, ZIP 2000, S. 437 (440).

312 Vgl. *Plant* in: WIPO conference on Mediation, S. 17; vgl. *Risse*, BB 1999, Beilage 9, S. 1 (5).

313 *Arfin*, Hastings Law Journal 95 volume 7/4, S. 893 (899); *Hill*, Arbitration International 1998, vol 14 no. 2, S. 173 (174f); *Heinze*, 18 AIPLA 1990, S. 333 (343f); *Prütting*, BB 1999, Beilage 9, S. 7 (8,12); *ders.* JZ 1985, S. 261 (262); *Breidenbach*, S. 194; vgl. *ders.* AnwBl 1997, S. 135 (136); vgl. *Ortloff*, in: Mediation für Juristen, S. 111 (114); vgl. *Risse*, BB 1999, Beilage 9, S. 1; *Duve*, BB 1998, Beilage 9, S. 15 (18).

314 Vgl. Schramm/Wiedemann, S. 247.

des Mediators zu jedem Zeitpunkt Klarheit über den Sachverhalt erlangen, hierdurch Mißverständnisse vermeiden[315] und ihre Interessen deutlicher hervorheben können.

Im Unterschied zu den in einer nicht nur anspruchsorientierten Mediation bestehenden flexiblen rechtlichen Möglichkeiten kann der Richter in einem Zivilprozeß aufgrund der herrschenden Parteimaxime einen geltend gemachten Anspruch lediglich zusprechen oder abweisen[316]. Auch gibt die als Anspruchsgrundlage herangezogene gesetzliche Norm meist nur eine Rechtsfolge, die in der Regel in Unterlassung-, Schadensersatz sowie Auskunftserteilung besteht. Dieses Zusammenspiel von Antragsgrundsatz und vorgegebener Rechtsfolge verhindert jede innovative Beilegung des Streites. Zur Problemlösung bestehen dagegen in einer Mediation mehrere Möglichkeiten, denn in der Entscheidungsfindung kann und sollte zwischen den persönlichen Interessen der Beteiligten und den rechtlichen Möglichkeiten unterschieden werden[317].

Daß durch eine Mediation flexiblere Ergebnisse entstehen können und was man sich darunter vorzustellen hat, soll folgendes Beispiel aus dem Bereich des Patentrechtes, das auch in der internationalen Literatur immer wieder angeführt wird[318], verdeutlichen:

Zwei Schwestern streiten sich um eine Orange, wobei sich jede auf die Position versteift, daß ihr die ganze Orange zusteht. Die als Richterin fungierende Mutter teilt die Orange und gibt jeder die Hälfte. Nun wirft aber die eine ihre Fruchthälfte weg, weil sie mit der Schale einen Kuchen backen will, die andere wirft die Schale weg, weil sie die Frucht essen möchte. Die Einschaltung eines Mediators hätte zu einem anderen Ergebnis geführt. Dieser betrachtet nicht nur die einzelnen Positionen, sondern hinterfragt die jeweiligen Interessen der beteilig-

---

[315] Vgl. *Plant* in: WIPO conference on mediation, S. 17 (19).

[316] So § 308 ZPO; vgl. dazu *Zöller/Vollkommer*, § 308 ZPO, Rn. 2 ff..

[317] Vgl. *Hill*, Arb. Int. (1998) vol. 14, No. 2, S. 173 (174).

[318] *Arfin*, Hastings Law Journal, vol. 95 7/4, S. 893 (903); *Heinze*, 18 AIPLA (1990), S. 333 (344); siehe auch *Hill*, Arbitration International, vol. 14, no. 2, S. 173 (177) mit weiteren Beispielen.

ten Parteien. Aufgrund der unterschiedlichen Interessenlage hätte eine Partei die gesamte Schale und die andere das Fruchtfleisch erhalten.
Der Vorteil einer Mediation besteht aber nicht allein in der Möglichkeit, jederzeit Rückfragen zu stellen und zur Sachverhaltsklärung beizutragen. In den Vordergrund muß hier vielmehr die Person des Mediators gestellt werden, eine speziell für die streitigen Inhalte des Patentrechtes technisch oder pharmazeutisch ausgebildete und erfahrene Person[319], die zur Unterstützung zur Verfügung steht und ohne die es zu flexibleren Lösungen nicht kommen würde. Die Gefahr, daß Streitbeilegungsmöglichkeiten, die zu einer „win-win" Lösung führen, erst gar nicht erkannt werden, ist im Falle eines Richters, der nicht über das erforderliche spezielle Fachwissen verfügt, sehr hoch.
Um auch nach einer erfolgreichen Mediation Anschlußkonflikte zu vermeiden, ist es wichtig, die zukünftigen Rechte und Pflichten der Parteien präzise zu definieren.

III. Internationale Beziehungen im gewerblichen Rechtsschutz

Die dem gewerblichen Rechtsschutz zugrundeliegenden vertraglichen Beziehungen weiten sich zunehmend auf internationaler Ebene aus. Lizenzen werden nicht nur noch im Inland erteilt. Eine effektivere Verwertung eines Schutzrechtes läßt sich vielmehr dadurch bewerkstelligen, daß Lizenzen zunehmend international vergeben werden. Dementsprechend weisen viele Schutzrechte international einen hohen Bekanntheitsgrad auf. Dies hat zur Folge, daß Verletzungshandlungen bzw. Beeinträchtigungen des Schutzrechtes, die nicht nur durch Dritte, sondern auch durch eine Überschreitung der dem jeweiligen Lizenznehmer erteilten Rechte erfolgen, international erfolgen und somit auch in den jeweils verschiedenen Staaten geahndet werden müssen.

---

[319] Vgl. *Plant* in: WIPO Conference On Mediation, S. 17 (19).

Angesichts der kaum zu überschätzenden Bedeutung, die dem Schutze geistigen Eigentums für die deutsche Wirtschaft zukommt, legt Deutschland besonderen Wert darauf, den Schutz dieser in hohem Maße verletzlichen Rechtsgüter möglichst effektiv und umfassend auszugestalten. Schutzrechtsinhaber sollen sich sowohl national als auch international effektiv vor Verletzungshandlungen und Beeinträchtigungen schützen bzw. sich diesen gegenüber zur Wehr setzen können[320]. Damit soll die Möglichkeit gewährleistet werden, das Potential des Binnenmarktes für innovative Produkte und Dienstleistungen voll ausschöpfen zu können.

Eine Sicherung vor internationalen Verletzungshandlungen kann auf rechtlichem Wege erfolgen. Fraglich ist jedoch, ob dies gegenwärtig möglich ist, denn die einzelnen Länder sind mit verschiedenen Rechtssystemen ausgestaltet. Die Frage, wann eine Schutzrechtsbeeinträchtigung vorliegt und wie dagegen vorzugehen ist, könnte demnach international nicht einheitlich beurteilt werden. Es ist somit durchaus vorstellbar, daß hinsichtlich der Überprüfung der Frage, ob eine Verletzungshandlung vorliegt oder nicht, bzw. ein Schutzrecht wirksam ist oder nicht, einzelne Länder zu unterschiedlichen Ergebnissen gelangen, weil sie einzelne Normen unterschiedlich beurteilen oder auslegen. Durch diese Rechtsungleichheit bestünde die Gefahr der Rechtsunsicherheit des Schutzrechtsinhabers hinsichtlich seiner Verteidigungsmöglichkeiten. Er sähe sich der Gefahr ausgesetzt, in sämtlichen Ländern, aus denen eine Rechtsüberschreitung herrührt, ein kostspieliges Verfahren durchzuführen. Aufgrund der unterschiedlichen Rechtssysteme könnte er im Vorfeld die Erfolgsaussichten und die Dauer seiner Verfahren nicht überblicken.

Derartige Problemkonstellationen könnten weitestgehend durch ein Mediationsverfahren mit internationalen Teilnehmern umgangen werden. Dieses Verfahren

---

[320] Schwierigkeiten aufgrund der unterschiedlichen Rechtssysteme entstanden erstmals mit der Industrialisierung und der Ausbreitung des Handels im 19. Jahrhundert. Es stellte sich heraus, daß es sowohl Länder mit Patentschutz, als auch solche ohne gab. Soweit

stellt nicht die einzelnen Rechtssysteme der verschiedenen Länder in den Vordergrund, sondern es eröffnet den Parteien die Möglichkeit, sich in großen Bereichen[321], losgelöst von rechtlichen Grenzen, den Konflikt zu behandeln und nach beiderseitiger Zufriedenheit zu lösen.

1. Internationaler Rechtsschutz bei Verletzungshandlungen

Fraglich ist, ob der Schutzrechtsinhaber gegenwärtig ausreichend vor internationalen Verletzungshandlungen geschützt ist. In diesem Zusammenhang muß dem im gewerblichen Rechtsschutz geltenden Territorialitätsgrundsatz besondere Aufmerksamkeit geschenkt werden. Danach bleibt der Schutz eines Schutzrechtes auf das Territorium des Staates beschränkt bzw. gilt nur jeweils in dem Land, in dem es erteilt wurde[322]. Der Inhaber eines deutschen Schutzrechtes (Patent, Marke etc.) muß also, wenn er auch im Ausland Schutz in Anspruch nehmen will, sein Schutzrecht entsprechend den jeweilig geltenden Rechtsordnungen anmelden, registrieren oder prüfen lassen. Das jeweilige materielle Recht regelt nicht nur Inhalt und Umfang des Schutzrechtes, sondern auch die Frage der Verletzung und der hieraus resultierenden Ansprüchen.

Für die EU war offensichtlich, daß die Existenz mehrerer nationaler und unterschiedlich ausgestalteter Schutzrechtsordnungen nicht mit den Zielen der Europäischen Gemeinschaft im Einklang steht, denn mit territorial begrenzten Schutzrechten kann der Wettbewerb innerhalb des gemeinsamen Marktes wieder aufgespalten und der freie Warenverkehr behindert werden[323]. Um aber die gewünschte Rechtseinheit erzeugen zu können, müssen demzufolge von diesem Grundsatz abweichende Regelungen geschaffen werden, die zur Folge haben,

---

Patentschutz existierte, war dieser jedoch von Land zu Land unterschiedlich. Vgl. hierzu auch *Materialien der Europäische Gemeinschaft*, GRUR Int. 1999, S. 335 (336).

[321] Daß die Mediation keinen rechtsfreien Raum darstellt, soll an späterer Stelle untersucht werden.

[322] Vgl. *Beets*, S. 62; Vgl. *Haertel*, EPÜ S. 1; vgl. *Andermann*, S. 74.

[323] Vgl. *Singer*, S. 17.

daß sämtliche nationalen Richter und darüber hinaus auch das Europäische Patentamt dieselben Regeln auf gleich Art und Weise anwenden[324].

a) Rechtsgleichheit durch Gemeinschaftsschutzrechte

Rechtsgleichheit und damit auch Rechtssicherheit kann durch Gemeinschaftsschutzrechte gewährleistet werden[325]. Unter Gemeinschaftsschutzrechten sind solche zu verstehen, die in einem bestimmten internationalen Gebiet einheitliche Geltung haben und einheitlichen Grundsätzen unterliegen[326].

Aufgrund der jedoch nur sehr eingeschränkten Existenz von Gemeinschaftsschutzrechten, bestehen auf diesem Gebiet für einige gewerblichen Schutzrechte allerdings erhebliche Defizite, was sich deutlich bei einer Betrachtung der gegenwärtigen Rechtslage zeigt. Dargestellt wird im folgenden, daß ein außergerichtliches Mediationsverfahren im internationalen Rechtsverkehr der EU helfen kann, gegenwärtig noch bestehende Rechtsungleichheiten zu überbrücken und damit die Herstellung der erforderlichen Rechtssicherheit zu unterstützen.

aa) Internationaler Rechtsschutz im Patentrecht

Ein kurzer Blick auf die Ausgangslage illustriert das gegenwärtig noch bestehende Problem: Generell sind für Patentverletzungsstreitigkeiten nur die Gerichte des Staates als zuständig anzusehen, für dessen Hoheitsgebiet das jeweilige Patent erteilt ist.

Aufgrund der Internationalisierung von Industrie und Handel wuchs das Bestreben nach einer Harmonisierung des gewerblichen Rechtsschutzes. Durch die Ausweitung der gewerblichen Schutzrechte in dem internationalen Raum droh-

---

[324] *Brinkhof*, GRUR Int. 1996, S. 1115 (1116); vgl. *Brändle*, GRUR 1998, S. 854 (855); vgl. *Meier-Beck*, GRUR 1999, S. 379.

[325] Vgl. Mitteilungen der Kommission an den Rat, GRUR Int. 1999, S. 335 (337, 338): Dies habe zugleich den positiven Effekt, daß Forschungsprojekte besser geschützt und erfolgreicher zum Abschluß gebracht werden können.

[326] Vgl. *Hubmann/Götting*, § 62, S. 408; vgl. *Osterrieth*, S. 28, Rn. 43.

ten Verletzungen in verschiedenen Ländern[327]. Aufgrund der unterschiedlichen Rechtsordnungen entstand die latente Gefahr, daß die einzelnen Staaten bei der Entscheidung über ein Verletzungsverfahren zu unterschiedlichen Ergebnissen gelangten. Hinsichtlich derselben Rechtsfrage konnte demzufolge eine Rechtsungleichheit und damit Rechtsunsicherheit entstehen. Ziel sollte es folglich sein, möglichst einfach einen einheitlichen Patentschutz in mehreren Ländern zu erhalten und in Verletzungsfällen diesen auch schnell und effektiv durchsetzen zu können. Ein herkömmliches nationales Patent entsprach diesen Anforderungen nicht.

aaa) Kein einheitlicher Rechtsschutz durch das Europäische Patent

Im Patentrecht wurde dieser Vereinheitlichungsprozeß, der bis heute noch nicht beendet ist[328], durch die in Deutschland unmittelbar geltenden[329] staatsvertraglichen Regelungen der Pariser Verbandsübereinkunft von 1883 (PVÜ)[330] und dem Patent Cooperation Treaty (PCT)[331] in Gang gesetzt und fortgeführt sowie durch das Europäische Patentübereinkommen (EPÜ), das am 5.10.1973 in München unterzeichnet wurde[332] und für Deutschland zum 7.10.1977 in Kraft

---

[327] Vgl. *Brinkhof*, GRUR 1993, S. 177 (178); vgl. *Haertel*, EPÜ, S. 91 ff. .

[328] Vgl. *Valle*, Mitt. 1999, S. 166; vgl. *Haertel*, GRUR Int. 1981, S. 479 (490).

[329] Venrooy v., S. 126.

[330] Vgl. *Mossinghoff/Kuo*, IDEA, vol.38, no. 4, S. 539 (532); vgl. *Osterrieth*, S. 22, Rn. 35; Die Pariser Verbandsübereinkunft (PVÜ) ermöglicht dem Anmelder, sich anhand einer nationalen Anmeldung für einen bestimmten Zeitraum das Recht zu sichern, die gleiche Erfindung in anderen Vertragsstaaten nachanzumelden.

[331] Die Schwierigkeit des PVÜ, daß beispielsweise in jedem Land eine eigene Patentanmeldung in der jeweiligen Sprache unter Beachtung der jeweiligen nationalen Vorschriften zu erfolgen hat, wird durch den PCT behoben. Durch den von der WIPO in Washington am 19.6.1970 erstellten, von zunächst zwanzig Staaten unterzeichneten und am 24.01.1978 in Kraft getretenen PCT werden dem Schutzrechtsinhaber im Gegensatz zur PVÜ weitaus mehr Möglichkeiten eingeräumt. So erhält er die Option mit nur einer Anmeldung weitere Erteilungs- und Anmeldeverfahren in anderen Vertragsstaaten zu eröffnen. Der PCT hat somit nur die Zentralisierung des Anmeldeverfahrens zum Gegenstand. Deutschland hatte diesem Vertrag durch das Gesetz über internationale Patentübereinkommen zugestimmt.

[332] Das europäische Patentübereinkommen wird auch „Münchner Übereinkommen" (MPÜ) genannt, vgl. *Bezzenberger*, GRUR Int. 1987, S. 367; vgl. *Haertel*, GRUR Int. 1981, S. 479; *ders.*, EPÜ, S. 94; vgl. *Hess*, S. 24 ff. .

getreten ist, weiterentwickelt. Unterzeichnet wurde diese Übereinkunft von 21 europäischen Ländern[333] und bis heute von 19 Ländern ratifiziert[334].

Dieses Übereinkommen räumte den europäischen Staaten, die nicht notwendig Mitglieder der EG sein mußten[335], die Möglichkeit ein, anhand einer einzigen Patentanmeldung in den durch den Anmelder benannten Vertragsstaaten, ein geprüftes Patent mit einheitlichem Schutzumfang zu erhalten[336]. Das europäische Patentübereinkommen faßte somit die Vielzahl aller nationalen Erteilungsverfahren zu einem Verfahren vor dem Europäischen Patentamt zusammen. Es bestimmt auch gegenwärtig einheitliche Patentierungsvoraussetzungen, ein einheitliches Prüfungs-, Erteilungs- und Einspruchsverfahren sowie einzelne gemeinsame Regeln für den Bestand, den Schutzbereich und die Schutzdauer der nach diesem Verfahren erteilten Patente[337].

Betrachtet man allerdings die Rechtsnatur eines europäischen Patentes, also das, was letztendlich dem Anmelder durch das Europäische Patentamt erteilt wird, wird deutlich, daß hierdurch der gewünschte einheitliche Rechtsschutz nicht gewährleistet wird. Das Europäische Patentamt erteilt zwar ein „europäisches Patent“. Das europäische Patent stellt aber kein einheitliches Patent dar, das mit einheitlichen Verletzungsverfahren verteidigt und mit einheitlichen Nichtigkeitsklagen auf sein Rechtsbeständigkeit hin überprüft werden kann. Lediglich die Vernichtung eines Patentes durch ein Einspruchsverfahren gemäß Art. 99 Abs. 1 EPÜ obliegt dem Europäischen Patentamt und erfolgt für alle Vertrags-

---

333 *Akers*, World Patent Information (1999) Vol. 21, No 3, S. 135 (137).

334 Österreich, Lichtenstein (zusammen mit der Schweiz), United Kingdom, Belgien, Zypern, Dänemark, Finnland, Frankreich, Deutschland, Griechenland, Irland, Italien, Luxemburg, Monaco, Holland, Portugal, Spanien, Schweden,

335 Aus diesem Grund wurde dieses Übereinkommen auch als „großes Übereinkommen“ bezeichnet, vgl. *Hess*, S. 24 ff. .

336 *Singer*, S. 25; vgl. *Brinkhof*, GRUR 1993, S. 177; vgl. *Benkard/Ullmann*, PatG Internationaler Teil, Rn. 3, 103; *Preu/Brandi-Dohrn/Gruber*, S. 30.

337 Beachte Art. 69 EPÜ, der eine einheitliche Bestimmung des Schutzbereichs europäischer Patente in den verschiedenen nationalen Rechtsordnungen gewährleistet, *Haertel*, GRUR Int. 1981, S. 479 (482ff.).

staaten einheitlich (Art. 99 Abs. 2 EPÜ). Ist die neunmonatige Einspruchsfrist einmal abgelaufen, so haben die nationalen Richter auf nationaler Ebene die Befugnis, europäische Patente zu vernichten[338] (Art 2 Abs. 2 EPÜ) oder nach Art. 64 Abs. 3 EPÜ ein Verletzungsverfahren durchzuführen[339]. Nach Ablauf der Einspruchsfrist besteht demnach nicht mehr die Möglichkeit, durch nur ein einziges Verfahren eine Nichtigerklärung zu erhalten[340]. Sämtliche Verfahren spielen sich dann mangels der Existenz einer gesamteuropäischen Regelung des Patentverletzungsverfahrens auf nationaler Ebene nach nationalen Vorschriften ab. Im Hinblick auf die Patentverletzungsstreitigkeiten ergibt sich eine territorial gespaltene Zuständigkeit, die darauf zurückzuführen ist, daß das Europäische Patent nach seiner Erteilung in eine Vielfalt rechtlich selbständiger nationaler Patente zerfällt. Von daher wird die Rechtsnatur des europäischen Patentes auch als ein „Bündel nationaler Patente“ bezeichnet[341], die jeweils den verschiedenen nationalen Gesetzen unterliegen[342]. Grundsätzlich wird die Verletzung eines Europäischen Patentes vor den jeweiligen für nationale Verletzungsklagen zuständigen Gerichte des Staates verhandelt, in dem die Verletzung begangen wurde.

Durch das am 01.02.1973 in Kraft getretene Übereinkommen der Europäischen Gemeinschaft über die gerichtliche Zuständigkeit und die Vollstreckung gerichtlicher Entscheidungen in Zivil- und Handelssachen wird die internationale Zuständigkeit der Mitgliedstaaten der Europäischen Gemeinschaften bestimmt

---

[338] Wobei die Nichtigkeitsgründe in Art. 138 EPÜ enumerativ aufgezählt sind, vgl. *Brinkhof*, GRUR Int. 1996, S. 1115. Die Nichtigkeitserklärung selbst spielt sich aber nur auf nationaler Ebene ab.

[339] Vgl. *Valle*, Mitt. 1999, S. 166; vgl. *Brinkhof*, GRUR 1993, S. 177 (180, 183).

[340] Vgl. *Pakuscher*, GRUR 1995, S. 705 (708); *Brinkhof*, GRUR 1993, S. 177 (180).

[341] *Meier-Beck*, GRUR 1999, S. 379; *Brinkhof*, GRUR 1993, S. 177 (179); *Benkard/Ullmann*, PatG IT, Rn. 104; vgl. *Haertel*, EPÜ, S 94 ff. .

[342] Dem ist hinzuzufügen, daß das jeweilige nationale Recht alle einschlägigen Bestimmungen des Trade Related Aspects of Intellectual Property and Tarif (TRIPS) enthalten muß, insbesondere dessen Art. 28.

(EuGVÜ)[343]. Da niemand darüber wacht, daß die Regeln von den nationalen Richtern untereinander und auch vom Europäischen Patentamt gleich angewandt werden[344], besteht die Möglichkeit, daß bei mehreren internationalen Verletzungen ein europäisches Patent in einem Land hinsichtlich seines nationalen Teils für nichtig erklärt wird und in einem anderen nicht. Folglich kann es zu Rechtsungleichheiten hinsichtlich des fraglichen Schutzrechtes kommen[345], die wiederum zu Rechtsunsicherheiten für den Anmelder und dessen Lizenznehmer hinsichtlich der Wirksamkeit und damit der Verwertbarkeit des Schutzrechtes führen.

Das europäische Patent hat mit seinen Regelungen zwar zu einer Vereinfachung des Anmeldeverfahrens und zu einem flexiblen Patentrecht geführt. Vor allem im Hinblick auf die in den einzelnen Ländern sehr unterschiedlich ausgestalteten Verfahren im Bereich des einstweiligen Rechtsschutzes[346] wird erkennbar, daß der gewerbliche Rechtsschutz den internationalen Wirtschaftsbeteiligten noch nicht in zufriedenstellendem Maße zugänglich gemacht wurde und damit der Vereinheitlichungsprozeß mit der Schaffung des europäischen Patentes auch nicht als beendet angesehen werden kann. Beispielhaft ist hierfür, der immer wichtiger werdende Bereich der Computerprogramme, deren Entwicklung mit jährlich beinahe 40 Millionen Dollar gefördert werden[347]. Sie spielen damit für die Entwicklung zahlreicher Wirtschaftstätigkeiten offensichtlich eine bedeutende Rolle und tragen unmittelbar zum Aufbau der Informationsgesellschaft bei. Eine präzise Bestimmung und Angleichung der Patentschutzvoraussetzungen für Software auf gemeinschaftlicher Ebene ist unumgänglich.

---

[343] Gemäß § 1 EuGVÜ findet das Abkommen in Zivil- und Handelssachen und damit auch in Patentstreitigkeiten Anwendung.

[344] Vgl. *Brinkhof,* GRUR Int. 1996, S. 1115 (1116).

[345] Als Beispiel hierfür sei die EPILADY - Rechtsprechung genannt.

[346] Einen Überblick über die unterschiedlichen Voraussetzungen der Maßnahmen auf der Ebene des einstweiligen Rechtsschutzes geben *v.Meibom/Pitz,* Mitt. 1996, S. 181 (186f) für Deutschland, Großbritannien und Frankreich.

bbb) Einheitlicher Rechtsschutz durch das Gemeinschaftspatent möglich

Weitere Schritte zur Überwindung des Territorialitätsprinzipes sollen dem sog. „kleineren Abkommen“ vorbehalten bleiben[348].

Die gewünschte Rechtssicherheit und verbesserte Funktionsfähigkeit des Binnenmarktes soll nun anhand des auf dem EPÜ aufbauenden Gemeinschaftspatentübereinkommens (GPÜ) vom 15.12.1975[349] gewährleistet werden[350]. Vorgesehen ist die Errichtung von Gemeinschaftspatentgerichten, die sowohl über Verletzungs- als auch über Rechtsgültigkeitsfragen zu entscheiden haben, was dem Protokoll über die Regelung von Streitigkeiten (Streitbeilegungsprotokoll)[351] vom 21. 12 1989 zu entnehmen ist. Das GPÜ ist ein zwischenstaatliches Abkommen der EG - Mitgliedsländer und bis heute noch nicht in Kraft getreten[352].

Das GPÜ soll neben das bisherige „Bündelpatent“ treten und ein einheitlich geltenden EG-Patent mit einheitlichem Verletzungsrecht ermöglichen[353]. Das wesentliche Merkmal eines Gemeinschaftspatentes ist somit die Entfaltung einer einheitlichen Wirkung. Es soll nur für das gesamte Gebiet der Gemeinschaft beantragt, erteilt und widerrufen werden dürfen und darf ebenfalls nur mit einer Wirkung für das gesamte Gebiet enden.

---

347 Vgl. *Mitteilungen der Kommission an den Rat*, GRUR Int. 1999, S. 335 (339).

348 *Hess*, S. 25 ff., wonach sich dieses „kleinere Abkommen“ von dem „größeren Abkommen“ durch die Zugehörigkeit der Staaten zur Europäischen Gemeinschaft unterscheidet, die für die Teilnahme an dem „großen Abkommen“ nicht gewährleistet sein muß.

349 Die damals neun Vertragsstaaten haben sich am 15. 12 1975 ein erstes Übereinkommen über das Patent für den gemeinsamen Markt (GPÜ) geschlossen. Dieses Treffen fand in Luxemburg statt, weswegen dieses Übereinkommen auch „Luxemburger Patentübereinkommen“ genannt wird. Das zweite Luxemburger Übereinkommen erfolgte vom 4. bis 18. 12 1985.

350 Mitteilungen der Kommission, GRUR Int. 1999, S. 335 (337,338); *Hess*, S. 26 f.

351 Diesem Protokoll hat die Bundesrepublik Deutschland durch das Zweite Gesetz über das Gemeinschaftspatent vom 20.12.1991 zugestimmt, vgl. BGBl. 1991 II, S. 1354.

352 Brandi-Dohrn/Gruber/Muir, S. 254, Rn. 22.17; vgl. *Bernhardt/Kraßer*, § 28, S. 457.

353 Preu/Brandi-Dohrn/Gruber, S. 32; Brandi-Dohrn/Gruber/Muir, S. 254, Rn. 22.17; *Hess*, S. 27.

Die EU - Kommission hat am 24.06.1997 ein Grünbuch über das Gemeinschaftspatent und das Patentschutzsystem in Europa vorgelegt[354], dessen Ziel es war, zum Nachdenken über die Notwendigkeit neuer Initiativen im Patentrecht anzuregen, was ihr im Hinblick auf die zahlreichen an die Kommission gerichteten Stellungnahmen und veranstalteten Konferenzen auch gelungen war[355]. Als eines der Haupthindernisse, die dem Gemeinschaftspatent allgemein entgegenstehen, wird allerdings immer wieder das Problem der Übersetzungskosten genannt. Unabdingbare Voraussetzung für die Schaffung eines die Rechtssicherheit herstellenden Gemeinschaftspatentes ist nämlich die Übersetzung des Gemeinschaftspatentes in alle dem Übereinkommen angehörigen verschiedenen Sprachen der Länder, wenn wenigstens der Status quo beibehalten werden soll[356]. Und in diesem Zusammenhang stellt sich die bisher noch ungelöste Frage, wie die für den Patentinhaber entstehenden extrem hohen Übersetzungskosten, die etwa bei 12 000 Euro liegen würden, reduziert werden könnten. Solange die Kommission keine Lösung für das Übersetzungsproblem gefunden und vorgeschlagen hat, ist mit einer Verordnung nicht zu rechnen.
Aber auch für den deutschen Gesetzgeber sind mit einem Inkrafttreten des GPÜ Probleme verbunden. Wie bereits dargestellt[357], besteht für Patentstreitigkeiten eine Zweiteilung. In einem Verletzungsverfahren kann ohne die Aussetzung des Verfahrens im Sinne des § 148 PatG nicht der Einwand geltend gemacht werden, das Patent sei unwirksam, also nichtig. Das GPÜ sieht dagegen jedoch die Schaffung von Gemeinschaftsgerichten vor, die hinsichtlich beider Fragestellungen die Entscheidungskompetenz erhalten sollen. Der deutsche Gesetzgeber wird somit mit dem Inkrafttreten des GPÜ zu entscheiden haben, ob die

---

354 KOM (Europäische Kommission) (97) 314 endg., 24.06.1997; vgl. dazu auch die Anmerkungen im Abl. EPA 1997, S. 443, und 1998, S. 328

355 Während viele davon ausgehen, daß es zu keiner Zeit zu einer Einigung hinsichtlich der notwendigen Regelungen kommen werde, rechnen andere mit einer Verordnung bereits zum Ende des Jahres 2000, vgl. *Dreiss*, Mitt. 2000, S. 121.

356 Vgl. Mitteilungen der Kommission, GRUR Int. 1999, S, 335 (338).

357 Siehe § 3.

Zweiteilung bei Verfahren über nationale Patente im Gegensatz zu Gemeinschaftspatenten aufrechterhalten werden soll.

bb) Zwischenergebnis

Von der Europäischen Kommission wurde das Bedürfnis nach übergreifenden, einheitlichen patentrechtlichen Vorschriften zur Förderung der Wirtschaft und Herstellung der Rechtssicherheit erkannt. Das Thema „Gemeinschaftspatent" ist somit keineswegs als erledigt zu betrachten.

Das bereits existierende europäische Patent erfüllt aufgrund seiner Rechtsnatur als „Bündelpatent" die gewünschten Anforderungen nicht. Einheitliche Entscheidungen, also Rechtsgleichheit und damit Rechtssicherheit werden hierdurch nicht ermöglicht.

Internationale Rechtsgleichheit ist damit auf gerichtlichem Wege gegenwärtig nur schwer herzustellen, nämlich nur dann, wenn die einzelnen nationalen Richter bei der eigenen Entscheidungsfindung die Urteile ihrer ausländischen Kollegen umfassend berücksichtigen. Dies ist ihnen aber zum Teil aufgrund unterschiedlicher nationaler Regelungen verwehrt.

Derartige Problembereiche würden demgegenüber in einem Mediationsverfahren nicht auftreten. Im Konfliktfall können bei einem ersten Zusammentreffen der Parteien die unterschiedlichen Rechtssysteme erst einmal beiseite gelassen werden. Darüber hinaus wäre es den Beteiligten möglich, sich auf eine bestimmte Prozeßsprache zu einigen, diese also selber festzulegen und bestehende kulturelle Differenzen besser anzupassen.

Es wird den Medianten die Möglichkeit eröffnet, den streitigen Sachverhalt in den Mittelpunkt zu stellen und diesen aufzuarbeiten, bis das Problem exakt herausgearbeitet wird.

Mit dieser Form der außergerichtlichen Streitbeilegung ließe sich zügig die Beilegung eines grenzüberschreitenden Streites herbeiführen, wenn sich die Parteien entsprechend einig sind. Unklarheiten können hier schnell aufgedeckt und beseitigt werden. Der gemeinschaftliche Willen der Parteien würde im Vordergrund stehen, und sie müßten ihn nicht verschieden Rechtsordnungen unterwerfen, die ggf. zu unterschiedlichen Ergebnissen gelangen.

b) Markenrecht und Gemeinschaftsmarke

Ein anderes Ergebnis könnte sich im Hinblick auf das Markenrecht ergeben. Hier existiert die Gemeinschaftsmarke, die den Gegenstand der nach mehr als 30jähriger Diskussion[358] am 15.03.1994 in Kraft getretene europäische Gemeinschaftsmarkenverordnung (GMVO) (Art. 143 Abs. 1 GMVO) bildet[359]. Die Gemeinschaftsmarkenverordnung hat unmittelbare Geltung, so daß es einer Transformation in den einzelnen Staaten nicht mehr bedurfte (Art. 189 Abs. 2 des EWG-Vertrag). Die Anmeldung der Gemeinschaftsmarke war jedoch erst ab dem 1. April 1996[360] bei dem Harmonisierungsamt für den Binnenmarkt in Alicante[361] möglich.

Mit der Entwicklung der Gemeinschaftsmarke wurde das Ziel verfolgt, den in der Gemeinschaft tätigen Unternehmen die Verwendung von Marken möglichst unproblematisch zu ermöglichen, Handelshemmnisse zu vermeiden und durch die Beseitigung der marktaufteilenden Wirkung nationaler Marken zur Vollendung des Binnenmarktes beizutragen.

---

358 *Over*, WRP 1996, S. 274 (275); *Piper*, GRUR 1996, S. 657; *Kunze*, GRUR 1996, S. 627.

359 Verordnung (EG) Nr. 40/94 des Rates vom 20. Dezember 1993, die hinsichtlich der Erlaßkompetenz des Rates auf die Auffangvorschrift des Art. 235 EGV gestützt ist. Veröffentlicht im Amtsblatt der Europäischen Gemeinschaften L11 v. 14.01.1994.

360 *Lindner/Schrell*, WRP 1996, S. 94 (96); Hier ist zu berücksichtigen, daß bereits ab dem 1. Januar Gemeinschaftsmarken eingerichtet werden konnten. Diese erhielten jedoch ebenfalls den Anmeldetag 1. April 1996 (Art. 143 Abs. 4 GMVO).

361 Vgl. *Schulte-Beckhausen,* WRP 1999, S. 300. Eine Gemeinschaftsmarke zu erwerben ist nicht den Angehörigen der Mitgliedstaaten vorbehalten, sondern ist auch den Angehörigen aller Verbandsländer der PVÜ oder des WTO Übereinkommens möglich.

Die Gemeinschaftsmarke hat in der gesamten Europäischen Gemeinschaft Gültigkeit, und ihr Schutz besteht neben den nationalen Marken[362]. Durch das Gemeinschaftsmarkensystem wird ermöglicht, in einem einzigen Verfahren, d.h. mit nur einem Eintrag in das Gemeinschaftsmarkenregister, in allen Staaten des Übereinkommens eine Gemeinschaftsmarke zu erwerben, die im gesamten Gemeinschaftsgebiet wirksam ist und einheitlichen Schutz genießt (Art. 1 Abs. 2 GMVO). Sie unterliegt einem in allen Staaten geltenden Gemeinschaftsrecht.

Auch bei der Gemeinschaftsmarke stellt sich ein dem bereits im Zusammenhang mit dem Gemeinschaftspatent erwähnten Problem der Übersetzungskosten ähnlich gestalteter Konflikt. Zwar einigten sich die EG-Mitgliedstaaten darauf, daß die Anmeldung einer Gemeinschaftsmarke in einer Sprache der EU - Staaten erlaubt ist (vgl. Art. 115 Abs. 1 GMVO), womit dem Anmelder die Option offensteht, eine Anmeldung wie beim DPMA in deutscher Sprache einzureichen[363]. Übersetzungsprobleme und damit verbundene Kosten sind damit aber nicht vollständig beseitigt. Zum einen stehen dem Anmelder gemäß Art. 115 Abs. 3 GMVO für die Wahl der Sprache des weiteren Eintragungsverfahrens nur eine der fünf zugelassenen Amtssprachen zur Verfügung (Englisch, Französisch, Deutsch, Spanisch oder Italienisch)[364]. Zum anderen ist zu bedenken, daß im Falle der Anmeldung einer Marke in einer Amtssprache, diese nicht zugleich auch als Verfahrenssprache fungieren kann. Es muß somit für das weitere Verfahren eine andere Amtssprache gewählt werden. Hat nun ein deutscher

[362] *Lindner/Schrell*, WRP 1996, S. 94 (95); vgl. *Ingerl*, S. 26; *Knaak,* GRUR Int. 1997, S. 864; *Berlit*, GRUR 1998, S. 423 (428); vgl. auch *Klaka/Schulz*, S. 13. In der Präambel zur Gemeinschaftsmarkenverordnung vom 20.12.1993 heißt es ausdrücklich, daß das gemeinschaftliche Markenrecht *nicht* an die Stelle der Markenrechte der Mitgliedstaaten tritt, denn es erscheine nicht gerechtfertigt, Unternehmen zu zwingen, ihre Marken als Gemeinschaftsmarken anzumelden, insbesondere, wenn ein solcher Schutz nicht ihrem Begehren entspricht.

[363] Dieser Vorteil besteht im Zusammenhang mit mehrfacher Hinterlegung auf IR-Markenbasis nicht, da IR-Markenschutzerstreckungen in der Amtssprache Französisch gehalten sind.

[364] v.Mühlendahl/Ohlgart, § 12, Rn. 79.

Markeninhaber die Anmeldung seiner Gemeinschaftsmarke in deutscher Sprache getätigt, muß er als Verfahrenssprache eine der übrigen Amtssprachen wählen. Kommt es zu einem Widerspruch, steht dem Widersprechenden ein Wahlrecht zwischen der Sprache der Anmeldung und der gewählten Verfahrenssprache zu[365], womit nicht sichergestellt ist, daß ein Widerspruchsverfahren in deutscher Sprache durchgeführt wird. Damit kann sich auch bei der Gemeinschaftsmarke das Problem anfallender Übersetzungskosten stellen.
Zur Lösung dieses Problems wurde schlicht die Notwendigkeit der Schaffung einer Übersetzungszentrale in Art. 117 GMVO manifestiert, die bei einer prognostizierten Anzahl an Markenanmeldungen von 20.000 bis 25.000 die 160.000 bis 200.000 Übersetzungen pro Jahr bearbeiten soll[366]. Daß sich die anfallenden Übersetzungskosten in der Höhe der Anmeldegebühren der Gemeinschaftsmarke widerspiegeln werden, vgl. Art. 139 Abs. 2 GMVO, wurde im Markenrecht als selbstverständlich und nicht – wie im Patentrecht - als Hindernis gewertet.

aa) Unterschiedliche Rechtswirkungen der Urteile

Es scheint, als seien im Markenrecht bereits alle Voraussetzungen erfüllt, die Rechtsgleichheit und damit Rechtssicherheit ermöglichen. Die Einführung einer Mediation zu diesem Zweck würde im Markenrecht aus diesem Grund nicht erforderlich sein.
Aber auch bei der Gemeinschaftsmarke kann es – nach Anknüpfung an den jeweiligen Gerichtsstand – zu territorialen Beschränkungen des Richterspruches kommen (vgl. Art. 94 Abs. 2 GMVO). Grundsätzlich richtet sich die internatio-

---

365 Dies ist jedoch nur der Fall, weil in der genannten Fallkonstellation eine Anmeldung in deutscher Sprache zugrunde gelegt wurde. Wird die Anmeldung in einer Sprache vorgenommen, die keine der genannten Amtssprachen darstellt, muß ein Widerspruch in der bei der Anmeldung festzulegenden Zweitsprache erfolgen, es sei denn ,die Parteien haben sich zuvor auf eine Verfahrenssprache geeinigt, vgl. Art. 115 Abs. 7 GMVO.
366 Fußnote suchen.

nale Zuständigkeit nach Art. 93 GMVO[367]. Alle Klagen im Sinne des Art. 92 GMVO sind vorrangig vor den Gemeinschaftsgerichten des Mitgliedstaates zu erheben, an dem der Beklagte seinen Wohnsitz oder seine Niederlassung hat. Hilfsweise kann auch die Zuständigkeit eines anderen Gerichtes durch Zuständigkeitsvereinbarungen und rügelose Einlassung begründet werden, vgl. Art. 93 Abs. 4 GMVO i.V.m. Art. 17, 18 EuGVÜ[368].

Hinsichtlich der gemeinschaftlichen Wirkung der hier entstehenden Gerichtsurteile bestehen keine Bedenken[369]. Das Gemeinschaftsmarkengericht ist gemäß Art. 94 Abs. 1 GMVO für alle Verletzungshandlungen im Bereich aller Mitgliedstaaten zuständig und das Urteil entfacht Wirkungen in allen Mitgliedstaaten.

Anders verhält es sich jedoch im Hinblick auf den Gerichtsstand der unerlaubten Handlung, vgl. Art. 93 Abs. 5 GMVO.

Das gerichtliche Verletzungsverfahren kann hier bei dem Gericht des Mitgliedstaates durchgeführt werden, in dem die Verletzungshandlung begangen wurde[370], dem sog. Begehungsort. Als Ort der Verletzungshandlung ist sowohl der Ort anzusehen, an dem die Verletzungshandlung begangen wurde, als auch der, an dem der Verletzungserfolg eintritt. Dies hat zur Folge, daß das Gericht gemäß Art. 94 Abs. 2 GMVO nur für die Handlungen zuständig ist, die in dem Mitgliedstaat drohen oder begangen werden, in dem das Gericht seinen Sitz hat. Die Wirkung des Urteils ist dann nur auf dessen Territorium beschränkt[371], d.h., die Gerichte dürfen dann nur aus ihrer Sicht inländische Benutzungshandlungen

[367] Die nach dem EuGVÜ bestehenden allgemeinen und besonderen Zuständigkeitsregeln finden insoweit keine Anwendung, vgl. Art. 90 Abs. 2 GMVO.

[368] Vgl. grundlegend zu der Auslegung des Art. 18 EuGVÜ, *Schulte-Beckhausen,* Internationale Zuständigkeit durch rügelose Einlassung im Europäischen Zivilprozeßrecht, S. 1 ff.

[369] Vgl. *Nordemann*, S. 256, Rn. 436a.

[370] Mögliche Verletzungshandlungen sind in Art. 9 Abs. 2 GMVO allerdings nicht abschließend aufgeführt.

[371] *Kouker*, Mitt. 2000, S. 241 (245); *Knaak*, GRUR Int. 1997, S. 864 (866); *Schulte-Beckhausen,* WRP 1999, S. 300 (302). Einzige Ausnahme ist der Fall einer zusprechenden

untersagen[372], wodurch implizit die Möglichkeit divergierender Entscheidungen eröffnet wird.

bb) Zwischenergebnis: Nicht immer grenzüberschreitender Rechtsschutz

Festzustellen ist, daß das Gemeinschaftsmarkenrecht eine interessante Möglichkeit für den EU - Markenschutz darstellt. Es verfügt über ein einheitliches Markenregistrierungssystem und räumt dem Markeninhaber auch im Hinblick auf die Verteidigung seiner Marke in anderen Mitgliedstaaten Vorteile ein. So besteht für die nach Art. 93 Abs. 1 – 3 GMVO zuständigen Gemeinschaftsmarkengerichte eine Zuständigkeit für sämtliche Handlungen aller Mitgliedsstaaten und sie können demzufolge EU - weite Verbote erlassen. Trotzdem ist die derzeitige Rechtslage als unbefriedigend zu beurteilen, vor allem im bezug auf die beschränkte Rechtswirkung eines Urteils im Falle des Gerichtsstandes der Verletzungshandlung nach Art. 93 Abs. 5 GMVO, die eine Mediation interessant machen könnte. Nur der Vollständigkeit halber sei an dieser Stelle erwähnt, daß die Regeln über die Gemeinschaftsmarke weitaus noch mehr Defizite aufweisen, wie beispielsweise der Umstand, daß keine einheitlichen Sanktionen wegen Verletzung der Gemeinschaftsmarke in der GMVO Berücksichtigung gefunden haben, und auch eine einheitliche Regelung der Verjährung von Ansprüchen wäre für die Stärkung des Vertrauens in die Gemeinschaftsmarke vorteilhaft.

2. Zwischenergebnis

Der Schutzrechtsinhaber eines deutschen Patentes ist vor internationalen Verletzungshandlungen und Beeinträchtigungen seines Schutzrechtes nicht ausreichend gesichert. Für ihn besteht die Gefahr, daß die von ihm ihn verschiedenen Nationen durchgeführten Verfahren mit unterschiedlichen Ergebnissen enden. Die Überprüfung der Wirksamkeit eines Patentes kann sich in einem Land

---

Löschungswiderklage. Hier kann auch das Gemeinschaftsmarkengericht der Verletzungshandlung eine Entscheidung treffen, der gemeinschaftliche Wirkung zukommt.

als positiv, in dem anderen Land als negativ aufgrund unterschiedlicher Rechtsanwendung herausstellen.
Diese mißliche Lage wird durch das bestehenden Europäische Patent nicht zufriedenstellend beseitigt. Aufgrund seines Charakters als „Bündelpatent" bleibt die Gefahr der Rechtsungleichheit bestehen, wenngleich es das Anmeldeverfahren erheblich vereinfacht. Es bleibt somit das Erfordernis eines gemeinschaftlichen Schutzes, das möglicherweise mit der Einführung des Gemeinschaftspatentes gewährleistet werden kann.
Fortschrittlicher zeigt sich demgegenüber die gegenwärtige Rechtslage des Markenrechtes. Hier kann bereits einheitlicher Schutz durch die eingeführte Gemeinschaftsmarke erreicht werden. Wenige kleinere Lücken, in denen die Gefahr internationaler Rechtsungleichheit bleibt, bestehen aber auch hier.
Das Mediationsverfahren kann zur Erlangung grenzüberschreitenden Rechtsschutzes hilfreich sein. Auch international bestehende Streitigkeiten können einheitlich beigelegt werden.

Zu diesem Zweck müssen sich die Parteien nicht in einer gesetzlich angeordneten Gerichtssprache verständigen, sondern können sich selbständig über die in der Mediation zu verwendende Sprache einigen. Vor allem im Patentrecht erscheint das Mediationsverfahren für die Beilegung internationaler Streitigkeiten, aufgrund der gegenwärtig bestehenden rechtlichen Situation, als interessant. Es bleibt abzuwarten, ob die Mediation mit der Einführung des Gemeinschaftspatentes ihre Notwendigkeit verliert.
Im Markenrecht besteht dagegen jedoch aufgrund der GMVO nur ein kleiner Anwendungsspielraum für eine Mediation, um das Ziel der Rechtsgleichheit und damit der Rechtssicherheit zu erreichen.
In jedem Fall bietet das Mediationsverfahren für internationale Streitigkeiten des gewerblichen Rechtsschutzes die Möglichkeit, wenigstens außergerichtlich

---

[372] Vgl. *Fezer*, Einl MarkenG, Rn. 148.

grenzüberschreitend und auf schnellerem Wege, eine einheitliche Lösung hinsichtlich der Durchsetzung oder Verteidigung gewerblicher Schutzrechte zu finden.

IV. Wahrung der Geheimhaltungsinteressen der Schutzrechtsinhaber

Die Anwendung der Mediation auf Streitigkeiten des gewerblichen Rechtsschutzes könnte eine effektivere Wahrung der Interessen der Schutzrechtsinhaber bewirken.

Zu denken ist hier in erster Linie an das Interesse der Schutzrechtsinhaber, insbesondere der Patentinhaber, bestimmte Details, die Aufschluß über die Zusammensetzung ihres Patentes geben, geheim zu halten, also nicht der Öffentlichkeit preisgeben zu müssen. Aufgrund der Tatsache, daß eine bereits erbrachte gewerbliche Leistung einfach nachvollzogen und dementsprechend auch leicht nachgemacht werden kann, besteht für den einzelnen Privaten oder ein Unternehmen das Bedürfnis eines rechtlichen Schutzes vor fremder, unerlaubter Nachahmung der bestehenden Schutzrechte und der damit verbundenen Ausbeutung. Als problematisch kann sich die Wahrung dieses Geheimhaltungsinteresses allerdings darstellen, wenn der Schutzrechtsinhaber einen Prozeß gegen einen vermeintlichen Verletzer seines Schutzrechtes durchführen möchte. Im gewerblichen Rechtsschutz kann häufig eine Sachentscheidung in einem Prozeß nur getroffen werden, wenn der beweispflichtige Schutzrechtsinhaber bereit ist, bei der Beweisaufnahme ein Betriebs- oder Geschäftsgeheimnis zu offenbaren, sei es durch Darlegungs- und Aufklärungspflichten der Parteien oder durch die nachfolgende Beweisaufnahme zu streitigen Behauptungen[373]. Tut er dies nicht, so riskiert er damit nicht selten, den Prozeß zu verlieren[374]. Zudem

[373] Vgl. *Stadler*, NJW 1989, S. 1202.; vgl. *Fritze*, GRUR Int. 1997, S. 143 (145); *Kürschner*, NJW 1992, S. 1804 (1805); *Lachmann*, NJW 1987, S. 2206 (2210); *Gottwald,* BB 1979, S. 1780. Ausführlich zum Begriff des Geschäftsgeheimnisses: *Byung-Il,* S. 24f.

[374] Vgl. *Lachmann,* NJW 1987, S. 2206 (2208).

besteht die Möglichkeit, daß der Kläger unmittelbar Auskunft, Rechnungslegung oder Einsicht in Geschäftsunterlagen begehrt, den Prozeß also mit dem Ziel führt, Kenntnis von Geschäftsgeheimnissen zu erhalten.
Die Gefahr für den Bestand des Geheimnisses des Schutzrechtsinhabers liegt dabei sowohl in der Kenntnisnahme durch die Öffentlichkeit, denn hier besteht für potentielle Konkurrenten die Möglichkeit aufgrund des Öffentlichkeitsgrundsatzes an der Verhandlung teilzunehmen, als auch in der Preisgabe an den Prozeßgegner, der oft der Konkurrenz angehört.
Ziel der nachfolgenden Untersuchung soll es sein, die Notwendigkeit der Gewährleistung eines Geheimnisschutzes zu verdeutlichen, um überhaupt ein zufriedenstellendes Maß an Sicherheit erreichen zu können. In diesem Zusammenhang ist der Frage nachzugehen, ob ausreichender Schutz durch das gerichtliche Verfahren erreicht werden kann.
Soweit dies nicht möglich ist, stellt sich die Frage, ob es durch den Einsatz eines Mediationsverfahrens in Streitigkeiten des gewerblichen Rechtsschutzes zufriedenstellend ermöglicht werden würde, Informationen geheim zu halten.
Bei der Beantwortung dieser Frage ist streng zu differenzieren, gegenüber wem Schutz begehrt wird. Dies ist zum einen gegenüber der Öffentlichkeit denkbar, zum anderen auch gegenüber dem gegnerischen Medianten, bzw. dem Mediator selber.

1. Notwendigkeit eines Geheimhaltungsschutzes wegen der Kopie- und Produktpiraterie

Die extrem hohe Zahl der Patentverletzungen ist kaum noch abschätzbar. Sie läßt sich sowohl auf schlichte Unkenntnis von der Existenz eines bereits angemeldeten Patents als auch auf berechnendes Handeln[375] zurückführen. Allein im Bereich patentgeschützter Pharmapräparate beläuft sich der Anteil von Fälschungen auf ungefähr 5%, was etwa 15 – 20 Milliarden US-Dollar an Umsatzeinbußen im Jahr ausmacht[376]. Aufgrund der hohen Vorkommnisse der auch massenhaft begangenen markenrechtlichen Schutzrechtsverletzungen (Produktpiraterie) wurde vor allem die Markenpiraterie als internationales Problem erkannt, zu dessen internationaler Bekämpfung im Dezember 1986 die sogenannte EG - Antipiraterieverordnung erlassen wurde, die ihre letzte Novellierung durch die EG-Verordnung vom 25. Januar 1999 erfuhr[377]. In nationaler Hinsicht wurde ein Produktpirateriegesetz[378] mit dem Ziel eingeführt, die Verfolgung und Ahndung planmäßig gezielter Schutzrechtsverletzungen zu erleichtern[379], wobei der Gesetzgeber verdeutlichte, daß diese Vorschriften gegenüber denen der EG-Verordnung als subsidiär zu betrachten seien, § 150 MarkenG. Anhand des Produktpirateriegesetzes wird versucht, den Schutzrechtsinhabern ein Mindestmaß an Schutz zukommen zu lassen.

Es ist aber zu bedenken, daß nicht nur der Schutzrechtsinhaber vor einer Nachahmung seiner geistigen Leistung geschützt werden muß. Auch die geistigen Schöpfer der noch nicht durch gewerbliche Schutzrechte gesicherten Ideen bedürfen eines Geheimnisschutzes.

Das Patentrecht ordnet dem Erfinder das Ergebnis seiner erfinderischen Leistung zu, indem es ihm ein Schutzrecht gewährt, dessen Entstehung sich zwar in mehreren Stufen vollzieht[380], im Ergebnis aber erst durch den Erteilungsakt des Patentamtes erworben wird. Auch Markenschutz kann dem jeweiligen Antragsteller gewährt werden, wobei es im Gegensatz zum Patent[381] bei der Marke nicht immer erforderlich ist, diese in das Register des Deutschen Patent-

---

[375] *Heermann,* GRUR 1999, S. 625.

[376] Vgl. *Kröger/Bausch,* GRUR 1997, S. 321.

[377] *Pickrahn*, VPP-Rundbrief 2000, S. 14 (15). Die Antipiraterieverordnung trat im Juli 1995 in Kraft , vgl. *ABl.EG* 1994 L 341, S. 8; dazu *Aktuelle Berichte*, GRUR 1995, S. 260.

[378] Das Produktpirateriegesetz ist am 1.7.1990 in Kraft getreten, vgl. *BGBl.* I 1990, S. 422 ff; *Aktuelle Berichte,* GRUR 1993, S. 455; *Aktuelle Berichte*, GRUR 1990, S. 181.

[379] *Grauel*, MarkenR 2000, S. 91; *Aktuelle Berichte,* GRUR 2000, S. 212 (213).

[380] Vgl. *Hubmann/Götting,* § 5, S. 48 II.

[381] Eine neue technische Erfindung muß nach § 34 Abs. 1 PatG beim deutschen Patentamt angemeldet werden und wird dem Erfinder als Patent erteilt, wenn unter anderem die Voraussetzungen des § 1 Abs. 1 PatG vorliegen.

amtes eintragen zu lassen, sondern ihr Schutz kann auch durch ihre öffentliche Nutzung oder notorische Bekanntheit entstehen, § 4 MarkenG.
Allein die Idee für ein technisches Schutzrecht oder ein Zeichen im Sinne des § 3 Abs. 1 MarkenG zu haben, ist allerdings keineswegs ausreichend und nach dem deutschen Rechtssystem auch nicht schutzwürdig.

a) Bedeutung für das Patent- und Markenrecht

Möchte der Schutzrechtsinhaber gegen einen Verletzer vorgehen, stellt sich für ihn im Falle eines Prozesses das Problem, daß das deutsche Zivilverfahrensrecht die Beweislast in der Regel dem Anspruchsteller aufbürdet[382]. Diese allgemeinen Grundsätze gelten auch im Patentverletzungsprozeß[383]. Der Kläger muß für die Unterlassungsklage die Verletzungshandlung des Gegners darlegen und beweisen[384]. Um vor Gericht in einem Patentverletzungsverfahren aber hinreichend darlegen zu können, daß er das patentierte Produkt nicht zufriedenstellend auf dem freien Markt verkaufen kann, weil der vermeintliche Patentverletzer dasselbe tut und damit Schadensersatz auf der Grundlage des entgangenen Gewinns gemäß § 252 BGB geltend machen zu können, bedarf es häufig der Offenlegung seiner betrieblichen Unterlagen, wie beispielsweise die Einführung von Preistabellen und Darlegung der Kundenstämme und Kalkulationen in den Prozeß[385]. Oftmals handelt es sich bei dem Prozeßgegner aber um einen Konkurrenten seines Fabrikationszweiges, so daß diese Offenlegung für den Kläger mit erheblichen wirtschaftlichen Nachteilen verbunden sein kann, wenn sein Prozeßgegner als Konkurrent die hierdurch gewonnenen Informationen für sich ausnutzt.
Die damit verbundene Notwendigkeit, Ideen, Unternehmensgeheimnisse und bestehende Schutzrechte vor ihrer Nachahmung und vor der Weitergabe von

[382] *Fritze,* GRUR Int. 1997, S. 143 (146).
[383] Vgl. *BGH,* GRUR 1985, S. 512 – Druckbalken; *Osterrieth,* S. 140, Rn. 258.
[384] *Benkard/Rogge,* § 139 PatG, Rn. 115.
[385] Vgl. *Pitz,* Patent World 1999, S. 21 (22).

Informationen zu schützen, mithin den mit ihnen verbundenen Geheimnissen Sicherheit zu verleihen, ist offensichtlich. Es gilt, den Geheimnisschutz bestmöglich zu verwirklichen, und die Öffentlichkeit weitestgehend von den Grundlagen, auf denen das betreffende Schutzrecht aufbaut, zu distanzieren.
Aber auch im Markenrecht kann das Geheimhaltungserfordernis eine bedeutende Stellung erlangen. Dies ist beispielsweise im Bereich der Werbung der Fall, wenn vermieden werden soll, daß durch einen Prozeß der „gute Ruf" eines bestimmten Produktes beschädigt wird[386], wodurch seine Qualitätsfunktion nicht hinreichend gewährleistet werden würde.

Darüber hinaus ist zu bedenken, daß eine bestimmte Reaktion der Öffentlichkeit strategisch verursacht werden kann. Eine stark durch die Öffentlichkeitswirksamkeit des Streitstoffes[387] unter Druck gesetzte Partei könnte im Extremfall entgegen ihrer Überzeugung und im Widerspruch zu ihren eigentlichen rechtlichen Erfolgsaussichten in einem laufenden Prozeß zu einem Nachgeben gezwungen werden[388].
So würde beispielsweise in einem öffentlichen Verfahren über ein Patent an einem Medikament zur Bekämpfung von Krebs gegen den Erfinder dieses Medikamentes starker Druck erzeugt werden, wenn die Öffentlichkeit aufgrund seiner Aussage erfahren würde, daß er zwar bereits ein wesentlich milderes Mittel erfunden hat, dieses jedoch aufgrund der für ihn angefallenen hohen Patentkosten für das erste Medikament noch nicht zu veröffentlichen gedenkt und es ihm deshalb auf sein Recht an dem Erstmedikament ankommt[389]. Gleiches gilt für Verfahren über Patente an Gegenständen, die bereits öffentlich an-

[386] Vgl. *Finkelstein,* III-4.
[387] Vgl. *Breidenbach,* Mediation, S. 109.
[388] Breidenbach, Mediation, S. 109 m.w.N.
[389] An dieser Stelle muß bedacht werden, daß der Patentinhaber in derartigen Fällen bei ausreichendem öffentlichen Interesse in ein Zwangslizenzverfahren hineingezogen werden kann. Ausführlichere Untersuchungen zu der Zwangslizenz sollen jedoch an späterer Stelle erfolgen.

gegriffen wurden, wie es bei bestimmten Waffen der Fall ist. Auch hier ist mit der Erzeugung von Druck durch die Öffentlichkeit zu rechnen.
Von einem gleichwertigen Verhandlungsausgangspunkt kann dann keine Rede mehr sein.

b) Veröffentlichung der Patentschrift

Aufgrund der Vorschrift des § 32 PatG könnte der Eindruck entstehen, ein Erfinder sei ohnehin nicht vor der Nachahmungsgefahr zu schützen, so daß eine Mediation sinnlos wäre. Gemäß § 32 Abs. 1 Nr. 2 PatG besteht die gesetzliche Anordnung, die jeweilige Patentschrift zu veröffentlichen[390]. Dieser sind sämtliche Patentansprüche und die Beschreibungen und Zeichnungen, aufgrund derer das Patent erteilt worden ist, zu entnehmen, vgl. § 32 Abs. 3 S. 1 PatG. Auf diese Weise wird einer unkontrollierbar großen Anzahl von Personen Einblick in die Beschreibungen und Zeichnungen ermöglicht, vgl. § 32 Abs. 2 PatG, womit es den Anschein hat, als ob sich jedermann die für die Anfertigung einer Kopie des Schutzrechtes nötigen Informationen legal beschaffen könnte.
Eine nichtöffentliche Mediation wäre in diesem Fall keineswegs erfolgversprechender als ein staatliches Gerichtsverfahren.
Diese Überlegungen sind jedoch nicht zutreffend. Zur Anfertigung einer Kopie eines Schutzrechtes ist nicht immer allein seine bloße visuelle Kenntnis und Beschreibung ausreichend. Vielmehr ist es häufig erforderlich, über das entsprechende Know-how zu verfügen.

aa) Begriff des „Know-how"

Unter dem Begriff Know-how kann nach der am 1. April 1989 in Kraft getretenen EG-Verordnung über Know-how – Lizenzverträge die Gesamtheit tech-

[390] Durch die Veröffentlichung wird zum ersten Mal die Öffentlichkeit von der Erfindung unterrichtet, vgl. *Benkard/Schäfers,* § 69 PatG, Rn. 2.

nischer Kenntnisse verstanden werden, die geheim und wesentlich sind und in einer geeigneten Form zu identifizieren sind[391].

Das technische Know-how kann definiert werden, als das nicht durch Schutzrechte gesicherte kaufmännische oder auch betriebswirtschaftliche Wissen, das gewerblich anwendbar ist[392], und Dritten gegenüber einen Vorteil gewährt[393].

Das Know-how stellt für die Herstellung und Entwicklung eines bestimmten Produktes einen elementaren Faktor dar und kann sogar den wirtschaftlichen Wert eines mit ihm verbundenen Schutzrechtes beeinflussen[394]. Ebenso wie über Schutzrechte werden auch über das Know-how Lizenzverträge abgeschlossen[395].

Als Know-how Lizenzverträge werden Verträge bezeichnet, in denen technische oder gewerbliche Kenntnisse des Lizenzgebers dem Lizenznehmer übertragen werden, um den Lizenznehmer in die Position zu versetzen, sich die Kenntnisse zunutze zu machen und damit eine Verwertung des zugrundeliegenden Schutzrechtes zu ermöglichen[396].

---

391 Gruppenfreistellungsverordnung Nr. 556/89 vom 30. 11. 1988, im Amtsblatt der EG 1989 Nr. L 61 vom 4.3. 1989, 1-13 = GRUR Int. 1989, S. 298.

392 *Troller*, Bd. I, S. 421.

393 Zum technischen Know-how vgl., *Stumpf/Groß,* S. 39 Rn. 18; vgl. *Finger*, GRUR 1970, S. 3 (4); vgl. *Kraßer,* GRUR 1970, S. 587 (588); vgl. *Fischer,* § 12, II, S.241; vgl. *Henn,* S. 42. Unter kartellrechtlichen Gesichtspunkten hat der Begriff beschränkt auf das technische Wissen in § 18 GWB (ab 1.1. 1999) und in Art. 10 Nummer 1 TT-GVO eine gesetzliche Definition gefunden. Grundsätzlich hat der Begriff des Know-how jedoch noch keine klaren inhaltlichen Konturen erfahren, was nicht zuletzt daran liegt, daß die wörtliche Übersetzung dieser anglo-amerikanischen Bezeichnung (Sachkenntnis, praktisches Wissen, Fachwissen, Erfahrung) keine weitere Auslegungshilfe bietet. Zur Auffassung der internationalen Vereinigung für gewerblichen Rechtsschutz siehe *InternationaleVereinigung für gewerblichen Rechtsschutz (AIPPI)*, GRUR Int. 1974, S. 358 (362).

394 *Stumpf,* Know-how-Vertrag, Anm. 1-3; *Gaul/Bartenbach,* Handbuch Bd. 2, Q 12; vgl. *Ilzhöfer*, Rn. 180.

395 *Stumpf/Groß*, S. 39, Rn. 18; *ders* Know-how Vertrag Anm. 1; vgl. *Adam*, BWV 1975, S. 192 (195).

396 Vgl. *Henn*, § 3, Rn. 34.

bb) Notwendigkeit des „Know-how" zur Herstellung einer Schutzrechtskopie

Oftmals ist die Verwertung eines Schutzrechtes ohne die Übermittlung des entsprechenden Know-hows nicht möglich.

Für den Lizenznehmer stellt die Einräumung eines Benutzungsrechtes an einem technischen Schutzrecht nämlich dann keine ausreichende Leistung dar, wenn er dieses ohne zeitraubende und kostspielige eigene Versuche, die Einzelheiten des zweckmäßigsten Produktionsganges zu ermitteln, erfolgversprechend verwerten will. Häufig ist es für einen potentiellen Lizenznehmer mit einem enormen finanziellen und zeitlichen Aufwand verbunden, sich das Know-how selbst zu erarbeiten.

In diesen Fällen ist er darauf angewiesen, daß ihm, zusätzlich zu seinem Benutzungsrecht, die für eine Produktion erforderlichen Informationen durch den Lizenzgeber zur Verfügung gestellt werden, damit die Nutzbarmachung der Erfindung überhaupt möglich ist[397]. Das Know-how stellt somit oftmals ein Geheimnis dar, dessen Kenntnis die Vervielfältigung eines Schutzrechtes erst ermöglicht, ohne dessen Preisgabe jedoch oft ein Prozeßverlust riskiert wird[398]. Wer aber beispielsweise ein Herstellungspatent als geheimes Know-how für rechtswidrig verletzt hält, kann unter Umständen gezwungen sein, zur Klageführung dieses Geheimnis offenzulegen, wenn er dauerhaft die rechtswidrige Ausbeutung durch den Prozeßgegner dartun und beweisen will. Dies würde eine Nachahmung des Schutzrechtes erst ermöglichen.

c) Zwischenergebnis

Die hohe Anzahl an Schutzrechtsverletzungen verdeutlicht, daß viele mit Marken und Patenten verbundenen Informationen eines Geheimnisschutzes bedürfen. Dies hat der Gesetzgeber erkannt und versucht das Problem der Anfertigung

[397] *Adam*, BWV 1975, S. 192 (195).

von Kopien durch das Produktpirateriegesetz einzudämmen. Der generellen Schutzbedürftigkeit steht insbesondere bei Patenten nicht entgegen, daß die jeweilige Patentschrift öffentlich einsehbar ist. Diese gibt nicht Aufschluß über sämtliche Informationen, die für einen potentiellen Konkurrenten von Bedeutung sein können. Im Falle eines Prozesses besteht in den meisten Fällen ein Konflikt zwischen dem Interesse der Parteien und Dritter am Schutz ihrer Geschäfts- und Betriebsgeheimnisse einerseits und dem Recht, vornehmlich des Klägers, auf Gewährung echten Rechtsschutzes andererseits.

2. Geheimhaltungsbedürfnis gegenüber der Öffentlichkeit und dem Prozeßgegner

Neben der Möglichkeit, Gesetze und Sanktionen gegen die Herstellung von Schutzrechtskopien und ihre mißbräuchliche Verwendung zu erlassen, kann die bestehende Problematik auf anderem Wege eingeschränkt werden. Fraglich ist, ob ein Geheimhaltungsbedürfnis auch in einem gerichtlichen Verfahren ausreichend geschützt ist.

a) Geheimhaltung gegenüber der Öffentlichkeit

Zunächst ist die Möglichkeit eines Geheimhaltungsschutzes gegenüber der Öffentlichkeit zu prüfen. Wie den vorangestellten Ausführungen zu entnehmen ist, hat der Schutzrechtsinhaber ein berechtigtes Interesse daran, seine Informationen nicht der breiten Öffentlichkeit zugänglich zu machen.

Nach der ursprünglichen CPO von 1877 waren Geschäftsgeheimnisse grundsätzlich in öffentlicher Verhandlung zu erörtern[399].

---

[398] Vgl. *Stürner*, JZ 1985, S. 453 (457); vgl. *Lachmann*, NJW 1987, S. 2206 (2207); vgl. auch *Stadler*, NJW 1989, S. 1202 zu den Risiken eines Prozeßverlustes.

[399] *Bettermann*, ZZP 91 (1978), S. 365 (369f.).

Verschiedene Rechtsnormen verdeutlichen, daß heute das unternehmerische Geheimhaltungsinteresse von der deutschen Rechtsordnung Unterstützung erfährt. Neben den §§ 17, 18 UWG, nach denen der Verrat von Geschäfts- und Betriebsgeheimnissen mit Strafe bedroht und die unbefugte Verwertung oder Mitteilung anvertrauter Unterlagen oder Vorschriften technischer Art verboten wird, sichert beispielsweise die Strafvorschrift des § 203 StGB die Geheimhaltungspflicht zahlreicher Vertrauenspersonen insoweit ab, als es um Betriebsgeheimnisse geht. Auch das Kartellrecht verleiht der Kartellbehörde gemäß § 56 Abs. 3 S. 2 GWB die Befugnis, die Öffentlichkeit von einer mündlichen Verhandlung auszuschließen, wenn die Gefahr des Bekanntwerdens eines Geschäfts- oder Betriebsgeheimnisses droht oder besteht, und auch im Verwaltungsverfahrensgesetz wird durch die Aufhebung der ansonsten den Beteiligten zugestandenen Möglichkeit der Akteneinsicht versucht, eine Kollision mit bestehenden Geheimhaltungsinteressen zu vermeiden, § 29 VwVfG. Weitere Regelungen finden sich in §§ 172 ff GVG, § 139 PatG und § 383 Abs. 1 Nr. 6 ZPO. Fraglich ist allerdings, ob die bisher existierenden Vorschriften geeignet sind, ausreichenden Schutz hinsichtlich der Erfindungs- und Geschäftsgeheimnisse der Patent- und Markeninhaber zu gewährleisten.

Probleme hinsichtlich der Durchsetzung des Geheimhaltungsinteresses der Schutzrechtsinhaber könnten sich aufgrund des in einem staatlichen Gerichtsverfahren geltenden Öffentlichkeitsgrundsatzes ergeben, der in § 169 S. 1 GVG und Art. 6 Abs. 1 MRK[400] seinen Niederschlag gefunden hat[401]. Gemäß § 169 S. 1 GVG sind die Verhandlungen, einschließlich der Verkündung der Urteile und

---

[400] Zöller/Gummer, § 169 GVG, Rn. 1; Rosenberg/Schwab/Gottwald, § 23 IV.

[401] Der Öffentlichkeitsgrundsatz gilt nicht bei bestimmten personenbezogenen Streitigkeiten – z.B. Familien- und Kindschaftssachen, vgl. § 170 GVG; auch in anderen Sachen kann die Öffentlichkeit ausgeschlossen werden, z.B. zum Schutz von Persönlichkeitsrechten oder wegen Gefährdung der öffentlichen Ordnung oder Sittlichkeit, vgl. §§ 171 b, 172 GVG. Gemäß § 173 GVG erfolgt aber auch in diesen Fällen die Verkündung der Urteile öffentlich.

Beschlüsse, öffentlich. Öffentlich ist eine Verhandlung dann, wenn eine unbestimmte Anzahl von Personen, die zueinander und zum Verfahren in keiner Beziehung steht, zu der Verhandlung Zutritt hat[402]. Damit ist es jedem Geschäftskonkurrenten grundsätzlich möglich, der Verhandlung beizuwohnen und auf diesem Wege Kenntnis von Informationen, die in eine Verhandlung eingebracht werden, zu nehmen.

aa) Geltung des Öffentlichkeitsgrundsatzes im Patent- und Markenverfahren

Fraglich ist jedoch, ob der Öffentlichkeitsgrundsatz auch im Patent- und Markenverfahren uneingeschränkt Geltung hat, oder ob der Gesetzgeber hier nicht bereits die Schutzrechtsinhaber durch die Gestaltung spezieller Vorschriften ausreichend geschützt hat.

aaa) Unterschiedliche Geltung des Öffentlichkeitsgrundsatzes vor den ordentlichen Gerichten und dem Bundespatentgericht

Für alle Marken- und Patentstreitigkeiten, die vor den ordentlichen Gerichten verhandelt werden, gilt der Öffentlichkeitsgrundsatz des § 169 S. 1 GVG, d.h. jedermann muß nach Maßgabe des verfügbaren Raums Zutritt zu der Verhandlung ermöglicht werden[403].

Grundsätzlich ist aber auch in Verfahren vor dem Bundespatentgericht von der Öffentlichkeit eben dieser Verfahren auszugehen[404]. Dies läßt sich daraus

[402] *RGZ* 157, S. 341 (343); *MüKo/Wolf*, § 169 GVG, Rn. 1; *Zöller/Gummer*, § 169 GVG, Rn. 2.

[403] Auch vor dem Europäischen Patentamt sind die mündlichen Verhandlungen vor den Einspruchsabteilungen und Beschwerdekammern gemäß Art. 116 Abs. 4 EPÜ grundsätzlich öffentlich. Anders verhält es sich, wenn einer Partei durch die Öffentlichkeit des Verfahrens schwerwiegende und ungerechtfertigte Nachteile drohen, vgl. *Singer*, Art. 116 EPÜ, Rn. 5.

[404] *Bernhardt/Kraßer*, § 23, S. 297; Die Öffentlichkeit einer mündlichen Verhandlung beim EPA richtet sich nach Art. 106 bis 108. In diesem Zusammenhang sind die Geheimpatente nach §§ 50 ff. PatG zu erwähnen, die in der Regel ein Staatsgeheimnis zum Gegenstand haben und erst gar nicht veröffentlicht werden, vgl. *Kumm*, GRUR 1979, S. 672.

schließen, daß bestimmte Vorschriften des Marken- und Patentgesetzes existieren, nach denen die Öffentlichkeit ausgeschlossen werden kann, wenn bestimmte Voraussetzungen erfüllt sind (§ 69 Abs. 1 und 2 PatG, § 67 Abs. 3 MarkenG). Dies ist beispielsweise in Verfahren der Fall, deren Streitgegenstand ein Staatsgeheimnis[405] bildet, das um jeden Preis gewahrt werden muß.

Bei Verfahren vor dem Bundespatentgericht sind bei der Anwendung des Öffentlichkeitsgrundsatzes gemäß § 69 PatG allerdings einige Besonderheiten zu beachten, denn auf die Verfahren vor den Beschwerde- und Nichtigkeitssenaten vor dem Bundespatentgericht ist er unterschiedlich anzuwenden.
Die Verfahren vor dem Beschwerdesenat des Patentgerichtes sind nur dann der Öffentlichkeit zugänglich, wenn die Interessen des Schutzrechtsinhabers dabei ausreichend gewahrt werden.
Dies ist beispielsweise dann nicht der Fall, wenn Gegenstand des Verfahrens eine noch nicht offen gelegte Anmeldung ist[406]. Sind eine Anmeldung eines Patentes und dessen Patentschrift noch nicht im Sinne des § 32 Abs. 1 PatG veröffentlicht, so wird zum Schutze des Anmelders vor Kopien oder Nachahmungen die Öffentlichkeit von der gesamten Verhandlung[407], was auch die Verkündung der Beschlüsse beinhaltet (§ 69 Abs. 1 S. 2 Nr. 2 PatG), ausgeschlossen. Anders als nach § 169 S. 2 GVG gilt der Grundsatz der Öffentlichkeit der mündlichen Verhandlung eingeschränkt, nämlich erst dann, wenn der Hinweis auf die Möglichkeit der Akteneinsicht nach § 32 Abs. 5 PatG gegeben wurde, oder die Patentschrift nach § 58 Abs. 1 PatG veröffentlicht worden ist.
Dagegen sind die Verhandlungen vor dem Nichtigkeitssenat des Bundespatentgerichts grundsätzlich öffentlich, denn hier handelt es sich in erster Linie um

---

[405] *Kumm*, GRUR 1979, S. 672; vgl. ausführlich zur Geheimhaltungsanordnung *Körner*, GRUR 1970, S. 387 ff. .

[406] *Schulte*, § 69 PatG, Rn. 1; vgl. *Benkard/Schäfers*, § 69 PatG, Rn. 2; *dies.*, § 23, S. 297; *Mes*, § 69 PatG, Rn. 2.

[407] Vgl. § 69 Abs. 1 S. 2 Nr. 2 PatG; siehe auch *Benkard/Schäfers*, § 69 PatG, Rn. 2; vgl. *Mes*, § 69 PatG, Rn. 4; *Busse*, § 69 PatG, Rn. 8.

bereits erteilte Patente[408], die also von jedermann anhand der veröffentlichten Schutzschrift eingesehen werden können. Gemäß § 69 Abs. 1 S. 2 PatG sind hier die Vorschriften des GVG über die Öffentlichkeit der mündlichen Verhandlung entsprechend anzuwenden, so daß ein Ausschluß der Öffentlichkeit nach Offenlegung der Anmeldung oder Herausgabe einer Patentschrift nur bei Vorliegen der dort manifestierten strengen Voraussetzungen möglich ist.
Auch im Markenrecht bestehen für die Verhandlungen vor den Senaten des Bundespatentgerichts Ausnahmen von dem Grundsatz der Öffentlichkeit. Öffentlich sind die Verhandlungen vor den Beschwerdesenaten im Sinne des § 66 MarkenG nur, wenn die Eintragung der betroffenen Marke bereits im Sinne des § 41 S. 2 MarkenG veröffentlicht wurde, (§ 67 Abs. 2 MarkenG). Dieser Grundsatz gilt auch für alle Löschungs- und Widerspruchsverfahren[409].

bbb) Zwischenergebnis

Bis auf die Verhandlungen vor Offenlegung der Anmeldung oder Herausgabe einer Patentschrift ist sowohl in Marken- als auch in Patentverfahren von der Geltung des Öffentlichkeitsgrundsatzes auszugehen. Damit ist es grundsätzlich jedermann möglich, an diesen Verfahren teilzunehmen. Die zuvor dargestellten Problemkonstellationen können demzufolge jederzeit eintreten.

bb) Einschränkung des Öffentlichkeitsgrundsatzes durch das GVG

Für die dem Öffentlichkeitsgrundsatz unterfallenden Verfahren, also die nach Offenlegung der Anmeldung oder Herausgabe der Patentschrift bzw. im Markenrecht für die Fälle nach Veröffentlichung der Eintragung einer Marke als auch für die Verfahren vor den ordentlichen Gerichten, besteht allerdings die

---

408 Auch das in § 65 PatG zusammen mit den anderen Verfahren vor dem Bundespatentgericht erwähnte Zwangslizenzverfahren (vgl. §§ 81 ff. PatG) soll nicht unberücksichtigt bleiben. Kommt es zu einer mündlichen Verhandlung nach § 83 Abs. 2 PatG, so ist auch diese grundsätzlich öffentlich im Sinne des § 69 Abs. 2 PatG, vgl. *Benkard/Rogge*, §§ 82, 83 PatG, Rn. 13.

409 Vgl. *Althammer//Ströbele/Klaka*, § 67 MarkenG, Rn. 2.

Möglichkeit, durch eine entsprechende, bzw. bei Verfahren vor den ordentlichen Gerichten, direkte Anwendung der §§ 172 bis 175 GVG eine Einschränkung des Öffentlichkeitsgrundsatzes zu bewirken.
Gemäß § 174 Abs. 3 GVG kann das Gericht die Geheimhaltung von Tatsachen anordnen, und damit die Öffentlichkeit wegen Gefährdung der Staatssicherheit oder bei Vorliegen einer der in §§ 171 b und 172 Nr. 2 und 3 GVG bezeichneten Gründen ausschließen[410].

aaa) Vorliegen eines Ausschlußgrundes

Fraglich ist, ob im Zusammenhang mit Patent- und Markenverfahren ein solcher Ausschlußgrund einschlägig ist.

(1) Umstände des persönlichen Lebensbereichs

§ 171 b GVG, nach dem die Öffentlichkeit ausgeschlossen werden kann, sofern Umstände aus dem persönlichen Lebensbereich eines Prozeßbeteiligten, Zeugen oder durch eine rechtswidrige Tat Verletzten zur Sprache kommen, die private Interessen verletzen, wenn sie öffentlich erörtert werden würden, ist nicht einschlägig. Umstände aus dem persönlichen Bereich stellen vor allem solche gesundheitlicher, sexueller oder familiärer Art dar[411]. In einer Patent- oder Markenstreitigkeit wird die Öffentlichkeit nicht zugunsten der Privatsphäre eines Prozeßbeteiligten, Zeugen oder den durch eine rechtswidrige Tat Verletzten ausgeschlossen. Die Privatsphäre des Prozeßbeteiligten steht mit der rechtlichen Beurteilung des Schutzrechtes in keinem Zusammenhang.

---

[410] *Stadler*, S. 196, der Schutz des § 172 GVG versagt aber dann, wenn die Erfindungs- oder Geschäftsgeheimnisse selbst in die Urteilsformel aufgenommen werden müssen, weil bspw. der Geheimnisinhaber den Beklagten erfolgreich auf Unterlassen in Anspruch genommen hat und eine detaillierte Beschreibung des Geheimnisses für die Vollstreckbarkeit unerläßlich ist. Die Rechtsprechung reagiert auf diese mißliche Situation, indem sie die Anforderungen an die Bestimmtheit von Klageantrag und Urteilsformel herabsetzt.

[411] Zöller/Gummer, § 171b GVG, Rn. 4; Baumbach/Lauterbach/Albers/Hartmann, § 171b GVG, Rn. 3.

(2) Erfindungs- und Geschäftsgeheimnisse

Es könnte aber ein Ausschlußgrund nach § 172 Nr. 2 GVG gegeben sein. Gemäß § 172 Nr. 2 GVG kann das Gericht die Öffentlichkeit ausschließen, wenn ein wichtiges Geschäfts-, Betriebs-, Erfindungs- oder Steuergeheimnis zur Sprache kommt, durch dessen öffentliche Erörterung überwiegende schutzwürdige Interessen verletzt würden. Schutzwürdige Interessen werden vor allem dann verletzt, wenn in der Verhandlung Umsatzzahlen zur Begründung des technischen Fortschrittes offen gelegt werden müssen, die eigentlich reine Betriebsinterna darstellen[412]. In Betracht zu ziehen wäre für das Patentrecht vorliegend die Verletzung schutzwürdiger Interessen des Patentinhabers bzw. Erfinders durch Preisgabe kaufmännischer Geheimnisse, wie Kundenstämme und Kalkulationen, insbesondere aber seines Erfindungsgeheimnisses, beispielsweise in Form von Herstellungs- bzw. Verarbeitungsverfahren oder Maschinen. Bezüglich des Markeninhabers könnte im Falle einer öffentlichen Erörterung seiner Geschäftsgeheimnisse eine Verletzung seiner schutzwürdigen Interessen in Betracht kommen. Besteht die Notwendigkeit, Werbemethoden preiszugeben, sind diese vor Nachahmung nicht geschützt.

Dann müßte bei einer öffentlichen Verhandlung das Erfindungsgeheimnis bzw. das Geschäftsgeheimnis der jeweiligen Schutzrechtsinhaber im Sinne des § 172 Nr. 2 GVG verletzt werden.

Fraglich ist jedoch, ob bei einer Streitigkeit über ein Patent oder eine Marke überhaupt ein Erfindungsgeheimnis oder Geschäftsgeheimnis vorliegt. Unter einer Erfindung ist ein technisches Verfahren zu verstehen, das noch nicht als Patent oder Gebrauchsmuster geschützt ist, und das auf einer persönlichen Leistung des Erfinders beruht[413]. Um ein Geheimnis handelt es sich dann, wenn Tatsachen vorliegen, die nicht über einen eng überschaubaren Personenkreis hinaus bekannt sind und die nach dem Willen des Geheimnisträgers auch nicht

---

[412] Vgl. *Benkard/Schäfers*, § 69 PatG, Rn. 5.

[413] *Zöller/Gummer*, § 172 GVG, Rn. 9; vgl. *Baumbach/Lauterbach/Albers*, § 172 GVG, Rn. 3.

weiter verbreitet werden sollen[414]. Kein Geheimnis stellen damit jedoch Erfindungen dar, die bereits als Patent, Geschmacks- oder Gebrauchsmuster registriert und veröffentlicht wurden[415]. Bei einem Verletzungsverfahren oder auch einem Nichtigkeitsverfahren handelt es sich in der Regel aber immer um bereits geschützte Schutzrechte, mithin nicht mehr um Geheimnisse. Ein auf § 172 Nr. 2 GVG basierender Ausschlußgrund ist infolgedessen nicht einschlägig.

Der gleiche Rechtsgedanke muß dem Markenrecht zugrunde gelegt werden. Unter einem Geschäftsgeheimnis sind Tatsachen technischer oder kaufmännischer Art zu verstehen, die wenigstens Unberufenen unbekannt sind, und die der Geschäftsinhaber nicht preisgeben will, er also an ihrer Geheimhaltung ein verständliches Interesse hat[416]. Prinzipiell geht es dabei um jedes Geheimnis, das die gewerbliche Sphäre tangiert[417]. Als bedeutendste Fallgruppen sind hier Marktstrategien, Kalkulationen, Bilanzen, Kundenlisten und Fabrikationsdaten zu nennen[418].

Möchte nun der Geschäftsinhaber in naher Zukunft ein Produkt unter einer bestimmten Marke in den freien Wirtschaftsmarkt einführen, und hat er diese Marke noch nicht eintragen lassen, so ist diese Information nur einem bestimmten überschaubaren Personenkreis bekannt. Er wäre vor Konkurrenten, die sein Vorhaben möglicherweise zügiger verwirklichen, im Falle einer öffentlichen Erörterung seiner Idee nicht ausreichend geschützt. Anders stellt sich die Situation jedoch für bereits eingetragene und damit der Öffentlichkeit zugänglich

---

[414] *MüKo/Wolf*, § 172 GVG, Rn. 6; vgl. *Baumbach/Lauterbach/Albers/Hartmann*, § 172 GVG, Rn. 3; *Zöller/Gummer*, § 172 GVG, Rn. 9; *Ernst*, S. 13, erläutert den Geheimnisbegriff ausführlich und stellt in diesem Zusammenhang allgemeines und rechtliches Verständnis gegenüber.

[415] Vgl. Zöller/Gummer, § 172 GVG, Rn. 9; vgl. Baumbach/Lauterbach/Albers/Hartmann, § 172GVG, Rn. 3.

[416] Vgl. *RGSt* 38, S. 108 (109); *RGSt*, 40, S. 406 (407); *RGSt* 42, S. 394 (395); *RGSt* 48, S. 12 (13f.); vgl. *Wittkämper*, BB 1963, S. 1160; *Mes*, GRUR 1979, S. 584 (585).

[417] *MüKo/Wolf*, § 172 GVG, Rn. 8.

[418] *Drube*, S. 33f; *Baumbach/Hefermehl/Albers/Hartmann*, § 172 GVG, Rn. 3; *MüKo/Wolf*, § 172 GVG, Rn. 8.

gemachte Marken dar. Diese können aufgrund des öffentlichen Bekanntheitsgrades oder der bloßen Möglichkeit ihrer Kenntnisnahme nicht mehr als Geheimnis eingestuft werden.
Im übrigen obliegt die Entscheidung, ob die Offenlegung der Informationen gegenüber der Allgemeinheit überwiegend schutzwürdige Interessen der Einzelnen verletzten würde, dem Gericht. Der Schutzrechtsinhaber kann somit nicht sicher davon ausgehen, sein Verfahren ohne Anwesenheit der Konkurrenten durchführen zu können.

bbb) Zwischenergebnis

Die Voraussetzungen der §§ 174 Abs. 3 i.V.m.172 Nr. 2 GVG sind dementsprechend nur hinsichtlich der Schutzrechte erfüllt, an denen noch nicht durch Veröffentlichung oder Eintragung der Öffentlichkeit die Möglichkeit der Kenntnisnahme eröffnet wurde, sie also unter die Geheimniseigenschaft subsumiert werden können. Den Gegenstand von Verletzungs- bzw. Nichtigkeitsverfahren bilden gewöhnlich aber bereits eingetragene Schutzrechte, womit der Anwendungsbereich der Einschränkungsmöglichkeit des Grundsatzes der Öffentlichkeit durch die Regelung des § 174 Abs. 3 i.V.m. 172 Nr. 2 GVG als sehr gering einzustufen ist.
Die vorangegangenen Untersuchungen lassen den Rückschluß zu, daß der Großteil der Verfahren der Öffentlichkeit zugänglich ist. Die Interessen der Schutzrechtsinhaber hinsichtlich der Eindämmung der Marken- und Patentpiraterie und der Herstellung eines Verhandlungsgleichgewichtes werden hierdurch aber nicht in einem zufriedenstellenden Maße gewahrt.

cc) Mediation als Lösungsmöglichkeit

Bestehen keine zufriedenstellenden gesetzlichen Regelungen, um diese Problembereiche einzudämmen, sollte in Erwägung gezogen werden, den Versuch zu unternehmen, Streitigkeiten, an denen ein erhöhtes Geheimhaltungsinteresse

besteht, zunächst im Wege einer Mediation zu verhandeln. Bei einer Mediation beschränkt sich die Anzahl der Anwesenden in der Regel auf die involvierten Parteien, ggf. mit ihren Anwälten und dem eingeschalteten Mediator. Die Mediation ist demnach im Gegensatz zum normalen streitigen Verfahren nicht öffentlich ausgerichtet[419]. Aus diesem Grunde könnte ein nicht öffentliches Mediationsverfahren vor der Verbreitung und dem Bekanntwerden wichtiger technischer Informationen und Ideen schützen und somit eine Einschränkung der rechtswidrigen Nachahmung gewerblicher Schutzrechte ermöglichen[420].
Auch das Entstehen eines Verhandlungsungleichgewichtes kann durch eine Mediation zumindest eingeschränkt werden und Vertrauensgesichtspunkte können Berücksichtigung finden, indem die Öffentlichkeit wenigstens für einen bestimmten Zeitraum nicht in Kenntnis gesetzt wird. Durch eine Mediation erfolgt eine Reduzierung des ansonsten durch die Öffentlichkeit erzeugbaren Drucks.

aaa) Wahrung des Geheimnisschutzes durch Auferlegung einer Schweigepflicht

Ein Geheimnisschutz könnte in diesen Verfahren aber nur dann durch eine Mediation effektiver verwirklicht werden, wenn sowohl der Mediator als auch die in der Mediation anwesenden gegnerischen Parteien und eventuell zugezogenen Gutachter etc. einer absoluten Schweigepflicht unterliegen. Es müßten demzufolge sämtliche während der Mediation erfolgten Angebote, Versprechungen, Angaben und Aussagen der Parteien, ihrer Anwälte, Sachverständigen oder Angestellten, egal ob schriftlich oder mündlich, einer absoluten Verschwiegenheitspflicht unterfallen.

---

[419] *Arfin*, Hastings Law Journal, 95 vol. 7-4, S. 893 (901); vgl. *Weigand*, BB 1996, S. 2106 (2107f.); *WIPO*, GRUR 1992, S. 589 (590); vgl. *Prütting*, BB 1999, Beilage 9, S. 7 (12); *Coulson*, in: WIPO - Worldwide Forum on the Arbitration of Intellectual Property Disputes, S. 21 (22).

[420] *Arfin*, Hastings L.J.(1995), S. 893 (901); *Weigand*, BB 1996, S. 2106 (2108); vgl. *Hoyningen-Huene* v., JuS 1997, S. 352 (353).

Sollte dies nicht realisierbar sein, würde durch die Möglichkeit der Weitergabe des Mediationsinhaltes an Dritte der eigentliche Vorteil einer Mediation, ihre Nichtöffentlichkeit und der damit verbundene Geheimnisschutz, leerlaufen. Aufmerksamkeit ist zunächst auf die Schweigepflicht des Mediators zu richten. In der Literatur wird zwar einheitlich von einer Verschwiegenheitspflicht des Mediators ausgegangen[421], es ist jedoch nicht ersichtlich, auf welche konkrete Rechtsgrundlage diese Pflicht gestützt wird. Beispielsweise erwähnen *Hoyningen-Huene* lediglich, daß sich die Parteien im Rahmen der gesetzlichen Möglichkeiten zu einem strengen Vertraulichkeitsgebot verpflichten[422], nehmen jedoch keinerlei Konkretisierungen dieser rechtlichen Möglichkeiten vor.

(1) Schweigepflicht aufgrund spezieller Gesetze der einzelnen Berufsgruppen

Eine Schweigepflicht könnte speziellen Bestimmungen zu entnehmen sein, die bestimmte Berufsgruppen explizit zur Ausübung der Funktion als Mediator ermächtigten. Im gewerblichen Rechtsschutz, insbesondere im Patentrecht, ist bezüglich der Ausübung der Position des Mediators, vor allem an einen Patentanwalt bzw. im Markenrecht, an einen mit diesem Gebiet vertrauten Rechtsanwalt zu denken, wobei je nach dem Wunsch der Parteien auch andere Personengruppen als Mediatoren auftreten können. Naheliegend, aufgrund ihrer rechtlichen Stellung als auch wegen ihrer Fachkenntnisse, sind hier zunächst juristisch bzw. technisch oder pharmazeutisch ausgebildete Personen, wie Rechtsanwälte, Notare und Patentanwälte[423].

---

[421] *Finkelstein*, VI-4; *Schneider*, S. 171 (180); *Hoyningen-Huene,* JuS 1997, S. 352 (353); *Duve* BB 1999, Beilage 9, S. 15 (18); vgl. *Eiholzer*, Rn. 810, für das Recht der Schweiz.

[422] *Hoyningen-Huene* v., JuS 1997, S. 352 (353).

[423] *Bastard/Cordia-Vonècke*, Familiendynamik 1992, S. 319 (326); *Gloor*, S. 34.

(1)(a) Verschwiegenheitspflicht der Anwälte, Patentanwälte und Richter

Für die Rechtsanwaltschaft[424], die gemäß § 43 a Abs.2 S. 1 BRAO einer Schweigepflicht als sog. anwaltlicher Berufspflicht unterliegt[425], hat der Mediationsgedanke vor allem in den Vorschriften der Berufsordnung (BORA)[426] und Fachanwaltsordnung (FAO)[427] der Bundesrechtsanwaltskammer seinen Niederschlag gefunden. In §§ 1, 18 BORA kommt beispielsweise die rechtsgestaltende, vermittelnde und streitschlichtende Tätigkeit des Anwalts als Mediator explizit zum Ausdruck[428], und auch die Vorschriften über den Fachanwalt für Familienrecht (§§ 5, 12 FAO) weisen ebenfalls auf die außergerichtliche Beratung und Vermittlung hinweisen. Bedenken hinsichtlich der Vereinbarkeit des Anwaltsberufes und der Ausübung einer im Unterschied hierzu neutralen Position, wie der eines Mediators, d.h. die Frage, ob durch die Übernahme der Position eines Mediators widerstreitende Interessen im Sinne des § 43a Abs. 4 BRAO wahrgenommen werden, wurden durch die BORA weitgehend ausgeräumt[429].

Auch der Tätigkeit des Patentanwaltes werden enge berufsrechtliche Grenzen gesetzt, was neben dem Verbot der Vertretung widerstreitender Interessen, § 39a Abs. 4 PatAnwO, einer mit § 43a Abs. 4 BRAO vergleichbaren Vorschrift, die Regelung des § 41 PatAnwO erkennen läßt. Hiernach ist es dem Patentanwalt untersagt, in einer Rechtssache tätig zu werden, mit der er bereits zuvor befaßt war, sei es als Richter, Schiedsrichter (Abs. 1 Nr. 1), Patentanwalt (Abs. 2) oder

---

[424] Vgl. *Ponschab*, S. 103, die Idee des anwaltlichen Schlichtungshelfers wurde vom Ausschuß für außergerichtliche Konfliktbeilegung des Deutschen Anwaltsvereines auf dem Deutschen Anwaltstag vorgestellt und ist heute in § 18 BerufsO manifestiert, vgl. dazu *Prütting*, BB 1999, Beilage 9, S. 7 (12).

[425] *Henssler/Koch*, § 1, S. 17 (30).

[426] § 18 der Berufsordnung wurde von der Satzungsversammlung der Rechtsanwälte am 29.11.1996 verabschiedet und ist am 11.3.1997 in Kraft getreten, *Schwackenberg*, AnwBl. 1997, S. 524 (525); Mitteilungen des Bundesjustizministerium, BRAK – Mitt. 1996, S. 241 ff. .

[427] Mitteilungen des Bundesjustizministerium, BRAK – Mitt. 1996, S. 249 ff..

[428] Die BORA kann die BRAO nicht modifizieren.

[429] Vgl. *Prütting*, BB 1999, Beilage 9, S. 7 (12). Bedenken bestanden vor allem hinsichtlich des Rollenverständnisses des Rechtsanwalts, er nehme primär nur das eigene Gebühreninteresse wahr, vgl. *Bandisch*, in: Alternativen in der Ziviljustiz, S. 41 (42).

im Rahmen einer beruflichen Zusammenarbeit im Sinne des § 52a PatAnwO[430]. Eine ausdrückliche Pflicht zur Verschwiegenheit des Patentanwaltes findet sich in § 39a Abs. 2 S. 1 PatAnwO, die ihm als Grundpflicht auferlegt wird.
Sowohl aus dieser Vorschrift als auch aus den Bestimmungen der anwaltlichen BORA läßt sich eine umfangreiche Verpflichtung zur Verschwiegenheit herleiten, die sich auf alles bezieht, was dem involvierten Patent- oder Rechtsanwalt bekannt geworden ist[431]. Die genannten Vorschriften gelten auch dann, wenn der Rechts- oder Patentanwalt als Mediator und nicht als Parteivertreter tätig ist.

(1)(b) Anwendung der Bundesnotarordnung

Aufgrund der Funktion des Mediators als Vermittler und seiner Neutralität, er also nicht wie ein Rechtsanwalt eine bestimmte Partei vertritt, sondern die Interessen beider Parteien berücksichtigen muß, drängt sich ein Vergleich mit der Stellung eines Notars auf.
Der Notar ist – wie der Mediator - nicht Vertreter einer Partei, sondern unabhängiger und unparteiischer Betreuer der Beteiligten, § 14 S. 1 BNotO. Zudem trifft den Notar gemäß § 18 Abs. 1 und 4 BNotO eine Verschwiegenheitspflicht, die auch nach dem Erlöschen des Amtes fortwirkt. Wünschenswert ist, daß diese Voraussetzungen auch von den Beteiligten einer Mediation erfüllt werden. Von Teilen der Literatur[432] wird wegen dieser Ähnlichkeit sogar gefordert, daß die Position des Mediators am geeignetsten durch einen Notar zu besetzen sei.
Entscheiden sich die Parteien für die Beauftragung eines Notars mit der Position des Mediators, ergeben sich hinsichtlich der Befugnisse des Notars keine Bedenken. Die Möglichkeit der Herbeiführung einer Titelwirkung haben die Par-

---

[430] Vgl. *König*, Mitt. 1999, S. 347 (349), nach dem die Unzulässigkeit des Funktionswechsels in beide Richtungen gelten muß, also bspw. Schiedsrichter/Anwalt und Anwalt/Schiedsrichter.
[431] *Bühling*, GRUR 1997, S. 151 (152).
[432] Vgl. *Wagner*, BB 1997, S. 53 ff.; *ders.* in: ZNotP Beilage 1998, Nr. 1, 1-16; vgl. zur Unparteilichkeit: *Hoyningen-Huene*, JuS 1997, S. 352.

teien bewußt in Kauf genommen und damit eine von der „klassischen“ Mediation abweichende Form gewählt.
Aufgrund der weitreichenden Möglichkeiten eines Notars, beispielsweise eine vollstreckungsfähige Entscheidung zu erlassen, können die Vorschriften der BNotO allerdings nicht analog als allgemeine Rechtsgrundlage für die Begründung einer Schweigepflicht eines jedweden Mediators herangezogen werden.

(1)(c) Zwischenergebnis

Die vorausgegangenen Untersuchungen lassen erkennen, daß für einige wenige Berufsgruppen, wie Rechtsanwaltschaft, Patentanwälte und Notare in den jeweiligen Gesetzen Vorschriften existieren, die eine Geheimhaltungspflicht speziell für die Berufsgruppe anordnen.
Dies stellt sich für die Mediation im gewerblichen Rechtsschutz als ein zufriedenstellendes Ergebnis dar. Die bei Streitigkeiten über gewerbliche Schutzrechte als Mediator heranzuziehenden Personengruppen sind, wenn es sich nicht um Rechtsanwälte oder Notare handelt, Personen, die beispielsweise speziell auf den Bereich des Patentrechts ausgebildet sind. Eine solche Person ist zu bestimmen, sofern der Konfliktpunkt in diesem Bereich gesehen wird. Juristische Fachkenntnis ist in solchen Konstellationen oftmals nicht erforderlich, um zur Aufklärung beispielsweise pharmazeutischer Problembereiche beitragen zu können. Bei diesen Personengruppen handelt es sich in der Regel um Patentanwälte. Wie gesehen, ordnet die PatAnwO eine Pflicht zur Verschwiegenheit an.
Die Verschwiegenheitspflicht des Mediators ist im gewerblichen Rechtsschutz damit grundsätzlich gewährleistet. Allerdings handelt es sich nicht um eine allgemeine, für sämtliche Berufsgruppen heranzuziehende Rechtsgrundlage. Sie ist lediglich den einzelnen berufsrechtlichen Gesetzen zu entnehmen. Problematisch kann sich dies auswirken, wenn es sich bei der als Mediator heranzuziehenden Person um keinen Angehörigen dieser Berufsgruppen handelt. Dies

dürfte bei Sachverhalten des gewerblichen Rechtsschutzes allerdings fernliegend sein.

(2) Rechtsgrundlage aus dem allgemeinen Verfahrensrecht

Auch aus dem allgemeinen Verfahrensrecht läßt sich eine solche einheitliche Rechtsgrundlage nicht herleiten.

Die Regelung des § 383 Abs. 1 Nr. 6 ZPO ist nicht in Betracht zu ziehen. Gemäß dieser Vorschrift sind Personen, denen aufgrund ihres Amtes oder Berufes Tatsachen anvertraut wurden, deren Geheimhaltung geboten ist, berechtigt, das Zeugnis zu verweigern.

Wie diese Vorschrift schon verdeutlicht, handelt es sich um das einer bestimmten Person eingeräumte Recht, ein Zeugnis zu verweigern. Es handelt sich aber nicht um die Pflicht, dieses nicht auszuüben. Aber genau solch eine Pflicht soll den Beteiligten der Mediation auferlegt werden. Allein vom Sinn und Zweck der Vorschrift her kann diese für die Mediation keine hinreichende Rechtsgrundlage darstellen. Dem Interesse der Parteien entspricht es, nicht erst den Nachweis der geheimhaltungsbedürftigen Tatsachen auszuschließen, sondern bereits deren Vortrag im Rahmen eines späteren Gerichtsverfahrens und dementsprechend ihre Einführung in den vor Gericht zu untersuchenden Sachverhalt zu verhindern[433]

Darüber hinaus räumt das deutsche Recht den Parteien in nur ganz geringem Umfang ein Zeugnisverweigerungsrecht in bezug auf die eigenen Geschäfts- und Betriebsgeheimnisse ein[434]. Die grundsätzliche Fragestellung, ob eine auf das gerichtliche Verfahren zugeschnittene Norm überhaupt auf die Mediation anwendbar wäre, kann folglich dahinstehen. Im übrigen ist der Anwendungsbereich dieser Vorschrift zu eng und erfaßt nicht die Ahndung der Preisgabe

[433] *Wagner,* NJW 2001, S. 1398.

[434] Vgl. *Stürner* JZ 1985, S. 435 (457).

möglicher Geheimnisse außerhalb des Verfahrens. Der gewünschte Schutz wird durch diese Vorschrift nicht gewährleistet.

bbb) Zwischenergebnis

Im gewerblichen Rechtsschutz besteht grundsätzlich ein hoher Bedarf an der Geheimhaltung von Informationen, die das Schutzrecht betreffen. Trotzdem gilt in den meisten Verfahren, die ein Schutzrecht betreffen, der Grundsatz der Öffentlichkeit des Verfahrens. Es stünde an sich jedem Konkurrenten frei, einem Verfahren beizuwohnen. Das Erfordernis, den Schutzrechtsinhabern die Möglichkeit einzuräumen, außerhalb der breiten Öffentlichkeit ihre Konflikte beilegen zu können, besteht damit offensichtlich. Diese Möglichkeit würde den Parteien am effektivsten durch eine vorgerichtliche Mediation eröffnet werden. Durch eine nicht öffentliche Mediation wird der Geheimnisschutz gegenüber der Öffentlichkeit gewahrt. Die in diesem Zusammenhang gewonnenen Erkenntnisse führen jedoch dazu, daß allein mit dem Ausschluß der Öffentlichkeit der Geheimnisschutz nicht hinreichend gewahrt ist. Eine Mediation für den gewerblichen Rechtsschutz kann nur dann auch von Vorteil sein, wenn die Möglichkeit besteht, auch den Mediator einer Geheimhaltungspflicht zu unterwerfen. Eine derartige Geheimhaltungsverpflichtung läßt sich für bestimmte Berufsgruppen der geschriebenen Rechtsordnung entnehmen. Für Personen, die diesen Berufsgruppen nicht zugehörig sind, muß eine solche Pflicht im Einzelfall zwischen den in Frage stehenden Personen auf vertraglicher Ebene vereinbart werden.

b) Geheimnisschutz gegenüber dem Mediationsgegner

Der durch die Mediation ermöglichte Ausschluß der Öffentlichkeit kann das Geheimhaltungsinteresse der Beteiligten aber auch nur dann fördern bzw. wahren, wenn nicht nur dem Mediator, sondern auch der gegnerischen Partei eine absolute Verschwiegenheitspflicht auferlegt wird.

Die bereits im Zusammenhang mit der Schweigepflicht des Mediators gewonnenen Erkenntnisse, eine solche Pflicht durch einen privatrechtlichen Vertrag zu vereinbaren, treffen auch auf das Verhältnis der an der Mediation beteiligten Parteien zu. Ihnen steht jederzeit die Möglichkeit offen, sich auf diesem Wege gegenseitig eine Geheimhaltungspflicht aufzuerlegen.
Zu prüfen ist, ob den speziellen Gesetzen, dem Patent- und dem Markengesetz oder dem allgemeinen Verfahrensrecht, Vorschriften zu entnehmen sind, die dieses Problem zufriedenstellend regeln und die auf das Mediationsverfahren übertragen werden könnten, oder ob auch in diesem Fall auf vertragliche Einzelregelungen vertraut werden muß.

aa) Regelung der § 139 Abs. 3 S. 2 PatG

In Erwägung zu ziehen ist zunächst die Vorschrift des § 139 Abs. 3 S. 2 PatG[435]. Hiernach sind die Interessen des Patentinhabers eines Herstellungsverfahrens im Sinne des § 9 Nr. 1 PatG an der Wahrung seines Betriebs- und Geschäftsgeheimnisses zu berücksichtigen. Diese Regelung bezieht sich jedoch nur auf die in § 139 Abs. 3 S. 1 PatG dargestellte Konstellation. Gemäß § 139 Abs. 3 S. 1 PatG gilt für ein Patent, dessen Gegenstand die Herstellung eines Erzeugnisses ist, bis zum Beweis des Gegenteils das gleiche Erzeugnis, das von einem anderen hergestellt wurde, als nach dem patentierten Verfahren hergestellt. Wird somit der Inhaber eines Herstellungspatentes in ein Verletzungsverfahren mit der Begründung hineingezogen, er verletze durch die Produktion ein bereits bestehendes Patent, so ist er beweisbelastet und kann unter Umständen seiner Beweisführungslast nur genügen, indem er Geschäftsgeheimnisse offenbart[436]. Es erfolgt damit eine vollständige Umkehrung der Beweislast[437], wobei der Kläger

[435] Diese Regelung ist im Interesse der Rechtsvereinheitlichung aus Art. 35 GPÜ (ehemals Art. 75 GPÜ) in das deutsche Patentgesetz übernommen worden, vgl. *Benkard/Rogge*, § 139 PatG, Rn. 123.
[436] Vgl. *Stürner*, JZ 1985, S. 453 (457).
[437] *Busse*, § 139 PatG, Rn. 208; *Benkard/Rogge*, § 139 PatG, Rn. 120; *Tönnies*, GRUR 1998, S. 345 (347); *Schulte*, § 139 PatG, Rn. 57.

lediglich darzulegen hat, daß es sich bei seinem Verfahren um ein geschütztes Produkt im Sinne des § 139 Abs. 3 PatG handelt.
Zu berücksichtigen ist auch, daß er die Namen und Adressen seiner einzelnen Kunden nicht preisgeben muß, sondern grundsätzlich nur die einzelnen patentverletzenden Lieferungen, die Lieferzeit und die Preise offenzulegen hat[438]. Der Vorschrift des § 139 Abs. 3 S. 2 PatG liegt der Gedanke zugrunde, daß in Fällen, in denen ein Schutzrechtsinhaber in einen Prozeß hineingezogen wird, dessen Geheimhaltungsinteressen weitestgehend zu wahren sind[439]. Bestünde ein solcher Schutz nicht, könnten auf diese Weise Schutzrechtsinhaber nur zum Schein verklagt werden, um an detaillierte Informationen hinsichtlich des betreffenden Schutzrechtes gelangen zu können. Bisher ist allerdings prozessual kaum durchdacht, wie genau Rücksicht auf das in § 139 Abs. 3 S. 2 PatG angeordnete Interesse zur Geheimhaltung zu nehmen ist. Nicht geklärt ist somit, wie der dieser Vorschrift zugrundeliegende Rechtsgedanke praktisch in einem Verfahren umgesetzt werden soll. Es fehlt an praktischen Erfahrungen[440], insbesondere ist nicht eindeutig, ob durch die konkrete Anwendung des in der Vorschrift des § 139 Abs. 3 S. 2 manifestierten Rechtsgedankens die Gefahr der Einschränkung des rechtlichen Gehörs (Art. 103 Abs. 1 GG) besteht[441]. Als eindeutig erweist sich allein die aus dieser Vorschrift abgeleitete Möglichkeit, eine Betriebsbesichtigung durch das Gericht ohne Hinzuziehung des Klägers vorzunehmen. So ist es jedenfalls einem Bericht der deutschen Delegation über die Luxemburger Konferenz zu entnehmen[442].

---

438 Vgl. *BGH*, GRUR 1962, S. 354 (357); vgl. *Stürner*, JZ 1985, S. 453 (455); vgl. v. *Falck*, GRUR 1977, S. 491 (494).

439 *Benkard/Rogge*, § 139 PatG, Rn. 123.

440 *Stadler*, NJW 1989, S. 1202 (1205); vgl. *Benkard/Rogge*, § 139 PatG, Rn. 123.

441 Für eine Einschränkung des rechtlichen Gehörs ist *Stürner*, JZ 1985, S. 453 (459); vgl. *Benkard/Rogge*, § 139 PatG, Rn. 123.

442 Vgl. *Benkard/Rogge*, § 139 PatG, Rn. 123, der aber anstelle des Klägers einen zur Verschwiegenheit verpflichteten Vertreter zur Betriebsbesichtigung zulassen möchte; vgl. auch *Stadler*, NJW 1989, S. 1202 (1205).

Die Regelung des § 139 Abs. 3 S. 2 PatG ist auf die Wahrung der Geheimhaltungsinteressen der Schutzrechtsinhaber gerichtet. Allerdings ist der Anwendungsbereich dieser Vorschrift sehr eng. Von ihm betroffen sind lediglich technische Schutzrechte und dies auch nur, wenn es sich um Herstellungspatente handelt. Marken lassen sich unter diese Norm gänzlich nicht subsumieren und auch dem MarkenG ist keine vergleichbare Schutzvorschrift zu entnehmen.
Ein absoluter Geheimnisschutz kann aufgrund dieser Regelung demnach nicht gewährleistet werden. Das Gericht wird vielmehr im Einzelfall die auf § 139 Abs. 3 S. 1 PatG gestützten erforderlichen Maßnahmen einleiten.
Eine zufriedenstellende Regelung ist im Ergebnis weder dem Patentrecht noch dem Markenrecht zu entnehmen.

bb) Geheimverfahren

Die Preisgabe von Informationen dient in der Regel der Rechtsfindung und ist häufig notwendig. Hierdurch entsteht für den jeweilig betroffenen Schutzrechtsinhaber eine Zwangslage. Diese Zwangslage könnte im Zivilverfahrensrecht vermieden werden[443], wenn der deutsche Gesetzgeber tätig werden würde und die Option eines geheimen gerichtlichen Verfahrens bereitstellen würde, etwa dergestalt, daß der Prozeßgegner bzw. Mediationsgegner der schutzwürdigen Partei und ggf. auch sein Anwalt[444], je nach Erfordernis, von der Beweisaufnahme, den Ausführungen über die Erfindungs-, Betriebs- und Unternehmensgeheimnisse, dem Augenscheinsbeweis und den Urkunds- und Bucheinsichtnahmen ausgeschlossen wird. Durch ein solches Verfahren würde ermöglicht, daß eine Partei einen Prozeß gewinnt und trotzdem ihre Betriebs-, Geschäfts- oder andere Geheimnisse wahren kann[445]. In einem urheberrechtlichen Fall vor

---

[443] *Stadler*, NJW 1989, S. 1202 (1203).
[444] *Pagenberg*, CuR 1991, S. 65 (69ff.).
[445] *Prütting/Weth*, NJW 1993, S. 576; *dies.*, DB 1989, S. 2273 (2274); vgl. *Zeuner*, FS für Gaul, S. 845 (849).

dem OLG Nürnberg[446] ist der „Geheimprozeß" auch tatsächlich praktiziert worden, wobei die Entscheidungsgründe und der Ablauf des Verfahrens heftigst kritisiert wurden[447].

Der BGH hat dennoch mit Urteil vom 12.11.1991 ein solches „Geheimverfahren" abgelehnt[448].

Es stellt sich die grundsätzliche Frage, ob die Durchführung eines solchen „Geheimverfahrens" mit geltendem Recht vereinbar ist. Als problematisch erweist sich in diesem Zusammenhang der Umstand, daß das Ergebnis dieser Beweisaufnahme – ohne die Einzelheiten aufzudecken - die Entscheidungsgrundlage für ein Urteil darstellen soll[449]. Die Parteien können nur insoweit über die Umstände, also das Ergebnis der Beweisaufnahme bzw. Aufklärung, unterrichtet werden, als dadurch keine Rückschlüsse auf das Geheimnis möglich sind[450]. Mit Hinweis auf einen Verstoß gegen den Grundsatz der Unmittelbarkeit und den Grundsatz der Parteiöffentlichkeit der Beweisaufnahme und dem Grundsatz des rechtlichen Gehörs, Art. 103 Abs. 1 GG, ist ein solches Geheimverfahren für das Zivilverfahren eindeutig abzulehnen[451].

Jeder Partei eines Zivilprozesses steht nach dem aus Art. 103 GG abgeleiteten Grundsatz der Parteiöffentlichkeit des § 357 Abs. 1 ZPO das Recht zu, der Be-

---

446 *OLG Nürnberg*, BB 1984, S. 1252, hat von einer weiterreichenden Substantiierungspflicht wegen des zu wahrenden Geheimnisschutzes des Urhebers abgesehen.

447 *Ullmann*, CuR 1986, S. 198 (199); *Lachmann*, NJW 1987, S. 2206 (2209).

448 *BGH*, NJW-RR 1996, S. 1277;ebenso *Kürschner*, NJW 1992, S. 1804 (1805); *Lachmann*, NJW 1987, S. 2206 (2210); *A.A. Stadler*, NJW 1989, S. 1202 (1204 f.), die das durch das OLG Nürnberg abgesegnete Verfahren zwar auch für fehlerhaft hält, weil die durch den Sachverständigen zugrundegelegten Tatsachen durch das Gericht nicht zur Kenntnis genommen wurden. De lege lata müsse ein Geheimverfahren allerdings als zulässig betrachtet werden, wenn zumindest der Anwalt der Gegenpartei anwesend ist.

449 Vgl. *MüKo/Prütting* § 285 ZPO, Rn. 10; *Prütting/Weth*, DB 1989, S. 2273 (2274).

450 *Stürner*, JZ 1985, S. 453 (458).

451 *Stürner*, JZ 1985, S. 453 (458); *Stadler*, NJW 1989, S. 1202 (1204f.); *Baumgärtel*, FS Habscheid 1989, S. 1; *Lachmann*, NJW 1987, S. 2206 (2210).

weisaufnahme beizuwohnen[452]. Selbst wenn ein Verstoß gegen § 357 Abs. 1 ZPO verneint wird[453], ergibt sich die Unzulässigkeit des Geheimverfahrens jedenfalls aus § 285 Abs. 1 ZPO, Diese Vorschrift gibt den Parteien das Recht, über das Ergebnis der Beweisaufnahme zu verhandeln. Ähnliches gilt für § 370 ZPO, der vorsieht, gleich nach dem Abschluß der Beweisaufnahme die mündliche Verhandlung fortzusetzen. Wenn jedoch einer Partei die entscheidenden Informationen einer Beweisführung abgeschnitten werden, ist es dieser nicht möglich, dazu in tatsächlicher und rechtlicher Form ausreichend Stellung zu beziehen. Eine Beweiseinrede wäre der jeweilig betroffenen Partei nicht möglich. Gemäß § 296 Abs. 2 i.V.m. § 282 Abs. 1 ZPO kann einer Partei ihr Vorbringen jedoch nur abgeschnitten werden, also auch ihre Beweiseinreden, wenn dieses als nicht rechtzeitig vorgebracht bewertet wird. Auch die ständige Rechtsprechung des BVerfG[454], nach der Tatsachen und Beweisergebnisse einer Entscheidung nicht zugrundegelegt werden können, wenn den Parteien zuvor nicht die Möglichkeit der Kenntnisnahme eingeräumt wurde, muß Berücksichtigung finden. Diese eindeutige Rechtslage soll in einem staatlichen Gerichtsverfahren auch nicht durch einen freiwilligen Verzicht auf die Geltendmachung der prozessualen Rechte unterlaufen werden können. Dieses Ergebnis stimmt mit der älteren Rechtsprechung überein[455], nach der, auf Grundlage des § 285 ZPO, ein Beweismittel dann nicht berücksichtigt werden soll, wenn den Parteien die Möglichkeit einer Verhandlung genommen war.

Im Ergebnis ist die Durchführung eines Geheimverfahrens nicht mit den Grundsätzen des Zivilverfahrens vereinbar.

Nichts anderes gilt für die Patent- und Markenverfahren. Eine konsequente Einhaltung des Grundsatzes des rechtlichen Gehörs verbietet es im Patentrecht bei-

---

[452] Vgl. *Stürner,* JZ 1985, S. 453 (459); Der Ausschluß einer Partei wird nur ausnahmsweise zugelassen, wie etwa bei körperlichen Untersuchungen einer anderen Partei.

[453] Vgl. *Prütting/Weth,* DB 1989, S. 2273 (2276).

[454] Vgl. *BVerfG,* NJW 1960, S. 31; vgl. *BVerfGE* 6, S. 12 (14); vgl. *BVerGE* 7, S. 275 (278); vgl. *BVerfGE* 55, S. 95 (99).

[455] *RGZ* 17, S. 452 (453).

spielsweise, die im Rahmen von § 809 BGB durchgeführten Betriebsbesichtigungen, ohne Hinzuziehung des Klägers durchzuführen[456]. Selbst wenn in arbeitsrechtlichen Verfahren von diesen Grundsätzen abgewichen wird, kann dies nicht für den gewerblichen Rechtsschutz gelten.

Fraglich ist aber, ob in einer Mediation nicht abgeschwächte Verfahrensgrundsätze gelten müssen, wie dies auch bei anderen Schlichtungsverfahren der Fall sein soll[457]. Die flexiblere Handhabung der Rechtsgrundsätze könnte sich in den Verfahrensgrundsätzen derart widerspiegeln, daß gerade für den Bereich des gewerblichen Rechtsschutzes die Durchführung der Beweisaufnahme nicht derart streng gehandhabt wird. Das Beweisaufnahmeverfahren wird grundsätzlich von den Grundsätzen der Unmittelbarkeit (§ 355 ZPO) und der Parteiöffentlichkeit (§ 357 ZPO) beherrscht[458].
Die Mediation stellt aber kein staatliches Gerichtsverfahren dar. Auch ist der Mediator nicht befugt, aufgrund der aufgenommenen Beweise und Verhandlungen ein Urteil bzw. eine rechtskräftige Entscheidung zu treffen, womit die für das ordentliche Gerichtsverfahren aufgestellten Grundsätze möglicherweise nicht stringent anzuwenden sind, sondern vielmehr dem Willen der Parteien unterzuordnen seien. Einigen sich die Parteien in einer Mediation dann auf eine Art geheime Beweisaufnahme, so müßte hiernach diesem Wunsch auch grundsätzlich Geltung verschafft werden, denn Kennzeichen der Mediation ist gerade die Verwirklichung der Interessen der Parteien, die auch in einer bestimmten Durchführung des Verfahrens gesehen werden könnte[459].

---

[456] *BGHZ* 116, S. 47; *Benkard/Rogge*, § 139 PatG, Rn. 123.

[457] Vgl. *Wittenzeller,*Mitt. 1995, S. 147 (151). Der BGH hat die Beachtung der §§ 139, 278 Abs. 3 ZPO noch nicht einmal für das Schiedsverfahren verlangt, vgl. *BGH*, NJW 1983, S. 867.

[458] *Zöller/Greger,* vor § 284 ZPO, Rn. 14.

[459] So können sich die Parteien auch auf eine bestimmte Verfahrenssprache einigen und müssen sich nicht den gesetzlichen Regelungen unterwerfen und auch der Schlichter selber unterliegt nicht den Strengen formalen Bindungen, vgl. für das Schiedsverfahren, *Rayner,* University of Western Otario Law Review, vol. 22, no. 1, S. 33 (40).

Zu berücksichtigen ist aber, daß die Mediation zwar auf das Verhältnis der Parteien, ihre Wünschen und Absichten zugeschnitten sein sollte, damit es eine Vereinfachung zu den ordentlichen Gerichtsverfahren darstellt. Dies wird beispielsweise durch die freie Wahl der zu verwendenden Sprache realisiert oder durch die eigenständig vorzunehmende Terminierung der verschiedenen Sitzungen. Auch sollten flexiblere Ergebnisse möglich sein, womit nicht lediglich ein Anspruch zu- bzw. abgesprochen werden kann. Die Mediation an sich stellt aber keinen rechtsfreien Raum dar. Abweichungen von den Verfahrensgrundsätzen sind nur insoweit tragbar, als daß sie Sinn und Zweck der Mediation geradezu fördern, wie dies beispielsweise im Zusammenhang mit dem Öffentlichkeitsgrundsatz der Fall war. Die Mediation muß aber mit den wesentlichen verfassungsrechtlichen Grundsätzen übereinstimmen, um von der Rechtsordnung als seriös anerkannt und praktiziert zu werden, mithin fundamentale Verfahrensgarantien wahren. Verstöße gegen den in Art. 103 GG manifestierten Grundsatz des rechtlichen Gehörs sollen durch eine Mediation nicht gefördert werden.

Es ist auch davon auszugehen, daß ein Geheimverfahren zu einer Mediation grundsätzlich in Widerspruch steht. Die Mediation basiert auf Vertrauen, das in die jeweils andere Partei gesetzt wird. Wird ein entscheidungserheblicher Sachverhalt ohne die andere Partei verhandelt, bzw. aufbereitet, so kann dies dazu führen, daß der eigentliche Konflikt für die andere Partei nicht ersichtlich, mithin nicht hinreichend verständlich gemacht wird und die Bereitschaft zu einer gütlichen Einigung damit versiegt.
Ein mediativer Schlichtungsversuch verspricht nur dann Erfolg, wenn größtmögliche Offenheit der Parteien gewährleistet wird[460]. Es ist zwar durchaus vorstellbar, daß sich auch mit einem Mediator geführte Einzelgespräche bewähren,

---

[460] Vgl. *Stadler*, NJW 1998, S. 2479 (2484) für Schlichtungsverfahren im Allgemeinen; vgl. *Risse*, BB 1999, Beilage 9, S. 1 (6).

diese sollten aber in jedem Fall in einer gemeinsamen Verhandlung ihr Ende finden und nicht die wesentlichen und entscheidenden Aspekte des Konfliktes beinhalten.

ccc) Vertragliche Einzelregelung erforderlich

Ein genereller Ausschluß der Gefahr eines Mißbrauchs der Mediation scheint in Anbetracht der dargestellten Situation nicht möglich zu sein. Dennoch verbleibt der Wunsch der Parteien, möglichst umfassend nachteilige Folgewirkungen für einen am Ende doch nicht zu vermeidenden Gerichtsprozeß zu verhindern.
Dem Wunsch nach einer umfassenden Geheimhaltung von Informationen in einer Mediation durch Auferlegung einer Schweigepflicht kann wohl am ehesten durch detaillierte vertragliche Vereinbarungen entsprochen werden. Im Hinblick auf die Regelungen für Schlichtungsverfahren der Schweiz und Frankreich[461], nach denen die Vertraulichkeit eines Schlichtungsverfahrens sogar in den Landesgesetzen ausdrücklich klargestellt wurde, sollte die Vertraulichkeit der Mediation in Deutschland zumindest vertraglich abgesichert werden.
Den Parteien steht jederzeit die Möglichkeit offen, sich gegenseitig und zugleich auch den Mediator durch den Abschluß eines Mediationsvertrages einer Schweigepflicht zu unterwerfen[462].
In den USA verpflichten sich gewöhnlich sowohl der Mediator als auch die beteiligten Parteien in einem Mediationsvertrag dazu, die aufgrund der Mediation erlangten Informationen vertraulich zu behandeln[463]. Aber auch nach deutscher

---

[461] S. Art. 24 Loi n. 95 – 125 du 8 février 1995, Art. 131-14, und Art. 832-9 n.c.p.c. (eingeführt durch das Dekret Nr. 96-652 vom 22.7. 1996); vgl. auch Art. 133 ZPO St. Gallen.

[462] Vgl. BNA special report, S. 8; vgl. *Eiholzer*, S. 236; vgl. *Duve*, BB 1999, Beilage 9, S. 15 (17,18, FN. 29); *Wagner*, NJW 2001, S. 1398 (1399), für die Zulässigkeit der Vereinbarung einer vertraglichen Beweismittelbeschränkung.

[463] *Fernandez/Spolter*, Dispute Resolution Journal (1998), vol. 53, S. 62 (63), Fn. 12; *Street*, S. 247 (255); *WiPO* in: ASA special series No.6, 1993, S.191 (202); *Duve*, BB 1999, Beilage 9, S. 15 (18); vgl. *Finkelstein*, VI-15; vgl. *Bowes*, 18 IDEA (1976), S. 49 (50).

Auffassung[464] sollte in jeder Mediation ein Verhandlungsvertrag zwischen den Beteiligten abgeschlossen werden, in dem unter anderem eine Vereinbarung über die vertrauliche Behandlung der Informationen während, aber auch nach Ende der Mediation, ihren Niederschlag findet.

Ein solcher Vertrag kann zu verschiedenen Zeitpunkten abgeschlossen werden. Einerseits besteht die Möglichkeit, bereits zum Zeitpunkt der Gründung der Vertragsbeziehungen eine sogenannte Mediationsklausel in den Hauptvertrag aufzunehmen, die neben den anderen gewünschten Aspekten auch die Geheimhaltung regelt. Andererseits kann aber auch ein eigener Verhandlungsvertrag zu Beginn, während oder nach der Mediation vereinbart werden, dessen Inhalt es verbietet, die während der Mediation gewonnenen Informationen an die Öffentlichkeit und die Presse weiterzugeben[465].

Durch eine solche vertragliche Kombination und Annäherung rechtlicher und praktischer Aspekte können die Parteien zwar keine absolute Garantie, wohl aber ein hohes Maß an Sicherheit erlangen[466].

Um eine möglichst umfangreiche Abdeckung der regelungsbedürftigen und notwendigen Aspekte zu erreichen, ist natürlich notwendige Voraussetzung, daß sich der Mediator, die Parteien und die ggf. teilnehmenden beratenden Anwälte über die Punkte einig sind und auch über ausreichende Kenntnis der Möglichkeiten und Grenzen der vertraglichen Absicherung verfügen. Entspricht eine Partei nicht den vertraglichen Vereinbarungen des Mediationsergebnisses, so

---

464 *Risse*, BB 1999, Beilage 9, S. 1 (4).

465 Vgl. *Risse*, BB 1999, Beilage 9, S. 1 (4). Der Vertrag kann auch die Vernichtung von Akten durch den Mediator vorsehen, um Restrisiken zu vermeiden, vgl. *Eiholzer*, S. 236.

466 Haben sich die Vertragsparteien den WIPO - Mediationsregeln unterworfen, müssen sie eine solche Klausel nicht extra vereinbaren. Artikel 15 der WIPO - Mediationsregeln ordnet an, daß an die Verschwiegenheitspflicht „jede in die Mediation mit einbezogene Person, eingeschlossen die Parteien, den Mediator..." gebunden ist. Problematisch wird es nur dann, wenn Dritte in das Mediationsverfahren einbezogen werden, die sich nicht den WIPO-Regeln unterworfen haben. In diesem Fall sollte vor dem Eintritt in die Mediation eine schriftliche Vertraulichkeitserklärung unterzeichnet werden, vgl. *Gurry*, in: WIPO – Conference on Mediation, S. 37 (45).

steht es ihr frei, ihre vertraglich festgesetzten Ansprüche gerichtlich durchzusetzen, was sie auch ohne das Institut einer Mediation hätte tun müssen.

ddd) Zwischenergebnis

Den einschlägigen Gesetzen und dem Verfahrensrecht sind keine Regelungen zu entnehmen, die dem Bedürfnis des Schutzrechtsinhabers, Informationen auch in einer Mediation vor seinem Gegner geheimzuhalten, hinreichend gerecht werden würden.

Geheimnisschutz könnte zwar durch ein geheimes Verfahren ermöglicht werden, in dem der Mediationsgegner von der Verhandlung bzw. Teilen der Verhandlung ausgeschlossen wird, soweit zu schützende Informationen Verhandlungsgegenstand bilden. Ein solches Verfahren ist jedoch aus den oben genannten Gründen nicht rechtmäßig und stellt damit keine zufriedenstellende Vorgehensweise dar, um den gewünschten Geheimnisschutz zu gewährleisten.

Ausreichender Schutz wird auch nicht durch eine Mediation gewährleistet, denn hier besteht immer ein Restrisiko. Das verbleibende Restrisiko ist vor allem darin zu sehen, daß der Schutzrechtsinhaber auch hier nicht davor gefeit ist, daß die andere Partei das ihr preisgegebene Geheimnis still für eigene Zwecke verwendet[467]. Auch hier wäre eine gesetzliche Ergänzung wünschenswert, wie sie bereits im amerikanischen Zivilprozeßrecht zu finden ist[468].

Damit ist der Geheimnisschutz des Schutzrechtsinhabers gegenüber dem Mediationsgegner grundsätzlich nicht ausreichend gewahrt. Durch eine ggf. vertragliche Vereinbarung der Parteien, die geheime Durchführung des Verfahrens zuzulassen, könnte zwar der Geheimnisschutz gegenüber dem Mediationsgegner gewährleistet werden, verstößt jedoch gegen Verfassungsrecht und erscheint darüber hinaus im Hinblick auf die einer Mediation zugrundeliegenden

---

[467] *Lachmann*, NJW 1987, S. 2206 (2208).

[468] Personen, die Zugang zu geheimnisrelevanten discovery - Material haben, wird verboten, dies zu anderen Zwecken als zur Verwendung im anhängigen Prozeß zu nutzen oder an Dritte weiterzugeben.

Vertrauensgesichtspunkte bedenklich. Wie die Problematik im Zusammenhang mit der Herstellung eines Geheimnisschutzes illustriert, kann den Wünschen der Parteien oftmals am ehesten durch genaue vertragliche Vereinbarungen entsprochen werden. Die Parteien können wenigstens insoweit geschützt werden, daß sie die vertragliche Vereinbarung gegebenenfalls gerichtlich durchzusetzen vermögen. Die Parteien sollten in einem solchen nachträglichen Prozeß an ihre im Mediationsverfahren abgegebenen Erklärungen nicht gebunden sein, so daß sich grundsätzlich keine Verfahrensveränderungen in Form von Erleichterungen etc. ergeben. Andernfalls würde an die Stelle notwendiger Offenheit der Parteien verfahrenstaktische Überlegungen treten. Haben die Parteien den Wunsch, ihre bereits als unstreitig festgestellten Tatsachen schriftlich im Rahmen ihrer Mediationsvereinbarung zu fixieren, um im Rahmen der rechtlichen Möglichkeiten einen späteren Prozeß zu vereinfachen, so soll ihnen das freistehen.

3. Zwischenergebnis

Die Frage, ob dem Geheimnisschutz des Schutzrechtsinhabers ausreichend Rechnung getragen wird, und demzufolge Innovationen ausreichend gesichert werden, kann nicht einheitlich beantwortet werden. Grundsätzlich besteht aufgrund des - mit wenigen Ausnahmen - im Patent- und Markenverfahren geltenden Öffentlichkeitsgrundsatzes die Gefahr, daß Informationen über Schutzrechte an die Öffentlichkeit gelangen, die eine Kopie des Schutzrechtes ermöglichen oder dazu verleiten. Das gegenwärtig bestehende Problem der Produktpiraterie wird hierdurch keineswegs bekämpft.

Zu vermerken ist, daß sich diese Gefahr zwar nicht durch das allgemeine Verfahrensrecht beseitigen läßt, insbesondere nur gering durch die Vorschriften der §§ 172 ff GVG, wonach das Gericht frei zu entscheiden hat, ob die Offenlegung der Informationen gegenüber der Allgemeinheit überwiegend schutzwürdige Interessen der Einzelnen verletzen würde. Ein Schutz gegenüber der Öffentlich-

keit läßt sich wohl aber durch ein nichtöffentliches Mediationsverfahren eindämmen.
Als Mediatoren werden bei Streitigkeiten aus dem gewerblichen Rechtsschutz Anwälte oder technisch bzw. pharmazeutisch versierte Personen eingesetzt, bei denen es sich gewöhnlich um Patentanwälte handelt. Aus den jeweiligen berufsrechtlichen Gesetzen läßt sich hier eine Pflicht zur Verschwiegenheit herleiten. Der Mediationsgegner unterliegt dagegen keiner gesetzlich angeordneten Geheimhaltungsverpflichtung. Die Beteiligten müssen sich damit begnügen, diese Aspekte in einen Mediationsvertrag aufzunehmen. Dies ist mit einem verbleibenden Restrisiko verbunden, denn trotz der vertraglichen Abrede können vorsätzlich oder auch fahrlässig wesentliche Aspekte an Dritte weitergegeben werden. Offensichtlich ist damit die Höhe des verbleibenden Restrisikos zu großen Teilen auch von der vertraglichen Mediationsvereinbarung abhängig. Rechte und Pflichten der Parteien müssen präzise definiert werden, um Anschlußkonflikte zu vermeiden. Infolgedessen werden viele Parteien ihre Verträge von Anwälten überprüfen lassen, was wiederum einen hohen Kostenaufwand zur Folge haben kann.

Besondere Aufmerksamkeit muß auch auf die mit der Person des Mediationsgegners verbundene Gefahr gerichtet werden. Diese stellt für gewöhnlich einen potentiellen Konkurrenten dar, bei dem nicht nur die Gefahr der Preisgabe von Informationen an Dritte besteht, sondern bei dem darüber hinaus auch damit zu rechnen ist, daß er diese für eigene Zwecke verwendet. Die Möglichkeit, durch eine abgeschwächte Geltung der Verfahrensgrundsätze in einer Mediation ein Geheimverfahren durchzuführen, besteht aus den genannten Gründen nicht, womit kein ausreichender Geheimnisschutz vor der anderen Partei gewährleistet werden kann. Durch eine solche Geheimhaltung kann allerdings auch leicht das Vertrauen der gegnerischen Partei erschüttert werden, was dem eigentlichen Ziel, einer gütlichen Streitbeilegung, entgegenstehen kann.

V. Zusammenfassung

Als bisheriges Ergebnis läßt sich festhalten, daß sich hinreichend Argumente finden lassen, aufgrund derer die Mediation gerade im gewerblichen Rechtsschutz von erheblichem Vorteil sein kann.

Durch sie wird ermöglicht, bereits bestehende Lizenzvertragsbeziehungen zu erhalten oder durch Neuverhandlungen eine Anpassung der Vertragsverhältnisse an neue Begebenheiten zu erwirken. Hierdurch wird eine umfassende Verwertung gewerblicher Schutzrechte gewährleistet, die den jeweiligen Schutzrechtsinhabern ohnehin nur einen begrenzten Zeitraum ausschließlich zustehen. Ein Abbruch der vertraglichen Beziehungen kann für beide Vertragsparteien mit erheblichen wirtschaftlichen Nachteilen verbunden sein.

Bei Veräußerung von Schutzrechten können derzeit noch bestehende gesetzliche Schwachstellen des Sukzessionsschutzes bei der Veräußerung einfacher Lizenzen ausgeglichen werden. Diese sind darauf zurückzuführen, daß die gegenwärtig bestehenden und auch ausreichenden gesetzlichen Regelungen des § 15 Abs. 3 PatG bzw. § 30 Abs. 5 MarkenG jeweils nur auf nach dem 1.1.1987 bzw. 1.1.1995 erfolgten Rechtsübergänge Anwendung finden.

Eine erfolgreiche Mediation bringt darüber hinaus für die Parteien ein Kosten- und Zeitersparnis mit sich und zugleich eine Entlastung der Gerichte. Verhindert die Mediation das Entstehen eines gerichtlichen Verfahrens, so ist für den Schutzrechtsinhaber damit der Vorteil verbunden, daß er sein Schutzrecht nach wie vor ungehindert verwerten kann, also ggf. weiter produzieren und veräußern kann, ohne sich einem eventuellen Schadensersatzrisiko auszusetzen. Auch das Vertrauen der Öffentlichkeit in die Qualität seines Produktes bzw. in seine Erfindung wird nicht erschüttert, was hingegen bei einer Verwicklung in einen langwierigen Prozeß wahrscheinlich wäre.

Die Möglichkeit, in einer Mediation flexible Ergebnisse gestalten zu können und nicht, wie in einem ordentlichen Gerichtsverfahren, nach einer rein anspruchsorientierten Lösungsmöglichkeit zu suchen, erhöht die Wahrscheinlichkeit, Konflikte erfolgreich beilegen zu können, was neben den genannten Aspekten auch den Vorteil der Entlastung der Gerichte mit sich brächte.

Wird grenzüberschreitender Rechtsschutz begehrt, so kann dieser durch Mediation einfacher erlangt werden, da sich die Parteien an einem beliebigen Ort zu einer beliebigen Zeit in einer beliebigen Sprache einigen können.

Für das Patentrecht bestehen neben dem europäischen Patent, das infolge seiner Qualifikation als „Bündelpatent" lediglich in den angegebenen Staaten dem jeweiligen nationalen Recht unterliegt, was zu einer unterschiedlichen rechtlichen Bewertung der Rechtslage führen kann, keine zufriedenstellenden Möglichkeiten, grenzüberschreitenden Rechtsschutz gewährleisten zu können. Diese Rechtssicherheit erhofft man sich durch das geplante Gemeinschaftspatent, dessen Einführungstermin aber noch nicht feststeht.

Im Markenrecht besteht durch die GMVO zwar grundsätzlich die Möglichkeit, den gewünschten grenzüberschreitenden Rechtsschutz zu erlangen. Eine Lücke besteht jedoch auch im Markenrecht für den Fall der Wahl des Gerichtsstandes des Verletzungsortes, denn hier kommt den gerichtlichen Entscheidungen lediglich territorial begrenzte Wirkung zu. Diese kleine Lücke könnte durch eine Mediation umgangen werden.

Geschäftsgeheimnisse können durch die Mediation effektiver gewahrt und die Schutzrechtsinhaber somit vor Kopien hinreichend geschützt werden.

Im Zusammenhang mit der Wahrung der Interessen der Schutzrechtsinhaber und der damit verbundenen Notwendigkeit der Geheimhaltung wichtiger Informationen zeigen sich auch Schwachstellen der Mediation.

Zwar kann der Schutzrechtsinhaber durch eine Mediation Geheimhaltungsschutz vor der Öffentlichkeit erlangen, da diese im Unterschied zu einem staatlichen Gerichtsverfahren von einer Mediation ausgeschlossen ist. Mit dem Öffentlichkeitsausschluß ist der weitere Vorteil verbunden, daß in einer Mediation keiner der Beteiligten aufgrund eines durch Öffentlichkeitsdruck entstandenen Verhandlungsungleichgewichtes zu einem Nachgeben und damit zu einer Entscheidung genötigt wird.

Vor fahrlässiger oder auch vorsätzlicher Weitergabe der erlangten Informationen durch den Mediator oder den Mediationsgegner ist der Schutzrechtsinhaber aber nicht vollständig gefeit. Für ihn besteht die Möglichkeit, mit den jeweils anwesenden Personen, insbesondere mit dem Mediator vertragliche Abreden zu treffen, auf deren Einhaltung er vertrauen muß. Es ist dagegen nicht möglich, den Mediationsgegner von einigen Phasen der Mediation auszuschließen und damit ein geheimes Verfahren durchzuführen. Diese Alternative würde auch dem Erfolg einer Mediation im Wege stehen, da sie in der ausgeschlossenen Partei Mißtrauen erwecken würde und zu dem Grundgedanken der Mediation, der auf Vertrauen und Offenheit der Parteien basiert, im Widerspruch stünde.

§ 5 Probleme der Mediationstauglichkeit bestimmter Sachverhalte

Die vorangestellten Untersuchungen haben sich primär mit der Frage befaßt, inwiefern die Einführung der Mediation als Angebot zur außergerichtlichen Beilegung von Streitigkeiten für den gewerblichen Rechtsschutz mit Vorzügen verbunden ist.

Im Mittelpunkt des nun folgenden Kapitels steht eine Darstellung einiger sich im Zusammenhang mit der Mediation im gewerblichen Rechtsschutz ergebenden möglichen Problempunkte. So stellt sich zunächst die Frage nach der generellen Mediationstauglichkeit der Sachverhalte des Patent- und Markenrechts. Können die Betroffenen jedweden Sachverhalt des Patent- und Markenrechts zum Gegenstand einer Mediation machen oder sind dem rechtliche Grenzen gesetzt ?

Als problematisch stellt sich des weiteren auch die Durchführung einer Mediation über eine Schutzrechtsstreitigkeit dar, wenn das Schutzrecht mehreren Inhabern zusteht, was in der Praxis, zumindest im patentrechtlichen Bereich, häufig vorkommt. Herrscht unter den Mitinhabern keine Einigkeit bezüglich des „Ob“ der Durchführung, stellt sich die Frage, ob ein Inhaber alleine zur Durchführung befugt ist und bejahendenfalls, ob für die anderen Mitinhaber eine verbindliche Wirkung des Mediationsergebnisses herbeigeführt wird.

Das folgende Kapitel soll sich näher der Frage widmen, ob jedweder Streitgegenstand, der im gewerblichen Rechtsschutz auftreten kann, mediationsfähig ist, oder ob bestimmte Streitinhalte einer außergerichtlichen gütlichen Einigung aufgrund gesetzlicher Grenzen, entzogen sind.
Bereits im Zusammenhang mit der Frage der Schiedsfähigkeit gewerblicher Schutzrechte[469] stellte sich bei nicht vermögensrechtlichen Streitigkeiten das Problem der Dispositionsbefugnis der Parteien über den Streitgegenstand. Um ein Schiedsverfahren einleiten zu können, muß der Streitgegenstand vergleichsfähig sein. Eine ähnliche Problematik besteht auch im Zusammenspiel mit der Mediation.

I. Zwangslizenz im Patentrecht

Im Patentrecht könnte sich die Frage der Mediationsfähigkeit eines Sachverhaltes als problematisch erweisen, wenn dieser eine Zwangslizenz[470] im Sinne des § 24 PatG zum Gegenstand hat.
Das Gesetz definiert die Zwangslizenz in § 24 Abs. 1 PatG als eine „nicht ausschließliche Befugnis zur gewerblichen Benutzung einer Erfindung“ und weicht demnach von dem gesetzlichen Grundsatz des § 9 PatG ab[471].

---

469 s.o. § 3 III 1.

470 Keine Zwangslizenz haben die Rechtsordnungen von Chile, Spanien, Iran, Venezuela und überwiegend auch der USA (dort gibt es nur Zwangslizenzen im Atomic Energy Act , 42 U.S.C.A § 2184 und im Clean Air Act, 42 U.S.C.A. § 1857 h – 6, also in Fällen eines besonderen öffentlichen Interesses).

471 Regelungen über die Zwangslizenz finden sich im TRIPS-Abkommen in Art. 31, vgl. *Blakeney*, S. 90.

Gemäß § 9 PatG verleiht ein Patent seinem Inhaber grundsätzlich ein Ausschließlichkeitsrecht, also die Befugnis Dritten zu verbieten, gewerbsmäßig den Gegenstand der patentierten Erfindung zu benutzen, also herzustellen, in den Verkehr zu bringen oder zu gebrauchen[472]. Allein der Patentinhaber kann Entscheidungen darüber treffen, wie mit dem Schutzrecht verfahren werden soll. Durch das Institut der Zwangslizenz wird dieses Ausschließlichkeitsrecht des Patentinhabers durchbrochen, denn die Zwangslizenz verhindert, daß der Patentinhaber ermächtigt ist, seine ihm aufgrund des Patentes zustehendes Recht weiterhin auszuüben[473]. Weigert sich der Patentinhaber, die Benutzung der Erfindung gegen angemessene Vergütung und Sicherheitsleistung einem Dritten zu gestatten, so ist die Befugnis zur Benutzung einem hierauf klagenden Dritten durch Urteil zu gestatten[474], wenn dies im öffentlichen Interesse[475] geboten ist[476], wobei die Beweislast für das Vorliegen des öffentlichen Interesses beim Lizenzsuchenden liegt[477]. Daß ein öffentliches Interesse an der Erteilung einer Zwangslizenz bestehen muß, statuiert bereits § 24 Abs. 1 Nr. 2 PatG[478]. Im Wege der

---

[472] *Benkard/Bruchhausen*, § 9 PatG, Rn. 4; vgl. *Schulte*, § 9 PatG, Rn. 3 ff.; vgl. *Herbst*, S. 2; vgl. *Krieger*, FS Rowedder, S. 229 ff.; vgl *Lichtenstein*, NJW 1965, S. 1839.

[473] *Busse*, § 24 PatG, Rn. 12; *Meurer*, GRUR 1936, S. 18; vgl. *Bußmann*, S. 1; *Tetzner*, § 15 PatG, Anm. 2.

[474] Gleiches ermöglicht die Regelung des § 13 Abs. 1 PatG dem Bund. Nicht einem Dritten, sondern dem Bund wird ermöglicht, aus überwiegenden öffentlichen Interessen gegen den Willen des Patentinhabers die patentierte Erfindung zu benutzen.

[475] In anderen Ländern Europas (Frankeich, UK, Niederlande, Schweden, Schweiz) ist das Vorliegen eines öffentlichen Interesses keine notwendige Voraussetzung für die Anordnung einer Zwangslizenz, vgl. *Meibom v./Pitz*, Patent World 2000, S. 27 (31).

[476] Im Gegensatz zu anderen Ländern, in denen neben der Zwangslizenz wegen öffentlichem Interesse auch die Zwangslizenz wegen Nichtausübung und bei abhängigen Patenten erteilt werden kann, sieht das deutsche Patentrecht seit jeher nur eine Zwangslizenz im öffentlichen Interesse vor, vgl. *Pfanner*, GRUR 1985, S. 357 (361); *Beier*, GRUR 1998, S. 185 (191).

[477] *BGH*, GRUR 1996, S. 190 (194, 195); *Tetzner*, § 15 PatG, Anm. 10, Fn. 21; *Bernhardt/Kraßer*, S. 183.

[478] Voraussetzung für die Erteilung einer Zwangslizenz ist a) das Bestehen eines bereits erteilten Patentes (Abs. 1 S. 2), das auch ein europäisches oder ein Geheimpatent sein kann b) die Absicht der gewerblichen Nutzung des Lizenzsuchenden c) die Erbringung der Nachweise durch den Lizenzsuchenden, er habe sich um eine vertragliche Lizenzerteilung zu angemessenen Bedingungen bemüht und auch Sicherheitsleistung angeboten d) die

einstweiligen Verfügung kann dem Lizenzsuchenden im Zwangslizenzerteilungsverfahren gemäß § 85 Abs. 1 PatG auf Antrag die Benutzung der Erfindung gestattet werden, wenn dieser glaubhaft macht, daß die Voraussetzungen des § 24 Abs. 1 PatG vorliegen, mithin ein öffentliches Interesse besteht und die Erteilung der Zwangslizenz dringend[479] geboten ist[480]. Diese vorzeitige Benutzung rechtfertigt sich nur durch ein öffentliches Interesse, anderenfalls ist dem Kläger ein Abwarten zuzumuten[481].

Der Begriff des „öffentlichen Interesses“ im Sinne von § 24 Abs. 1 S. 1 PatG erfährt keinerlei gesetzliche Auslegungshilfen[482], sondern stellt einen von der Rechtsprechung auszufüllenden unbestimmten Rechtsbegriff dar[483]. Die Beurteilung, ob ein öffentliches Interesse anzunehmen ist, kann sowohl aus politischer als auch aus wirtschaftlicher Sicht erfolgen[484], indem auf die konkreten Verhältnisse im Zeitpunkt der Entscheidung abgestellt wird[485]. Von daher ist die Konkretisierung des Begriffs ständigen subjektiven Schwankungen unterworfen und kann mithin nicht einheitlich festgelegt werden[486].
Aus rechtshistorischer Sicht gründet sich diese Regelung auf die Befürchtung, eine patentierte Erfindung könnte ausschließlich im Ausland angewandt und

---

Verweigerung der Lizenzerteilung durch den Schutzrechtsinhaber und e) das Bestehen eines öffentlichen Interesses.

479 An dieser Dringlichkeit fehlt es grundsätzlich, wenn das Patent, an dem die Zwangslizenz begehrt wird, nur noch über eine kurze Laufzeit verfügt.

480 Über diesen Antrag entscheidet das BPatG durch Urteil, gegen das gemäß § 122 PatG Beschwerde zum BGH eingelegt werden kann.

481 Vgl. *Horn*, Mitt. 1970, S. 184 (185); vgl. *Benkard/Rogge*, § 24 PatG, Rn. 26.

482 *BPatG*, GRUR 1994, S. 98 (100).

483 *Benkard/Rogge*, § 24 PatG, Rn. 15; *Busse*, § 24 PatG, Rn. 36; *Horn*, Mitt. 1970, S. 184 (185).

484 Vgl. *RGZ* 83, S. 9 (13f.); *Horn*, Mitt 1970, S. 184 (185), der auch politische Belange berücksichtigt; *Busse*, § 24 PatG, Rn. 37; *Bußmann*, S. 83 f.; *Benkard/Rogge*, § 24 PatG, Rn. 16; ***A.A.*** vgl. *RGZ* 93, S. 50 (52) (gegen die Berücksichtigung politischer Belange).

485 *Tetzner*, § 15 PatG, Anm. 10; vgl. *Horn*, Mitt. 1970, S. 184 (185), der auch wirtschaftliche, technische und gesellschaftliche Belange berücksichtigt wissen möchte.

486 *BGH*, GRUR 1996, S. 190 (192). Öffentliches Interesse wurde beispielsweise bejaht für die Förderung der Ausfuhr (*RG*, GRUR 1936, S. 489, 490) und für die Verbesserung der

damit der inländische Wirtschaftsmarkt unter dem Schutz des Ausschließlichkeitsrechtes allein mit ausländischen Waren versorgt werden[487]. Zielrichtung war zum einen die Förderung der heimischen Industrie und zum anderen eine Behinderung der Wettbewerbsfreiheit zu vermeiden[488]. Es standen damit überwiegend rein gewerbliche Interessen im Vordergrund[489].
Zwar tritt diese Tendenz gleichermaßen heute noch deutlich in der Vorschrift des § 24 Abs. 4 PatG zutage, wonach Zwangslizenzen im Sinne des § 24 Abs. 1 PatG zu erteilen sind, wenn die Notwendigkeit besteht, eine ausreichende Versorgung im Inland herzustellen. Überwiegend steht inzwischen jedoch ein anderes Motiv im Vordergrund.
Durch das Institut der Zwangslizenz soll verhindert werden, daß der Patentinhaber die Ausübung seines Ausschließungsrechtes derart mißbraucht, daß der technische Fortschritt bzw. die wirtschaftliche Entwicklung in untragbarer Weise gehemmt wird, indem er diese nicht nur selbst brach liegen läßt, sondern auch Dritte an der Verwertung des Patentes hindert und auf diese Weise der Befriedigung sozialer Bedürfnisse verhindert[490]. Liegen die Voraussetzungen des § 24 PatG vor, so erfolgt eine durch Urteil des BPatG angeordnete Benutzungsbefugnis, die als Zwangslizenz bezeichnet wird. Dieser ist jedoch aufgrund der Tatsache, daß in Deutschland seit 1950 eine solche nicht rechtskräftig erteilt wurde, ein Ausnahmecharakter zuzusprechen[491].

Handelsbilanz (*RG*, GRUR 1928, S. 705, 709). Zweifelhaft dagegen im Zusammenhang mit der Verbesserung der Devisenlage (RG, GRUR 1938, S. 320, 323).

487 Vgl. *Schatz*, GRUR Int. 1968, S. 273; vgl. *Tetzner*, § 15 PatG, Anm. 1f; vgl. *Horn*, Mitt. 1970, S. 184 (185).

488 Vgl. *Neumeyer*, GRUR Int. 1958, S. 1 (5); vgl. *Bußmann*, S. 2, 22.

489 Vgl. *RGZ* 143, S. 223 (226); *Schulze*, S. 7. Neben den gewerblichen Interessen sollte durch diese Einschränkung auch der Schutzrechtsinhaber vor den egoistischen Interessen des Wettbewerbes geschützt werden, wenn er enrnsthafte Bemühungen zur Verwertung des Schutzrechtes aufgewendet hat, vgl. *RGZ*, 83, S. 9 (12).

490 Vgl. *Schulte*, § 24 PatG, Rn. 2; vgl. *Schatz*, GRUR Int. 1968, S. 273; vgl. *Pfanner*, GRUR Int. 1985, S. 357 (358); *Busse*, § 24 PatG, Rn. 15.

491 Die mit Entscheidung vom 7.6. 1991 durch das *BPatG* (BPatGE 32, S. 184=GRUR 1994, S. 98) erteilte Zwangslizenz für die Herstellung und den Vertrieb des Arzneimittels „Polyferon" ist vom BGH mit Urteil vom 5.12.1995 (BGHZ 131, S. 247=GRUR 1996, S.

1. Anwendungsbereiche für Mediation der Zwangslizenzerteilung

Auf den ersten Blick erscheint der Bereich der Zwangslizenz nicht als ein klassisches Feld für die Anwendung mediativer Techniken. Allein eine Gegenüberstellung des Begriffes der „Zwangslizenz" und der dem Begriff der Mediation zugrundeliegenden Bedeutung der „Vermittlung" verdeutlichen eine extreme Gegensätzlichkeit.

Den naheliegendsten Anwendungsbereich für eine Mediation stellt die Androhung einer Zwangslizenz durch einen potentiellen Lizenznehmer (Lizenzsucher) dar. Der Patentinhaber verweigert ihm die Lizenzerteilung und verwertet sein Schutzrecht selbst ebenfalls nicht. Auch der Versuch einer gütlichen Einigung, der grundsätzlich vor Klageerhebung durchzuführen ist, § 24 Abs. 1 Nr. 1 PatG, wobei das Angebot des Lizenzsuchenden zur Zahlung einer angemessenen Gebühr sowie zur Gewährleistung der erforderlichen Sicherheitsleistung, die bis zum Zeitpunkt der letzten mündlichen Verhandlung nachholbar ist[492], scheitert. Dies führt dazu, daß der potentielle Lizenznehmer Klage nach § 81 Abs. 4 S. 1 PatG auf Erteilung einer Zwangslizenz beim Bundespatentgericht erhebt oder dem Schutzrechtsinhaber droht, eine solche in Kürze zu erheben. Der Anwendungsbereich einer Mediation zwischen dem Schutzrechtsinhaber und dem Lizenzsucher kann sowohl in dem Zeitraum vor als auch nach Einreichung einer solchen Klage liegen.

---

190) wegen Fehlens eines ausreichenden „öffentlichen Interesses" wieder aufgehoben worden. Für ihren Ausnahmecharakter auch *Bernhardt*, PatR, § 34, S. 613; *Schade*, Mitt. 1964, S. 101 (102). *A.A. Tetzner*, § 15 PatG, Rn. 1. Eine umfassende Übersicht zu den in Verbindung mit den Verfahren über Zwangslizenzen erfolgten Statistiken liefert *Bußmann*, S. 62 ff. .

[492] *RGZ* 113, 115 (116); *BGH*, GRUR 1996, S. 190 (192); *Busse*, § 24 PatG, Rn. 29; *Benkard/Rogge*, § 24 PatG, Rn. 14.

Bedenken, daß die Parteien in einem derart fortgeschrittenen Stadium kein Interesse mehr an der Durchführung einer Mediation haben, und sich demzufolge auch nicht mehr auf eine solche einlassen würden, können im Hinblick auf die Vorteile, die eine Mediation im Gegensatz zu der Erteilung einer Zwangslizenz für den Schutzrechtsinhaber und den Lizenzsuchenden mit sich bringt, verworfen werden.

a) Mögliche Nachteile für den Lizenzsuchenden im Falle einer Zwangslizenzierung

Für den Lizenzsuchenden stellt sich die Durchführung einer Mediation im Hinblick auf den Rechtscharakter einer Zwangslizenz als vorzugswürdig dar.

Die Zwangslizenz ermöglicht dem Lizenznehmer zwar ein Benutzungsrecht[493], schließt jedoch nicht zugleich das positive Benutzungsrecht des Patentinhabers aus, womit es dem Patentinhaber weiterhin möglich ist, zusätzliche Lizenzen an Dritte zu erteilen. Bei diesen weiteren Lizenzen kann es sich der Rechtsnatur nach allerdings nur um nicht ausschließliche Lizenzen handeln[494]. Der Zwangslizenz kommt demnach ebenfalls der rechtliche Charakter einer nicht ausschließlichen Lizenz zu[495].

Begehrt der Lizenzsuchende aber etwa aus wirtschaftlichen Gründen die Erteilung eines ausschließlichen Rechtes, so ist er auf eine freiwillige vertragliche Einigung mit dem Lizenzinhaber angewiesen. Denn allein dieser ist in der Lage, Dritten eine ausschließliche Lizenz an seinem Schutzrecht zu gewähren. Darüber hinaus ist der Patentinhaber auch nicht verpflichtet, dem Zwangslizenz-

---

[493] *Berhardt/Kraßer*, § 34, S. 616; vgl. *Pfanner,* GRUR Int. 1985, S. 357; vgl. *Jabbusch*, S. 61; *Bußmann*, S. 250.

[494] Vgl. *Geigy,* S. 75; *Jabbusch*, S. 61; *Benkard/Rogge*, § 24 PatG, Rn. 29; *Busse*, § 24 PatG, Rn. 74; vgl. *Schaefer*, S. 101; *Bußmann*, S. 253; vgl. *Tetzner*, § 15 PatG, Anm. 5.

[495] *RG*, GRUR 1919, S. 150 (155); vgl. *RGZ* 83, S. 274 (276); *RGZ,* 86, S. 436 (439); *Schulte*, § 24 PatG, Rn. 1; vgl. *Stumpf/Groß*, S. 181, Rn. 355; *Bernhardt*, § 34, S. 616; vgl. *Pfanner,* GRUR Int. 1985, S. 357; *Busse*, § 24 PatG, Rn. 70.

nehmer sein ergänzendes Know-how zur Verfügung zu stellen[496]. Ist eine zufriedenstellende Verwertung des Patentes jedoch nur in Verbindung mit dem dazugehörigen Know-how möglich, so erhält der Lizenzsuchende durch die Erteilung einer Zwangslizenz keine hinreichende Verwertungsmöglichkeit und damit keinen Vorteil.

b) Mögliche Nachteile für den Schutzrechtsinhaber aufgrund erteilter Zwangslizenz

Aber auch für den Schutzrechtsinhaber stellt sich die Erteilung einer „freiwilligen Lizenz" gegenüber einer Zwangslizenz als vorzugswürdig dar.
Wie bereits dargestellt[497], liegt der Erteilung einer „freiwilligen Lizenz" ein Vertragsverhältnis zugrunde, durch das der Inhaber eines Ausschließlichkeitsrechtes einem anderen die Ausübung dieses Rechtes erlaubt und auf das die Regelungen des BGB weitestgehend Anwendung finden[498]. Demzufolge ist es dem Lizenzgeber unter entsprechender Anwendung der gesetzlichen oder direkter Anwendung der in dem Lizenzvertrag vereinbarten Kündigungsvorschriften jederzeit möglich, einseitig dieses Vertragsverhältnis zu beenden und sich auf diese Weise das Ausschließlichkeitsrecht erneut zu sichern[499].
Ein damit vergleichbares Rechtsverhältnis besteht demgegenüber bei der Zwangslizenz nicht. Das der Zwangslizenz zugrundeliegende Rechtsverhältnis könnte aufgrund der Qualifizierung der Zwangslizenzerteilung als staatliche Anordnung als Zwangsvertrag bezeichnet werden, an den beide Parteien gebunden werden. Richtiger scheint es jedoch, anzunehmen, es handele sich um einen Fall des zwangsweise Zustandekommens von Rechtsbeziehungen handelt, denn dem

---

496 *Tetzner*, GRUR 1973, S. 62; *A.A. Bernhardt/Kraßer*, S. 617 m.w.N; *Beier*, GRUR 1972, S. 214 (225).
497 s.o. AV1, S. 25.
498 Vgl. *Henn*, § 6, Rn. 120; vgl. *Tetzner*, § 9 PatG, Anm. 4, 8.
499 Vgl. *Schaefer*, S. 228; vgl. *Tetzner*, § 9 PatG, Anm. 9 und 10; vgl. *Stumpf/Groß*, S. 67, Rn. 70, 89; vgl. *Benkard/Ullmann*, § 15 PatG, Rn. 95 m.w.N.; vgl. *Lüdecke/Fischer*, G-14; vgl. *Henn*, § 16, Rn. 218.

Inhaber des Patentes wird die Verpflichtung zum Vertragsabschluß nur einseitig auferlegt[500]. Der Antragsteller der Zwangslizenz handelt dagegen freiwillig. Dieses Rechtsverhältnis kann jedoch, sofern es nicht befristet[501] erteilt wurde, nicht von einer der Parteien einseitig beendet werden. Dies kann vielmehr nur durch Vertrag[502], von selbst durch das Erlöschen des Patentes[503] oder infolge Zeitablaufs beendet werden[504], da nunmehr die Benutzung jedermann freisteht[505]. Weil eine Zwangslizenzerteilung nur bei dem Bestehen eines öffentlichen Interesses[506] erteilt wird, vertritt ein Teil der Literatur die Ansicht, daß es dem Patentinhaber aus diesem Grunde auch nicht möglich sein soll, sich einseitig von diesem Verhältnis durch Kündigung (vgl. § 554 BGB)[507] oder Rücktritt (vgl. § 326 BGB) lösen zu können, selbst wenn Pflichtverletzungen des Lizenznehmers bestehen[508]. Nur in „krassen Ausnahmefällen" soll sich dem Patentinhaber die Möglichkeit der einseitigen Abstandnahme von dem Zwangslizenzverhältnis bieten[509]. Daneben soll der Patentinhaber die Aufhebung der Zwangslizenz

---

500 Vgl. *Jabbusch*, S. 61.

501 Gemäß § 24 Abs. 5 S. 2 und 3 PatG sind Beschränkungen des Zwangslizenzverhältnisses grundsätzlich möglich. Eine befristete Erteilung einer Zwangslizenz stellt eine solche Beschränkung dar, vgl. *BPatG,* GRUR 1994, S. 98 (103); *Busse*, § 24 PatG, Rn. 82; *Bußmann*, S. 240, 258.

502 Vgl. *Mankiewicz*, GRUR Int. 1955, S. 205 (209); *Busse*, § 24 PatG, Rn. 99.

503 *Meurer*, GRUR 1936, S. 18 (21); *Tetzner*, § 15 PatG, Anm. 22; *Busse,* § 24 PatG, Rn. 99.

504 *Benkard/Rogge*, § 24 PatG, Rn. 31; vgl. *Geigy*, S. 100; *Busse,* § 15 PatG, Anm. 19; vgl. *Jabbusch*, S. 65.

505 Vgl. *Tetzner*, § 15, Anm. 22; vgl. *Reimer/Neumer*, § 15 PatG, Anm. 22.

506 Das öffentliche Interesse kann auf verschiedenen Grundlagen beruhen. Es wurde bejaht, wenn der Patentinhaber den wirtschaftlichen Bedarf nicht befriedigte oder befriedigen konnte, (*RGZ* 93, S. 50 (52)), aufgrund Bekämpfung der Arbeitslosigkeit (*RGZ* 143, S. 223 (226)) oder zur Verbesserung der Handelsbilanz (*RG*, GRUR 1928, S. 705).

507 Vgl. *Tetzner*, § 15, Anm 22.

508 Vgl. *Bußmann*, S. 243; *Busse*, § 24 PatG, Rn. 100; ***A.A.*** *Klauer-Möhring*, § 15 PatG, Rn. 27; vgl. *Pietzcker*, Anm. 15 zu § 11 PatG; vgl. *Reimer/Neumer*, Anm. 16 zu § 15 PatG.

509 *Reimer/Neumer*, § 15, Rn. 21; vgl. *Bernhardt/Kraßer*, § 34, S. 618, wenn der Zwangslizenznehmer keine Aussicht hat, seine Vergütung zu erhalten, soll er zumindest im Klagewege seine Aufhebung erreichen können.

verlangen können, wenn das bei ihrer Erteilung vorgelegene öffentliche Interesse weggefallen ist, folglich nicht mehr besteht[510].

Der Schutzrechtsinhaber ist demzufolge an ein Zwangslizenzverhältnis viel stärker gebunden als an einen üblichen Lizenzvertrag, wodurch sein Rechtskreis stärker eingeschränkt wird. Dies ist unvereinbar mit seinem bestehenden Bedürfnis, seine Rechte nicht aufgeben oder einschränken zu lassen.

Darüber hinaus ist davon auszugehen, daß gerade Unternehmen ein starkes Interesse daran haben werden, die Höhe der Lizenzgebühren und die übrigen Lizenzbedingungen mit ihren Vertragspartnern intern auszuhandeln und nicht einer Behörde oder einem Gericht Geschäftsinterna, wie etwa die Höhe der Forschungs- und Entwicklungskosten, offenzulegen, um diesen die Ermittlung einer angemessenen Lizenzgebühr zu ermöglichen, wie dies im Falle einer Zwangslizenzerteilung der Fall wäre.

Um dies zu verhindern, ist anzunehmen, daß die bloße Androhung einer Zwangslizenz den Schutzrechtsinhaber oft dazu veranlassen wird, einem geeigneten Lizenzsucher eine freiwillige Lizenz zu erteilen. Der Zwangslizenz kommt damit zwar keine große praktische, wohl aber psychologische Bedeutung zu[511].

c) Zwischenergebnis

Im Ergebnis ist davon auszugehen, daß sowohl der Schutzrechtsinhaber als auch der Lizenznehmer großes Interesse an der Durchführung einer Mediation zur Vermeidung einer Zwangslizenzerteilung haben werden, da sie durch eine im Wege der Mediation herbeigeführte „freiwillige Lizenz" in ihrem Rechtskreis nicht derart weit beschränkt werden, wie dies durch eine Zwangslizenz der Fall wäre. Es ist auch damit zu rechnen, daß sich der jeweilige Schutzrechtsinhaber über die ihm in Zusammenhang mit einer Zwangslizenzerteilung entstehenden rechtlichen Nachteile zunächst nicht bewußt ist und er sich in Kenntnis dessen

[510] Diese früher höchst umstrittene Ansicht findet heute ihren Niederschlag in § 24 Abs. 5 S. 6 PatG.

sofort zu einer freiwilligen Lizenzerteilung seines Schutzrechtes entschieden hätte. Durch eine außergerichtliche Mediation wird ihm erneut die Möglichkeit zu diesem Schritt eröffnet, indem ihm Vor- und Nachteile persönlich unterbreitet werden und ihm damit ein Wahlrecht eingeräumt wird. Ein Anwendungsbereich für die Durchführung eines Mediationsverfahrens im Zusammenhang mit der Erteilung von Zwangslizenzen besteht demzufolge.

2. Dispositionsbefugnis der Parteien über den streitigen Sachverhalt

Die Zwangslizenz wird nur bei Vorliegen eines öffentlichen Interesses erteilt. Aufgrund der Beziehung zwischen privatrechtlicher Mediation einerseits und öffentlichem Interesse und ggf. staatlich angeordneter „Zwangs" – Lizenz andererseits, stellt sich die Frage, ob den Parteien die Befugnis zusteht, sich im Rahmen eines Zwangslizenzverfahrens mediativ zu einigen.

Dabei ist zum einen auf die verfahrensrechtliche Situation abzustellen, also ob aus verfahrensrechtlicher Sicht, mithin nach Einleitung des Zwangslizenzverfahrens, etwas gegen die Durchführung einer Mediation spricht. Zum anderen ist aus materiell – rechtlicher Sicht zu fragen, ob die Parteien eine Zwangslizenz mediativ vereinbaren können, also ob sie hierzu befugt sind.

a) Zwangslizenzverfahren

Zuständig für die Entscheidung, ob eine Zwangslizenz zu erteilen ist oder nicht, ist das Bundespatentgericht.

Gemäß § 87 Abs. 1 S. 1 PatG gilt für die Verfahren vor dem Bundespatentgericht der Untersuchungsgrundsatz, d.h. das Gericht ermittelt den für die Entscheidung maßgebenden Sachverhalt von Amts wegen, wobei es nicht an das Vorbringen der Parteien und an die von ihnen gestellten Beweisanträge gebunden ist[512]. Über die Frage, ob überhaupt ein Verfahren eingeleitet wird, sagt der

---

[511] *Busse*, § 24 PatG, Rn. 16; Überprüfe hierzu: *Banks-Report*, Nr. 398, 114.

[512] *Benkard/Schäfers*, § 87 PatG, Rn. 2; *Pitz*, S. 149.

Untersuchungsgrundsatz jedoch nichts aus[513]. Seit der Regelung durch das 6. ÜG[514] gilt auch für die Verfahren vor dem Patentgericht[515] (§ 99 PatG) der für die Zivilverfahren vor den ordentlichen Gerichten ohnehin charakteristische Verfügungsgrundsatz[516] (Dispositionsmaxime). Dies bedeutet, daß die Verfügungsrechte über den Prozeß im Ganzen nur den Parteien zustehen[517], das Gericht somit lediglich auf Antrag der Parteien hin und nicht von Amts wegen tätig wird (§§ 73 Abs. 1, 74, 81 Abs. 1, 85 Abs. 1 PatG), und nur im Rahmen der Anträge der Parteien entscheiden darf (§§ 308, 536, 559 ZPO). Der Beginn oder auch die Zurückziehung des Antrages, und damit das Ende des Verfahrens ist folglich in das Belieben des Klägers gestellt.

Der Kläger (Lizenzsuchende) kann daher jederzeit durch Zurücknahme der Klage auf Erteilung einer Zwangslizenz die Anhängigkeit des Rechtsstreites aufheben, um sich mit dem Schutzrechtsinhaber im Rahmen der Mediation zu einigen. Die Parteien können auch gemeinsam das Ruhen des Verfahrens gemäß § 251 ZPO beantragen.

Fraglich ist, ob hieraus auch der Schluß gezogen werden kann, die Parteien seien befugt, über die Zwangslizenz mediativ zu verhandeln, da sie den Beginn und das Ende eines Zwangslizenzverfahrens aufgrund des Dispositionsgrundsatzes ohnehin bestimmen können, der eigentliche Streitgegenstand somit als „Minus“ darin enthalten ist.

Zwar wird mit dem Dispositionsgrundsatz allgemein das Verständnis verbunden, daß die Parteien Verfügungsfreiheit über den Streitgegenstand und damit über den Gang des Verfahrens haben, wovon auch die Befugnis umfaßt ist, Ver-

---

513 *Pitz*, S. 149.

514 Sechstes Gesetz zur Überleitung von Vorschriften auf dem Gebiet des gewerblichen Rechtsschutzes vom 23. März 1961, *Bl. für PMZ* 1961, S. 124.

515 *Benkard/Schäfers*, § 87 PatG, Rn. 27.

516 Vgl. Baumbach/Lauterbach/Albers/Hartmann, Grdz § 128 ZPO, Rn. 21.

517 *Zöller/Greger*, vor § 128 ZPO, Rn. 9; *Benkard/Schäfers*, vor § 35 PatG, Rn. 13; *Busse*, § 87 PatG, Rn. 20; *Baumbach/Lauterbach/Albers/Hartmann*, Grdz § 128 ZPO, Rn. 21, nach dem allerdings die Entscheidung, ein Gericht überhaupt anzurufen, nicht diesem Grundsatz

gleiche abzuschließen[518], sich also über den Streitgegenstand zu einigen. Dies hängt letztlich von der materiell – rechtlichen Befugnis ab.

b) Gewichtung von öffentlichem und privaten Interesse im Zwangslizenzverfahren

An einer materiell – rechtlichen Befugnis hinsichtlich der Zwangslizenzen könnte es fehlen, wenn das Institut der Zwangslizenz nicht privater, sondern öffentlich-rechtlicher Natur ist und die Erteilung einer Zwangslizenz hoheitliches Handeln darstellt; die Parteien sind dann nicht ermächtigt, sich auf privater Ebene zu einigen, sondern müssen ihr privates Interesse dem öffentlichen Interesse unterordnen.

Dabei ist zunächst darauf abzustellen, wer Anspruchsgegner des Lizenzsuchenden ist.

Ist Anspruchsgegner der Patentinhaber als Privatperson, so könnte es sich aufgrund der Gleichstufigkeit des Rechtsverhältnisses um eine privatrechtliche Streitigkeit handeln, bei welcher mangels anders lautender Vorschriften von einer bestehenden Dispositionsbefugnis auszugehen ist.

Gute Gründe sprechen dafür, den Patentinhaber als Anspruchsgegner anzusehen. Das durch den Lizenzsucher begehrte Patent steht im Eigentum des Patentinhabers. Dieser wäre auch in der Lage, dem Lizenzsuchenden ohne jegliche staatliche Mithilfe das begehrte Benutzungsrecht zu gewähren, ihm folglich die gewünschten Rechte zu verschaffen. Zudem ist im Falle eines Prozesses nicht der Staat, sondern der Lizenzsuchende selbst Prozeßgegner des Patentinhabers. Auch der Staat fordert von diesem einen Rechtsverlust, nämlich die Aufgabe seines Ausschließlichkeitsrechtes aufgrund bestehender öffentlicher Interessen. Es scheint somit, als sei der Anspruch auf Erteilung einer Zwangslizenz zumin-

---

zuzuordnen ist, sondern lediglich daraus folgt, daß der staatliche Schutz niemandem aufzudrängen ist.

[518] *Thomas/Putzo*, Einl I, Rn. 5.

dest inhaltlich gegen den Patentinhaber gerichtet und somit privatrechtlicher Natur.

Gegen die Beurteilung der Zwangslizenzerteilung als privatrechtliche Streitigkeit spricht jedoch der Umstand, daß der Anspruch nicht vor den ordentlichen Zivilgerichten einzuklagen ist, sondern gemäß § 81 Abs. 4 PatG erstinstanzlich die Klage vor dem Bundespatentgericht zu erheben ist[519]. Der Patentinhaber wird auch nicht zu einer nach § 894 ZPO fingierten Willenserklärung verurteilt, die auf Einräumung einer Lizenz gerichtet ist. Vielmehr wird die begehrte Lizenz unmittelbar durch das Gericht erteilt[520]. Zwar besteht dahingehend keine Einigkeit[521], ob diese gerichtliche Lizenzerteilung auch nach der Errichtung des Bundespatentgerichts am 1. Juli 1961 als Verwaltungsakt zu qualifizieren ist, aber auch nach der ablehnenden Ansicht[522] wird sie als Hoheitsakt eingestuft. Sie entsteht unabhängig von dem Willen des Patentinhabers und nicht etwa durch einen Vertrag, womit es auf die potentielle Fähigkeit des Patentinhabers, dem Lizenzsuchenden die gewünschten Rechte einräumen zu können, nicht ankommt. Abzustellen ist vielmehr darauf, wie die Zwangslizenz tatsächlich erteilt wird. Dies erfolgt nicht auf privatrechtlichem Wege.

Die Zwangslizenz bleibt, wie oben ausgeführt[523], unabhängig von dem Willen des Patentinhabers bis zu ihrer Beendigung bestehen. Für den öffentlichen Cha-

---

[519] Während das PatG 1936 die Prüfung des Vorliegens eines öffentlichen Interesses der Reichsregierung übertrug, liegt die Entscheidung jetzt wieder beim Patentamt, bzw. beim BGH, womit der Rechtszustand vor 1936 wiederhergestellt ist.

[520] Vgl. *RGZ* 86, S. 436 (438); *BPatGE* 32, S. 184 (188).

[521] *König*, GRUR 1999, S. 809 (810); *Mediger*, GRUR 1967, S. 180; vgl. *Benkard/Schäfers*, § 35 PatG, Rn. 2; vgl. *Windisch*, FS v. Gamm, S, 477 (489); vgl. *van Raden*, GRUR 1998, S. 444 (446); vgl. *RWS-Dokumentation* 21, S. 179; für das Nichtigkeitsverfahren: *BGHZ* 18, S. 81 (92); *Bessong*, GRUR Int. 1958, S. 286 (288) mit einer ausführlichen Darstellung des Meinungsstreites; BGH, GRUR 1968, S. 447 (449); vgl. auch *Tetzner*, GRUR 1978, S. 73 (74); ***A.A.*** *Krabel*, GRUR 1977, S. 204 (207); *Adam*, BWV 1975, S. 192 (für die rechtliche Qualifizierung als Verwaltungsakt).

[522] *Bußmann*, S. 239, 241; *Benkard/Rogge*, § 24 PatG, Rn. 21; *van Raden*, GRUR 1998, S. 444 (446); *Busse*, § 24 PatG, Rn. 13.

[523] s.o. § 5 I 1 a).

rakter spricht auch, daß der Patentinhaber keinen Einfluß auf die Zwangslizenz hat.
Mit der Erteilung der Zwangslizenz ergeht ein Gestaltungsakt[524], denn das Urteil beinhaltet nicht bloß die gerichtliche Feststellung, daß eine Lizenz erteilt werden muß, sondern es bewirkt aufgrund der Abspaltung eines Teiles des Ausschließlichkeitsrechtes des Schutzrechtsinhabers eine Rechtsänderung. Das Ausschließlichkeitsrecht des Patentinhabers wird kraft Hoheitsrecht des Staates beschränkt.

c) Zwischenergebnis

Die Zwangslizenz stellt, unabhängig davon, ob sie als Verwaltungsakt qualifiziert wird, nach einhelliger Meinung einen staatlichen Hoheitsakt dar. Sie wird erst erteilt, wenn dies im öffentlichen Interesse geboten ist, sofern ihre weiteren Voraussetzungen vorliegen. Dieses öffentliche Interesse unterliegt jedoch nicht der Disposition der an einer Mediation Beteiligten, sondern sein Vorliegen wird durch das Bundespatentgericht festgestellt. Im Ergebnis ist der Anspruch auf die Lizenz als öffentlich-rechtlicher anzusehen und richtet sich gegen den Staat[525]. Es handelt sich somit um ein Über- Unterordnungsverhältnis zwischen Patentinhaber und dem Staat.

Im Ergebnis bleibt festzustellen, daß die Entscheidung über die Erteilung einer Zwangslizenz als staatliche Benutzungsanordnung der Disposition der Parteien grundsätzlich entzogen ist. Streitigkeiten hinsichtlich des Bestehens von Zwangslizenzen sind infolgedessen grundsätzlich als nicht mediationsfähig einzustufen und können demnach auch nicht auf diesem Wege außergerichtlich beigelegt werden.

---

[524] *Benkard/Rogge,* § 24 PatG, Rn. 21; *Bußmann*, S. 239, Fn. 1; *Bernhardt/Kraßer*, § 34, S. 616,

d) Keine Zwangslizenz bei erfolgreicher Einigung durch Mediation

Eine andere Beurteilung hat aber da zu erfolgen, wenn die einvernehmliche Einigung über eine Zwangslizenz im Wege der Mediation gar nicht als der Abschluß einer Zwangslizenz anzusehen wäre.

Einigen sich Patentinhaber und potentieller Lizenznehmer in einer Mediation auf die Erteilung einer Lizenz an dem Schutzrecht, so treffen sie eine rechtsgeschäftliche Vereinbarung über die Einräumung eines Verwertungsrechtes gegen die Entrichtung einer Lizenzgebühr. Keinen anderen Inhalt weist aber der Abschluß eines „rechtsgeschäftlichen" Lizenzvertrages zwischen Lizenzgeber und Lizenznehmer auf. Erteilt der Patentinhaber einem Dritten aufgrund einer Einigung eine Lizenz, so ist diese als „freie" rechtsgeschäftliche Lizenz zu werten, die ggf. durch Genehmigung dieser „freiwilligen Lizenz" durch den Patentinhaber für den Lizenznehmer erteilt wird und welche nicht im öffentlichen Interesse steht. Die Parteien handeln in diesem Fall lediglich dem verfassungsrechtlich verbürgten Grundsatz der Vertragsfreiheit als Haupterscheinungsform der Privatautonomie nach Art. 2 Abs. 1 GG[526].

Daß es zu der Lizenzerteilung nur unter Androhung einer Zwangslizenz gekommen ist, ändert an der rechtlichen Bewertung als „rechtsgeschäftlicher Lizenzvertrag" nichts. Die wenn auch durch nachträgliche Genehmigung erteilte Lizenz stellt keine Zwangslizenz mehr dar. Die Zwangslizenz beruht weder auf einer Genehmigung, noch auf Fiktion einer solchen[527]. Im klassischen Fall einer Zwangslizenz weigert sich der Lizenzgeber bis zuletzt, einem Dritten eine Verwertungsmöglichkeit an dem betreffenden Schutzrecht einzuräumen. Kommt es aber zu einer Einigung zwischen Schutzrechtsinhaber und Lizenzsuchenden über die Einräumung einer Lizenz, ist der ursprüngliche Streitgegenstand der Zwangslizenz hinfällig. Der genaue Zeitpunkt, wann es zu einer Einigung gekommen ist, kann nicht als ausschlaggebend angesehen werden, insbesondere

---

[525] Vgl. *RGZ* 171, S. 227 (237); *Bernhard/Kraßer*, § 34, S. 616.

[526] Vgl. *Palandt/Heinrichs*, Einf. v. § 145 BGB, Rn. 7.

steht eine einmal eingereichte Klage auf Erteilung einer Zwangslizenz einer mediativen Einigung nicht entgegen, denn dem Lizenzsuchenden ist es auch jederzeit möglich, seine Klage auf Erteilung einer Zwangslizenz aufgrund des Dispositionsgrundsatzes zurückzuziehen.

Eine nach Klageerhebung auf Erteilung einer Zwangslizenz durchzuführende Mediation kann somit auch eine zunächst bestehende Androhung einer Zwangslizenzerteilung zum Gegenstand haben, da es sich im Falle einer einvernehmlichen Einigung nicht mehr um eine solche handelt, sondern um den Fall des Abschlusses eines Lizenzvertrages, der der Dispositionsbefugnis der Parteien unterliegt und dem öffentlichen Interesse nicht untergeordnet ist.

II. Zwangslizenz im Markenrecht

Anders stellt sich die Situation im Markenrecht dar. Eine mit § 24 PatG vergleichbare Regelung, die eine Zwangslizenz zum Gegenstand hat, existiert nicht[528].

Der Grund hierfür ist in der unterschiedlichen Funktion des Ausschließlichkeitsrechtes im Marken- und Patentrecht zu sehen.

Eine Marke oder Geschäftsbezeichnung gewährt seinem Inhaber zwar auch ein ausschließliches Recht im Sinne der §§ 14 Abs. 1, 15 Abs. 1 MarkenG gegen die Benutzung seines Zeichens durch einen Dritten (Drittzeichen).

Während im Patentrecht das Ausschließlichkeitsrecht aber die ungestörte Eigenverwertung durch den einzelnen Erfinder oder bei Arbeitnehmererfindungen durch das Unternehmen sichert[529], soll es im Markenrecht die Waren oder Dienstleistungen eines Unternehmens kennzeichnen, um sie von den Waren-

---

[527] Vgl. *Jabbusch,* S. 61.

[528] Insbesondere ist für den internationalen Bereich auf die Regelung des Art. 21 des TRIPS-Abkommens zu achten, der die Zwangslizenzierung im Markenrecht explizit verbietet, vgl. *Blakeney*, S. 67.

[529] Vgl. *Tetzner*, § 1 PatG, Anm. 5; *Hubmann/Götting*, § 4 I und II; vgl. *Beier*, GRUR Int. 1970, S. 1 (5); *Engels*, S. II-21.

oder Dienstleistungen anderer Unternehmen zu unterscheiden[530]. Während demgemäß im Patentrecht die Idee eines Vewertungsmonopoles auf bestimmte Zeit im Vordergrund steht, basiert die Monopolisierung des Markenrechtes auf der Idee, die gekennzeichnete unternehmerische Leistung aus der Masse hervorzuheben, um sie dadurch von anderen unterscheiden zu können[531] und ggf. eine bestimmte Qualität zu sichern.
Als konsequente Folge hieraus ergibt sich, daß die Benutzung der Marke nur durch den Markeninhaber mit dieser Zielsetzung vereinbar ist. Eine Zwangslizenz an einer Marke kommt damit grundsätzlich nicht in Betracht; ein hierauf gerichtetes Verfahren sieht daher auch das MarkenG nicht vor.

Allein der Umstand, daß den gesetzlichen Vorschriften des Markenrechtes keine Regelungen über die Zwangslizenz zu entnehmen sind, und mit der Ausschließlichkeitsfunktion der Marke ein zum Patentrecht unterschiedlicher Zweck verfolgt wird, bedeutet jedoch nicht, daß es keine Berührungspunkte zwischen Marke und Zwangslizenz geben kann. Dies läßt sich am Beispiel des amerikanischen Rechtssystems verdeutlichen. Das amerikanische Recht kennt – wie das deutsche Recht - bis auf wenige Ausnahmen, daß Institut der Zwangslizenz im Markenrecht nicht. Trotzdem kam es im „ReaLemon“ - Verfahren[532] vor der Federal Trade Commission zu einer Anordnung an das Unternehmen Borden, Inc., für einen Zeitraum von 10 Jahren jedem Antragsteller eine Lizenz zur Benutzung der Marke „ReaLemon“ erteilen zu müssen. Der Firma Borden, Inc. wurde vorgeworfen, auf dem Markt für verarbeiteten Zitronensaft mit ihrem unter dem Warenzeichen „ReaLemon“ verkauften Erzeugnis eine gesetzwidrige

---

[530] Vgl. § 3 Abs. 1 MarkenG; vgl. *Beier*, GRUR 1998, S. 185 (186,187); vgl. *Beier*, GRUR Int. 1970, S. 1 ff..

[531] Die Unterscheidungsfunktion der Marke ist Voraussetzung für die Herkunftsfunktion. Während die erste unmittelbar auf das Produkt gerichtet ist, bezieht sich letztere auf die gedankliche Verbindung von Produkt und Produktstätte, vgl. *Lehmann/Schönfeld*, GRUR 1994, S. 481 (488); vgl. *Held*, S. 81f.

[532] McCarthy, S. 68.

Monopolstellung zu haben. Durch die Anordnung einer Zwangslizenz an Warenzeichen erhoffte man die Beseitigung der Monopolstellung erreichen zu können. Der Anordnung lagen daher kartellrechtliche Gesichtspunkte zugrunde. Es bleibt abzuwarten, ob das deutsche Markenrecht aufgrund ähnlicher Konstellationen mit dem Institut der Zwangslizenz konfrontiert werden wird.

III. Ergebnis

Die Verhandlung über die Einräumung einer Zwangslizenz ist wegen des vorrangigen öffentlichen Interesses grundsätzlich der Disposition der Parteien entzogen. Etwas anderes ergibt sich aber dann, wenn sich die Parteien im Rahmen eines Zwangslizenzverfahrens über die Erteilung einer Lizenz einvernehmlich einigen. Inhalt der Lizenz ist dann nämlich nicht mehr eine Zwangslizenz, sondern vielmehr eine rechtsgeschäftliche Lizenz.

Demgegenüber ist dem deutschen Markenrecht das Institut der Zwangslizenz fremd. Dies läßt sich auf die unterschiedliche Funktion des Ausschließlichkeitsrechtes im Patent- und Markenrecht zurückführen. Allerdings sind – wie das amerikanische Recht illustriert - Berührungspunkte mit der Zwangslizenz unter kartellrechtlichen Gesichtspunkten denkbar.

IV. Nichtangriffsabreden im Patentrecht

Probleme hinsichtlich der Frage, was Patentinhaber und Patentverletzer oder auch ein zukünftiger Lizenznehmer in einer Mediation miteinander vereinbaren können, ergeben sich auch dann, wenn es um den Abschluß von Nichtangriffsvereinbarungen bzw. sogenannter Nichtangriffsklauseln geht. Der sich ergebende Konfliktpunkt liegt dabei, im Unterschied zu der Vereinbarung einer Zwangslizenz, nicht in einer möglichen fehlenden Dispositionsbefugnis der Parteien über den „Verhandlungsgegenstand“. Der Nichtangriffsabrede liegt kein vergleichbarer hoheitlicher Akt und damit keine öffentlichen Interessen zugrunde.

Es stellt sich vielmehr die Frage, ob der Abschluß einer Nichtangriffsabrede gegen geltende Rechtsgrundsätze verstößt. Die Mediation stellt keinen rechtsfreien Raum dar. Die Beteiligten einer Mediation sind demnach gehalten, ihr Ergebnis an den bestehenden vorgegebenen rechtlichen Grundlagen zu orientieren. Verstößt die Vereinbarung einer solchen Abrede gegen geltendes Recht, soll diese auch nicht das (Teil-) Ergebnis einer Mediation darstellen können.

1. Begriffsklärung

Was genau unter einer Nichtangriffsabrede zu verstehen ist, läßt sich im Hinblick auf den Zweck des Patentschutzes verdeutlichen.

Der patentrechtliche Schutz verfolgt den Zweck, die Innovation und Technik eines Unternehmens, möglicherweise auch eines Staates, durch die Bekanntgabe einer getätigten Erfindung zu fördern[533]. Dem Erfinder der bekanntgegebenen geistigen Leistung wird als Entgelt für einen Zeitraum von 20 Jahren[534] das alleinige Recht durch den Staat gewährt, die Früchte seiner Erfindung zu genießen. Dem Erfinder wird somit eine Art „Monopolstellung“[535] eingeräumt. Da eine solche Monopolstellung zwangsläufig die Interessen aller Angehörigen seines Fabrikationszweiges beeinträchtigt, haben diese ein besonderes Anliegen daran, daß das Patent auch zu Recht erteilt wurde, also ein wirksames Patent ist. Im Falle eines zu Unrecht erteilten Patentes, werden die Interessen der Angehörigen des gleichen Wirtschaftsbereiches quasi nicht „rechtmäßig“ beschränkt oder

---

[533] *Schippel*, GRUR 1955, S. 322; *Bernhardt/Kraßer*, § 3, S. 32; vgl. *Engels*, S. II-21 ff. .

[534] § 16 Abs. 1 S.1 PatG.

[535] *Axster*, GRUR 58, S. 221 (226); *Calliess/Ruffert/Weiß*, Art. 81 EG-Vertrag, Rn. 217; *Walleser*, GRUR 1963, S. 512; *Engels*, S. II-21 ff.; vgl. *Peetz*, S. 38; *Maltzahn* v., FS *v. Gamm*, S. 597 (598); *Lüdecke/Fischer*, N 31, S. 721. *Kritisch: Bernhardt/Kraßer*, § 3, S. 35, die Frage, ob eine Monopolstellung vorliegt, sei von den jeweiligen Marktverhältnissen abhängig, da für gewöhnlich mit dem Patent gleichartige Erzeugnisse im Wettbewerb stehen. Nur im Falle eines „Pionierpatentes“, also einer grundlegend technischen Neuerung mit völlig innovativen Lösungsprinzipien, könne von einer monopolartigen Stellung gesprochen werden. ***A.A.*** auch *Prosi*, WuW 1980, S. 641 (644).

beeinträchtigt. Ihnen steht in diesen Fällen nach h.M.[536] grundsätzlich das Recht zu, gemäß § 81 Abs. 1 S. 1 PatG Nichtigkeitsklage beim Bundespatentgericht zu erheben, um das erteilte Patent aus dem Weg zu räumen. Den Verzicht auf dieses Recht stellt die hier zu behandelnde Nichtangriffsabrede (bzw. Nichtangriffsklausel)[537] dar. Ohne ausdrückliche Vereinbarung besteht grundsätzlich keine Nichtangriffspflicht des Lizenznehmers[538].

Unter Nichtangriffsklauseln sind Rechtsgeschäfte zu verstehen, mit denen sich die Vertragspartner verpflichten, sich bestimmter Angriffe auf ein bestimmtes Rechtsgut zu enthalten[539]. Ein Lizenznehmer, der sich wirksam zum Nichtangriff bereit erklärt, ist vertraglich dazu verpflichtet, selbst bei berechtigten Zweifeln an der Rechtmäßigkeit der Patenterteilung kein Nichtigkeitsverfahren gegen das in Frage stehende Patent durchzuführen. Hält sich der Lizenznehmer nicht an diese Vereinbarung und erhebt entgegen der Nichtangriffsklausel eine Nichtigkeitsklage gegen das lizensierte Patent, so ist dieser nach der h.M. die zulässige[540] Einrede der „exceptio pacti“[541] entgegenzusetzen. Die Nichtangriffs-

---

[536] *BGH*, GRUR 1956, S. 264ff.; *BGH*, GRUR 1957, S. 482 (483); *BGH*, GRUR Int. 1969, S. 31 (33); *Busse*, § 81 PatG, Rn. 1;

[537] Den Begriffen „Nichtangriffsvereinbarung“, „Nichtangriffsklausel“ und „Nichtangriffsabrede“ wird in dieser Bearbeitung die gleiche Bedeutung beigemessen.

[538] *Bernhardt/Kraßer,* § 41, S. 703; In der Einspruchserhebung kann in Einzelfällen aber ein Verstoß gegen den Grundsatz von Treu und Glauben liegen, vgl. *BGH,* GRUR 1956, S. 264; *Schulte,* § 59 PatG, Rn. 22.

[539] *Maltzahn* v., FS *v. Gamm*, S. 597 (599); *Peetz,* S. 27; *Stumpf/Groß*, S. 130, Rn. 213; vgl. *Henn*, § 24, Rn. 336; *Lüdecke/Fischer*, 1. Teil, C 14, S. 155.

[540] Vgl. *BGH,* GRUR 1989, S. 39 (40); *BGH*, GRUR Int. 1969, S. 31 (33); *BGH,* GRUR 1956, S. 65; vgl. *Kuhbier*, GRUR 1954, S. 187 (188,189); Bedenken gegen die Zulässigkeit der „exceptio pacti“ bestanden aufgrund Entscheidungskompetenz des Patentamtes im Nichtigkeitsverfahren. Das Patentamt habe ausschließlich über die Frage der Fehlerhaftigkeit des Patentes zu entscheiden, wovon etwaige vertragliche Beziehungen der Parteien unabhängig seien. Die Zulässigkeit der Nichtangriffsabrede wird jedoch dadurch gerechtfertigt, daß sie ein Gleichgewicht der zu berücksichtigenden widerstreitenden Interessen von öffentlichen und privaten Interessen in das Nichtigkeitsverfahren herstellt. Es liegen auch im Interesse der Allgemeinheit, sich einer gütlichen Einigung nicht in den Weg zu stellen. Das öffentliche Interesse müsse hier zurückstehen, vgl. *BGH,* GRUR 1953, S. 385 (387).

klausel kann dem auf Nichtigkeit klagenden Lizenznehmer mit dem Erfolg entgegengehalten werden, daß sein Antrag als gegen anders lautende Verpflichtungen verstoßend, ohne Sachprüfung zurückgewiesen wird[542]. Das Schutzrecht besteht demnach uneingeschränkt weiter[543]

Die Motivation des Lizenzgebers, eine solche Vereinbarung zu treffen, kann zum einen darin liegen, im Einvernehmen mit dem Lizenznehmer kostspielige und zeitaufwendige Rechtsstreitigkeiten zu vermeiden. Zum anderen kann er mit einer solchen Vereinbarung das Interesse verfolgen, ein ohnehin „unsicheres" Schutzrecht gegen zusätzliche Gefährdungen zu schützen[544]. Nichtangriffsabreden kommen daher häufiger in Lizenzverträgen zwischen Patentinhabern und Lizenznehmern vor. Es kann daher angenommen werden, daß im Rahmen einer Mediation zwischen Patentinhaber und Patentverletzer nicht nur die Erteilung einer Lizenz vereinbart werden soll, sondern die Parteien auch eine Nichtangriffsabrede abschließen wollen.

2. Zulässigkeit einer Nichtangriffsabrede

Fraglich ist somit, ob eine Nichtangriffsvereinbarung überhaupt wirksam abgeschlossen werden kann und wenn ja, ob dies auch im Wege der Mediation möglich ist.

Zur Zulässigkeit oder Unzulässigkeit von Nichtangriffsabreden sagt das deutsche Patentrecht nichts aus. Dies läßt sich damit begründen, daß im Patentrecht

---

541 *BGH,* GRUR 1956, S. 264; *Peetz,* S. 79; *Maltzahn v.,* FS *v. Gamm,* S. 597 (602); *Fischer,* § 5, VI, S. 95.

542 *RGZ* 101, S. 235 (237); *BGHZ* 10, S. 22 (23, 24); *BGH,* GRUR 1956, S. 264; vgl. *BGH,* GRUR 1971, S. 243 (244, 255); vgl. *BGH,* GRUR 1993, S. 895 (896); *Peetz,* S. 79; vgl. *Tetzner,* § 13 Anm. 9; *Schwerdtner,* GRUR 1968, S. 9 (11).

543 Daß einem Lizenznehmer trotz des Abschlusses einer wirksamen Nichtangriffsvereinbarung das Recht zur Erhebung einer Nichtigkeitsklage zusteht, wird heute nicht mehr vertreten. Gleichermaßen ist es dem Lizenznehmer untersagt, die Nichtigkeitsklage durch einen Strohmann einzuleiten oder einen anderen Nichtigkeitskläger zu unterstützen, vgl. *Lüdecke/Fischer,* Teil 1, C 16, S. 156.

544 Vgl. *Tetzner,* Anm. 59 zu § 9, dies dürfe nur der einzige Grund sein, die Nichtangriffsabrede abzuschlißen.

kein gesetzlich normiertes Lizenzvertragsrecht existiert[545], mithin das deutsche Patentrecht über keine Bestimmungen verfügt, die sich speziell mit Nichtangriffsklauseln befassen oder die allgemein die Zulässigkeit lizenzvertraglicher Beschränkungen regeln.

Die Möglichkeit, Rechte der Parteien lizenzvertraglich zu beschränken, wird in Ermangelung eines gesetzlichen Verbotes grundsätzlich als zulässig angesehen[546], wobei aber gewisse rechtliche Grundsätze eingehalten werden müssen. Gegenstand der Prüfung ist vorliegend zwar nicht die lizenzvertragliche Vereinbarung zum Nichtangriff, sondern die Frage nach der Zulässigkeit einer solchen Abrede im Wege der Mediation. Gründe, die zu der Rechtsunwirksamkeit einer lizenzvertraglichen Vereinbarung führen, sollen im Hinblick auf die Akzeptanz der Mediation als eine juristisch anerkannte Streitbeilegungsmöglichkeit, jedoch auch in ihr Berücksichtigung finden.

Die Mediation stellt keinen rechtsfreien Raum dar, in dem Vereinbarungen jeglicher Art ohne gesetzliche Anbindung getroffen werden können. Da sich das Mediationsergebnis der Beteiligten auch mittelbar auf das wirtschaftliche Umfeld auswirkt, - denn hier wird beispielsweise entschieden, ob Lizenzverträge verlängert, erneuert oder doch abgebrochen werden und somit eine eventuell ausschließliche Lizenz zukünftig an einen neuen Dritten vergeben werden wird - müssen auch hier die dem Zivilrecht zugrundeliegenden Rechtsgedanken Geltung finden[547]. Zudem kommt der mediativen Vereinbarung ein vertraglicher Charakter zu[548], der den durch das Gesetz gestellten Anforderungen zu genügen hat. Dem generell geltenden Prinzip der Privatautonomie[549] sind die allgemein

---

545 s.o., was bereits im Zusammenhang mit dem Sukzessionsschutz erwähnt wurde, § 4 I 2.

546 *BGH*, GRUR 1956, S. 264; *BGH*, GRUR 1965, S. 135 (137);vgl. *BPatGE* 6, 191; vgl. *BGH*, GRUR 1971, S. 243; *Schulte*, § 81 PatG, Rn. 23.

547 Vgl. *Risse*, BB 1999, Beilage 9, S. 1 (5).

548 Dies wird an späterer Stelle noch eingehend untersucht.

549 *Palandt/Heinrichs*, Überbl. v. § 104 BGB, Rn. 1 ff. .

anerkannten zivilrechtlichen Grenzen gesetzt, an denen im Einzelfall die Zulässigkeit einer Nichtangriffsklausel scheitern kann.

a) Rechtsmißbrauch nach § 138 BGB

Zunächst kann die Zulässigkeit eines Angriffsverbotes scheitern, wenn sie den Tatbestand der Sittenwidrigkeit im Sinne des § 138 BGB erfüllt, mithin die Abrede zwischen den Mediationsteilnehmern als Verstoß gegen die guten Sitten anzusehen ist und damit auch ein Vorgehen gegen das betreffende Patent als rechtsmißbräuchlich zu bewerten ist.

Nach Ansicht der Rechtsprechung und Literatur ist hiervon auszugehen, wenn entweder beide Parteien oder nur der Lizenzgeber positive Kenntnis von der Unwirksamkeit und somit der möglichen Vernichtbarkeit des zugrundeliegenden Patentes haben[550]. In vielen Fällen ist nämlich der Lizenznehmer der einzige, der die Bedeutung eines Patentes wirklich zu beurteilen vermag. Seine Angriffe auf das Patent haben von daher gewöhnlich die größten Erfolgschancen. Aus diesem Grund wird von Teilen der Literatur[551] der Anwendungsbereich des § 138 BGB auch weiter gefaßt und eine Unwirksamkeit bereits dann bejaht, wenn die Parteien bei Vertragsschluß Zweifel an der Wirksamkeit des Schutzrechtes hatten und der Lizenznehmer nachträglich die Nichtigkeit des Schutzrechtes erkannte.

Sämtliche Ansichten beruhen auf der Idee, daß es den Parteien nicht möglich sein soll, sich eine neue Form der „Patentruhe“ zu erschleichen. Mit der Patentruhe ist die durch den Gesetzgeber im Jahre 1941 aufgehobene Vorschrift des § 37 Abs. 3 PatG a.F. gemeint, nach der Nichtigkeitsanträge innerhalb einer Präklusionsfrist von fünf Jahren nach Patenterteilung gestellt werden mußten, um durch die danach eintretende „Ruhe“ dem Patentinhaber den Patentbesitz zu

---

[550] *RGZ* 112, S. 361; *BGHZ* 10, S. 23 (27); *BGH*, GRUR 1969, S. 409 (411); vgl. *Lüdecke/Fischer*, Teil 2, N 31, S. 722; *Peetz*, S. 70; *Schultz-Süchting*, Münchner Vertragshandbuch, VI.1, S. 714; vgl. *Schwerdtner*, GRUR 1968, S. 9 (23). Im Zweifel kann sich die Unwirksamkeit einer solchen Klausel auch aus § 117 Abs. 1 BGB ergeben.

[551] Bernhardt/Kraßer, § 42, S. 715; Emmerich, S. 146.

sichern. Im Zusammenhang mit der Nichtangriffsabrede kann eine solche erschlichen werden, indem bereits das Recht an dem Patent in sittenwidriger Weise erworben wird, um dann in Folge einer Nichtangriffsabrede die Patentruhe zum Nachteil anderer eintreten zu lassen[552].

Die erforderliche Kenntnis von der Unwirksamkeit des Patentes läßt sich in der Praxis allerdings nur sehr schwer nachweisen[553]. Anhaltspunkte für das Vorliegen einer rechtsmißbräuchlichen Abrede werden beispielsweise in der Vereinbarung von Freilizenzen gesehen, also solchen Lizenzen, die unentgeltlich eingeräumt werden[554]. Derartige Vereinbarungen wird ein Schutzrechtsinhaber nämlich nur dann treffen, wenn er davon ausgehen muß, daß eine eventuelle Nichtigkeitsklage Erfolg haben würde. Handelt es sich bei den Mediationsteilnehmern um Vertragspartner eines Lizenzvertrages und liegt diesem eine Freilizenz zugrunde, so ist bei Abschluß einer Nichtangriffsvereinbarung auf die Möglichkeit des Bestehens eines rechtsmißbräuchlichen Verhaltens besonderes Augenmerk zu richten.

b) Zwischenergebnis

Der Abschluß einer Nichtangriffsvereinbarung verstößt nicht schlechthin gegen die Vorschriften des Bürgerlichen Rechts.

Die Frage ihrer Wirksamkeit hängt vielmehr von dem jeweiligen Einzelfall ab. Wird diese trotz Kenntnis einer oder beider Parteien von der Unwirksamkeit des Schutzrechtes abgeschlossen, ist sie wegen Verstoßes gegen § 138 BGB als unwirksam zu behandeln. Unter diesen Umständen kann auch in einer Mediation eine solche nicht wirksam vereinbart werden. Das Mediationsergebnis muß mit den geltenden Rechtsgrundsätzen vereinbar sein.

---

[552] Vgl. RGZ 157, S. 1 (3ff.); *BGH*, GRUR 1953, S. 385 (386); vgl. *BGH*, GRUR 1969, S. 409 (411); vgl. *Kirchhartz*, S. 59.

[553] *Lüdecke/Fischer*, N 31, S. 722.

[554] *Busse*, § 81 PatG, Rn. 92; *Lüdecke/Fischer*, C 20, S. 164.

c) Vereinbarkeit mit Kartellrecht

Während im Bereich des Patentlizenzvertragsrechts dem Grundsatz der Vertragsfreiheit mit wenigen Einschränkungen freier Raum gelassen wird, bleibt das Problem der Vereinbarkeit einer Nichtangriffsklausel mit dem geltenden Kartellgesetz. Das Kartellrecht verfolgt das Ziel, einen möglichst vollständigen Wettbewerb auf dem Markt sicherzustellen[555] und ist damit seinem Wesen nach gerade darauf angelegt, dem Grundsatz der Vertragsfreiheit Schranken zu ziehen[556].

Durch den Abschluß von Nichtangriffsabreden können für die Wettbewerbsordnung erhebliche Gefahren entstehen. Oftmals ist allein der Lizenznehmer in der Lage, die Bedeutung des Patentes wirklich zu beurteilen und von daher haben seine Angriffe auf das Recht auch die größten Erfolgschancen. Verpflichtet sich der Lizenznehmer durch eine vertragliche Vereinbarung mit dem Schutzrechtsinhaber auf solche Angriffe zu verzichten, kann damit der Wettbewerb unzulässig beschränkt werden, da nichtige und wertlose Patente im Extremfall niemals angegriffen werden könnten.

aa) Nationale Beurteilung

Die Frage, ob der Zulässigkeit einer Nichtangriffsklausel kartellrechtliche Bedenken entgegenstehen, da sie als unzulässige Verstärkung oder Ausdehnung des durch die Erteilung des Patentes entstandenen „Monopols“ angesehen werden könnte[557], ist durch die Regelung des § 17 Abs. 2 Nr. 3 GWB, der durch die am 1.1.1999 in Kraft getretene 6. GWB-Novelle an die Stelle des § 20 GWB

---

[555] *Emmerich*, § 1, S. 1; *Maltzahn v.*, FS v. Gamm, S. 597; vgl. *Ebel*, Einf., S. 1; vgl. *Sack* in FS Fikentscher, S. 740 (762f.).

[556] Vgl. *Immenga/Mestmäcker*, Einl., S. 44 ff. .

[557] *Lüdecke/Fischer*, Teil 1, C 14, S. 155; vgl. *Peetz*, S. 45 ff; vgl. *Sack*, WRP 1999, S. 592 (614).

a.F. getreten ist[558], zumindest für das deutsche Recht größtenteils geklärt[559]. In § 17 Abs. 2 Nr. 3 GWB wurden explizit lizenzvertragliche Vereinbarungen über den Nichtangriff von dem in § 17 Abs. 1 S. 1 GWB manifestierten Verbot freigestellt, wenn die Verpflichtung in bezug auf das erworbene Schutzrecht übernommen wird. Damit soll verhindert werden, daß gerade der Lizenznehmer, der durch die Verwertung des Patentes über die erforderliche Sachkenntnis verfügt und sich leicht belastendes Material beschaffen kann[560], das Schutzrecht angreift, wodurch das legitime Interesse des Lizenzgebers geschützt werden soll. Allerdings umfaßt der Regelungsbereich des § 17 GWB und damit die Freistellung nur Verträge über Patente, Gebrauchsmuster, Topographien und Sortenschutzrechte[561] und gilt somit nicht direkt für die Marke.

Einer Vereinbarung zum Nichtangriff im Wege der Mediation stehen hinsichtlich der unter § 17 GWB fallenden Schutzrechte und Sachverhalte kartellrechtliche Gesichtspunkte demzufolge nicht entgegen. Allerdings ist zu beachten, daß § 17 GWB vornehmlich im Vertikalverhältnis gilt. Daneben bleibt das Verbot gemäß § 1 GWB für horizontale Vereinbarungen weiter anwendbar[562].

Handelt es sich demnach um eine Vereinbarung zwischen Mitbewerbern, so findet § 1 GWB Anwendung, der wiederum in Anlehnung an das europäische Wettbewerbsrecht auszulegen ist[563], das – wie nachfolgend ausgeführt – die Vereinbarung von Nichtangriffsabreden grundsätzlich untersagt, wenn es sich um eine Vereinbarung zwischen miteinander im Wettbewerb stehender Unternehmen handelt. Da der Patentinhaber, solange er sein Patent nicht nur durch Lizenzen verwertet, sondern selbst auch auf dem Markt tätig ist, häufig Mitbe-

---

[558] Mit der 6. GWB-Novelle soll unter anderem das deutsche Kartellrecht an das europäische angepaßt werden, vgl. Begr. Reg.-Entw., BT-Drucks. 13/9720, S. 30 (35) (dd); vgl. Sack, WRP 1999, S. 592 (599); *Ebel*, § 17 GWB, Rn. 1; vgl. *Emmerich*, § 16, S. 151.

[559] Vgl. *BGH*, GRUR 1969, S. 409 (411); *Busse*, § 81 PatG, Rn. 89; *Schultz-Süchting*, Münchner Vertragshandbuch, VI.2, Rn. 36, S. 764; *Fischer*, § 5, VI, S. 95.

[560] Vgl. *BGH*, NJW-RR 1987, S. 1466 (1468); *Immenga/Mestmäcker*, § 20 GWB, Rn. 270; vgl. *Maltzahn v.*, FS v. Gamm, S. 597 (599).

[561] *Sack*, WRP 1999, S. 592 (598f); *Emmerich*, § 16, S. 152; *Ebel*, § 17 GWB, Rn. 2.

[562] Vgl. *Emmerich*, § 16, S. 152f.

werber des Lizenznehmers auf dem relevanten Markt ist, kommt der Freistellungsregelung des § 17 Abs. 2 Nr. 3 GWB kaum praktische Relevanz zu[564]. Die Reichweite der Freistellung von § 17 Abs. 1 S. 1 GWB ist somit verschwinden gering, so daß in praktischer Hinsicht der Anwendungsraum für Vereinbarungen zum Nichtangriff in einer Mediation gering ist, obwohl dies theoretisch möglich wäre.

bb) Europäische Beurteilung

Die Beurteilung von Nichtangriffsabreden nach dem europäischen Kartellrecht ist wesentlich diffiziler. Da das europäische Kartellrecht nicht zwischen horizontalen und vertikalen Beziehungen unterscheidet, ist alleiniger Maßstab für die Wirksamkeit einer Nichtangriffsabrede Art. 81 EG[565] (früher: Art. 85 EGV). Nach Art. 81 Abs. 1 EG (früher: Art. 85 Abs. 1 EGV) ist eine Vereinbarung, also auch eine Nichtangriffsabrede, unzulässig, wenn sie sich als Beschränkung zwischenstaatlichen Wettbewerbes darstellt und diesen spürbar beeinträchtigt.
Unter Geltung des europäischen Kartellrechtes hat sich die wettbewerbsrechtliche Einschätzung von Nichtangriffsklauseln durch den EuGH[566] einem Wandel unterzogen. Die sich auf die Rechtsbeständigkeit technischer Schutzrechte beziehenden Nichtangriffsabreden in Lizenzverträgen wurden ursprünglich als Wettbewerbsbeschränkungen im Sinne des Art. 85 Abs. 1 EGV a.F. angesehen[567].

---

563 Vgl. *Bechthold*, § 17 GWB, Rn. 3; vgl. *Ebel*, § 1 GWB, Rn. 1.
564 *Emmerich*, § 16, S. 151; vgl. *Ebel*, § 17 GWB, Rn. 6.
565 Zitiert nach der neuen Zitierweise des EuGH zum 1.5.1999, siehe hierzu EuZW 2000, S. 14 (15).
566 Vgl. *EuGH*, GRUR Int. 1986, S. 635 ff.; vgl. *EuGH*, GRUR Int. 1989, S. 56 ff. .
567 *EuGH*, GRUR Int. 1986, S. 635; *EuGH*, GRUR Int. 1989, S. 56 (57); *EG-Kommission*, AblEG 1983, L 229/1 ff.; *EG-Kommission*, AblEG 1975, L 222/34; *EG-Kommission*, AblEG 1972, L 13/53;

Die Unzulässigkeit von Nichtangriffsabreden wurde damit begründet, daß sie eine Beschränkung des Wettbewerbes über den spezifischen Gegenstand eine Schutzrechtes hinaus für den Fall seiner Vernichtbarkeit bezwecken[568].
Für den EuGH und die EU - Kommission war hierbei nicht ausschlaggebend, ob die Parteien positive Kenntnis oder konkrete Anhaltspunkte für die Vernichtung des lizensierten Schutzrechtes hatten.
Eine andere Beurteilung der Zulässigkeit von Nichtangriffsklauseln konnte sich nur dann ergeben, wenn entweder eine spürbare Beeinträchtigung nicht vorlag, oder eine der in Art. 85 Abs. 3 EGV normierten Freistellungsmöglichkeiten einschlägig war.

Eine spürbare Wettbewerbsbeschränkung ist dann nicht anzunehmen, wenn aufgrund der nur schwachen Marktstellung der Beteiligten eine bloß geringfügige Beeinträchtigung der Marktsituation hervorgerufen wird[569]. Die Spürbarkeit wurde jedoch regelmäßig bejaht. Auch die nach Art. 85 Abs. 3 EGV bestehende Möglichkeit zur Freistellung vom Verbot des Abs. 1 wurde nicht angewandt; vielmehr ist die Freistellungsfähigkeit einer Nichtangriffsabrede in ständiger Praxis verneint worden[570].

---

568 Vgl. *Langen/Bunte/v.Stophasius*, Art. 85 EGV, Rn. 260.

569 *Calliess/Ruffert/Weiß*, Art. 81 EG-Vertrag, Rn. 90. Geringfügig sei es, wenn der Marktanteil der involvierten Unternehmen in vertikalen Verträgen nicht über 10% und in horizontalen und vertikal-horizontale gemischten Verträgen nicht über 5% liegt, vgl. *Christoph*, S. 53.

570 *Kommission,* GRUR Int. 1972, S. 374 (376); *Kommission,* GRUR Int. 1972, S. 371 (372); *Kommission,* GRUR Int. 1975, S. 449 (450); *Kommission,* GRUR Int. 1976, S. 182 (183). Die Kommission begründete ihre Auffassung damit, daß jedem Dritten seine an sich offenstehende Angriffsmöglichkeit genommen werde und damit seine Chancen auf freien Wettbewerb geringer werden würden, ohne daß Verbesserungen oder Vorteile im Sinne des Art. 85 Abs. 3 EGV ersichtlich wären.

aaa) Gruppenfreistellungsverordnung

Die alte Patentlizenz- GVO von 1984[571] schloß dementsprechend explizit in Art. 3 Nr. 1 die Nichtangriffsvereinbarung von der Freistellung aus; es handelte sich um eine sogenannte „schwarze Klausel", die nicht freistellungsfähig ist.

Die Kommission hat nunmehr die am 1.4.1996 für das Europäische Gemeinschaftsrecht in Kraft getretene Technologietransfer - Gruppenfreistellungsverordnung (TT GVO) erlassen[572], um die dargestellten kartellrechtlichen Probleme zu vereinfachen und eine Harmonisierung der Patentlizenzvereinbarungen zu bewirken[573].

Die neue GVO, die an die Stelle der alten getreten ist[574], rechnet die Nichtangriffsklauseln in Art. 4 Abs. 2 nun zu den „grauen Klauseln", d.h. solchen, die zulässig sind, wenn sie bei der Kommission angemeldet werden und die Kommission nicht innerhalb von 4 Monaten Widerspruch gegen die Gruppenfreistellung erhebt. Hierdurch wird der Wandel der Kommission bei der Beurteilung von Nichtangriffsabreden deutlich. Sie werden von der Kommission nicht mehr als generell wettbewerbswidrig eingestuft, sondern vielmehr auch als freistellungsfähig angesehen[575]. Auch die Rechtsprechung des EuGH hat seine ältere Auffassung von der generellen Unwirksamkeit modifiziert und Nichtangriffsabreden im Einzelfall mit Art. 81 Abs. 1 EG (früher : Art. 85 Abs. 1 EGV) als vereinbar angesehen[576].

Eine generelle Freistellung kann allerdings nicht mit dem Argument bewirkt werden, die Wirksamkeit derartiger Abreden fördere die Lizenzbereitschaft und

---

571 *Kommission*, ABl.EG 1984, L 219/15ff. .

572 VO (EG) Nr. 240/96 der Kommission vom 31.1.1996 zur Anwendung von Art. 85 Abs. 3 des Vertrages auf Gruppen von Technologietransfer-Vereinbarungen, GRUR Int. 1996, S. 642.

573 *Calliess/Ruffert/Weiß*, Art. 81 EG-Vertrag, Rn. 227; vgl. *Meyer*, GRUR Int. 1997, S. 498; vgl. *Immenga/Mestmäcker/Ullrich*, S. 1358, Rn. 88.

574 *Kommission*, ABl.EG 1996, L 31/2ff. .

575 *Callies/Ruffert/Weiß*, Art. 81, Rn. 229; vgl. *Sack* in FS Fikentscher, S. 740 (742); vgl. *Meyer*, GRUR Int. 1997, S. 498 (505).

trage damit zur Förderung der Warenerzeugung bzw. des wirtschaftlichen und technischen Fortschritts bei. Dies ist zwar durchaus denkbar, würde aber bewirken, daß über Art. 81 Abs. 3 EG die bereits in Abs. 1 abgelehnten Beschränkungen wieder zum Tragen kommen und es erscheint zweifelhaft, ob in tatsächlicher Hinsicht zu diesem Zeitpunkt feststellbar ist, ob im konkreten Einzelfall eine Nichtangriffsabrede die Lizenzbereitschaft erhöht hat oder nicht.

bbb) Zwischenergebnis

Die Zulässigkeit von Nichtangriffsvereinbarungen unter EU - kartellrechtlichen Gesichtspunkten hängt damit zunächst davon ab, ob diese im konkreten Einzelfall überhaupt geeignet ist, den innergemeinschaftlichen Wettbewerb spürbar zu beeinträchtigen i.S.d. Art. 81 Abs. 1 EG. Ist dies nicht der Fall, ist die mit EU-Kartellrecht vereinbar und zulässig. Andernfalls kommt eine Freistellung aufgrund der TT – GVO in Betracht.

Der Abschluß einer Nichtangriffsklausel in den der TT - GVO unterfallenden Verträgen kann aus den vorgenannten Gründen aber nicht als generell unzulässig eingestuft werden. Ob damit eine zwischen der Vertragsparteien in einer Mediation abgeschlossene Vereinbarung zum Nichtangriff grundsätzlich gegen geltendes Kartellrecht verstößt, kann nicht einheitlich beantwortet werden, sondern bedarf der Überprüfung im Einzelfall.

Bejahendenfalls kann eine solche nicht wirksam im Wege der Mediation vereinbart werden.

c) Nichtangriffsabrede als unzulässiger Verzicht auf staatlichen Rechtsschutz

Die Frage, ob die Nichtangriffsabrede Gegenstand einer Mediation sein kann, ist aber nicht nur unter kartellrechtlichen Gesichtspunkten problematisch. Die Zulässigkeit kann sich auch aus verfahrensrechtlicher Sicht als diffizil darstellen.

---

[576] Vgl. *Busse*, § 81 PatG, Rn. 92.

Zwar ist das Mediationsverfahren, in dem eine solche Abrede geschlossen werden soll, seinem Sinn und Zweck nach nicht Teil des Zivilverfahrensrechtes anzusehen und diesem in der Regel auch zeitlich vorgeschaltet. Die in einer Mediation getroffenen Vereinbarungen können aber sehr wohl verfahrensrechtliche Auswirkungen mit sich bringen.
Dies wäre insbesondere dann der Fall, wenn die durch die Medianten abgeschlossene Nichtangriffsabrede als Ausschluß der staatlichen Klagbarkeit zu werten ist, der einen gänzlichen Verzicht auf staatlichen Rechtsschutz zur Folge hat. Unter staatlichem Rechtsschutz ist die Möglichkeit der Durchsetzung rechtlich geschützter Interessen mit Hilfe der staatlichen Gerichte zu verstehen[577].
Allein aus dem Abschluß einer Nichtangriffsvereinbarung zwischen den Beteiligten einer Mediation kann noch kein Verzicht auf staatlichen Rechtsschutz hergeleitet werden. Aufgrund einer solchen Abrede verpflichtet sich der Lizenznehmer lediglich zu einem Unterlassen. Es bleibt ihm grundsätzlich die Möglichkeit, entgegen der Abrede dennoch eine Nichtigkeitsklage zu erheben, selbst wenn er dadurch eine eventuell vereinbarte Vertragsstrafe oder Schadensersatzansprüche auslöst.

Anders sind aber die mit einer Nichtangriffsabrede verbundenen Wirkungen zu beurteilen. Aufgrund einer Nichtangriffsvereinbarung steht dem Patentinhaber grundsätzlich die Einrede der „exceptio pacti" zu, die er dem Nichtigkeitskläger entgegenhalten kann und die zu einer Abweisung der durch den Lizenznehmer erhobenen Nichtigkeitsklage als unzulässig ohne Sachprüfung führt[578]. Nicht die Abrede allein, aber die Berücksichtigung ihrer Wirkung führen zu der Feststellung, daß sich der Lizenznehmer in diesen Fällen jeglicher Möglichkeiten entledigt, seine schutzwürdigen Interessen, die er als selbständiges Rechtssubjekt oder als Teil der Allgemeinheit besitzt, gerichtlich durchzusetzen. Er

[577] *Enneccerus/Nipperdey*, § 224 II 3; vgl. *v. Thur,* § 96, S. 590.
[578] s.o. § 5 IV 1.

entledigt sich damit der Möglichkeit, eine Nichtigkeitsklage zu erheben, und verzichtet somit durch den Abschluß auf staatlichen Rechtsschutz.

In der Literatur wird teilweise vertreten, ein derartiger Verzicht auf staatlichen Rechtsschutz sei gänzlich unzulässig[579]. Diese Ansicht beruht auf dem Standpunkt, daß der für das Zivilverfahren geltende Grundsatz, jedermann könne sich seiner prozessualen Befugnisse entledigen, zu deren Ausübung er nicht verpflichtet sei, im Patentnichtigkeitsverfahren auch wegen der formellen Ausgestaltung des Nichtigkeitsverfahrens keine Anwendung finden könne. Die Unvereinbarkeit der „exceptio pacti" mit Sinn und Zweck des mit Ausnahme der Nichtigkeitsklage wegen widerrechtlicher Entnahme gemäß § 21 Abs. 1 Nr. 3 PatG[580] als Popularklage ausgestalteten patentrechtlichen Nichtigkeitsverfahrens sei offensichtlich, denn es entspräche dem Willen des Gesetzgebers, den Kläger als einen Vertreter der Allgemeinheit zu werten und somit als Vertreter des öffentlichen Interesses, was denknotwendig zu einer Unzulässigkeit des Klageverzichtes führen müsse.
Einheitlich fallen dagegen die Entscheidungen der Rechtsprechung und der überwiegenden Ansicht der Literatur aus[581], wonach ein vertraglicher Ausschluß der Klagbarkeit grundsätzlich für möglich gehalten wird und diesem sowohl schuldrechtliche als auch dingliche Wirkung zugesprochen wird. Wenn schon der Verzicht auf einen materiell – rechtlichen Anspruch möglich sei, so müsse dies doch erst recht für den Verzicht auf den weniger weitreichenden Schritt der prozessualen Durchsetzung gelten.

---

[579] Konrad *Hellwig*, System des deutschen Zivilprozeßrechtes (1912), S. 450.
[580] Nach § 59 S. 1 PatG und § 81 Abs. 3 PatG steht die Geltendmachung dann nur dem Verletzten zu.
[581] Vgl. *RG*, JW 1930, S. 1062; vgl. *RGZ* 102, S. 217 (221); vgl. *RGZ* 123, S. 84 (85); vgl. *BGHZ* 2, S. 112 (114); *OLG* Frankfurt, NJW 1949, S. 510 (511); vgl. *OLG* Celle, NJW 1971, S. 288; *Thomas/Putzo*, Vorbemerkung III A 2 vor § 253 ZPO; *Stech*, ZZP 77, S. 161 (162f.); *Kempf*, ZZP 73, S. 342 (384f.); *Lüke*, ZZP 76, S. 1 (20).

Ein eindeutiger Vorrang des öffentlichen Interesses vor dem Privatinteresse sei im Gesetz nicht vorgesehen und entspricht damit wohl auch nicht dem Willen des Gesetzgebers[582].

Die Beurteilung der mit dem Abschluß einer Nichtangriffsvereinbarung verbundenen Auswirkungen, also die Einräumung eines Ausschlusses der Klagbarkeit, steht darüber hinaus auch in Übereinstimmung mit den Grundsätzen des Zivilverfahrens, das weitestgehend von der Verantwortung der Parteien bestimmt wird. Es muß den Parteien selber überlassen bleiben, ob sie ihre Rechte mit Hilfe staatlicher Gewalt wahrnehmen wollen oder nicht. Dies läßt sich auch daran erkennen, daß die Parteien für einige Streitigkeiten die Möglichkeit haben, gemäß § 1030 ZPO an Stelle eines staatlichen Gerichtsverfahrens das Schiedsverfahren zu wählen. Wird in einer Mediation eine Nichtangriffsabrede getroffen, so stellt diese keinen unzulässigen Verzicht auf eventuell später begehrten staatlichen Rechtsschutz dar. Zivilprozessuale Bedenken gegen eine solche mediative Vereinbarung bestehen somit nicht.

d) Überwiegendes öffentliches Interesse

Die entscheidende Frage bleibt, ob das Allgemeininteresse an der Vernichtung schutzunwürdiger Patente nicht stärker ist als das Interesse der Parteien, Streitigkeiten über Nichtigkeitsgründe endgültig und mit Wirkung für die Zukunft beizulegen.

Eine Vereinbarung zum Nichtangriff könnte in einer Mediation dann nicht abgeschlossen werden, wenn im Fall einer solchen Abrede öffentliche Belange den Wünschen privater Parteien zu Unrecht nachgeordnet werden.

Das bereits hinsichtlich der Zwangslizenz angesprochene Problem der Dispositionsbefugnis über Sachverhalte, die ganz oder zum Teil dem öffentlichen Interesse unterfallen und ggf. hoheitlich entschieden bzw. verhandelt werden

---

[582] *Schramm*, GRUR 1954, S. 384 (385); vgl. *Mediger*, Mitt. 1958, S. 161 (165). Zu weit geht aber die Ansicht von *Alexander-Katz*, GRUR 1954, S. 23, der jegliches öffentliche

müssen, somit nicht der alleinigen Entscheidung privater Parteien überlassen bleiben dürfen, scheint an dieser Stelle erneut Gewicht zu erlangen.

Zu klären ist aber zunächst, ob es sich bei der Nichtangriffsabrede überhaupt um einen Sachverhalt handelt, der öffentliche Belange berührt. Im Unterschied zu der Zwangslizenz (§ 24 Abs. 1 PatG) bestehen für eine Verpflichtung zum Nichtangriff keine gesetzlichen expliziten Anordnungen, daß öffentliche Interessen berücksichtigt werden müssen. Aufschluß darüber, ob und in welchem Ausmaß öffentliche Interessen trotzdem zu berücksichtigen sind, kann aber die Untersuchung geben, welche Auswirkungen die Nichtangriffsabrede auf das Nichtigkeitsverfahren hat.

Mit dem Abschluß von Nichtangriffsabreden ist die bedenkliche Folge verbunden, daß eine Vielzahl nichtiger Schutzrechte für Wettbewerbsbeschränkungen mißbraucht werden, weil niemand sie angreift. Weiterhin muß berücksichtigt werden, daß ein Patent als „kleines Monopol" den Rechtskreis der Bevölkerung beschränkt. Niemand anderem als dem Patentinhaber und seinem Lizenznehmer ist die Verwertung des durch das Patent geschützten geistigen Eigentums rechtmäßig möglich. Es könnte somit von einem generellen öffentlichen Interesse an der Vernichtung zu Unrecht erlassener Patente auszugehen sein[583], das dem privaten Interesse voranzustellen ist, um einer zu Unrecht bestehenden Beschränkung entgegenzuwirken. Wäre dies der Fall, so könnte eine Nichtangriffsabrede im Wege der Mediation gar nicht wirksam abgeschlossen werden.

Eine Nichtangriffsvereinbarung wird getroffen, um einen Angriff des Lizenznehmer auf den Schutzrechtsinhaber im Wege der Nichtigkeitsklage zu verhindern.

In welchem Verhältnis private und öffentliche Interessen in einem solchen Nichtigkeitsverfahren stehen und welchem Interesse letzten Endes Vorrang zu

Interesse verneint.

583 So hat das Reichsgericht (RGZ 86, S. 46) das Nichtigkeitsverfahren als Verwaltungsverfahren angesehen und zu Unrecht erteilte Patent als „Scheinrechte" qualifiziert, *Jestaed*; FS für Trub (1994), S. 141 (145).

gewähren ist, wird unter anderem im Hinblick auf die Unstimmigkeiten zwischen Rechtsprechung und Literatur hinsichtlich der Zulässigkeit der „exceptio pacti“ und die im Nichtigkeitsverfahren geltenden Verfahrensgrundsätze deutlich. Von nur wenigen Teilen der Literatur wird die Ansicht vertreten, daß das sich auch in der Dispositionsmaxime wiederspiegelnde Privatinteresse aufgrund des Interesses der Öffentlichkeit an der Vernichtung unwirksamer Patente generell hinter dem Öffentlichkeitsinteresse zurückstehen muß[584]. Nach dieser Meinung müsse immer, wenn öffentliche Belange in Frage stehen, die Inquisitionsmaxime gelten[585]. Die freie Entscheidung der Parteien über den Nichtangriff wäre den Beteiligten aufgrund des öffentlichen Interesses an der Vernichtung zu Unrecht erteilter Patente in einer Mediation somit nicht möglich. Nach Ansicht der Rechtsprechung[586] und Teilen der Literatur[587] ist jedoch eine solche Gewichtung zum Vorteil des Allgemeininteresses im Hinblick auf die Ausgestaltung der Nichtigkeitsklage als Popularklage[588] nicht vertretbar. In wesentlichen und entscheidenden Punkten habe der Gesetzgeber dem Kläger die Möglichkeit weitgehender Einflußnahme auf den Verlauf des Verfahrens eingeräumt, indem er nicht nur die Klageerhebung von dem Belieben des Klägers abhängig macht[589], sondern ihm auch die Kompetenz erteilte, durch die Begründung, die er der Klage gibt, die Richtung festzulegen, in der die Nachprüfung des Patentes erfolgen soll. Der Gesetzgeber hat demnach die Durchsetzung des Allgemeininteresses bewußt der Privatinitiative überlassen. Dem Kläger müsse es freistehen, ob er eine Klage aufrechterhalten will oder nicht. Man könne ihn

[584] Allerdings muß das Gericht die Privatautonomie beachten. Es darf nicht mehr prüfen als beantragt, vgl. *Reimer/Neumer,* § 37 Anm. 2.

[585] *Schwerdtner*, GRUR 1968, S. 9 (11). Für eine weitgehende Beherrschung, *Reimer/Neumer*, § 37 PatG, Anm. 2.

[586] *BGHZ* 10, S. 22 (26).

[587] *Kuhbier*, GRUR 1954, S. 187; *Kirchhartz*, S. 33.

[588] Vgl. *Busse*, § 21 PatG, Rn. 20; *Benkard/Rogge*, § 81 PatG, Rn. 3; vgl. *Klauer/Möhring*, Bd. I, § 13, Rn. 6; Lediglich die Nichtigkeitsklage wegen widerrechtlicher Entnahme (§ 21 Abs. 1 Nr. 3 PatG) steht nur dem Verletzten zu (§ 59 Abs. 1 S. 1 PatG; § 81 Abs. 3 PatG); vgl. *Steup*, Mitt. 1992, S. 94.

nicht zu einer Durchsetzung seiner Ansprüche zwingen. Es müsse ihm daher auch freistehen, sich von seinem Klagerecht loszusagen. Es läge auch im Interesse der Allgemeinheit, den Beteiligten den Weg zu einer gütlichen Einigung nicht zu verschließen, womit dem Interesse an der Vernichtung zu Unrecht erteilter Patente kein Vorrang einzuräumen ist[590].

Die Ausgestaltung der Nichtigkeitsklage als Popularklage stehe einer Beachtung der Nichtangriffsabrede auch nicht entgegen, denn Nichtigkeitskläger und Patentinhaber stünden sich formell als Prozeßparteien gegenüber und daraus ergäbe sich, daß dem Nichtigkeitskläger auch Einwendungen aus seiner Person und ebenso aus etwaigen vertraglichen Beziehungen zu dem Beklagten, also auch aus einer Nichtangriffsvereinbarung, entgegengehalten werden können.

3. Zwischenergebnis

Die Beurteilung des Patentnichtigkeitsverfahrens im Zusammenspiel mit der „exceptio pacti" als Folge des Abschlusses einer wirksamen Nichtangriffsabrede ergibt, daß der Gesetzgeber weder dem privaten noch dem öffentlichen Interesse einen Vorrang eingeräumt hat. Auch die hierzu ergangene Rechtsprechung zeigt, daß sie keine der Interessen für vorzugswürdig hält, unterstellt aber ohne weitere Ausführungen das Bestehen eines gleichwertigen öffentlichen Interesses an einer gütlichen Beilegung der Konflikte, derer man sich nicht verschließen sollte.

Unter Berücksichtigung des in dieser Arbeit im Vordergrund stehenden Interesses, Streitigkeiten der Mediation zugänglich zu machen, um auf diese Weise eine außergerichtliche Konfliktbeilegungsmöglichkeit zu schaffen, sollte nicht verkannt werden, daß der Abschluß von Nichtangriffsabreden zwischen dem Patentinhaber und seinem Lizenznehmer auch die zugrundeliegenden vertraglichen Beziehungen zu fördern geeignet ist. Der Schutzrechtsinhaber muß durch

---

[589] Ferner kann die Klage auch zurücknehmen, vgl. *RG*, GRUR 1943, S. 211; vgl. *BGH*, GRUR 1953, S. 86.

eine solche Vereinbarung keine Angriffe von Seiten des Lizenznehmers befürchten und kann ihn somit bedenkenlos mit sämtlichem für die Verwertung des Patentes erforderlichen Wissen ausstatten und auf eventuell bestehende Schwachstellen hinweisen. Eine sinnvolle Patentverwertung kann demzufolge den Abschluß von Nichtangriffsabreden geradezu gebieten.

Es sollte nicht in jede Nichtangriffsvereinbarung die Gefahr hineininterpretiert werden, es läge dieser ein unwirksames Schutzrecht zugrunde, an dessen Aufhebung ein öffentliches Interesse besteht, insbesondere dann nicht, wenn der Begriff „Öffentlichkeit" sich als bloße Fiktion erweist, mithin sich eigentlich nur zwei Interessenten gegenüberstehen, von denen einer das Recht für sich in Anspruch nimmt, als Vertreter der Allgemeinheit und damit im öffentlichen Interesse aufzutreten. Es ist nicht auszuschließen, daß aus sehr egoistischen Motiven gehandelt wird, für deren Durchsetzung sich der Interessent noch ein moralisches Mäntelchen umhängt. Die Berücksichtigung des öffentlichen Interesses muß dann seine Grenze finden, wenn besondere Umstände oder Gegebenheiten im Verhältnis der Parteien, die eine Durchführung des Nichtigkeitsverfahrens gerade zwischen ihnen als anstößig erscheinen lassen, dies gebieten.

Anders als im Bereich der Zwangslizenzen ist unter Berücksichtigung einer Möglichen Streitvermeidung und in Anlehnung an die ergangene Rechtsprechung das private Interesse nicht dem öffentlichen Interesse unterzuordnen. Von einer Dispositionsbefugnis, also der Möglichkeit Nichtangriffsabreden abzuschließen und damit auf die Option zu verzichten, nachträglich eine Nichtigkeitsklage erheben zu können, ist im Ergebnis auszugehen.

Im Ergebnis ist festzuhalten, daß die Nichtangriffsabrede im nationalen Bereich grundsätzlich nicht gegen kartellrechtliche Vorschriften verstößt. Zumindest national wirkende Vereinbarungen zum Nichtangriff eines Patentes können Gegenstand einer Mediation sein und sind als mediationstauglich einzustufen. Pro-

---

[590] Vgl. *Steup*, Mitt. 1992, S. 94.

bleme entstehen in internationaler Hinsicht aufgrund der Regelung des Art. 81 EG, wenn die Abrede eine Beschränkung des zwischenstaatlichen Wettbewerbes darstellt.

Sie ist auch nicht generell als rechtsmißbräuchlich im Sinne des § 138 BGB einzustufen, es sei denn, nur dem Lizenzgeber oder beiden ist positive Kenntnis der Vernichtbarkeit des Schutzrechtes nachweisbar. Allein die Möglichkeit, daß Nichtangriffsabreden mißbräuchlich getroffen werden können, rechtfertigt aber nicht, ihnen grundsätzlich die Rechtswirksamkeit abzuerkennen. Zu bedenken ist weiterhin, daß der Abschluß von Nichtangriffsabreden aus wirtschaftlicher Sicht als effektiv anzusehen ist, weil die Lizenzbereitschaft des Schutzrechtsinhabers hierdurch erhöht wird.
Die in einer Mediation vereinbarte Nichtangriffsabrede stellt darüber hinaus auch keinen unzulässigen Verzicht auf staatlichen Rechtsschutz dar. Es muß den Parteien überlassen bleiben, ob sie sich eines solchen begeben möchten oder nicht.

V. Nichtangriffsabreden im Markenrecht

Im Markenrecht stellen sich sowohl die Beurteilung der Rechtswirksamkeit einer mediativen Abrede zum Nichtangriff sowie deren Auswirkungen anders dar. Unterschiede zum Patentrecht bestehen zunächst im Hinblick auf das markenrechtlichen Verfahrensrecht.
Eine Nichtigkeitsklage, wie sie im Patentrecht zur Vernichtung des Schutzrechtes erhoben werden muß, existiert im Markenrecht nicht. Hier wird nicht vernichtet, sondern es ist entweder gemäß § 50 Abs. 1 MarkenG ein Antrag auf Löschung der Marke wegen Nichtigkeit beim DPMA zu stellen, § 54 Abs. 1 S. 1 MarkenG, oder es ist eine Klage auf Löschung der Marke wegen Verfalls (§ 49 MarkenG) oder wegen des Bestehens älterer Rechte (§ 51 MarkenG) vor den

ordentlichen Gerichten zu erheben[591]. Im Markenrecht ist unter einer Nichtangriffsabrede demzufolge ein Verzicht auf die Stellung des Antrags oder der Erhebung einer Klage auf Löschung der Eintragung einer Marke zu verstehen[592]. Grundsätzlich ist der Abschluß einer Nichtangriffsverpflichtung in einem Markenlizenzvertrag möglich und zulässig[593]. Es sind auch keine Gründe ersichtlich, warum in einer Mediation etwas anderes gelten sollte.

Die Frage, welche Wirkungen mit mediativen Vereinbarungen zum Nichtangriff verbunden sind, kann im Markenrecht allerdings nicht allgemein beantwortet werden[594]. Sie hängt vielmehr davon ab, ob das einzelne Verfahren als Popularverfahren ausgestaltet ist oder nicht, was wiederum von der Art des Löschungsgrundes abhängt. Als Löschungsgründe zu unterscheiden sind hierbei die Verfallsgründe (§ 49 MarkenG) sowie die relativen (§ 51 MarkenG) und die absoluten (§ 50 MarkenG) Nichtigkeitsgründe[595].

1. Auswirkungen der Popularklage

Gemäß § 55 Abs. 2 Nr. 1 MarkenG ist in den Fällen der Löschungsklage wegen Verfalls (§ 49 MarkenG) jede Person zur Klageerhebung berechtigt. Eine besondere Voraussetzung an die Klagebefugnis wird nicht gestellt, so muß der Kläger beispielsweise nicht den Nachweis eines eigenen Rechtsschutzinteresses

---

[591] Vgl. *Fezer*, § 55 MarkenG, Rn. 3; *Althammer/Ströbele/Klaka*, § 55 MarkenG, Rn. 1; *Berlit*, S. 67.

[592] *Fezer*, § 55 MarkenG, Rn. 20; *Althammer/Ströbele/Klaka*, § 55 MarkenG, Rn. 3; Gemeint ist vorliegend nur der Verzicht auf einen Löschungsantrag. Zu den Abgrenzungsvereinbarungen siehe *Freitag*, GRUR 1973, S. 175.

[593] *Helm*, GRUR 1974, S. 324; *Ingerl/Rohnke*, § 55 MarkenG, Rn. 12 ff.; vgl. *Althammer/Ströbele/Klaka*, § 55, Rn. 3; *Windisch*, FS v. Gamm, S. 477 (486). An ihrer Rechtswirksamkeit zweifelt aber *Oppenhoff*, GRUR 1968, S. 508 (509).

[594] *A.A. Ingerl/Rohnke*, § 55 MarkenG, Rn. 12, 30, der entgegen der Rechtsprechung und herrschenden Meinung von der uneingeschränkten Beachtlichkeit der Nichtangriffsabrede im Markenrecht ausgeht. Erstrecke sich die Dispositionebefugnis des Klägers darauf, ob er überhaupt eine Klage erhebt oder zurücknimmt, müsse auch eine vertragliche Bindung wirksam und einwendbar sein, und zwar unabhängig von der Art des Löschungsgrundes.

erbringen. Diese Löschungsklage stellt, wie auch die Patentnichtigkeitsklage[596], eine echte Popularklage dar[597]. Die Ausgestaltung als Popularklage beruht im Markenrecht auf dem Gedanken, daß es im Interesse der Allgemeinheit liegt, die Marke nach Ablauf der 5-Jahresschonfrist, aus dem Register zu entfernen und hierdurch die Reinhaltung des Registers zu bewirken[598], sofern sie innerhalb dieses Zeitraumes nicht ernsthaft benutzt wurde. Das Interesse der Allgemeinheit soll nicht durch weitere Voraussetzungen, die in der Person des Klägers erfüllt sein müssen, beschränkt werden und ist in jedem Fall als dem eigenen Interesse des Markeninhabers an der Aufrechterhaltung seiner Marke voranzustellen[599]. Da die Klagebefugnis zur Erhebung einer Popularklage im öffentlichen Interesse steht, entfällt die Aktivlegitimation des Klägers nicht bereits dann, wenn Einwendungen oder Einreden aus der Person des Klägers heraus bestehen, denn der Popularkläger nimmt ein Interesse der Allgemeinheit wahr.

Für die Nichtangriffsabrede bedeutet dies, daß sie zwar schuldrechtlich wirksam vereinbart werden kann, jedoch bei bestehendem Allgemeininteresse in einer Popularlöschungsklage, anders als im Patentrecht[600], nicht geltend gemacht

[595] Vgl. für Warenzeichen, *Helm*, GRUR 1974, S. 324; vgl. *Fezer,* § 55 MarkenG, Rn. 22; vgl. *Windisch*, FS v. Gamm, S. 477 (486).

[596] *BGHZ* 10, S. 22 (24); *Busse*, § 21 PatG, Rn. 20; vgl. *Benkard/Rogge*, § 22 PatG, Rn. 21. Einzige Ausnahme stellt die Klagebefugnis bei widerrechtlicher Entnahme nach §§ 22 Abs. 1 i.V.m. 21 Abs. 1 Nr. 3 dar, denn in diesen Fällen ist nur der durch die widerrechtliche Entnahme Verletzte zur Erhebung der Klage berechtigt, vgl. § 81 Abs. 3 PatG.

[597] *OLG* München, WRP 1996, S. 128 (130); *Ingerl/Rohnke,* § 55 MarkenG, Rn. 1; *Althammer/Ströbele/Klaka*, § 55 MarkenG, Rn. 3; *Fezer*, § 55 MarkenG, Rn. 22; *Helm*, GRUR 1974, S. 324.

[598] *Fezer*, § 55 MarkenG, Rn. 4; *Althammer/Ströbele/Klaka,* § 55 MarkenG, Rn. 3; *Ingerl/Rohnke*, § 55 MarkenG, Rn. 5.

[599] Vgl. für § 11 Abs. 1 Nr. 4 WZG, der dem § 55 Abs. 2 Nr. 1 MarkenG entspricht, *Helm,* GRUR 1974, S. 324. Nach *Freitag*, GRUR 1973, S. 175 (178), stellt insbesondere die Verpflichtung, die Nichtbenutzung eines Zeichens nicht geltend zu machen, einen nicht zu duldenden Versuch dar, in Wirklichkeit nicht geltendes und nicht schutzwürdiges Recht aufrechtzuerhalten.

[600] s.o. § 5 IV.,2.

werden kann[601]. Diese Argumentation wurde durch das „Bären-Stiefel-Urteil“[602] untermauert, in dem das Reichsgericht explizit klarstellte, der Einwand einer Nichtangriffsabrede sei gegenüber einer Popularlöschungsklage generell unbeachtlich.
Eine Mediation, die u.a. mit einer gütlichen Einigung über den Nichtangriff des betreffenden Schutzrechtes endet, welche aber im Falle einer Zuwiderhandlung der anderen Seite nicht entgegengehalten werden kann, ist für den Schutzrechtsinhaber nicht von Interesse.

Weiterhin kann auch die Vereinbarung zum Nichtangriff eines dennoch erhobenen Antrages auf Löschung im Sinne der §§ 54 Abs. 1, 50 Abs. 1 Nr. 1 bis 4 MarkenG nicht entgegengehalten werden, welcher absolute Schutzhindernisse zum Gegenstand hat (§ 8 MarkenG). Dies läßt sich zum einen damit begründen, daß zur Geltendmachung des Bestehens absoluter Schutzhindernisse nach § 54 Abs. 1 S. 2 MarkenG jedermann berechtigt ist. Dieses Verfahren stellt demnach auch ein Popularverfahren dar[603], für dessen Einleitung der Antragsteller nicht den Nachweis eines eigenen Rechtsschutzinteresses erbringen muß. Nach den voranstehenden Ausführungen wird auch hier dem Allgemeininteresse der Vorrang eingeräumt.
Zum anderen kann eine Verletzung der Interessen der öffentlichen Ordnung den Gegenstand dieses Löschungsgrundes bilden (§ 8 Abs. 2 Nr. 5 MarkenG). Erfaßt werden hiervon grundsätzlich diejenigen Marken, die sittlich, politisch oder religiös anstößig sind oder grobe Geschmacksverletzungen enthalten[604]. Auch das

---

[601] *Helm*, GRUR 1974, S. 324 (325); Für eine Differenzierung nach den einzelnen Verfallsgründen ist *Fezer* in § 55, Rn. 22, der im Falle der Nichtbenutzung einer Marke eine Nichtangriffsabrede zulassen möchte.
[602] *RGZ* 120, S. 402 (405); *BGHZ* 10, S. 22 (27).
[603] *Fezer*, § 54 MarkenG, Rn. 2; *Althammer/Ströbele/Klaka*, § 54 MarkenG, Rn. 3.
[604] *BPatG*, GRUR 1996, S. 408 - „COSA-NOSTRA“. Das Gericht weist darüber hinaus darauf hin, daß die Marken unter die öffentliche Ordnung zu subsumieren seien, die zur Zeit der Geltung des WZG der Vorschrift des § 4 Abs. 2 Nr. 4 unterfielen; vgl. auch *Berlit*,

Bestehenbleiben von Marken, die gegen die öffentliche Ordnung verstoßen, und damit scheinbare Wirksamkeit erlangen, soll nicht der Disposition privater Parteien unterfallen.

Die Eintragung oder das Bestehenbleiben solcher Zeichen ist aus Gründen des öffentlichen Interesses unerwünscht, und in diesen Fällen muß konsequenter Weise das Interesse des Einzelnen gegenüber dem Allgemeininteresse zurücktreten[605].

Hinsichtlich dieser Löschungsgründe ist demnach eine grundsätzliche Grenze der Mediation erreicht. Derartige Sachverhaltskonstellationen sind nicht mediationsfähig.

2. Keine Popularverfahren

Aus dem Umkehrschluß kann im Markenrecht die Annahme hergeleitet werden, daß für die Löschungsverfahren, die nicht als Popularverfahren ausgestaltet sind, eine andere Gewichtung von allgemeinem und privaten Interesse stattzufinden hat.

Durch das Reichsgericht wurde entschieden[606], daß speziell der Popularlöschungsklage eine Vereinbarung zum Nichtangriff nicht entgegengehalten werden kann, so ist davon auszugehen, daß es die nicht als Popularverfahren ausgestatteten anderen Löschungsklagen auch erwähnt hätte, wenn auf sie ähnliche Grundsätze Anwendung finden sollten. Dies ist jedoch nicht geschehen.

S. 60, die Anmeldung von Nazi-Symbolen verstoße beispielsweise gegen die öffentliche Ordnung..

605 *Fischer,* § 13, IV, S. 269; Aufgrund des bestehenden öffentlichen Interesses könne gegenüber der Löschungsklage keine in der Person des Antragstellers begründeten privatrechtlichen Einreden geltend gemacht werden.

606 *RGZ* 172, S. 49; *RG,* GRUR 1944, S. 28; *Baumbach/Hefermehl,* § 11 WZG, Rn. 55.

a) Löschungsklage wegen Bestehens von Rechten mit älterem Zeitrang

Die Geltendmachung eines relativen Nichtigkeitsgrundes gemäß § 51 Abs. 1 MarkenG setzt voraus, daß der eingetragenen Marke ein älteres Recht im Sinne der §§ 9–13 MarkenG entgegensteht. Zur Klageerhebung ist gemäß § 55 Abs. 2 Nr. 2 MarkenG derjenige befugt, der Inhaber eines solchen älteren Rechtes ist. Aus dieser gesetzlich angeordneten eingeschränkten Klagebefugnis ist bereits ersichtlich, daß dieser Löschungsgrund nicht im Allgemeininteresse steht. Im Hinblick auf die bereits erwähnte Rechtsprechung muß eine Bewertung der Gewichtung von allgemeinem Interesse und dem privaten Interesse des Schutzrechtsinhabers an dem weiteren Bestand seiner Marke hinsichtlich dieser Löschungsklagen anders ausfallen. Dem öffentlichen Interesse ist hier nicht der Vorrang einzuräumen. Dementsprechend wird für den Fall einer Löschungsklage wegen des Bestehens prioritätsälterer Rechte nach § 55 Abs. 2 Nr. 2 MarkenG der Verzicht auf die Geltendmachung dieses Anspruches als zulässig angesehen[607].

Diese Ansicht steht auch im Einklang mit der Rechtslage des früher geltenden WZG für den Fall der zeichenrechtlichen Vorrangklage nach § 11 Abs. 1 Nr. 1 und 1a WZG[608].

Die Vereinbarung zum Nichtangriff kann für den Fall des § 55 Abs. 2 Nr. 2 MarkenG somit wirksam zwischen den Beteiligten einer Mediation abgeschlossen und einer entgegen dieser Abrede erhobenen Löschungsklage entgegengesetzt werden.

b) Löschungsklage wegen Bestehens einer älteren geographischen Herkunftsangabe

Anders Verhält sich die Rechtslage dagegen bezüglich einer Löschungsklage nach § 55 Abs. 2 Nr. 3 MarkenG. Diese stellt zwar keine Popularklage dar[609],

---

[607] *Fezer*, § 55 MarkenG, Rn. 22.

denn hiernach sind nur die Personen zur Erhebung einer Klage auf Löschung wegen des Bestehens einer geographischen Herkunftsangabe mit älterem Zeitrang befugt, die auch nach § 13 Abs. 2 UWG klagebefugt sind[610], worunter insbesondere Industrie- und Handelskammern, Verbraucherschutzverbände und Handwerkskammern fallen[611]. Trotzdem ist dem Allgemeininteresse Vorrang zu gewähren, da die Klagebefugnis dem Klageberechtigten nach § 13 Abs. 2 UWG im Allgemeininteresse eingeräumt wird[612].

Einer Löschungsklage nach § 55 Abs. 2 Nr. 3 MarkenG soll eine zuvor mediativ vereinbarte Nichtangriffsabrede nicht entgegenzuhalten sein.

Die bereits im Zusammenhang mit dem Popularverfahren erwähnte Grenze der Mediation ist auch hier erreicht.

3. Gründe für die unterschiedliche Behandlung im Patent- und Markenrecht

Die Gewichtung von Öffentlichem Interesse und eigenem Interesse des Schutzrechtsinhabers wird im Patent- und Markenrecht unterschiedlich vorgenommen. Gegenüber einer Patentnichtigkeitsklage ist die Berufung auf eine vereinbarte Nichtangriffsabrede zulässig[613], obwohl es sich, mit Ausnahme von der Nichtigkeitsklage wegen widerrechtlicher Entnahme gemäß § 21 Abs. 1 Nr. 3 PatG[614], hierbei auch um eine echte Popularklage handelt. Wie den vorangestellten Ausführungen zu entnehmen ist, wird dies im Markenrecht anders beurteilt.

---

[608] *BGHZ* 32, S. 133 (142 ff.); *Baumbach/Hefermehl*, § 11 WZG, Rn. 70; *Busse*, § 11 WZG, Rn. 5.

[609] Differenzierend *Ingerl/Rohnke*, § 55 MarkenG, Rn. 41, der diese Klage als zwischen der Popularklage und der Individualklage liegend einordnet.

[610] *Althammer/Ströbele/Klaka*, § 55 MarkenG, Rn. 5. Diese Regelung ist der des Unterlassungsanspruchs nach § 128 MarkenG i.V.m. §§ 127, 126 MarkenG gleich, wobei er als lex specialis den Regelungen im UWG vorgeht.

[611] *Althammer/Ströbele/Klaka*, § 55 MarkenG, Rn. 5; *Berlit*, S. 186.

[612] Vgl. *Fezer*, § 55, Rn. 22.

[613] s.o. § 5 IV 2.

[614] Nach § 59 S. 1 PatG und § 81 Abs. 3 PatG steht die Geltendmachung dann nur dem Verletzten zu.

Im Patentrecht wird die Möglichkeit der gütlichen Beilegung von Streitigkeiten als ausschlaggebend betrachtet[615] und damit dem privaten Interesse der Vorrang eingeräumt, bzw. nicht grundsätzlich dem öffentlichen Interesse untergeordnet. Dagegen soll im Markenrecht überwiegend das öffentliche Interesse Berücksichtigung finden, hinter dem das eigene Interesse des Schutzrechtsinhabers zurückzustehen hat. Die Beantwortung der Frage, ob eine Nichtangriffsvereinbarung in einer Mediation vereinbart werden kann, bei der die Möglichkeit besteht, sie einer späteren Klage auch rechtswirksam entgegenzuhalten, kann für das Patent- und Markenrecht demnach nicht einheitlich beantwortet werden.

Fraglich ist, warum eine derart gegensätzliche Abwägung der Interessen bei der Patentnichtigkeitsklage und der Markenlöschungsklage vorzunehmen ist.

Betrachtet man den Zeitpunkt, auf den für die Beurteilung der Nichtigkeit des Schutzrechtes abzustellen ist, so fällt auf, daß dieser im Patentrecht immer sehr weit zurück in der Vergangenheit liegt, denn im Patentrecht ist immer auf den Zeitpunkt der Patenterteilung abzustellen. Die erforderlichen Sachverhaltsermittlungen können sich demzufolge als sehr schwierig und umständlich erweisen.

Im Markenrecht muß dagegen der Zeitpunkt für die Löschungsreife der Marke nicht immer weit zurückliegen. Dies hängt damit zusammen, daß sich bei den markenrechtlichen Löschungsgründen die Situation ständig ändern kann. So kann eine bestehende Marke unter Umständen jederzeit irreführend werden oder ein bereits bestehender Geschäftsbetrieb kann geschlossen werden. Auch eine gegebenenfalls zweifelhafte Benutzung in der Werbung kann sich nach ein paar Jahren als nicht ernsthaft erweisen, so daß ein zu Beginn nicht ganz eindeutig vorliegendes Allgemeininteresse an der Löschung der Marke von nun an nicht mehr von der Hand zu weisen ist.

Aufgrund der Besonderheit flexibler Sachverhalte des Markenrechtes soll es im Markenrecht nicht möglich sein, Löschungsklagen mit Wirkung für die Zukunft

---

[615] *BGHZ* 10, S. 22 (26).

zu unterbinden. Würde eine Nichtangriffsabrede in Fällen der Popularlöschungsklage wirksam berücksichtigt werden können, könnten nachträglich entstehende Änderungen des zugrundeliegenden Sachverhaltes nicht mehr berücksichtigt werden, was u.U. auch zu einer falschen Bewertung der Rechtslage führen kann.

Im Ergebnis ist zu berücksichtigen, daß sich die Beantwortung der Frage, ob eine Patent nichtig ist oder nicht, wesentlich schwieriger gestalten kann, als dies hinsichtlich der Löschungsreife einer Marke der Fall ist[616], und es ist in der Regel auch viel zeitraubender. Dies hielt auch der Bundesgerichtshof[617] für ausschlaggebend und stufte die Frage, ob die Voraussetzungen für eine Nichtigkeit des Patentes nach der damaligen Fassung des § 13 Abs. 1 Nr. 1 PatG vorliegen als „oft äußerst zweifelhaft und vielfach von Werturteilen abhängig oder nur aufgrund schwieriger und zeitraubender Untersuchungen möglich" ein. Wollen sich die Parteien nun einigen, es für die Zukunft nicht zu einer gerichtlichen Auseinandersetzung kommen zu lassen, so ist im Patentrecht diesem Interesse zu entsprechen. Sachverhaltsänderungen - wie im Markenrecht - sind hier nicht zu erwarten. Im Markenrecht ist dagegen aus den genannten Gründen dem öffentlichen Interesse der Vorzug zu geben, was auch in Übereinstimmung mit der Begründung zum Vorabgesetz steht[618].

4. Einhaltung rechtlicher Grenzen auch im Markenrecht

Fest steht nun, daß zwar in wenigen Fällen aber grundsätzlich auch im Markenrecht, eine Nichtangriffsvereinbarung mit der gewünschten Wirkung während einer Mediation geschlossen werden kann, die einer späteren Klage entgegenzusetzen ist. Aus den gleichen Gründen wie im Patentrecht[619] muß diese Verein-

[616] Für das WZG, *RGZ* 129, S. 402 (406).
[617] *BGH*, GRUR 1953, S. 385.
[618] Begründung zum Entwurf des Vorabgesetzes, *Bl.f.PMZ* 1967, S. 244 (264).
[619] s.o. § 5 IV., 2., b).

barung aber auch den gesetzlichen Anforderungen genügen, darf somit nicht nach Belieben abgeschlossen werden.
Nicht zu verkennen ist, daß Nichtangriffsvereinbarungen mißbräuchlich getroffen werden können und auch getroffen werden.

a) Zivilrechtliche Schranken

Wie im Patentrecht soll es auch im Markenrecht den Parteien nicht möglich sein, in Kenntnis der Vernichtbarkeit des Schutzrechtes eine Vereinbarung zum Nichtangriff über eben dieses Schutzrecht zu schließen. Ist eine Marke nach Ablauf der 5-Jahresfrist löschungsreif geworden, besteht ein allgemeines Interesse an ihrer Entfernung aus dem Register, um dieses von formalen Scheinrechten freizuhalten. Eine in Kenntnis der Unwirksamkeit des Schutzrechtes getroffenen Abrede verstößt gegen § 138 BGB[620] bzw. wird teilweise als nach §§ 134, 306 BGB nichtig angesehen[621].
Die Nichtangriffsabrede stellt aus den oben genannten Gründen[622] auch im Markenrecht keinen unzulässigen Verzicht auf staatlichen Rechtsschutz dar. Es ist nicht ersichtlich, warum diesbezüglich eine von dem Patentrecht unterschiedliche Entscheidung getroffen werden sollte.

b) Kartellrechtliche Beurteilung

Die Vereinbarung einer Nichtangriffsabrede im Markenrecht ist ebenso anhand kartellrechtlicher Gesichtspunkte zu untersuchen.

---

[620] Ebenso soll die Einschaltung eines Strohmanns zur Klageerhebung an Stelle des Lizenznehmers rechtsmißbräuchlich sein, vgl. Althammer/Klaka/Ströbele, § 55 MarkenG, Rn. 3. *A.A. Ingerl/Rohnke,* § 55 MarkenG, Rn. 12; vgl. *Jackermeier*, S. 156.
[621] *RGZ* 120, S. 402 (405); vgl. *Jackermeier*, S. 156, auch ein Verstoß gegen den Sinn einer gesetzlichen Regelung sei als Gesetzesverstoß im Sinne des § 134 BGB zu werten.
[622] s.o. § 5 IV 2.

Der BGH hatte seinerzeit offengelassen, ob § 20 GWB a.F. auf Verträge über Warenzeichen- (Marken-)rechte entsprechend anwendbar sein soll[623]. An die Stelle des § 20 GWB a.F. ist § 17 GWB getreten, der zwar eine Freistellungsregelung über die technischen Schutzrechte enthält, auf die Marken aber zumindest keine direkte Anwendung findet[624]. Gemäß § 18 GWB besteht jedoch die Möglichkeit der analogen Anwendung des § 17 GWB auf Verträge über in § 17 GWB nicht genannte Schutzrechte, worunter grundsätzlich auch die Marke fallen würde[625]. Voraussetzung hierfür ist nach

§ 18 Nr. 3 GWB allerdings, daß diese anderen Schutzrechte in einem inneren Zusammenhang mit den von § 17 Abs. 1 GWB erfaßten Schutzrechten stehen. Ein solcher Zusammenhang liegt zum einen dann vor, wenn es sich um einen „gemischten Vertrag" handelt, d.h., neben Patenten auch Marken lizensiert sind[626], zum anderen dann, wenn sie zur Verwirklichung des Hauptzweckes beitragen, der mit der Veräußerung oder Nutzungsüberlassung des betreffenden Schutzrechtes verfolgt wurde[627].

Gemäß § 18 GWB i.V.m. § 17 Abs. 2 Nr. 3 GWB analog sind Nichtangriffsabreden in Markenlizenzverträgen somit von dem Verbot des § 17 Abs. 1 S. 1 GWB freigestellt, wenn sie mit Lizenz- und Know – how - Verträgen i.S.v. § 17 und § 18 Nr. 1 und 2 GWB in Verbindung stehen, wobei auch hier die geringe Reichweite dieser Vorschrift zu beachten ist, da § 17 GWB auf Lizenzverträge zwischen Mitbewerbern nicht anwendbar ist und von daher in diesen Fällen durch die Regelung des § 1 GWB ersetzt wird, nach der wiederum in Anlehnung an das europäische Wettbewerbsrecht Nichtangriffsabreden grundsätzlich unwirksam sein können.

---

[623] Anders äußerte sich der EuGH, der davon ausging, daß markenbezogene Abreden nicht von § 20 GWB behandelt werden und auch für weniger wettbewerbsrelevant gehalten werden, vgl. *Windisch*, FS v. Gamm, S. 477 (488).

[624] Vgl. *Sack*, WRP 1999, S. 592 (599).

[625] *Ebel*, § 18 GWB, Rn. 4; *Bechthold*, § 17 GWB, Rn. 6.

[626] *Bechthold*, § 17 GWB, Rn. 6.

[627] *Ebel*, § 18 GWB, Rn. 4.

Die einem reinen Markenlizenzvertrag zugrundeliegende Nichtangriffsabrede ist dagegen von dem Anwendungsbereich der §§ 17, 18 GWB vollständig ausgeschlossen und profitiert daher nicht – auch nicht analog - von der Freistellung des § 17 Abs. 2 Nr. 3 GWB[628]. Aus nationaler kartellrechtlicher Sicht ist im Unterschied zum Patentrecht die Vereinbarung von Nichtangriffsabreden im Markenrecht, bezogen auf Verträge, die den obigen Anforderungen nicht entsprechen, grundsätzlich nicht zulässig.
In einer Mediation kann eine solche demnach nicht wirksam vereinbart werden.

Es bleibt somit die Vereinbarkeit mit europäischem Kartellrecht zu prüfen. Das Wettbewerbsrecht des EG[629] ist grundsätzlich auch auf die Markenlizenz anwendbar[630], wenn sich der Lizenzvertrag auf zwischenstaatliches Handeln auswirkt. Dabei gelten für das Markenrecht insofern unterschiedliche Grundsätze als im Patentrecht, denn die eben erwähnte Gruppenfreistellungsverordnung umfaßt nicht die Markenlizenzverträge[631].
Wie bereits dargestellt[632], hat die Kommission vor dem Inkrafttreten der neuen TT -GVO in ständiger Rechtsprechung die Nichtangriffsverpflichtungen als Wettbewerbsbeschränkung im Sinne des Art. 85 Abs. 1 EGV a.F. (heute: Art. 81 EG) behandelt und ihnen die Freistellungsfähigkeit abgesprochen.

---

628 *Bechthold*, § 17 GWB, Rn. 8.

629 Nach der durch den EuGH zum 1.5.1999 eingeführten neuen Zitierweise für die Bestimmungen der Europäischen Verträge, die für die Bezugnahme auf Artikel in der nach dem 1.5.1999 geltenden Fassung anzuwenden ist, um hierdurch die Verwechslungsgefahr mit den vor dem 1.5.1999 geltenden Fassungen zu beseitigen, vgl. *Mitteilungen*, EuZW 2000, S. 14 (15).

630 *EuGH* Slg. 1966, S. 321 (393); *EuGH* Slg. 1978, S. 1391 (1414); *EuGH* Slg. 1985, S. 363 (385). Gemäß *EuGH* Slg. 1987, S. 405, Rn. 14 (Verband der Sachversicherer/Kommission) soll Art. 81 aufgrund seiner einschränkungslosen Formulierung auf jede Betätigung und jede Branche Anwendung finden.

631 Von seinem Anwendungsbereich umfaßt sind Patentlizenzverträge, Know-how und auch andere Schutzrechte wie Gebrauchsmuster oder Sortenschutzrechte, sowie Vereinbarungen mit Nebenbestimmungen, vgl. *Callies/Ruffert/Weiß,* Art. 81 EG-Vertrag, Rn. 228.

632 s.o. § 5 VI.,2.,c), bb),bbb).

In jedem Fall werden auch heute die in Markenlizenzverträgen enthaltenen Nichtangriffsabreden durch den EuGH als wettbewerbsbeschränkend bewertet, wenn sie sich auf die Gültigkeit des betreffenden Schutzrechtes beziehen[633], es sei denn, es handelt sich um eine zugrundeliegende Freilizenz, da er davon ausgeht, der Lizenznehmer werde hier ohnehin kein Interesse verfolgen, das Schutzrecht anzugreifen[634]. Als nicht wettbewerbsbeschränkend bewertet die EU-Kommission im Markenrecht allerdings Nichtangriffsvereinbarungen, die sich lediglich auf die Rechtsinhaberschaft beziehen[635], da die geforderte Spürbarkeit in diesen Fällen nicht vorliegen würde.

Um den jeweiligen Einzelfall richtig beurteilen zu können ist grundsätzlich auch im Markenrecht wie auch im Patentrecht davon auszugehen, daß in internationaler Hinsicht zwar Nichtangriffsvereinbarungen dem Verbot des Art. 81 Abs. 1 EG unterfallen, also spürbare Beeinträchtigungen darstellen, im Einzelfall aber freistellungsfähig im Sinne des Abs. 3 sein können[636].

Ob es den Parteien möglich ist, in einer Mediation eine wirksame internationale Nichtangriffsabrede zu treffen, ist demnach im Einzelfall zu entscheiden. Die Gefahr für den Schutzrechtsinhaber, sich ggf. nachträglich nicht auf die Einrede berufen zu können, besteht sowohl im Markenrecht als auch im Patentrecht.

5. Zwischenergebnis

Die Untersuchung hat ergeben, daß im Patent- und Markenrecht grundsätzlich Nichtangriffsabreden in einer Mediation vereinbart werden können. Wirksamkeit erlangen die Abreden allerdings nur dann, wenn sie in Übereinstimmung

---

633 *EuGH* Slg. 1986, S. 611 ff., S. 660 ff., S. 662 ff., Rn. 76 ff. (für Warenzeichenlizenzverträge).

634 Vgl. *EuGH*, GRUR Int. 1989, S. 56, S. 689 (691); ebenso *Sack*, FS Fikentscher, S. 740 (762,765).

635 Vgl. für Warenzeichen: *EG-Kommission*, GRUR Int. 1990, S. 626 (628), wobei in dieser Entscheidung die kartellrechtliche Problematik mit der Ausschließlichkeit der Lizenz im Vordergrund steht.

mit den dargestellten rechtlichen und gesetzlichen, insbesondere den kartellrechtlichen Grundsätzen stehen. Auffallend ist, daß sich die Vereinbarung einer Nichtangriffsabrede mit internationaler Wirkung sowohl im Patent- als auch im Markenrecht aus wettbewerbsrechtlicher Sicht als problematisch darstellt, obwohl für den patentrechtlichen Bereich durch die TT - GVO eine Erleichterung besteht.

Von einer generellen Mediationsuntauglichkeit kann jedoch keine Rede sein.

Unterschiedlich fällt im Marken- und Patentrecht auch die Gewichtung von öffentlichem und eigenem Interesse des Schutzrechtsinhabers und die damit verbundene Wirkung einer Nichtangriffsabrede aus.

Obwohl zumindest in bestimmten Fällen sowohl die Markenlöschungsklage, als auch die Patentnichtigkeitsklage ein Popularverfahren darstellen, werden im Markenrecht öffentliche Belange stärker berücksichtigt als im Patentrecht, wo dem Willen zur gütlichen Einigung Vorzug zu geben ist und das Bestehen eines gleichwertigen öffentlichen Interesses hieran unterstellt wird. Für die Nichtangriffsabrede im Markenrecht hat dies zur Folge, daß sie in einem Popularverfahren der Klage nicht entgegengehalten werden kann, während dies im Patentnichtigkeitsverfahren möglich sein soll. Demzufolge ist in diesen Markenfällen die Vereinbarung einer solchen Abrede in einer Mediation auch nicht mit den gewünschten Wirkungen möglich, es sei denn dem Schutzrechtsinhaber genügt ihre schuldrechtliche Wirkung, aufgrund derer er Schadensersatz oder die Zahlung einer Vertragsstrafe verlangen kann.

---

[636] In diesem Sinne auch *Ingerl/Rohnke*, § 30 MarkenG, Rn. 56, der insbesondere dann von einer Freistellung ausgeht, wenn das Zeichen eine für den Markterfolg wesentliche Voraussetzung darstellt.

§ 6 Probleme bei Miterfindern und Markeninhabern

Ein weiteres Problemfeld besteht hinsichtlich einer Mediation in Streitigkeiten des gewerblichen Rechtsschutzes, wenn die in Frage stehenden Schutzrechte nicht nur einem, sondern mehreren Inhabern zustehen. Die bisherigen Untersuchungen erstreckten sich auf Streitigkeiten über Schutzrechte, deren Rechtsinhaberschaft sich der Einfachheit halber auf bloß einen Patent- oder Markeninhaber bezog. In der Praxis steht die Inhaberschaft eines Patentes oder einer Marke häufig aber nicht nur einer Person zu. Haben verschiedene Personen an einer Erfindung mitgewirkt[637], oder ist eine Marke mehreren Beteiligten zuzuordnen, so spricht man regelmäßig von Miterfindern und Markengemeinschaften[638]. Bei Gemeinschaften an Schutzrechten können durchaus Unstimmigkeiten darüber bestehen, wie mit dem jeweiligen Schutzrecht zu verfahren ist, bzw. wie es am vorteilhaftesten verwaltet werden soll. Denkbar ist in einem Streitfall zwischen den Schutzrechtsinhabern und dem Lizenznehmer auch, daß Unstimmigkeiten hinsichtlich der Frage bestehen, auf welchem Wege der vorliegende Konflikt zu lösen ist. So ist denkbar, daß ein Schutzrechtsinhaber zur Lösung des Konflikts ein streitiges Gerichtsverfahren begehrt, während die übrigen einer außergerichtlichen Streitbeilegung nicht abgeneigt wären.
Gegenstand der nachfolgenden Untersuchungen soll die Erörterung der Frage sein, wie es sich verhält, wenn mehrere Miterfinder an einem Patent oder Inhaber an einer Marke bestehen und nur einer an der Durchführung eines Mediationsverfahrens mit einer dritten Partei interessiert ist. Kann ein Inhaber gegen den Willen der anderen eine wirksame Mediation durchführen und bejahendenfalls, entfaltet ein eventuell erzieltes Mediationsergebnis für die anderen Miterfinder eine verbindliche Wirkung, oder besteht immer das Erfordernis der einheitlichen Zustimmung aller Inhaber des Schutzrechtes?

[637] Siehe „Biedermeiermanschetten" - Urteil des *BGH* in GRUR, 1979, S. 540 ff. .
[638] Vgl. *Busse,* § 6 PatG, Rn. 31f.; *Goertzen*, S. 6; *Bernhardt/Kraßer,* § 19, S. 194; vgl. *Sefzig*, GRUR 1995, S. 302; vgl. *Straub*, S. 37 (für Marken).

I. Mediation im Patentrecht bei Miterfindern

Das Thema der Mitinhaberschaft an einem Patent wurde sowohl in der vor 1981 geltenden Fassung[639] als auch in dem deutschen Patentgesetz von 1981[640] relativ knapp behandelt.

1. Vorliegen einer Miterfinderschaft

Gemäß § 6 S. 1 PatG steht das Recht auf das Patent[641] grundsätzlich dem Erfinder oder seinem Rechtsnachfolger zu[642]. Nach § 6 S. 2 PatG soll mehreren Erfindern das Recht auf das Patent gemeinschaftlich zustehen[643]. Das Gesetz geht somit von der Möglichkeit der Miterfinderschaft aus[644]. Die deutsche Regelung des § 6 S. 2 PatG[645] sagt jedoch nichts darüber aus, unter welchen Voraussetzungen von einer Miterfinderschaft auszugehen ist, welche Rechtsnatur ihr zukommt und welche Rechtsfolgen an die Mitinhaberschaft an einem Patent geknüpft sind.

Das Patentgesetz definiert die Erfindung nicht, gibt jedoch in § 1 Abs. 2 PatG Anhaltspunkte, was nicht als Erfindung gelten soll. Um den Begriff der Erfindung dem jeweils neusten Stand der Erkenntnisse der Wissenschaft anpassen zu

---

639 Deutsches Patentgesetz 1936, § 3, *RGBl.* II, S. 117; Deutsches Patentgesetz 1961, § 3, *BGBl.* I, S. 549; Deutsches Patentgesetz 1968, § 3, *BGBl.* I, S. 1.

640 Deutsches Patentgesetz, *BGBl.* 1981 I, S. 1, mit Änderungen.

641 Das Recht auf das Patent ist Teil des allgemeinen Erfinderrechtes, das sich aus dem Recht auf das Patent und dem Erfinderpersönlichkeitsrecht zusammensetzt, vgl. *Schulte*, § 6 PatG, Rn. 3; *Busse*, § 6 PatG, Rn. 11; vgl. *Bernhardt/Kraßer*, § 19, S. 197; *Benkard/Bruchhausen*, § 6 PatG, Rn. 13.

642 Seit 1936 ging das PatG vom Anmelder- zum Erfinderprinzip über. Das Recht auf das Patent hat somit nicht mehr der Anmelder, sondern der Erfinder.

643 Von dieser materiellen Berechtigung en der Erfindung zugunsten des wahren Erfinders, die § 6 PatG regelt, ist der prozessuale Anspruch auf Erteilung des Patentes zu unterscheiden, der nach § 7 Abs. 1 PatG dem Anmelder zusteht.

644 Hiervon zu unterscheiden ist der Grundsatz der „Doppelerfindung“ oder besser „Parallelerfindung“, der in § 6 S. 3 PatG (Präventionsprinzip) seinen Niederschlag gefunden hat. Hier bringen mehrere Erfinder unabhängig voneinander dieselbe Erfindung hervor, vgl. *Staudinger/Langhein*, § 741 BGB, Rn. 136.

645 Auch den Regelungen des EPÜ, insbesondere Art. 59 EPÜ sind keine Hinweise auf gemeinschaftliche Rechte gemeinsamer Erfindungen zu entnehmen. Das EPÜ verweist lediglich in Art. 64 EPÜ auf das nationale Recht. Das wird wohl auch für die Miterfinderschaft gelten, vgl. *Villinger,* CR 1996, S. 331 (332).

können, überläßt es die Ausfüllung des Begriffs der Rechtsprechung und Lehre[646]. Gegenwärtig wird die Erfindung im Allgemeinen als Lehre zum technischen Handeln[647] definiert. Auch fehlt eine gesetzliche Aufzählung der Voraussetzungen, unter denen mehrere gemeinsam eine Erfindung gemacht haben[648]. Die mögliche Annahme, Miterfinder könne nur der sein, der einen Beitrag zur Entstehung des Patentes geleistet hat, der sämtliche Schutzvoraussetzungen erfüllt, wird heute nicht mehr vertreten[649], da häufig nicht in dem einzelnen Beitrag, sondern nur in dem Gesamtergebnis der geforderte schöpferische Beitrag vorliegt, eine Miterfinderschaft in diesen Fällen mithin gar nicht entstehen könnte.

Miterfinder kann in Anlehnung an die heute herrschende Lehre[650] und Rechtsprechung[651] aber grundsätzlich nur derjenige sein, der selbst schöpferischen Anteil an dem Erfindungsgedanken genommen hat. Notwendige Voraussetzung für die Annahme einer gemeinschaftlichen Erfindung ist somit, daß der Erfinder zur Lösung beigetragen hat[652]. An dem Kriterium der schöpferischen Beteiligung

---

646 *BT-Drucks.*, Nr. 14 1876/77 zu § 1. Es wäre somit verfehlt, den Begriff der Erfindung an einer historischen Auslegung messen zu wollen.

647 *Busse,* § 1 PatG, Rn. 18; *Bernhardt/Kraßer*, § 11, S. 85; vgl. *Benkard/Bruchhausen*, § 1 PatG, Rn. 44; Der BGH versteht seit der grundlegenden Entscheidung im Fall „Rote Taube" (BGHZ 52, S. 74,79) eine „Lehre zum planmäßigen Handeln unter Einsatz beherrschbarer Naturkräfte zur Erreichung eines kausal übersehbaren Erfolges".

648 *BGH*, GRUR 1966, S. 558 (559); *LG* Nürnberg-Fürth, GRUR 1968, S. 252 (254).

649 *BGH,* GRUR 1966, S. 558 (559); Sefzig, GRUR 1995, S. 302; vgl. *Schulte*, § 6 PatG, Rn. 16; *Busse*, § 6 PatG, Rn. 32; *Schade,* GRUR 1972, S. 510 (511).

650 *Osterrieth,* S. 68, Rn. 116; *Benkard/Bruchhausen,* § 6 PatG, Rn. 32; *Busse*, § 6 PatG, Rn. 32; *Schulte,* § 6 PatG, Rn. 16; *Bernhardt/Kraßer,* § 19, S. 191; *Hueck*, BB 1948, S. 438; *Lindenmaier*, GRUR 1939, S. 153; *Redies,* GRUR 1937, S. 410 (414); *Volmer*, NJW 1954, S. 92 (94); *Wirth*, GRUR 1937, S. 407; *Reimer/Neumer,* § 3 Anm. 10.

651 Vgl. *RG*, GRUR 1938, S. 256 (262); *RG*, GRUR 1940, S. 339 (341); vgl. *RG*, GRUR 1944, S. 80 (81); *BGH*, GRUR 1969, S. 133 (135); *OLG* Düsseldorf, GRUR 1971, S. 215 (216); *BGH,* GRUR 1978, S. 583 (585).

652 *Busse*, § 6 PatG, Rn. 32; *Schulte,* § 6 PatG, Rn. 16; *Bernhardt/Kraßer,* § 19, S. 191; *Benkard/Bruchhausen,* § 6 PatG, Rn. 32.

wird somit festgehalten. Ist dies nicht der Fall, so begründet der Beitrag keine Miterfinderschaft[653].

Neben der Möglichkeit durch einen eigenen schöpferischen Beitrag die Rechtsposition eines Miterfinders zu erlangen, kann diese einem Dritten auch rechtsgeschäftlich oder durch Gesamtrechtsnachfolge eingeräumt werden[654].

In der Praxis stellt das Zusammenführen von Menschen innerhalb eines Unternehmens im Rahmen von Forschungsteams den Hauptanwendungsfall der Miterfinderschaft dar[655]. Aber auch im Zusammenspiel verschiedener Firmen ist das Entstehen einer Gemeinschaftserfindung keine Seltenheit, etwa dann wenn eine Firma eine andere als besonders sachverständig geltende Firma zur Lösung einer Aufgabe heranzieht[656].

2. Rechtsnatur der Miterfinderschaft

Die Beantwortung der Frage, ob es einem Miterfinder möglich ist, entgegen dem Willen der übrigen Miterfinder eine Mediation durchzuführen, der unter Umständen noch rechtsverbindliche Wirkung zukommt, hängt in erster Linie von der Rechtsnatur der Miterfinder ab[657].

Im Hinblick auf den gegenwärtigen Gesetzeswortlaut des § 6 S. 2 PatG, der bei dem Bestehen einer Erfindergemeinschaft von einem „gemeinschaftlichen" Recht an dem betreffenden Patent ausgeht, sind heute aber zwei Rechtsformen[658] denkbar. Zum einen die gesamthänderische Gebundenheit in Form der Gesellschaft bürgerlichen Rechts (GbR) im Sinne der §§ 705 ff BGB und zum anderen

---

[653] Vgl. *BGH*, GRUR 1966, S. 558 (559); vgl. *BGH*, GRUR 1978, S. 583 (585); vgl. *OLG* Düsseldorf, GRUR 1971, S. 215 (216); vgl. *Schulte*, § 6 PatG, Rn. 16; vgl. *Benkard/Bruchhausen*, § 6 PatG, Rn. 32; *Tetzner*, § 3 Anm. 14.

[654] Vgl. *Benkard/Bruchhausen*, § 6 PatG, Rn. 19; *Busse*, § 6 PatG, Rn. 32; *Bernhardt/Kraßer*, § 19, S. 190; *Schulte*, § 6 PatG, Rn. 8.

[655] *Fischer*, GRUR 1977, S. 313; vgl. hierzu auch *Villinger*, CR 1996, S. 393f.

[656] *Zeller*, GRUR 1942, S. 247.

[657] *Gaul/Bartenbach*, Patentlizenz und Know-how Vertrag (1993), Rn. 89 ff. .

[658] Allein durch die Regelung des § 6 S. 2 PatG ist die Rechtsnatur nicht entschieden, vgl. *Staudinger/Langhein*, § 741 BGB, Rn. 136.

die Bruchteilsgemeinschaft nach §§ 741 ff BGB[659]. Die unterschiedlichen Auswirkungen der beiden Rechtsformen auf die Patentmitinhaberschaft ist, wie sich im einzelnen zeigen wird, für die Möglichkeit der Durchführung einer Mediation sehr erheblich.

Voraussetzung für die Einstufung der Patentinhaber als GbR oder Bruchteilsgemeinschaft ist allerdings zunächst, daß die allgemeinen Regeln des BGB, insbesondere aber die §§ 741 ff. BGB auf die Miterfinder überhaupt Anwendung finden.

a) Anwendbarkeit Vorschriften des Bürgerlichen Gesetzbuches

Seit Jahrzehnten wird hervorgehoben, daß die Regeln der BGB-Gemeinschaft auf die Miterfindergemeinschaft nicht zufriedenstellend zugeschnitten sind[660]. Die Vorschriften der §§ 741 ff. BGB bezögen sich auf Vermögensrechte, die mehreren gemeinsam zustehen, und berücksichtigen generell nicht eine Mitberechtigung an einem Immaterialgüterrecht[661], mithin auch nicht an dem Erfinderrecht. Auf die Ungeeignetheit dieser Vorschriften machte auch Isay[662] durch einen Verweis auf § 749 Abs. 1 BGB aufmerksam. Nach dieser Norm ist es jedem Teilhaber jederzeit möglich, die Aufhebung der Gemeinschaft zu verlangen. Überträgt man diesen Grundsatz auf die Miterfinder, so würde dies eine ständige Unsicherheit bezüglich des Rechtsbestandes des Patentes bedeuten, mit der zwei mißliche Folgen geknüpft sind. Zum einen kann die durch einen Erfinder gewünschte Aufhebung des Patentes dazu führen, ein gesamtes Unternehmen auflösen zu müssen. Zudem fließt hierdurch unter Umständen einem ggf. bisher untätigen Teilhaber den durch andere gesteigerten Patentwert zu, denn im

659 Vgl. *Goertzen*, S. 1; *Benkard/Bruchhausen*, § 6 PatG, Rn. 34, 35; vgl. *Mes*, § 6 PatG, Rn. 11; *Zeller*, S. 6, 7.

660 *Isay*, GRUR 1924, S. 24 (25); *Villinger*, CR 1996, S. 331 (334); vgl. *Wunderlich*, S. 95; vgl. *Lüdecke*, S. 103f.; *Tetzner*, § 3 PatG, Anm. 16; *Fischer*, GRUR 1977, S. 313; vgl. *Sefzig*, GRUR 1995, S. 302 (303). ***A.A.*** *Engländer*, GRUR 1924, S. 53.

661 Wunderlich, S. 93.

662 *Isay*, GRUR 1924, S. 25 (27).

Falle der Auflösung erhält auch dieser einen Teil des erwirtschafteten Gewinnes. Diese Rechtsfolgen des BGB widersprächen aber dem Sinn des Patentschutzes, der nicht auf eine baldige Beendigung, sondern auf Dauer angelegt ist[663]. Speziell gegen eine Anwendung der §§ 705 ff. BGB wird vorgebracht, daß allein die systematische Stellung als Vorschriften über die Gemeinschaft im Recht der Schuldverhältnisse ihre grundsätzliche Verfehlung verdeutlicht.

Auch Fischer[664] vertritt die Meinung, daß die BGB-Regeln nicht passen, spricht folglich von einer „Unanwendbarkeit der Verwertungsregeln des BGB“ und begründet dies damit, daß der Gesetzgeber zur Zeit der Schaffung des BGB noch nicht an Problematiken gedacht hat, die im Zusammenhang mit Miterfindern stehen[665].

Auch die Wortwahl im BGB trägt, angewandt auf die gewerblichen Schutzrechte zur Verwirrung bei. So läßt sich nur schwer erkennen, ob die Autoren des Gesetzes mit den Begriffen „Gebrauch“, „Nutzung“ und „Benutzung“ gleiche oder unterschiedliche Sachverhalte meinen. Ebenso verhält es sich, indem der Gesetzgeber zunächst von einem „gemeinschaftlichen Gegenstand“ und dann lediglich von einem „Gegenstand“ spricht. Gemeint ist wohl immer der gemeinschaftliche Gegenstand, also das gemeinschaftliche Patent bzw. die Erfindung.

Teilweise wird bei gänzlicher Ablehnung der Regeln des BGB auf Miterfinder[666], sondern eine analoge Anwendung der Vorschriften des Urhebergesetzes als geeignete Lösungsform angesehen, insbesondere die Vorschrift des § 8 Abs. 2 UrhG. Wie sich § 8 Abs. 1 UrhG entnehmen läßt, besteht auch im Urheberrecht grundsätzlich die Möglichkeit der Miturheberschaft[667], wenn die Tätigkeit

---

[663] *Sefzig*, GRUR 1995, S. 302 (306).
[664] *Fischer*, GRUR 1977, S. 313.
[665] So auch *Engländer*, GRUR 1924, S. 53; *Lüdecke*, S. 104.
[666] Vgl. *Fischer*, GRUR 1977, S. 313.
[667] Miturheber sind eine Rechtsgemeinschaft besonderer Art, die kraft Gesetz mit der Vollendung des Werkes entsteht und mit Ablauf der Schutzfrist, die gemäß § 65 UrhG

mehrerer Miturheber ein einheitliches Werk hervorbringt. Im Unterschied zum Patentgesetz finden sich aber im Urhebergesetz in § 8 Abs. 2 HS 1 UrhG explizite Ausführungen über die Rechtsnatur der Miturheber und damit die diesen zustehenden Rechte. So soll gemäß § 8 Abs. 2 HS 1 UrhG das Recht zur Veröffentlichung und Verwertung den Miturhebern zur gesamten Hand zustehen. Der einzelne Urheber kann daher gemäß § 8 Abs. 2 S. 3 UrhG Ansprüche aus Verletzungen des gemeinsamen Urheberrechts geltend machen, wobei er aber nur Leistung an alle verlangen kann.

Trotz dieser scheinbar klaren Regelungen, bestehen aber auch im Urheberrecht Unstimmigkeiten darüber, wie das Rechtsverhältnis der Miturheber untereinander einzuordnen ist. So soll beispielsweise nach einer Meinung[668] nur für die Rechte der Veröffentlichung und Verwertung eine Gesamthandsgemeinschaft anzunehmen sein, während alle in der Vorschrift nicht aufgeführten Befugnisse außerhalb der gesamthänderischen Bindung bleiben sollen. In Betracht gezogen wird für die verbleibenden Fälle auch hier eine ergänzende Heranziehung der Vorschriften der §§ 705 ff. BGB[669], sowie eine Anwendung der Regeln über die Notgeschäftsführung nach § 744 Abs. 2 BGB[670]. Aufgrund dieser kontroversen Ansichten wird deutlich, daß die Regelungen des § 8 UrhG keine hinreichenden abschließenden Richtlinien für die Rechtsform und den sich daraus ergebenden Kompetenzen und Rechte von Miturhebern schaffen, sondern greifen ebenfalls auf die Grundrichtlinien des BGB zurückgegriffen wird. Eine Übertragung der Normen über die Miturheberschaft auf die Erfindergemeinschaft erscheint allein aus diesem Grund wenig sinnvoll.

---

nach dem Tod des Längstlebenden berechnet, kann demnach vorher nicht aufgelöst werden, vgl. *Haberstumpf*, Rn. 112.

[668] Hubmann/Rehbinder, S. 120, Rn. 117; Schricker/Loewenheim, § 8 UrhG, Rn. 10.

[669] Haberstumpf, Rn. 112.

[670] Dafür: *Fromm/Nordemann*, § 8 UrhG, Rn. 18; *Kritisch: Schricker,* § 8 UrhG, Rn. 1, der sowohl die urheberrechtlichen Vorschriften als auch eine Heranziehung der Regelungen über die Bruchteilsgemeinschaft für unzureichend hält.

Die überwiegende Meinung[671] bejaht dementsprechend in Ermangelung anderer spezialgesetzlicher Vorschriften eine Anwendung der BGB-Bestimmungen auf die Miterfinderschaft, soweit die Miterfinder ihre Rechtsform nicht in eigenen vertraglichen Absprachen geregelt haben. Ist eine solche vertragliche Absprache erfolgt, ist dieser allerdings Vorzug einzuräumen. Es sei jedoch zu berücksichtigen, daß die Anwendung der Bestimmungen den besonderen Verhältnissen der Gemeinschaftserfindung angepaßt werden müsse, da weder die Regeln über die BGB-Gesellschaft, noch die Vorschriften über die Gemeinschaft den Gedanken der Erfindergemeinschaft berücksichtigt.

b) Miterfinder als Gesellschaft bürgerlichen Rechtes oder als Bruchteilsgemeinschaft

Sind die Vorschriften des BGB auf die Miterfinder anwendbar, so richtet sich die Rechtsstellung der Miterfinder in erster Linie nach ganz herrschender Meinung[672] nach den Vorschriften der § 741 ff BGB über die Bruchteilsgemeinschaft, sofern die Miterfinder nichts besonderes vereinbart haben. Dies stimmt im Ergebnis auch mit einer Entscheidung des Reichsgerichtes von 1911[673] überein, in der das Reichsgericht ausführte, das Wesen des Miteigentums werde durch die §§ 741 ff BGB bestimmt, es also auch auf die Regelungen des BGB zurückgreift.

Bei den Regeln über die Bruchteilsgemeinschaft nach den §§ 741 ff BGB ist im folgenden aber streng zwischen den Fragestellungen zu differenzieren, ob oder

[671] *Benkard/Bruchhausen*, § 6 PatG, Rn. 34, 35; *MüKo/Schmidt*, § 743 BGB, Rn. 17; *Zeller*, GRUR 1942, S. 247; *Bernhardt/Kraßer*, § 15, S. 81.

[672] Vgl. *RGZ 117*, S. 47 (49) für Gebrauchsmuster; vgl. *RGZ 118*, S. 46 (47); *RG*, JW 1937, S. 28; *RG*, GRUR 1938, S. 256 (258); *Storch*, FS Preu, S. 39; *Schulte*, § 6 PatG, Rn. 17; *Osterrieth*, S. 68, Rn. 116; vgl. auch *Herms*, S. 31; *Bernhardt/Kraßer*,§ 19, S. 199; *Benkard/Bruchhausen*, § 6 PatG, Rn. 35 (mit Bezug nur auf Miterfinder); *Staudinger/Langhein*, vor § § 741 ff BGB, Rn. 10, § 741 BGB, Rn. 254 m.w.N; vgl. *Mes*, § 6 PatG, Rn. 11; *Reimar/Neumer*, § 3 Anm. 11, die Vorschriften der §§ 741 ff. BGB sollten zumindest analoge Anwendung finden.; vgl. *Wunderlich*, S. 140.

wie die Beteiligten ihre gemeinsame Erfindung nutzen oder sonstwie förderlich behandeln wollen und ob sie in Verfolg dieser Absichten imstande sind, Geschäfte darüber mit Außenstehenden eigenmächtig abzuschließen, oder Vertretungsmacht benötigen. Die Frage, ob beispielsweise das zugrundeliegende Patent durch die Erteilung einer von Firma XY gewünschten Lizenz genutzt werden soll, bezieht auf die Geschäftsführung und somit des Innenverhältnisses der Miterfinder. Wird dies auch im Innenverhältnis beschlossen, so ist im Außenverhältnis für die Erteilung dieser Lizenz ein Vertragsschluß erforderlich, dessen Vertragspartner in dem Lizenznehmer auf der einen Seite und sämtlichen Miterfinder auf der anderen Seite zu sehen ist. Eine Mediation mit einem Lizenznehmer, die diesem beispielsweise ein weiteres Nutzungsrecht einräumt, betrifft demzufolge das Außenverhältnis

aa) Bruchteilsgemeinschaft nach §§ 741 ff BGB

Gemäß § 741 BGB finden die Vorschriften der §§ 742 BGB bis § 758 über die Gemeinschaft nach Bruchteilen Anwendung, wenn ein Recht mehreren gemeinschaftlich zusteht und sich aus dem Gesetz nicht ein anderes ergibt. Die Regeln der §§ 741 ff BGB, die überwiegend lediglich das Innenverhältnis unter den Beteiligten betreffen[674], treten somit gegenüber Sonderregelungen zurück[675]. Als Sonderregelungen kommen vorliegend die Vorschriften über die Gesamthandsgemeinschaften des BGB in Betracht[676].

Wie bereits dargestellt[677] steht den Miterfindern nach § 6 S. 2 PatG das Recht auf das Patent gemeinschaftlich zu. Liegen auch keine der genannten Sonderrege-

673 Vom 22.5.1911 *RGZ* 76, S. 298 (300).

674 *Staudinger/Langhein*, § 743 BGB, Rn. 1; *Palandt/Sprau*, § 743 BGB, Rn. 1;vgl. *Kisch*, GRUR 1952, S. 267; *Lüdecke*, S. 103; RGRK, § 741, Anm. 2.

675 *Palandt/Thomas*, § 705, Rn. 1; *Staudinger/Langhein*, § 741 BGB, Rn. 5; vgl. *Benkard/Bruchhausen*, § 6 PatG, Rn. 34.

676 Es gibt grundsätzlich drei Gesamthandsgemeinschaften im BGB: Die Erbengemeinschaft (§§ 2032 ff), die Gütergemeinschaft (§§ 1415 ff) und die Gesellschaft bürgerlichen Rechts (GbR, §§ 705 ff).

677 s.o. § 6 I. 1.

lungen vor, ist davon auszugehen, daß die Miterfinder eine Bruchteilsgemeinschaft darstellen. Gemäß § 742 BGB ist davon auszugehen, daß den Teilhabern im Zweifel gleiche Anteile zustehen, die Miterfindern eines Patentes somit zu gleichen Teilen ein Recht auf das Patent haben.

aaa) Befugnis des einzelnen Miterfinders zur Mediation

Es stellt sich die Frage, ob damit auch dem einzelnen Miterfinder die Befugnis eingeräumt wird, über seinen Teil des Patentes nach seinem Belieben zu verfügen, d.h. ob er uneingeschränkt damit machen kann, was er möchte, also auch in einer Mediation eine Einigung mit einem Dritten über Fragen, die das Patent betreffen herbeiführen kann, die auch für die gegenüber anderen Miterfinder verbindlich ist.

Der Anteil jedes Teilhabers und somit auch jedes Miterfinders bezieht sich aber nicht auf reale Teile des Rechtsgegenstandes[678], sondern auf den Rechtsgegenstand als ganzes, so daß jedem ein ideeller Anteil an dem gemeinschaftlichen Immaterialgüterrecht zukommt[679]. Es steht dem Miterfinder somit nicht ein bestimmtes Teilstück des Patentes zu, mit dem er machen kann, was er möchte. Jeder Teilhaber kann aber nach § 747 S. 1 BGB über seinen Anteil an der Erfindung verfügen.

Aufschluß über die Art und Weise des Gebrauchsrechtes hinsichtlich der Anteile an dem Rechtsgegenstand als ganzes könnte sich aber aus der Regelung des § 743 Abs. 2 BGB ergeben, wonach jeder Teilhaber zum Gebrauche des jeweiligen Gegenstandes insoweit befugt ist, als nicht der Mitgebrauch der übrigen Teilnehmer beeinträchtigt wird. Die Vorschrift des § 743 Abs. 2 BGB regelt jedoch nur das Maß des Gebrauchsrechtes[680]. Sie sagt nichts über den Rahmen aus,

---

[678] Vgl. *BGH*, GRUR 1967, S. 655 (656); *Fischer*, GRUR 1977, S 313; *Bernhardt/Kraßer*, § 19, S. 201.

[679] *Hövelmann*, Mitt. 1999, S. 129.

[680] *Soergel/Hadding*, § 743 BGB, Rn. 2; vgl. *Enneccerus/Lehmann*, § 184, Rn. 4; *Palandt/Sprau*, § 743 BGB, Rn. 4.

innerhalb dessen der Teilhaber sein Gebrauchsrecht auszuüben ermächtigt ist. Aufschluß darüber, inwiefern der einzelne Miterfinder Befugt ist, eine Mediation durchzuführen, gibt die Vorschrift nicht.

(1) Maßnahmen der Verwaltung im Sinne der § 744 Abs. 1 BGB

Anhaltspunkte über die Benutzungsart und Weise des Gebrauchsrechtes finden sich aber in den Regelungen über die Verwaltung der §§ 744, 745 BGB.
§ 744 Abs. 1 BGB geht von dem Grundsatz[681] aus, die Verwaltung des gemeinschaftlichen Gegenstandes stehe den Teilhabern auch nur gemeinschaftlich zu. Unter „gemeinschaftlicher Verwaltung" im Sinne des § 744 Abs. 1 BGB ist die Geschäftsführung im Interesse aller Teilhaber[682] zu verstehen, die der Erhaltung oder Verbesserung der Sache dient, soweit sie nicht im unmittelbaren Gebrauch oder Verbrauch der Sache besteht[683]. Demnach fallen sowohl die Entscheidung darüber, ob überhaupt eine Patentanmeldung eingereicht werden soll, als auch die Verwertung durch Lizenzerteilung[684] oder Verteidigung eines bereits erteilten Patentes unter die Verwaltung der Gemeinschaft[685] (§§ 744, 745 BGB).
Die praktisch bedeutsame Möglichkeit der Vergabe von Lizenzen an Dritte besteht für jeden einzelnen Miterfinder somit grundsätzlich nicht[686]. Andernfalls entfaltet die Einräumung einer Lizenz gegenüber den restlichen Teilhabern

---

[681] *Palandt/Sprau*, § 744 BGB, Rn. 1.
[682] *BGB*-RGRK-v.Gamm, § 744 BGB, Rn. 2; *Soergel/Hadding*, § 744 BGB, Rn. 2; *Enneccerus/Lehmann*, § 185 II.
[683] *Staudinger/Langhein*, § 744 BGB, Rn. 7; *Wunderlich*, S. 112; vgl. auch *MüKo/Schmidt*, § 744 BGB, Rn. 3, wonach die Maßnahme über die bloße Erhaltung der Sache hinausgehen muß; *Palandt/Sprau*, § 744 BGB, Rn. 2; *Villinger*, CR 1996, S. 331 (336).
[684] *LG* Leipzig, GRUR 1940, S. 355 (356f.); *Wunderlich*, S. 112, 121; vgl. *Bernhardt/Kraßer*, § 19, S. 205f.; *Bartebach/Volz*, GRUR 1978, S. 668 (675).*A.A. Lüdecke*, S. 223-227.
[685] *Hövelmann*, Mitt. 1999, S. 129; vgl. *Staudinger/Langhein*, § 744 BGB, Rn. 24 ff. für die Geltendmachung eines Unterlassungsanspruches aus einem Patent; *Wunderlich*, S. 104, wenn die Patentverletzung eines Dritten droht, soll eine Anmeldung des Patentes möglich sein.
[686] *Bernhard/Kraßer*, § 19, S. 210; *Klauer/Mohring*, § 3 PatG, Rn. 18, *Reimer/Neumer*, § 3 PatG, Anm. 11. A.A. *Fischer*, GRUR 1977, S. 313 (315f.).

keine Rechtswirkung, so daß der Lizenznehmer Ansprüchen dieser Teilhaber ausgesetzt ist.
Sinn und Zweck einer Mediation ist unter anderem die bestmögliche Verwertung des zugrundeliegenden Schutzrechtes zu erwirken, indem beispielsweise Lizenzverträge erhalten oder neu begründet werden und Mißverständnisse ausgeräumt werden[687], sie soll folglich der Verbesserung bzw. den Erhalt der „Sache" dienen. Eine Mediation mit diesem Inhalt würde infolgedessen unter den Begriff der Verwaltung im Sinne des § 744 Abs. 1 BGB zu subsumieren sein und bedarf nach dieser Regelung im Innenverhältnis grundsätzlich der Mitwirkung aller Miterfinder. Wenn sich die Miterfinder nicht einig werden, kann eine Maßnahme nach § 745 Abs. 1 BGB durch Stimmenmehrheit beschlossen werden, wobei dann die Minderheit als durch die Mehrheit vertreten anzusehen ist[688]. Beschlüsse, die nicht den gesetzlichen Vorgaben entsprechen, also die Grenzen überschreiten, sind für die anderen Teilhaber nicht verbindlich und verpflichten zum Schadensersatz[689]. Zwar betrifft dies grundsätzlich nur das Innenverhältnis. Für eine entgegen dem Willen der anderen Miterfinder, also eigenmächtig durchgeführte Mediation bedeutet dies, daß sich die verbleibenden Miterfinder wahrscheinlich nicht an das Mediationsergebnis halten werden. Ein solches Ergebnis ist dann für beide Parteien sinnlos.

(2) Notwendige Erhaltungsmaßnahmen nach § 744 Abs. 2 HS 1 BGB

Dieser Grundsatz der gemeinschaftlichen Verwaltung wird aber bei Vorliegen der Voraussetzungen des § 744 Abs. 2 HS 1 BGB durchbrochen. Diese Vorschrift ermächtigt jeden Teilhaber dazu, die zur Erhaltung des Gegenstandes notwendigen Maßregeln zu treffen, ohne die Zustimmung der anderen Teilhaber zu benötigen und ohne von diesen in Regreß genommen werden zu können. Die

---

[687] s.o. § 4 I.

Palandt/Sprau, § 745 BGB, Rn. 4; *Enneccerus/Lehmann*, S. 741;*Soergel/Hadding*, § 745 BGB, Rn. 9; zum Meinungsstreit siehe *Staudinger/Langhein*, § 745 BGB, Rn. 33ff. .

[689] *Bernhard/Kraßer*, § 19 S. 203f.

Besonderheit dieser Bestimmung liegt nicht nur darin, daß sie den einzelnen Miterfinder ermächtigt, ohne Zustimmung der anderen tätig zu werden. Die Besonderheit ist vielmehr darin zu sehen, daß sich die Wirkungen des § 744 Abs. 2 HS 1 BGB über das Innenverhältnis hinaus auch auf das Außenverhältnis, also das Verhältnis zu Dritten erstrecken[690]. Liegen die Voraussetzungen vor, so ist der einzelne Miterfinder im Innenverhältnis gegenüber dem übrigen berechtigt, die erforderlichen Erhaltungsmaßnahmen zu treffen, wobei sich die anderen diesen Maßnahmen nicht widersetzen dürfen[691].

Zu untersuchen ist somit, wann eine zur Erhaltung des Gegenstandes notwendige Maßnahme der Verwaltung vorliegt.

Notwendige Erhaltungsmaßnahmen sind solche, die vom Standpunkt eines vernünftigen Eigentümers oder sonstwie Berechtigten[692] der Erhaltung der Substanz des gemeinschaftlichen Gegenstandes, ihrer Nutzungsmöglichkeit oder ihres wirtschaftlichen Wertes dienen[693].

Maßnahmen, denen lediglich eine nützliche Funktion zukommt, also beispielsweise bloß den wirtschaftlichen Wert des Patentes erhöhen, indem sie beispielsweise auf den Erhalt höherer Lizenzgebühren gerichtet sind, werden der Regelung des § 744 Abs. 2 HS 1 BGB nicht gedeckt[694]. Bezweckt ein Miterfinder die dringend gebotene Einigung mit dem Lizenznehmer, um ein Auseinanderbrechen des Vertragsverhältnisses zu verhindern, so gilt sein Hauptinteresse nicht der Höhe der Lizenzgebühren, sondern vielmehr der Aufrechterhaltung der Verträge, um das Schutzrecht umfassend verwerten zu können, die Benutzung der Erfindung im Interesse aller Teilhaber zu regeln oder auch die Anmeldung

---

[690] *Schubert*, JR 1986, S. 101; *Palandt/Thomas*, § 744 BGB, Rn. 3; vgl. *Wunderlich*, S. 103 für Maßnahmen der Verwaltung.

[691] *Staudinger/Langhein*, § 744 BGB, Rn. 26.

[692] Vgl. *BGHZ* 6, S. 76 (81); *LG Essen*, MDR 1960, S. 420; *Erman/Aderhold*, § 744 BGB, Rn. 7.

[693] *MüKo/Schmidt*, § 744, 745 BGB, Rn. 31; *Palandt/Sprau*, § 744 BGB, Rn. 3; *Staudinger/Langhein*, § 744 BGB, Rn. 21 ff. .

eines Schutzrechtes vorzunehmen[695]. In diesem Fall wäre von einer notwendigen Erhaltungsmaßnahme auszugehen. Der einzelne Miterfinder soll ein möglicherweise bestehendes Desinteresse eines Miterfinders an dem Patent oder mangelndes Urteilsvermögen nicht hinnehmen müssen.

Maßnahmen der Verwaltung umfassen interne Vereinbarungen und Entschlüsse, wie mit dem Gegenstand zu verfahren ist, er förderlich genutzt oder sonstwie behandelt werden soll.

Um die internen Absichten verfolgen zu können, also in dieser Absicht Geschäfte mit Außenstehenden abzuschließen, also auch eine Mediation mit einem Mediationsergebnis durchzuführen, ist Vertretungsmacht erforderlich.

Durch eine Mediation können Vertragsbeziehungen verlängert oder verbessert werden, wodurch die wirtschaftliche Verwertungsmöglichkeit des Schutzrechtes ergiebiger ausgeschöpft werden kann. Wird die Durchführung einer Mediation, die nicht nur die Einigung über die Höhe der Lizenzgebühren zum Gegenstand hat, also nicht nur eine wirtschaftliche Erhöhung des Schutzrechtes bewirkt, nicht als eine notwendige Erhaltungsmaßnahme eingestuft, so besteht die Gefahr, daß aufgrund der gesetzlichen Vorgabe des § 744 Abs. 1 BGB das Patent blockiert wird. Zwar besteht gemäß § 744 Abs. 2 HS 2 BGB[696] für den Miterfinder die Möglichkeit, im Voraus die Einwilligung der Teilhaber zu verlangen. Bezweckt ist hiermit eine Voraberklärung der Miterfinder, daß eine notwendige Erhaltungsmaßnahme vorliegt[697]. Bei mangelnder Kooperation der übrigen Teilhaber, kann der Miterfinder darauf angewiesen sein, dieses Recht im Klagewege durch Leistungsklage einzufordern und es damit durch einen langwierigen Rechtsstreit zu sichern, was aber aufgrund der Dauer eines solchen Rechtsstrei-

---

[694] Vgl. *Soergel/Hadding*, § 744 BGB, Rn. 4; vgl. *MüKo/Schmidt*, § 744 BGB, Rn. 34. Dies ist von der Zahlung der Patentgebühren zu unterscheiden, welche eine Maßnahme notwendiger Verwaltung darstellt, vgl. *Kisch*, GRUR 1952, S. 267 (268).

[695] Vgl. *Wunderlich*, S. 104, sofern in der Anmeldung keine Verfügung gesehen wird.

[696] Die praktische Bedeutung dieser Vorschrift ist gering, da der Miterfinder die Mitwirkung der anderen wegen des weiteren Tatbestandes und der weitergehenden Rechtsfolgen nach § 745 Abs. 2 BGB einfordern wird und nicht nach § 744 Abs. 2 HS 2.

tes einen erheblichen Teil des gemeinschaftlichen Gegenstandes unverwertbar machen kann.

Aufgrund der begrenzten Schutzdauer eines Patentes und der Gefahr seiner technischen Überholung durch Dritte, besteht die Notwendigkeit[698] speziell diesem Schutzrecht zu einer uneingeschränkten Geltung zu verhelfen, was dem Interesse der einzelnen Teilhaber entsprechen wird[699]. Bei Vorliegen der Voraussetzungen des § 744 Abs. 2 BGB ist demnach grundsätzlich die Durchführung einer Mediation auch ohne Zustimmung der übrigen Miterfinder möglich.

(3) Vertretungsmacht des handelnden Miterfinders

Es stellt sich somit die Frage, welche Wirkungen die in einer erfolgreichen Mediation durch ihn abgegebenen Willenserklärungen haben. Für seinen Mediationsgegner wird eine Einigung über das Schutzrecht nur dann interessant, wenn sich sämtliche Inhaber des Schutzrechtes an das Ergebnis vertraglich gebunden fühlen.

Fraglich ist somit, ob die von nur einem Miterfinder bei Vorliegen der Voraussetzungen des § 744 Abs. 2 BGB erfolgreich durchgeführte Mediation in Vertretung der übrigen Miterfinder stattfindet und damit abgegebene Willenserklärungen diesen nach § 164 Abs.1 BGB zuzurechnen sind.

Dies wäre dann der Fall, wenn dem einzelnen Miterfinder aufgrund der Vorschrift des § 744 Abs. 2 BGB Vertretungsmacht zukäme, bei einer Mediation also nicht nur in eigenem Namen, sondern im Namen aller Miterfinder auftreten würde, eine Einigung somit für alle übrigen Miterfinder gelten soll.

Sinn und Zweck der Regelung des § 744 Abs. 2 BGB erfordern, daß ihr über das Innenverhältnis hinaus Außenwirkung zukommt[700]. Sie verleiht dem Handelnden

---

[697] Mot. *Mugdan II*, S. 490; Motive zu den Entwürfen, § 766, S. 877.

[698] s.o.

[699] Vgl. *Sefzig*, GRUR 1995, S. 302 (304).

[700] Andere Auffassung *Staudinger/Langehein*, § 744 BGB, Rn. 35; *Lüdecke*, S. 223 ff. .

zumindest eine Vertretungsmacht für notwendige Erhaltungsmaßnahmen[701]. Ohne die Einräumung eines solchen Rechtes, könnte dem nicht ausreichend Rechnung getragen werden und die Möglichkeit der Gefahrenabwehr bliebe bloße Theorie. Zwar könnte der Miterfinder theoretisch notwendige Erhaltungsmaßnahmen selber vornehmen, ohne eine Verpflichtung mit Dritten eingehen zu müssen. Im Zusammenhang mit gewerblichen Schutzrechten, die den Gegenstand einer Mediation bilden und dem Erhalt der zugrundeliegenden Vertragsbeziehungen ist der Miterfinder aber in der Regel auf ein Zusammenspiel mit Dritten angewiesen. Die Mediation zielt in ihrem Ergebnis auf eine zufriedenstellende und zukunftsorientierte Vereinbarung der Beteiligten ab. Es besteht damit die Notwendigkeit, daß der Teilnehmer auch ermächtigt ist, eine hierauf gerichtete Erklärung abzugeben. Wäre dies nicht der Fall, stünden die übrigen Miterfinder nicht nur den zum Erhalt des Schutzrechtes notwendigen Maßnahmen entgegen, sondern im schlimmsten Fall auch dem dahingehend getroffenen Mediationsergebnis. Weder dem Dritten, noch dem beteiligten Miterfinder wäre durch an einer vergleichbaren Situation gelegen.
Für den Handelnden Miterfinder ergäben sich ohne Vertretungsmacht zwar keine Beschränkungen seiner Handlungsbefugnis, insbesondere werden seine Interessen durch die Möglichkeit, Rückgriff zu nehmen, hinreichend durch § 748 BGB gewahrt. Im Hinblick auf den Dritten lassen sich jedoch Vorteile erkennen. Dieser wird kaum in der Lage sein zu beurteilen, ob die Maßnahme wirklich durch Abs. 2 gedeckt ist und wäre darauf angewiesen, auf eine behauptete Vertretungsmacht zu vertrauen. Zudem wird es für ihn einen Unterschied machen, ob er im Streitfall lediglich einen oder drei Anspruchsgegner hat.

---

[701] Keine Vertretungsmacht für Verpflichtungsgeschäfte: *Erman/Aderhold*, § 744 BGB, Rn. 8; vgl. *BGB-RGRK/ v. Gamm*, § 744 BGB, Anm. 2; *Palandt/Thomas*, § 744 BGB, Rn. 3; vgl. *Lüdecke*, S. 138; *Staudinger/Langhein*, § 744 BGB, Rn. 35; *Soergel-Hadding*, § 744 BGB, Rn. 6. *BGHZ* 17, S. 181 (184); ***A.A.*** *MüKo/Schmidt*, §§ 744, 745 BGB, Rn. 38.

Das Vorliegen der Voraussetzungen der Notgeschäftsführung ermächtigt den Miterfinder zu alleinigem Handeln. Darin ist die Erteilung einer Vollmacht zu erblicken.
Die übrigen Miterfinder müssen sich somit die durch den teilnehmenden Miterfinder abgegebenen Willenserklärungen, die das vereinbarte Mediationsergebnis, das beispielsweise in einen neu abgeschlossenen, modifizierten oder auch verlängerten Lizenzvertragsverhältnis liegen, begründet haben, zurechnen lassen.

Für die Absicht der Durchführung eines Prozesses wird dem Miterfinder darüber hinaus auch eine gesetzliche Prozeßführungsbefugnis zugestanden[702], die sich auf § 744 Abs. 2 BGB stützen läßt.
Der einzelne Teilnehmer ist im Außenverhältnis berechtigt, unter den Voraussetzungen des Abs. 2 gemeinschaftliche Ansprüche vor Gericht, ohne Mitwirkung der übrigen Teilhaber einzuklagen und zu verteidigen, mithin ein Patentverletzungsverfahren zu bestreiten aber auch die Verteidigung in einem Nichtigkeitsstreit durchzuführen[703]. Es handele sich bei der Klageerhebung gegen eine patentverletzende Entscheidung um eine Erhaltungshandlung und kann daher im Sinne des § 744 Abs. 2 BGB auch ohne Zustimmung der anderen vorgenommen werden. Dem einzelnen Miturheber wird folglich eine Prozeßführungsbefugnis zugestanden[704]. Eine notwendige Erhaltungsmaßnahme ist damit auch die Klage des einzelnen auf Unterlassungs- und Schadensersatz aus einem Patent an alle[705].

---

[702] Vgl. *RGZ* 112, S. 361 (367); *RGZ* 76, S. 289 (299); *BGHZ* 17, S. 181 (185ff.); vgl. *BGHZ* 51, S. 125 (128); vgl. *BGH*, NJW 1982, S. 641; *Schubert*, JR 1986, S. 101; *MüKo/Schmidt*, §§ 744, 745 BGB, Rn. 39; vgl. *Reimer/Neumer*, § 3, Rn. 11; vgl. *Klauer/Möhring*, § 3, Rn. 18.
[703] *RGZ* 76, S. 298 (299); *Calé*, GRUR 1931, S. 90 (93); ***A.A.*** *BGH*, GRUR 1955, S. 535 (538), der zwar die Verteidigung, nicht aber die Anberaumung eines Nichtigkeitsstreites zuläßt.
[704] *Schubert*, JR 1986, S. 101.
[705] *RGZ* 112, S. 361 (367); *Busse*, § 6 PatG, Rn. 38.

Wenn dem einzelnen Miterfinder aber schon bei Vorliegen der Voraussetzungen des § 744 Abs. 2 HS 1 BGB eine eigene Prozeßführungsbefugnis zugestanden wird, aufgrund derer er in der Lage ist, eine rechtsverbindliche Entscheidung herbeizuführen, so muß er doch erst recht ermächtigt sein, ohne die Zustimmung der anderen ein Verfahren durchzuführen, in dem keine derartig rechtsverbindliche Entscheidung ergehen kann, wie dies bei einer Mediation der Fall ist[706]. Allerdings sollte den übrigen Miterfindern die Möglichkeit offenstehen, eine Art Gesamtwirkung des Mediationsergebnisses auch durch nachträgliche Genehmigung zu erreichen, wie es auch für den Fall des Urteils vertreten wird[707].

bbb) Zwischenergebnis

Sind die Miterfinder als Bruchteilsgemeinschaft gemäß der §§ 741 ff BGB zu qualifizieren, haben sie grundsätzlich keine Befugnis, alleine über das zugrundeliegende Patent zu verfügen oder es nach belieben zu verwalten. Etwas anderes gilt für den Fall einer Notsituation, denn dann können gemäß der Regelung des § 744 Abs. 2 BGB die erforderlichen Erhaltungsmaßnahmen getroffen und auch im Außenverhältnis wirksam vertreten werden. Wie weit die Rechte des einzelnen Miterfinders hierbei gehen sollen läßt sich nicht pauschal festlegen, sondern bedarf vielmehr einer Entscheidung im Einzelfall. Es muß ein Ausgleich gefunden werden, der zum einen das Entstehen einer „Patentblockade“ vermeidet, zum anderen aber nicht so weit geht, daß jedwede nützliche und vorteilhafte Verwaltung eigenmächtig vorgenommen werden kann.

In jedem Fall sind der Maßnahmen, die den Erhalt bestehender Vetragsbeziehungen oder dessen Neubegründung fördern und die Klärung von Sachverhalten, die ein Verletzungsverfahren vermeiden und damit die Verwertung

---

[706] s.o. § 2 III.

[707] *Blomeyer*, AcP 159, S. 385 (398). Ähnliches wurde bereits für die Frage vertreten, ob ein Miterfinder befugt ist, die anderen bei der Anmeldung vor dem Patentamt zu vertreten. Eine solche Anmeldung soll nur dann erfolgreich sein, wenn formgerechte Vollmachten nachgereicht werden, vgl. *Bernhardt/Kraßer*, § 19, S. 203.

des Schutzrechtes ungestört ermöglichen, als notwendige Erhaltungsmaßnahmen zu qualifizieren. Bilden derartige Sachverhalte den Gegenstand eines Mediationsverfahrens, ist es einem Miterfinder möglich, ein Mediationsergebnis im Namen aller Miterfinder zu vereinbaren.

bb) GbR nach §§ 705 ff BGB

Haben sich die Erfinder dagegen durch einen den Erfordernissen des § 705 BGB entsprechenden Vertrag zum Zwecke der Entwicklung und Auswertung der Erfindung zusammengeschlossen, so entsteht eine Gesamthandsberechtigung an der Erfindung[708], die auch als Gesellschafts- oder Gemeinschaftserfindung bezeichnet wird[709].

Was die Gesellschafter –im Unterschied zur bloßen Bruchteilsgemeinschaft, bei der lediglich mehrere Personen „nebeneinander" die Sachherrschaft ausüben- verbindet, ist der gemeinsame Zweck, zu dem sie sich verbunden haben, der z.B. in der gemeinsamen Entwicklung und Verwertung der Erfindung liegen kann[710], womit kraft rechtlicher Bindung ein Einheitswille geschaffen wird. Eine Gesellschaft kann allein durch den Zusammenschluß mehrerer Personen, die den gemeinschaftlichen Willen haben einen gemeinsamen Zweck zu fördern entstehen, ohne daß Formvorschriften eingehalten werden müssen[711]. Der Hauptunterschied zur Bruchteilsgemeinschaft ist darin zu sehen, daß die Gesellschafter wegen der gesamthänderischen Bindung nicht über ihren Anteil verfügen können, (vgl. § 719 BGB), somit auch allein keine Verfügung über das Recht an der Erfindung in ihrer Gesamtheit treffen können. Die Verwertung und die Verteidi-

---

708 Vgl. *Lüdecke*, S. 101, 117. Vgl. zur Abgrenzung *Fischer*, GRUR 1977, S. 313; *Mintz*, GRUR 1931, S. 89 (90); *A.A. MüKo/Schmidt*, § 741 BGB, Rn. 41.

709 *Zeller*, GRUR 1942, S. 247 (248); *Klauer/Möhring*, § 3, Rn. 18; *Sefzig*, GRUR 1995, S. 302.

710 *Bernhardt/Kraßer*, § 19, S. 200; *Zeller*, GRUR 1942, S. 247; vgl. *Mintz*, GRUR 1931, S. 89 (90); vgl. *Lüdecke*, S. 106; vgl. *Hövelmann*, Mitt. 1999, S. 129. Kritisch ist aber mit der Annahme eines gemeinsamen Zweckes umzugehen, wenn zwei Personen sich lediglich dazu entschließen, gemeinsame Anstrengungen zur Lösung eines technischen Problems zu machen.

gung eines erteilten Patentes fallen unter die Verwaltung der §§ 709 ff. BGB und stellen demzufolge eine gemeinsame Angelegenheit aller Gesellschafter dar[712]. Entscheidungen sind von allen Teilhabern nach dem Grundsatz der Gesamtgeschäftsführung gemeinsam zu treffen, vgl. § 709 BGB. Eine Durchbrechung dieses Grundsatzes aufgrund einer dem § 744 Abs. 2 BGB entsprechenden speziellen Vorschrift existiert für die Gesellschaft nicht.

Ein einzelner Gesellschafter wäre demzufolge nicht ermächtigt, sich ohne die vorherige Zustimmung der übrigen Miterfinder, auf eine Mediation mit einem Dritten einzulassen, wenn er mit den übrigen Miterfindern zuvor einen gemeinsamen Zweck vereinbart hat und diese eine Gesamthandsgemeinschaft bilden. Dieses Ergebnis erscheint nicht zufriedenstellend und bedarf einer Korrektur. Warum sollten durch eine eventuell zufällig getroffene Zweckvereinbarung die Befugnisse einer Gesamthandsgemeinschaft gegenüber der Bruchteilsgemeinschaft derartig begrenzt werden, daß auch in dringenden Fällen keine alleinigen Handlungsmöglichkeiten bestehen und für diesen Fall die Möglichkeit der Durchführung einer Mediation durch nur einen Miterfinder gänzlich versagt wäre. Gerade für die auf Verfolgung eines gemeinsamen Zweckes gerichtete Vereinigung erscheint es doch geboten, in Ausnahmefällen notwendige Erhaltungsmaßregeln treffen zu können.

Um diesen krassen Unterschied zu vermeiden wird nach ganz herrschender Ansicht[713] die Möglichkeit der analogen Anwendung der Vorschrift des § 744 Abs. 2 BGB auf die Gesamthandsgemeinschaft bejaht.

---

711 *Bernhardt/Kraßer*, § 19, S. 200 nachgucken.

712 *Hövelmann*, Mitt. 1999, S. 129.

713 *BPatG*, GRUR 1979, S. 696; *RGZ* 112, S. 361 (367); *BGHZ* 17, S. 181 (182,183); *Palandt/Sprau*, Vorb. 6 vor § 709 BGB; *MüKo/Ulmer*, § 709 BGB, Rn. 35; vgl. *Hövelmann*, Mitt. 1999, S. 129 (131); *Lüdecke*, S. 135; *Ganssmüller*, DB 1954, S. 860 (862); *RGRK-v.Gamm*, § 744 BGB, Rn. 13; ***A.A.*** *Staudinger/Langhein*, § 744 BGB, Rn. 31.

Die oben im Zusammenhang mit § 744 Abs. 2 BGB gemachten Ausführungen zur Bruchteilsgemeinschaft gelten somit entsprechend für die Gesamthandsgemeinschaft. Auch hier ergibt sich ein Vertretungsrecht[714].

3. Zwischenergebnis

Die Untersuchung hat gezeigt, daß eine gesetzliche Festlegung der Rechtsnatur und damit verbundenen Rechte von Miterfindern im Patentgesetz gegenwärtig fehlt und für die Zukunft notwendig ist. Eine Anwendung der Vorschriften des Urhebergesetzes ist aufgrund ihrer unklaren und umstrittenen Bedeutung abzulehnen.

Die Miterfinder werden daher je nach Vorliegen einer Zweckvereinbarung als Bruchteilsgemeinschaft oder Gesamthandsgemeinschaft eingestuft. In Anlehnung an die herrschende Meinung ergeben sich bei einer analogen Anwendung der Vorschrift des § 744 Abs. 2 BGB auf die Gesamthandsgemeinschaft aber keine unterschiedlichen Rechtsfolgen für die Miterfinder aufgrund ihrer rechtlichen Einordnung als Bruchteils- bzw. Gesamthandsgemeinschaft.

Miterfindern ist es demzufolge nur bei Vorliegen der Voraussetzungen des § 744 Abs. 2 BGB möglich, eigenmächtig und ohne die Zustimmung der übrigen Teilhaber eine Mediation durchzuführen, die Fragen über das betreffende Schutzrechtes zum Gegenstand hat. Er kann von den übrigen Miterfindern nicht in Regreß genommen werden. Eine Einigung bzw. ein Einigungsvertrag gilt nicht nur als von dem an der Mediation teilnehmenden Miterfinder als geschlossen. Dieser handelt in Vertretung für die abwesenden Miterfinder.

Die Anwendung der Regelungen des BGB auf die gewerblichen Schutzrechtes illustriert an dem Beispiel der Miterfinderschaft, daß diese offensichtlich auf die Immaterialgüter nicht zugeschnitten sind. Um hieraus resultierende Unannehmlichkeiten zu umgehen ist den Miterfindern zu raten, Rechte, Möglichkeiten und

---

[714] *Palandt/Sprau*, Vorb. 6 vor § 709 BGB.

Pflichten –auch prozessualer Art- vertraglich gesondert festzulegen, da derartige Abreden gegenüber den Grundregeln voranging sind.

II. Mediation im Markenrecht bei mehreren Markeninhabern

Ähnliche Probleme ergeben sich in diesem Zusammenhang, wenn eine Marke mehreren Inhabern zusteht und eine sogenannte Markenmitinhaberschaft[715] vorliegt. Eine Beantwortung der Frage, ob dem einzelnen Mitinhaber das Recht zusteht, sich ohne Zustimmung der übrigen Inhaber auf eine Mediation mit einem Dritten einzulassen, hängt –wie im Patentrecht[716]- von der Rechtsnatur der Markenmitinhaber ab.

Auch dem Markengesetz sind keine expliziten Regelungen zu entnehmen, welche Rechtsnatur mehreren Inhabern einer Marke zukommt und welche Befugnisse den einzelnen Inhabern zustehen sollen.

Zu klären ist zunächst, ob eine Marke auch mehreren Inhabern zustehen kann und wenn ja, welche Rechte diese haben.

Nicht einheitlich ist im Markenrecht die Frage der Markenrechtsfähigkeit, d.h. der rechtliche Fähigkeit, Inhaber einer Marke sein zu können[717] geregelt.

Nach § 7 MarkenG sind natürliche Personen (Nr. 1), juristische Personen (Nr. 2) und Personengesellschaften, die über die Fähigkeit verfügen, Rechte zu erwerben und Verbindlichkeiten einzugehen, markenrechtsfähig. § 7 MarkenG regelt allerdings nur die Markenrechtsfähigkeit hinsichtlich des durch die Eintragung eines Zeichens als Marke in das Markenregister entstehenden Markenschutzes gemäß § 4 Nr. 1 MarkenG[718]. Die Markenrechtsfähigkeit für die Marken, deren Schutz durch ihre Benutzung (§ 4 Nr. 2 MarkenG) oder ihre notorische Be-

---

715 Vgl. *Ingerl/Rohnke,* § 7 MarkenG, Rn. 7; vgl. *Straub,* S. 37, Rn. 78; vgl. *Berlit,* S. 18, Rn. 25f.

716 s.o. § 6 I.

717 *Fezer,* § 7 MarkenG, Rn. 6ff.; vgl. *Althammer/Ströbele/Klaka,* § 7 MarkenG, Rn. 1.

718 Vgl. *Althammer/Ströbele/Klaka,* § 7 MarkenG, Überschrift des Abschnitt 2; *Thun,* GRUR 1999, S. 862 (863); *Fezer,* § 7 MarkenG, Rn. 1.

kanntheit (§ 4 Nr. 3 MarkenG) entsteht, regelt das Markengesetz dagegen nicht ausdrücklich.

Aufgrund der Regelung des § 7 Nr. 1 MarkenG, in welcher keine zahlenmäßige Beschränkung gesetzlich angeordnet wurde ist anzunehmen, daß eine Marke grundsätzlich auch mehreren Inhaber zustehen kann. Dies stimmt auch mit der Regelung des § 5 Abs. 3 der MarkenV überein, die explizit die Möglichkeit vorsieht, die Anmeldung einer Marke durch mehrere Personen vorzunehmen[719].

Es stellt sich somit die Frage, welche Rechtsnatur mehrere Inhaber einer Marke aufweisen und welche Befugnisse sich hieraus ableiten lassen.

Den einzelnen Markeninhabern steht zunächst einmal das Recht zu, ihre Rechtsbeziehungen untereinander vertraglich zu regeln[720]. Nehmen sie von diesem Recht keinen Gebrauch, so ist anerkannt, daß die Vorschriften über die Bruchteilsgemeinschaft (§§ 741 ff BGB) ergänzend heranzuziehen sind[721]. Gegenüber dem DPMA und auch gegenüber Dritten sind mehrere Markeninhaber als Gesamtschuldner und Gesamtgläubiger zu qualifizieren[722].

Für die hieraus abzuleitenden Rechte der einzelnen Mitinhaber, eine Mediation durchzuführen, kann bei fehlender vertraglicher Regelung, vollständig auf die oben zur Miterfinderschaft gemachten Ausführungen verwiesen werden.

Es ist auch kein Grund ersichtlich, warum hinsichtlich der § 4 Nr. 2 und 3 MarkenG etwas anderes gelten sollte[723].

Im Ergebnis stellt sich die Rechtslage im Markenrecht damit nicht anders als im Patentrecht dar. Beiden Gesetzen fehlen explizite Vorschriften, die sowohl die Rechtsnatur als auch die bestehenden rechtlichen Möglichkeiten im Falle des Bestehens mehrerer Inhaber eines Schutzrechtes regeln. Aus diesem Grunde bedarf es im Patentrecht und im Markenrecht des Rückgriffes auf die Vorschriften

[719] Vgl. auch *Althammer/Ströbele/Klaka*, § 7 MarkenG, Fn. 3.
[720] *Ingerl/Rohnke*, § 7 MarkenG, Rn. 7.
[721] *Ingerl/Rohnke*, § 7 MarkenG, Rn. 7.
[722] *Ingerl /Rohnke*, § 7 MarkenG, Rn. 7.

des BGB, welches zwei Rechtsformen, die GbR und die Bruchteilsgemeinschaft zur Wahl stellt. Eine analoge Anwendung der Vorschriften des Urhebergesetzes, insbesondere des § 8 Abs. 2 UrhG ist abzulehnen.

Fehlt es an einer hinreichenden Zweckvereinbarung wischen den Inhabern des Schutzrechtes, ist im Zweifel von dem Bestehen einer Bruchteilsgemeinschaft im Sinne der §§ 741 ff BGB auszugehen. Auf die Mediation wirkt sich dies dahingehend aus, daß der einzelne Gesellschafter lediglich im Wege der Notgeschäftsführung alleine eine Mediation durchführen kann, ein möglicherweise erzieltes Mediationsergebnis aber Rechtswirkung auf die übrigen Miterfinder bzw. Mitinhabern einer Marke entfaltet.

Aufgrund der nach überwiegender Ansicht vorzunehmenden analogen Anwendung des § 744 Abs. 2 BGB auf die Gesellschaft bürgerlichen Rechts, ergeben sich auch bei Vorliegen einer solchen kein anderen Rechtsfolgen.

Steht ein Lizenznehmer einer Mehrheit von Schutzrechtsinhabern gegenüber, sollte er sich jedoch bestmöglichst vor der Durchführung einer Mediation vergewissern, ob Einigkeit aller Inhaber hinsichtlich der Durchführung besteht, um damit eventuell entstehenden Komplikationen aus dem Weg zu gehen.

Sowohl für das Patent, als auch für das Markenrecht scheint aufgrund der unzureichenden gesetzlichen Bestimmungen eine eigene vertragliche Regelung der Rechtsverhältnisse vorteilhaft zu sein.

§ 7 Mediation als obligatorisches Vorverfahren

Die klassische Mediation ist als ein Angebot zur außergerichtlichen Konfliktbeilegung zu verstehen, welches unabhängig von einem staatlichen Gerichtsverfahren durchzuführen ist, mit diesem also in keinem Zusammenhang

[723] *Ingerl/Rohnke*, § 7 MarkenG, Rn. 5.

steht. Es obliegt allein den Parteien, ob sie dieses Angebot in Anspruch nehmen wollen oder die staatliche Gerichtsbarkeit bevorzugen[724]. Wesentlicher Aspekt der Mediation ist daher die „doppelte Freiwilligkeit“ der Parteien, sich auf die Mediation einzulassen und die Freiheit, ihren Ausgang zu bestimmen. Mit dieser Freiwilligkeit geht aber auch die Gefahr einher, daß von der Institution nur in geringem Umfang Gebrauch gemacht wird.

Die Befürchtung, der Mediation werde keine großen Akzeptanz zukommen, sie werde von den Parteien nicht freiwillig in Anspruch genommen und damit zu einer Art „fehlgeschlagener Versuch“[725] werden, ist groß. Sie läßt sich vor allem darauf zurückführen, daß die Anwendung von Mediationstechniken für die Bevölkerung neu ist, ihr Bekanntheitsgrad niedrig[726] und demzufolge keine ausreichenden Erfahrungen[727] im Zusammenhang mit ihrer Anwendung und Durchführung bestehen. Aber auch das Fehlen einer expliziten allgemeinen gesetzlichen Regelung der Mediation ist als Grund für die Befürchtung einer eher restriktive Inanspruchnahme denkbar. So sind z.T. andere Formen der außergerichtlichen Schlichtung gesetzlich geregelt, wie z.B. das Schiedsverfahrensrecht (§ 1030 ff ZPO). Dieser Umstand könnte in der Bevölkerung zu der mißlichen Annahme führen, es handele sich bei der Mediation um eine „minderwertige“ Schlichtungsform.

Eine zufriedenstellende Akzeptanz der Mediation durch die Bevölkerung läßt sich aber nicht allein durch das Anbieten einer neuen Schlichtungsform erreichen. Es besteht vielmehr das Erfordernis, eine Bewußtseinsänderung im

---

[724] *Strempel,* NJ 1999, S. 461 (463).

[725] Vgl. *Eichele*, ZRP 1997, S. 393 (394).

[726] *Stock* in: Gottwald/*Strempel*, S. 113 (123). Wie den vorangestellten Ausführungen zu entnehmen ist, erfreut sich die Mediation lediglich in Bereichen wie dem Familien- bzw. Eherecht, Arbeitsrecht, Umweltrecht, Wirtschaftrecht und im Strafverfahren eines hohen Bekanntheitsgrades. Nicht jedoch im gewerblichen Rechtsschutz, was in einem krassen Gegensatz zu den USA steht, vgl. zu den USA *Duve,* § 8, S. 447.

[727] Vgl. *Proppe,* JA 1990, S. 65 (72).

Hinblick auf die bislang vorherrschende Streitkultur zu bewirken[728], welche eine lange Zeit in Anspruch nehmen kann. Dabei soll der Verhandlungsgedanke zukünftig geweckt[729] oder, soweit bereits vorhanden, noch gefördert werden, und er soll auf diesem Wege das vom Anspruchsdenken gekennzeichnete Rechtssystem[730] und die bisher oftmals zu erkennende Streitlust der Bevölkerung ablösen.

Um zu verhindern, daß die Mediation von vornherein nur Ablehnung erfährt und damit den Vorteilen, die eine Mediation für den gewerblichen Rechtsschutz mit sich bringen kann, nicht ausreichend Rechnung getragen wird, stellt sich die Frage, ob es zwischen der Mediation und der Justiz zu Überschneidungen kommen darf oder muß[731]. Obliegt die Durchführung eines Mediationsverfahrens der Entscheidung des Einzelnen oder sollte diese trotz der negativen Erfahrungen mit obligatorischen Streitbeilegungsmethoden nicht vielmehr als eine Obligation eingeführt werden, die einer Klageerhebung zeitlich voranzustellen ist ? Die Parteien würden hierdurch zu einem Einigungsversuch gezwungen werden.

Die Einführung eines solchen „obligatorischen Vorverfahrens" hätte zur Folge, daß die Zulässigkeit einer Klage von der Durchführung eines Mediationsverfahren abhängen würde, die Durchführung eines Schlichtungsverfahrens mithin eine Prozeßvoraussetzung wäre[732].

---

[728] *Strempel,* NJ 1999, S. 461 (463); *Schwackenberg,* AnwBl. 1997, S. 524 (527); *Leeb,* BB 1998, Beilage 10, S. 3 (4); *Labes,* DZWiR 1998, S. 353 (362).

[729] *Goll,* ZRP 1998, S. 314 (315); *Maunz,* S. 12; *Dieckmann,* Pressebericht auf http://www.jm.nrw.de/jm-cgi/jm/pu...75&p_oid=97&is_startpage=0&lang=1.

[730] http://members.magnet.at/arge-konfliktmanag/medi.htm, S. 1 (2).

[731] Vgl. *König,* Mitt. 1999, S. 347 (348); vgl. *Behrens,* DRiZ 1997, S. 236; vgl. *Duve,* § 8, S. 447; vgl. *Labes,* DzwiR 1998, S. 353 (355); vgl. *Strempel,* ZRP 1998, S. 319 (320) zur Förderung der außergerichtlichen Streitbeilegung durch die Öffnungsklausel.

[732] *Prütting,* BB 1999, Beilage 9, S. 7 (9); *ders.* in: Mediation für Juristen, S. 57 (63); *Hartmann,* NJW 1999, S. 3745 (3747); *Ponschab* in: Mediation für Juristen, S. 93 (105); *Renk,* DriZ 1998, S. 57; *Goll,* ZRP 1998, S. 314 (315).

Es stellt sich daher die Frage, ob sich eine obligatorische Mediation für die Beilegung von Streitigkeiten, insbesondere der des gewerblichen Rechtsschutzes, als konstruktiv darstellt, oder ob ein solcher Zwang nicht vielmehr ihrem Grundsatz zuwiderläuft. Hiervon nicht betroffen sind dabei die Fälle, in denen sich die Parteien durch Vereinbarung einer „Mediationsklausel" im Vorfeld die Pflicht zur Teilnahme selber auferlegt haben, denn es handelt sich dabei lediglich um die Vollziehung einer privatautonomen, freiwilligen Regelung[733].

I. Historische Entwicklungslinien

In der deutschen Rechtsgeschichte hat das integrierte Güteverfahren in der Form des Vergleichsmodells schon eine lange Tradition; die Idee, streitige Parteien zu einem Schlichtungsversuch zu zwingen, ist somit keineswegs neu[734].

In der CPO[735] vor 1877 war zwar noch kein obligatorischer Gütetermin vorgesehen[736], jedoch war die Vorschrift des § 471 CPO Auslöser, über die Einführung einer solchen nachzudenken. Gemäß § 471 CPO konnte der Gegner zum Zwecke einer gütlichen Einigung vor das Amtsgericht seines Gerichtsstandes geladen werden, wenn die Absicht verfolgt wurde, später eine Klage einzureichen.

Der Grund, warum diese Regelung zum Scheitern verurteilt war, wurde darin gesehen, daß dem Gegner, der überwiegend durch Abwesenheit auffiel, durch diese Vorschrift nicht die Pflicht auferlegt wurde, zu diesem Sühneversuch zu

---

[733] Vgl. *Eidenmüller* in: Mediation für Juristen, S. 31 (54); *Shavell*, Journal of Legal Studies (1995), S. 1 (8 f), der zwischen vor und nach Entstehung des Konfliktes vereinbarten Mediationsklauseln differenziert und letzterer aufgrund der Tatsache, daß für die Parteien in dieser Situation kein Anreiz mehr besteht, in ihrem Kalkül die Auswirkungen eines Mediationsverfahrens auf ihr Verhalten vor der Konfliktentstehung zu berücksichtigen, eine geringere Bedeutung beimißt.

[734] *Stadler*, NJW 1998, S. 2479 (2480); *Greger*, JZ 1997, S. 1077 (1078).

[735] Civilprozeßordnung, vgl. *Wollschläger*, in: Blankenburg/Leipold/Wollschläger (Hrsg.), Neue Methoden im Zivilverfahren, S. 13 (17); *Bettermann*, ZZP 91 (1978), S. 365 (367).

[736] *Prütting*, 62. Juristentag, O10 (O12); *Wollschläger*, in: Neue Methoden im Zivilverfahren, S. 13 (18).

erscheinen[737]. Die im Zusammenhang mit einer freiwilligen Schlichtung gewonnenen negativen Erkenntnisse wurden dahingehend gedeutet, daß die Notwendigkeit besteht, den Beteiligten die Pflicht zur Schlichtung aufzuerlegen. Freiwillig scheinen sie, wie die Erfahrungen mit § 471 CPO zeigen, ein solches Angebot nicht wahrnehmen zu wollen.

In der Zeit von 1924 bis 1950[738] ordnete § 495a ZPO a.F. dann die Durchführung eines obligatorischen Güteverfahrens vor dem Amtsgericht oder vor einer außergerichtlichen Schiedsstelle[739] an, bevor ein amtsgerichtlicher Prozeß eingeleitet werden konnte[740]. Zu dieser umfassenden Neuregelung des obligatorischen Gütetermins kam es aufgrund der Verordnung in Verfahren über bürgerliche Rechtsstreitigkeiten vom 13.2.1924[741]. Eine ähnliche Regelung fand ihren Niederschlag in den Vorschriften der §§ 608 ff. ZPO a.F. des Scheidungsrechtes, die erst mit der Reform des Scheidungsrechtes durch das 1. EheRG im Jahre 1976 verschwand[742]. Die zu erwartenden praktischen Erfolge blieben allerdings aus[743].

Beiden Regelungen über einen obligatorischen Güteversuch ist gemein, daß sie wegen Erfolgs- und Bedeutungslosigkeit abgeschafft wurden[744].

---

[737] Dies beweisen die Zahlen, nach denen in dem damals mit zeitweise 40. Mio. Einwohnern größten Bundesstaat die Zahl der durchgeführten Sühneverfahren von 7944 im Jahr 1880 auf 2545 im Jahr 1900 abfiel; vgl hierzu auch *Gottwald*, BRAK-Mitt. 2/1998, S. 60 (61).

[738] Gesetz zur Wiederherstellung der Rechtseinheit auf dem Gebiet der Gerichtsverfassung, der bürgerlichen Rechtspflege, des Strafverfahrens und des Kostentrechtes, *BGBl* 1950 I, S. 455 (473).

[739] Vgl. *Wagner*, JZ 1998, S. 836 (843).

[740] Dieses obligatorische Güteverfahren wurde 1944 beseitigt und 1950 durch § 279 ZPO ersetzt, vgl. *Stadler*, NJW 1998, S. 2479 (2480); *Labes*, DZWir 1998, S. 353 (356).

[741] Verordnung über das Verfahren in bürgerlichen Rechtsstreitigkeiten, *RGBl* 1924 I, S. 135 (141).
Labes, DZWir 1998, S. 353 (356) zur Reform; *Prütting*, 62. Juristentag, O10 (O13f.)

[742] Im Jahre 1976 wurde der Sühnetermin in Ehesachen ersatzlos gestrichen, vgl. *Henssler/Koch*, § 1, S. 17 (26).

[743] *Prütting*, 62. Juristentag (1998), O 10 (O 13f.); *ders.* in: Mediation für Juristen, S. 57 (64).

[744] Vgl. *Henssler/Koch*, § 1, S. 17 (26); *Röhl*, DRiZ 1983, S. 90 (93); *Schuster*, in: Alternativen der Ziviljustiz, S. 189 (191).

II. Bestehende Überschneidungen im aktuellen deutschen Recht

Der Gedanke, Überschneidungen zwischen außergerichtlichen und gerichtlichen Verfahren anzuordnen, d.h. festzulegen, die Zulässigkeit eines gerichtlichen Verfahrens solle von der Durchführung vorgeschalteter außergerichtlicher Verfahren abhängen, ist dem deutschen Recht aber auch heute keineswegs fremd.

So findet sich im Verwaltungsrecht ein außergerichtliches verwaltungsrechtliches Vorverfahren in Form des sog. Widerspruchsverfahrens, das einigen Streitigkeiten zwingend vorauszugehen hat[745]. Hinzuweisen ist auch auf den Bereich der Verbraucherinsolvenzen der am 1.1.1999 in Kraft getretenen Insolvenzordnung, insbesondere auf die Regelung des § 305 Abs. 1 Nr. 1 InsO[746]. Gemäß dieser Vorschrift ist vor der Einleitung eines vereinfachten Verfahrens, die grundsätzlich durch die Stellung eines Antrages und durch Vorlage eines Schuldenbereinigungsplans durch den Schuldner erfolgt, eine Bescheinigung vorzulegen, der zu entnehmen ist, daß der Schuldner den Versuch unternommen hat, sich mit den Gläubigern vor einer Konfliktbeilegungsstelle zu einigen.

Ähnliche Regelungen, die einen erfolglosen Einigungsversuch als zwingende Voraussetzung für die Einreichung einer Klage vorschreiben, finden sich unter anderem auch im Arbeitsrecht[747], in der Strafprozeßordnung[748] und im Sachenrechtsbereinigungsgesetz[749], wobei für den Bereich des gewerblichen Rechtsschutzes die bereits erwähnte[750] Vorschrift des § 37 Abs. 1 und 2 des Arbeit-

745 §§ 68 ff VWGO.
746 § 305 Abs. 1 Nr. 1 InsO v. 5.10.1994, *BGBl I* (1994), S. 2866.
747 Gemäß der seit dem Jahre 1926 bis heute geltenden Vorschrift des § 54 ArbGG ist vor jedem streitigen Verfahren der Versuch einer gütlichen Einigung vor dem Vorsitzenden zu unternehmen. Beachtung muß im Rahmen von Ausbildungsstreitigkeiten auch die Vorschrift des § 111 Abs. 2 ArbGG finden, wonach einer Klage zum Arbeitsgericht zwingend ein Schlichtungsverfahren voranzustellen ist, sofern in den dafür vorgesehenen Stellen, wie beispielsweise die Stellen der Industrie- und Handelskammer, Schlichtungsausschüsse gebildet wurden.
748 Gemäß § 380 StPO ist bei bestimmten Delikten die Privatklage erst dann zulässig, wenn zuvor ein erfolgloser Sühneversuch stattgefunden hat.
749 Vgl. § 104 SachRBerG, wonach ein notarielles Vermittlungsverfahren geschaffen wurde.
750 s.o. § 1 II.

nehmererfindungsgesetzes (ArbEG) von Interesse ist, die ein obligatorisches Einschalten der Schlichtungsstelle vor Klageerhebung anordnet.

1. Jüngste Überschneidung: Die Öffnungsklausel des § 15a EGZPO

Das jüngste Beispiel des Bestrebens, die außergerichtliche Streitschlichtung umfangreicher zu stärken, stellt die am 1.1.2000 durch das „Gesetz zur Förderung der außergerichtlichen Streitbeilegung“[751] erfolgte Einführung des § 15a EGZPO dar[752], als dessen Vorläufer insbesondere die Regelungen des § 305 Abs. 1 Nr. 1 InsO, § 37 Abs. 1 und 2 ArbEG, §§ 54 und 111 Abs. 2 ArbGG, § 380 StPO und § 104 SachRBerG angesehen werden können.

Die Vorschrift des § 15 a EGZPO enthält in Abs. 1 eine Öffnungsklausel, die den Ländern die Möglichkeit einräumt, die Zulässigkeit eines amtsgerichtlichen Verfahrens von einem vorherigen Schlichtungsversuch abhängig zu machen[753]. Hierdurch soll den Ländern der Wettstreit um das effektivere Modell zur Förderung und Verbesserung der Streitkultur ermöglicht werden[754]. Da es sich lediglich um eine „Experimentierklausel“[755] handelt, sollen nur bestimmte Streitgegenstände einer Schlichtung zugeführt werden. Dem Anwendungsbereich des § 15a EGZPO unterfallen sowohl vermögensrechtliche Streitigkeiten, die einen

---

751 s.o. Fn. 9.

752 Ein Entwurf dieses Gesetz, das auch wegen der zu erwartenden Belastungen durch das Inkrafttreten der neuen Insolvenzordnung zur Entlastung der Justiz beitragen soll, wurde im Oktober 1996 durch den Bundesrat eingebracht und am 18.6. 1998 vom Bundestag verabschiedet. Ein Einspruch des Bundesrates führte zwar zu einer Behandlung des Gesetzes im Vermittlungsausschuß, dessen Verfahren am 2. 9. 1998 scheiterte. Der hier im Mittelpunkt stehende § 15a EGZPO stand dabei aber außer Streit und wurde in der kommenden Legislaturperiode umgesetzt.

753 Vgl. *Fischer*, GRUR 1977, S. 313. Das nordrhein-westfälische Ausführungsgesetz zu § 15a EGZPO, das Güte und Schlichtungsgesetz (GueSchlG), ist am 1. Oktober 2000 in Kraft getreten, vgl. *Kölner Anwaltsverein* auf: http://www.anwaltverein.de/anwaltservice/Mitteilungen/Mitt%20August2000/mitt2.html; vgl. www.jm.nrw.de/stat_jm/themen/streitschl/2.2(GueSchlG).htm.

754 Vgl. hierzu *Goll*, ZRP 1998, S. 314 (315); *Maunz*, S. 15; vgl. *Ernst*, 62. Juristentag, O51.

755 *Gottwald*, BRAK-Mitt. 1998, S. 60 (65); *Dieckmann*, auf: www.jm.nrw.de/jm-cgi/jm/pu...5&p_oid=477&is_startpage=0&lang=1, S. 1.

Streitwert von DM 1.500,- nicht überschreiten (Abs. 1 Nr. 1), als auch bestimmte Ansprüche des Nachbarrechtes (Abs. 1 Nr.2) sowie Ansprüche wegen Verletzung der persönlichen Ehre, die nicht in der Presse oder im Rundfunk begangen wurden (Abs. 1 Nr. 3). In diesen Katalog wurden somit Streitgegenstände aufgenommen, bei denen es sich um „einfache Streitigkeiten", sog. Bagatellstreitigkeiten[756] aus dem vermögensrechtlichen Bereich handelt und andererseits um Konflikte, deren persönlicher Gehalt im Vordergrund steht und die damit grundsätzlicher keiner besonderen Tatsachenfeststellung bedürfen[757], mithin von dem Gesetzgeber als für Schlichtungsverfahren geeignet angesehen wurden.

Zur Durchführung des Schlichtungsverfahrens können sich die Parteien gemäß § 15 a Abs. 3 S. 1 EGZPO auf einen gemeinsamen Schlichter einigen.

Im Regelfall soll die Schlichtung durch eine von der Landesjustizverwaltung eingerichtete oder anerkannte Gütestelle erfolgen. Dies sind die Gütestellen im Sinne des § 794 Abs. 1 Nr. 1 ZPO. Einvernehmlich können die Parteien aber auch eine andere Gütestelle anrufen. Im Falle eines erfolglosen Schlichtungsversuches stellt der Schlichter den Parteien die gemäß § 15a Abs. 1 S. 2 EGZPO für eine spätere Klage erforderliche Bescheinigung über einen mißlungenen Einigungsversuch aus. Gleiches gilt für den Fall, daß ein Schlichtungsversuch binnen drei Monaten nicht stattgefunden hat (§ 15a Abs. 1 S. 3 EGZPO).

2. Zulässigkeit einer obligatorischen Mediation

Fraglich ist aber, ob sich der mit der Regelung des § 15a EGZPO verfolgte Gedanke auch auf die Mediation übertragen läßt, mithin die Mediation auch als

---

756 *Wagner*, JZ 1998, S. 836 (842).

757 Vgl. hierzu auch *Greger*, JZ 1997, S. 1077 (1079), der für Rechtsfälle „in denen eine ausgleichende, konstruktive Lösung angezeigt ist", fordert, diese von den staatlichen Gerichten zunächst fernzuhalten und an Schlichtungsstellen zu verweisen. Dies sei bei Nachbarstreitigkeiten, Schmerzensgeldbemessungen und Familienkonflikten der Fall.

Obligation für Streitigkeiten des gewerblichen Rechtsschutzes eingeführt werden sollte.

Bedenken ergeben sich generell, ob diese nicht vielmehr ihrem Sinn und Zweck zuwiderliefe oder gar unrechtmäßig wäre[758]. Auch im Hinblick auf den Anwendungsbereich des § 15a EGZPO ergeben sich Bedenken. Im Unterschied zu dem auf wenige „einfache" Fälle begrenzten Anwendungsbereich der Öffnungsklausel des

§ 15a EGZPO, handelt es sich im gewerblichen Rechtsschutz keineswegs um derart „einfache" Fallkonstellationen. Auch der Streitwert von DM 1.500,- wird im Patent- und Markenrecht gewöhnlich bei weitem überschritten und ist mit einer unter § 15a EGZPO zu subsumierenden „Bagatellstreitigkeit" in keiner Weise zu vergleichen.

a) Verfassungsrechtliche Bedenken gegen Verfahrensvereinfachungen

Die obligatorisch durchzuführende Mediation muß zunächst mit den geltenden Rechtsgrundsätzen vereinbar sein.

Alternative Verfahrensvereinfachungen zum deutschen Recht sind immer in Zusammenhang mit Verfassungsrecht, insbesondere mit Art. 92 GG und Art. 19 Abs. 4 GG, zu sehen.

aa) Vereinbarkeit der Mediation mit Art. 19 Abs. 4 GG

Art. 19 Abs. 4 GG garantiert als subjektiv – öffentliches Grundrecht den ordentlichen Rechtsweg in Rechtsstreitigkeiten[759]. Aus dem in Deutschland geltenden Rechtsstaatsprinzip in Verbindung mit den Einzelgrundrechten läßt sich nach

[758] Bedenken hinsichtlich der Vereinbarkeit mit dem Sinn und Zweck einer Mediation äußert auch *Strempel*, ZRP 1998, S. 319 (322) mwN.

[759] *Labes*, DZWir 1998, S. 353 (355); *Pitschas*, ZRP 1998, S. 96 (97). Weitere Gerichtsschutzgarantien des Grundgesetzes liegen in Art. 14 Abs. 3 GG – für Ansprüche auf Enteignungsentschädigung - und in Art. 34 GG für Staatshaftungsansprüche, vgl. *Maunz/Dürig/Herzog/Scholz*, Art. 92 GG, Rn. 37.

überwiegender Meinung[760] ein Justiz- bzw. Justizgewährungsanspruch ableiten, der auch in Art. 6 EMRK seinen Niederschlag gefunden hat.

Der Individualrechtsschutz darf durch innovative Streitbeilegungsmethoden nicht abgebaut werden[761]. Art. 19 IV GG ist jedoch nicht dahingehend zu interpretieren, daß zwingend jedwede bürgerlich – rechtliche Streitigkeit vor den staatlichen Gerichten zu verhandeln ist, denn Art. 19 Abs. 4 GG ist keinesfalls „effizienzblind"[762]. Ziel ist es vielmehr, effektiven staatlichen Rechtsschutz garantieren zu können, weshalb die bloße Gewährleistung staatlichen Rechtsschutzes optimiert werden muß. Die Qualität der Verfahren soll hierbei gewahrt und ihre Dauer verkürzt werden[763]. Eine Möglichkeit der Optimierung des staatlichen Rechtsschutzes stellt die Einrichtung außergerichtlicher Streitbeilegungsstellen dar. Allein ihre Einrichtung verstößt grundsätzlich nicht gegen verfassungsrechtliche Grundsätze[764]. Gegenstand der Untersuchung ist aber nicht die verfassungsrechtliche Zulässigkeit vorgerichtlicher Schlichtungsstellen schlechthin, sondern ihre obligatorische Durchführung. Kommt einer vorgeschalteten Schlichtungsstelle abschließende Entscheidungskompetenz zu, so kann hierin ein Verstoß gegen Art. 19 Abs. 4 GG gesehen werden, denn dieser garantiert die Überprüfung von Entscheidungen durch den Richter[765]. Ein obligatorisches Streitschlichtungsverfahren kann somit nur als Ergänzung zu einem staatlichen Gerichtsverfahren ausgestaltet sein, nicht aber dieses ersetzen.

Dies steht auch in Übereinstimmung mit den in diesem Zusammenhang geäußerten Ansichten des Bundesverfassungsgerichtes[766], nach denen außergerichtliche Streitbeilegungsgrundsätze nur dann gegen das Grundgesetz ver-

---

[760] Vgl. *BVerfGE* 3, S. 359 (364); *Rosenberg/Schwab/Gottwald*, § 3 I.

[761] Vgl. *de With*, ZRP 1982, S. 188 (190).

[762] Vgl. *Pitschas*, ZRP 1998, S. 96 (98).

[763] *BverfG*, NJW 1997, S. 2811 (2812), für das Verwaltungsverfahren.

[764] Vgl. *Preibisch*, S. 87. Die Rechtsweggarantie verbietet darüber hinaus auch nicht die Einführung von Klagefristen. Gerichtlicher Zugang muß somit nicht unbegrenzt offenstehen.

[765] *Pitschas*, ZRP 1998, S. 96 (98).

stoßen, wenn sie den Zugang zu den ordentlichen Gerichten unangemessen einschränken, an die Stelle der ordentlichen Gerichte treten und wenn sie diese ausschließen. Mit dem geltenden Verfassungsrecht wäre es demzufolge nicht vereinbar, bestimmte Verfahren ganz aus der staatlichen Gerichtsbarkeit auszulagern und zur endgültigen Entscheidung an einen unabhängigen Dritten zu übertragen, der unter Umständen auch Nicht-Jurist ist[767].

Der durch das BVerfG aufgestellte und allgemein gehaltene Grundsatz ist natürlich nur in den Fällen von Bedeutung, in denen das Gesetz einen Ausschluß der staatlichen Gerichtsbarkeit nicht ausdrücklich gestattet. Eine ausdrückliche Erlaubnis findet sich beispielsweise in den Vorschriften über die Schiedsgerichtsbarkeit nach § 1029 ZPO, wonach die Parteien auf den staatlichen Richter freiwillig von vornherein verzichten und sich der Entscheidung eines Schiedsverfahrens unterwerfen. Allein wegen dieses freiwilligen Verzichtes wird eine Durchbrechung des Rechtsprechungsmonopols des Staates als verfassungsrechtliche Ausnahme zugelassen[768].

aaa) Mediation als Ausschluß der staatlichen Gerichtsbarkeit

Im günstigsten Fall findet eine Mediation im gewerblichen Rechtsschutz ihr Ende in dem Abschluß eines Mediationsvertrages, der die wirtschaftlichen und sonstigen Lebensverhältnisse der Beteiligten zukunftsgerichtet und wertschöpfend regelt, mithin die ggf. zuvor in einer Mediationsabrede[769] getroffenen Vorhaben umsetzt. Im Unterschied zu anderen Schlichtungsverfahren soll eine Mediation aber gerade nicht mit einem bindenden Schlichtungsspruch enden[770].

---

[766] *BVerfG*, NJW 1960, S. 187 ff.; *BVerfG*, NJW 1962, S. 1611f; vgl. *BVerfGE* 40, S. 237 (257); vgl. *BVerfGE* 37, S. 93 (96); vgl. *BVerfGE* 37, S. 150 (153).

[767] So wird aber in den Staaten Schweiz und Italien verfahren.

[768] Vgl. Herzog, in Maunz/Dürig, Art. 92 GG, Rn. 154 ff; vgl. *Jarass/Pieroth*, Art. 92 GG.

[769] Unter einer Mediationsabrede ist das gegenseitige Versprechen der Konfliktparteien zu verstehen, zur Klärung ihrer Streitfrage einen Dritten unterstützend heranzuziehen, vgl. *Eiholzer*, Rn. 283.

[770] *Gottwald*, BRAK-Mitt. 2/1998, S. 60 (62); *The Association of the Bar of the City of New York*, http://www.abcny.org/ADR.html, S. 1.

Dies ergibt sich schon aus ihrer Natur. Ein Dritter vermittelt lediglich zwischen den Beteiligten, in dem er ihnen hilft herauszufinden, worin exakt das Problem besteht und welche Ziele die Parteien verfolgen. Die Vermittlung des Mediators setzt da ein, wo Verhandlungen der Parteien untereinander scheitern. Er soll mögliche Übereinstimmungen aufzeigen, aber nicht eine Anweisung erteilen, der die Parteien nachzukommen haben. Wie eine Mediation endet, liegt praktisch gesehen allein in den Händen der an der Mediation Beteiligten. Es steht ihnen nach einem gescheiterten Güteversuch grundsätzlich frei, ohne inhaltliche Beschränkung das staatliche Gericht anzurufen. Die Entscheidung in der Sache würde durch eine obligatorische Mediation damit nicht allein „in die Hände des Mediators gelegt".

Die Garantie des Art. 19 Abs. 4 GG, daß dem Rechtssuchenden zumindest eine Instanz bereitzustellen ist[771], in der die rechtserheblichen Tatsachen durch den Richter erschöpfend bewertet werden, wird durch eine obligatorische Mediation demzufolge nicht verletzt. Es bliebe den Parteien die Möglichkeit, später ein gerichtliches Verfahren durchzuführen.

Wird die Mediation obligatorisch eingeführt, so kann in dieser Form der Verzögerung zwar eine Verschlechterung des Zugangs zu Gericht gesehen werden, aber noch nicht ihr Ausschluß. Ein Verstoß gegen Verfassungsrecht läßt sich hieraus noch nicht ableiten.

bbb) Mediation als unangemessene Einschränkung der staatlichen Gerichtsbarkeit

Eine Verletzung des Art. 19 Abs. 4 GG ergibt sich auch nicht aus der Überlegung, die obligatorische Teilnahme an einer Mediation würde aufgrund des Kostenfaktors eine unzumutbare und damit unangemessene Einschränkung des Zugangs zur staatlichen Gerichtsbarkeit darstellen.

---

[771] Verfassungsrechtlich garantiert wird nur *der Weg zum Richter*, nicht aber *der Weg gegen Entscheidungen des Richters*, vgl. *Mangold/Klein,* Art. 19 IV GG, S. 575.

Zu berücksichtigen ist zwar, daß nicht jede Streitigkeit durch eine Mediation beigelegt werden kann. Ausschlaggebend für ihr Gelingen, ist in erster Linie die Einstellung der Parteien zu einer gütlichen Einigung. Sind diese unter keinen Umständen zu einer Einigung mit der jeweiligen Gegenpartei bereit, oder ist eine der Parteien bösgläubig, was den Streitgegenstand betrifft, dann stellt ein Treffen mit einem Mediator eine reine Zeit- und Kostenverschwendung dar[772]. Ist vor jedem Prozeß aber obligatorisch eine Mediation durchzuführen, so muß der potentielle Kläger zunächst einmal die Kosten für eine Mediation aufbringen, um später sein eigentlich begehrtes Klageziel verfolgen zu können. Diese notwendig zu tätigenden Aufwendungen könnten eine unangemessene Einschränkung des Zugangs zur staatlichen Gerichtsbarkeit aber nur dann darstellen, wenn die Kosten überproportional hoch und dem potentiellen Kläger aufgrunddessen nicht zuzumuten wäre.

Oftmals nehmen die Anwälte an einer Mediation ihres Mandanten teil[773]. Diese können entweder die Funktion eines Beraters ihres Mandanten, oder aber gemäß § 18 BROA[774] die Position des Mediators selbst übernehmen. Wenngleich spezielle deutsche Daten für den Bereich der Patentanwaltschaft nicht vorliegen, so ist aber kein Grund ersichtlich, warum hier etwas anderes gelten sollte. Diese Anwälte müßten in jedem Fall, ob als Begleiter oder als Mediator, bezahlt werden[775]. Für die in Deutschland schon weitaus bekannteren Schlichtungsverfahren war eine Entrichtung von maximal DM 200,- bis DM 250,- an den Schlichter

[772] Die Tätigkeit des Mediators wird nicht umsonst zu haben sein, vgl. *Stadler*, NJW 1998, S. 2479 (2483).

[773] *Stadler*, NJW 1998, S. 2479 (2483).

[774] s.o. zu der gesetzlich normierten Befugnis eines Anwalts, die Funktion eines Mediators zu übernehmen.

[775] In den USA kommt jede Partei für die Kosten des eigenen Anwaltes auf und jeweils zur Hälfte für die Kosten des Mediators, soweit nichts anderes vereinbart ist, vgl. *The Association of the Bar of the City of New York*, http://www.abcny.org/lawyerdisp.html, S. 1 (7).

geplant[776], wobei es, übertragen auf den gewerblichen Rechtsschutz, schwierig sein wird, für die häufig auftretenden komplizierten Sachverhalten zu diesem Preis überhaupt eine qualifizierte Person zur Hilfestellung begeistern zu können. Ziehen die Parteien ihre Anwälte hinzu, so fällt eine zusätzliche Kostenbelastung an. Diese Mehrkosten stellen sich zwar als eine unangenehme Nebenfolge einer obligatorischen Mediation dar, sind aber nicht als derart unerträglich und unzumutbar anzusehen, daß sie eine verfassungsrechtliche Unzulässigkeit der obligatorischen Mediation begründen könnten.

Wie für das notarielle Schlichtungsverfahren des Sachenrechtsbereinigungsgesetzes[777], in dem der Gesetzgeber ausdrücklich die Anwendbarkeit der Regeln über die Prozeßkostenhilfe bejaht hat, kann zur Unterstützung auch hier über die Möglichkeiten der Gewährung einer Art „Prozeßkostenhilfe“ nachgedacht werden[778].

bb) Vereinbarkeit mit Art. 92 GG und Art. 101 GG

Auch ein Verstoß gegen Art. 92 GG ist durch die obligatorische Vorschaltung eines Streitbeilegungsverfahrens nicht gegeben[779]. Art. 92 S. 1 GG vertraut die „rechtsprechende Gewalt“ den Richtern an und garantiert unter Zugrundelegung eines materiellen Verständnisses des Begriffes „rechtsprechende Gewalt“[780] ein

---

[776] *Stadler*, NJW 1998, S. 2479 (2483); *Weiß,* 62. Juristentag, Bd. II, O 37 (40) für Bayern; vgl. *Treese/Väth,* SchZtg 1998, S. 1 zum DAV Modell des § 15a EGZPO mit Pauschale von DM 200,-; vgl. *Renk,* DRiZ 1998, S. 226 (227).

[777] § 102 SachBerG, vgl. *Prütting*, BB 1999, Beilage 9, S. 7 (12).

[778] §§ 114 ZPO müßten entsprechend angewandt werden, da eine obligatorische Mediation Prozeßvoraussetzung wäre und die Mediationsgebühren damit nicht unmittelbar zu den „Kosten der Prozeßführung“ zu zählen wären. Ansonsten wird in Schlichtungsverfahren bisher keine Prozeßkostenhilfe gewährt, vgl. *Proppe*, JA 1990, S. 65 (72).

[779] Vgl. *Preibisch*, S. 91, Vorverfahren, die lediglich auf eine Vermittlung abzielen und demzufolge keine sachliche Entscheidung gefällt wird, bereiten im Hinblick auf Art. 92 GG keine Probleme, denn in diesen Fällen läge keine Rechtsprechung vor.

[780] Es herrscht weitgehend Uneinigkeit über die Interpretationsweise des Art. 92 GG. Von einigen Autoren wird der Begriff "„rechtsprechende Gewalt“ rein formell interpretiert, also als reine Organisationsnorm verstanden, die Rechtsprechung grundlegend als eine den Richtern vorbehaltene Tätigkeit darstellt, vgl. *Gossrau,* NJW 1958, S. 929ff. . Die Annahme eines materiellen Verständnisses entspricht aber der herrschenden Meinung.

Rechtsprechungsmonopol. In einer Mediation wird jedoch weder ein staatliches Gericht außergerichtlich noch ein anderes „besonderes Organ" im Sinne des Art. 20 Abs. 2 S. 2 GG tätig. Zudem ergeht weder ein „Schlichtungsurteil" noch sonst ein Spruch mit Bindungswirkung[781] und somit kein Element der Entscheidung. Das Richtermonopol wird von einer obligatorischen Mediation nicht berührt, da die Mediation nur auf die Vermittlung abzielt und nicht eine sachliche Entscheidung fällt.

Eine vollkommene Anbindung der Funktion einer Mediation und des Amtes eines Mediators an den gesetzlichen Richter würde ohnehin dem Grundanliegen widersprechen, eine neue Form der Streitbeilegung in Deutschland einzuführen. Vertrauliche Einzelgespräche könnten dann nicht mehr geführt werden, und man nimmt sich gerade für den patentrechtlichen Bereich die Chance, einen Mediator mit besonderer Sachkompetenz auszuwählen[782].
Eine Verletzung des Art. 92 GG ist darüber hinaus im Hinblick auf seinen Regelungsbereich nicht möglich. Seinem Inhalt nach bezieht sich Art. 92 GG nur auf staatliche Gerichte, womit außergerichtliche Streitbeilegungsverfahren seinem Anwendungsbereich entzogen sind[783].

Die obligatorische Mediation verstößt auch nicht gegen die Vorschrift des Art. 101 Abs. 1 GG, der die Unzulässigkeit von Ausnahmegerichten anordnet

---

Innerhalb der herrschenden Ansicht ist zwar nicht eindeutig festgelegt, nach welchen Begriffen der Begriff der „rechtsprechenden Gewalt" abzugrenzen ist. Einigkeit besteht jedoch darüber, daß unter den Begriff eindeutig die Entscheidung über bürgerliche Rechtsstreitigkeiten zu subsumieren sei.

[781] Allerdings darf dem Mediator echte Rechtsprechung auch nicht übertragen werden, vgl. *Prütting*, 62. Juristentag, 0 11 (0 23).

[782] In diesem Zusammenhang weist *Arnold in:* Patent ADR Handbook, 7-27 auf die im Gegensatz zu den amerikanischen Richtern hohe Erfahrung mit Sachverhalten des Patentrechts hin.

[783] Vgl. *Pitschas*, ZRP 1998, S. 96 (101);im Ergebnis auch *Preibisch*, S. 91, der grundsätzlich keine Probleme mit Art. 92 GG im Zusammenhang mit Vorverfahren sieht, bei denen keine bindende Entscheidung ergeht.

und vorsieht, daß niemand seinem gesetzlichen Richter entzogen werden darf[784]. Ob eine Institution überhaupt ein Gericht darstellt beurteilt sich in erster Linie danach, ob ein Gericht errichtet werden sollte[785]. Mit einer obligatorischen Mediation würde jedoch der Zweck verfolgt werden, diese den Gerichten lediglich vorzuschalten. Die Mediation stellt somit kein Gericht und damit auch kein Ausnahmegericht dar[786].

cc) Zwischenergebnis

Ein Verstoß gegen Art. 19 Abs. 4 GG ist im Ergebnis nicht anzunehmen. Einem gefundenen Mediationsergebnis kommt keine Titelfunktion zu. Es bleibt den Parteien grundsätzlich jederzeit die Möglichkeit, ihre Meinung zu ändern und nachträglich ein staatliches Gerichtsverfahren einzuleiten. Auch eine obligatorische Mediation bewirkt damit keinen Ausschluß der staatlichen Gerichtsbarkeit im Sinne des Art. 19 Abs. 4 GG.

Muß eine Mediation obligatorisch einem gerichtlichen Verfahren vorangestellt werden, so kann damit zwar eine Erhöhung der zu zahlenden Rechtsanwaltskosten verbunden sein, was allerdings nicht als derart unzumutbar einzustufen ist, daß sich hieraus eine unangemessene Einschränkung der staatlichen Gerichtsbarkeit herleiten ließe.

Ein Verstoß gegen Art. 92 GG und Art. 101 GG ist ebenfalls nicht in Betracht zu ziehen. Einer obligatorischen Mediation stehen demzufolge keine verfassungsrechtlichen Bedenken entgegen.

---

[784] Ausnahmegerichte liegen dann vor, wenn sie zur Entscheidung einzelner konkreter oder individueller Fälle berufen sind, *Jarass/Pieroth* Art. 101GG, Rn. 2 ff. .

[785] Vgl. *BVerfGE* 14, S. 56 (65f.).

[786] Vorverfahrensstellen, die keine Gerichte sind, können auch keine Ausnahmegerichte sein, vgl. *BVerfGE* 3, S. 213 (223).

b) Sonstige Bedenken gegen die obligatorische Mediation

Bedenken gegen eine obligatorisch durchzuführende Mediation ergeben sich aber generell im Hinblick auf die der Mediation zugrundeliegenden Idee, sowie speziell in praktischer Hinsicht im Bereich des gewerblichen Rechtsschutzes.

Ziel der Mediation ist es, ein Angebot zu einer freiwilligen Streitbeilegung zu schaffen, das sich aufgrund seiner qualitativen Hochwertigkeit einer hohen Akzeptanz erfreut. Die Basis für ihren Erfolg, ist allein in der Freiwilligkeit der Betroffenen zu sehen[787]. Als freiwillig kann sie aber nur dann empfunden werden, wenn der Zugang zu den Gerichten jederzeit offensteht und sie somit eine wirkliche Alternative und nicht einen Ersatz zur staatlichen Gerichtsbarkeit darstellt. Wird die Mediation zur Obligation, so werden Zwang und Druck erzeugt, denn die Parteien „sollen die Schlichtung wollen", was zu den eigentlich mit einer Mediation verfolgten Zielen in einem krassen Widerspruch steht. Die Frage ist aber, ob mit Hilfe gesetzlichen Zwangs eine neue Form der Streitbeilegung erzwungen werden kann, die sich in dem Bewußtsein der Bevölkerung noch nicht festgesetzt hat und deren Grundidee auf einer doppelten Freiwilligkeit basiert[788]. Diese Art von Autorität könnte als Mangel an Kooperation und Verständnisbereitschaft verstanden werden. Wenn aber im Vordergrund stehende Ziele nicht die persönlichen Interessen der Beteiligten stehen, sondern der Abschluß möglichst vieler Vergleiche, wird der obligatorischen Mediation wohl das gleiche Schicksal beschieden sein, wie seinen historischen Vorgängern[789]. Wollen die Parteien keine Schlichtung, so werden sie es vermeiden, in einem obligatorischen Mediationstermin Informationen preiszugeben, die zwar einerseits eine Lösung des Konflikts ermöglichen könnten, andererseits aber ihre Position in

---

787 *Wagner*, JZ 1998, S. 836 (842) spricht sogar von einer „doppelten Freiwilligkeit", denn den Parteien müsse es zum einen freistehen, sich in der Sache zu einigen und zum anderen obliegt ihnen die Entscheidung über das „ob", also die Frage, ob sie sich überhaupt auf eine Mediation einlasen wollen.

788 s.o. § 7 II.

789 Vgl. *Schuster*, in: Alternativen in der Ziviljustiz, S. 189 (196, 197).

einem nachfolgenden Prozeß verschlechtern würden[790]. Eine zufriedenstellende Einigung, an der die Parteien auch zukünftig festhalten wollen, ist durch einen verordneten Dialog nicht zu erwarten[791]. Es ist daher davon auszugehen, daß die auf Freiwilligkeit basierende klassische Mediation erfolgreicher sein wird, als das verordnete Schlichtungsverfahren, selbst wenn sie mehr Zeit in Anspruch nehmen wird, bis sich eine Bewußtseinsänderung eingestellt hat und sie sich gegenüber der staatlichen Gerichtsbarkeit durchzusetzen vermag.

Aber auch aus praktischen Gesichtspunkten stellt sich eine obligatorische Durchführung, speziell für den Bereich des gewerblichen Rechtsschutzes als nachteilig dar.
Der Rechtsgedanke des § 15a EGZPO kann auf den gewerblichen Rechtsschutz schon deshalb nicht übertragen werden, weil es sich hier um Sachverhalte handelt, die grundsätzlich einen Streitwert von DM 1.500,- weit überschreiten und von daher keine „einfachen" Streitigkeiten nach dem Verständnis des § 15a EGZPO darstellen.
Wird eine obligatorische Mediation aber für sämtliche Streitigkeiten des gewerblichen Rechtsschutzes eingeführt, so könnte dies im Hinblick auf die Anzahl der jährlich durchgeführten Verfahren zu einer noch stärkeren Belastung der Rechtspflege führen. Bei einer geschätzten Zahl von jährlich etwa 500 Patent- und Gebrauchsmusterverletzungsverfahren[792] und einer ebenso beträchtlichen Anzahl an Markenstreitigkeiten würde dies notwendig zur Errichtung einer Einigungsstelle zwecks Durchführung der Mediation im gewerblichen Rechtsschutz führen, und damit zu einer „Mammutbehörde".

---

790 Vgl. *Smith,* Osgoode Hall Law Journal, vol. 36, no.4, S. 847 (875).
791 Vgl. *Stadler*, NJW 1998, S. 2479 (2482); vgl. *Breidenbach,* S. 272: „ein Zwang zur Harmonie" sei unbedingt abzulehnen; vgl. *Dembinsky,* BRAK-Mitt. 1998, S. 66 (67).
792 Sieh hierzu: *Handelsblatt*, 12.09. 2000, S. 5.

c) Zwischenergebnis

Die Einführung einer obligatorischen Mediation verstößt nicht gegen verfassungsrechtliche Grundsätze. Sie läßt jedoch im Hinblick auf die Erfolglosigkeit anderer in der Vergangenheit verordneter Schlichtungsverfahren ähnliche Mißerfolge befürchten. Eine allgemeingültige Beantwortung der Frage, ob eine Pflicht zur Teilnahme an einer Mediation zu befürworten ist, kann nicht formuliert werden, sondern ist im Zusammenhang mit den zugrundeliegenden Rechtsgebieten und Sachverhalten vorzunehmen. Die Vorteile einer obligatorischen Mediation liegen auf der Hand. Aufgrund der Erschwerung des Gerichtszugangs kann sie zu einer erheblichen Entlastung der Gerichte führen. Dem stehen allerdings insofern Bedenken gegenüber, als daß die Verpflichtung zur Mediation, je nach Art des zugrundeliegenden Sachverhalts, nicht immer zweckmäßig ist[793]. Insbesondere in den Fällen der bloßen Forderungseintreibung ist eine zuvor notwendig durchzuführende Mediation sinnlos. Begehrt der Gläubiger lediglich die Begleichung seiner gegebenenfalls unstreitigen Forderung durch den Schuldner – dies kann im gewerblichen Rechtsschutz die Begleichung einer ausstehenden Lizenzgebühr darstellen – existieren für ihn in diesem Fall keine verhandlungsfähigen Komponenten. Die Streitigkeit wäre von vornherein schlichtungsuntauglich. Dies hat der Gesetzgeber auch im Rahmen des § 15a EGZPO erkannt und durch Abs. 2 Nr. 5 das Mahnverfahren von der Notwendigkeit der obligatorischen Schlichtung ausgenommen.

Ihre positiven Wirkungen kann eine Mediation nur dann entfalten, wenn die Parteien den Willen haben, einen gemeinsamen Lösungsweg für die Zukunft zu finden, mithin an einer Streitschlichtung ein wirkliches Interesse haben. Die Einstellung der Parteien muß demnach positiv sein. Eine positive Einstellung wird bei Vertragspartnern, die sich aus freiem Entschluß in eine Mediation begeben, eher anzunehmen sein als bei einer obligatorischen Mediation. Dem

Rechtssuchenden wird im letzteren Fall eine zusätzliche „Instanz" zugeordnet, von der er keinen Vorteil hat. Für ihn wird der Weg bis zu einem Urteil nur länger und teurer. Und mit dem Zeitaufwand erhöht sich gleichzeitig das Risiko der Insolvenz des Anspruchsgegners.

Im Ergebnis stellt sich eine obligatorisch durchzuführende Mediation nicht als sinnvoll dar und sollte der freiwilligen Entscheidung der Parteien überlassen bleiben. Eine klare Trennung von gerichtlichem Prozeß mit rechtsstaatlichen Garantien einerseits und flexiblerer, nicht anspruchsorientierter Schlichtung andererseits, ist hier vorzugswürdig.

§ 8 Notwendigkeit einer Verjährungshemmung

Die strikte Trennung zwischen gerichtlichem Verfahren und außergerichtlicher Mediation bedarf in einigen Fällen der Praxis aber einer Korrektur.

Wird ein neues Schlichtungsverfahren in den gewerblichen Rechtsschutz eingeführt, so ist erstrebenswert, daß es häufig in Anspruch genommen wird und sich damit einer hohen Beliebtheit erfreut. Um dies zu erreichen und damit die Vorteile der Mediation in Deutschland realisieren zu können, sollte die Mediation derart in das deutsche Zivilverfahrensrecht eingegliedert werden, daß durch ihre Durchführung den Beteiligten im Hinblick auf spätere staatliche Gerichtsverfahren diesbezüglich keinerlei Rechtsnachteile entstehen können. Problematisch könnte sich erweisen, wenn aufgrund des mit der Durchführung des vorprozessualen Mediation verbundenen Zeitablaufes ein eventuell bestehender Anspruch einer Partei verjähren würde. Das Gesetz sieht, anders als bei unmittelbarer Klageerhebung (§ 209 BGB) oder Durchführung eines Schiedsverfahrens (§ 220 Abs. 1 BGB i.V.m. § 209 Abs. 1 BGB analog), keine Regelung vor,

---

[793] Hier ist auch an die Klärung eines Präzedenzfalles zu denken, den die Parteien in jedem Fall bis zum BGH führen möchten und damit einen Musterprozeß statuieren wollen; vgl. mit weiteren Bedenken auch *Dembinsky*, BRAK-Mitt. 1998, S. 66 (67).

aufgrund derer die Mediation die Verjährung unterbricht oder hemmt[794]. Auf den ersten Blick könnte dies einen entscheidenden Nachteil der Mediation darstellen. Die Attraktivität der Mediation wäre daher verschwindend gering, wenn durch unternommene Schlichtungsbemühungen die Gefahr bestünde, daß eine spätere materiellrechtliche Rechtsdurchsetzung nicht mehr möglich ist[795]. Feststeht, daß die Mediation nicht mit einem bindenden Schlichtungsspruch endet, der den Teilnehmern eine nachträgliche Klageerhebung gänzlich untersagt, so daß eine Rechtsdurchsetzung hieran nicht scheitert.

Es stellt sich somit die Frage, ob die an sich strikte Trennung von vorgerichtlicher Mediation und gerichtlichem Verfahren dahingehend korrigiert werden kann, daß einer Mediation Wirkung auf den Lauf der Verjährung zukommt[796]. Zu denken ist hierbei an eine Hemmung oder Unterbrechung der laufenden Verjährungsfristen, die durch die Durchführung einer Mediation bewirkt wird. Wäre dies der Fall, so würde das vorgerichtliche Schlichtungsverfahren Einfluß auf die materiell - rechtlichen Fristen nehmen.

I. Verjährung der Verletzungsansprüche im Patent- und Markenrecht

Bereits im Patentgesetz von 1877/1891 wurde die Verjährungsfrist von Ansprüchen wegen Patentverletzungen auf drei Jahre festgelegt[797]. Allerdings waren dem Patentgesetz bis 1936 keine speziellen Regelungen über den Beginn dieser Verjährung zu entnehmen[798]. Für den Bereich des gewerblichen Rechtsschutzes richtete sich der Beginn der Verjährung schon damals nach den allgemeinen Vorschriften des BGB[799]. Gemäß § 198 BGB begann der Lauf der Verjährung

---

794 Vgl. *Breidenbach*, AnwBl 1997, S. 135 (141); vgl. *Prütting*, ZZP 99 (1986), S. 93 (97); Darüber hinaus ergeben sich bei einem staatlichen Gerichtsverfahren auch noch die Vorteile der Verzinsung (§ 291 BGB) und der Haftungsverschärfung (§ 292 BGB).

795 Vgl. *Prütting*, BB 1999, Beilage 9, S. 7 (12); vgl. *Prütting*, JZ 1985, S. 261 (269f.);

796 Für Schlichtungsverfahren wurde die Entscheidung hierüber bisher offengelassen, vgl. *Walter*, ZZP 103 (1990), S. 141 (165); vgl. *Prütting*, JZ 1985, S, 261 (269).

797 Damaliger §§ 38/39 PatG; vgl. *Tetzner*, Mitt. 1982, S. 61; *Busse* § 141 PatG, Rn. 1.

798 *Tetzner*, Mitt. 1982, S. 61.

799 *RGZ* 16, S. 6 (7).

bereits mit der Verletzung des Schutzrechtes[800]. Auf die Kenntnis des Berechtigten von der Verletzung kam es demzufolge nicht an.

Das frühere Warenzeichenrecht enthielt vor dem Inkrafttreten des PrPG am 1. Juli 1990[801] dagegen keine eigenständigen Vorschriften über die Verjährung zeichenrechtlicher Ansprüche. Die Verletzung eines Zeichenrechtes wurde als eine unerlaubte Handlung im weiteren Sinne[802] klassifiziert[803], womit auf den Ersatzanspruch die deliktische Vorschrift des § 852 BGB angewandt wurde[804].
Die Vorschrift des § 852 Abs. 1 BGB sieht eine zweifache Verjährung vor. Der Schadensersatzanspruch verjährt in drei Jahren von dem Zeitpunkt der Kenntnis an und ohne Rücksicht auf diese Kenntnis in 30 Jahren vom Zeitpunkt der Verletzung an. Die geforderte Kenntniserlangung ist dann zu bejahen, wenn der Berechtigte aufgrund der ihm bekannten Tatsachen gegen eine bestimmte Person seinen Verletzungsanspruch gerichtlich geltend machen kann und dabei eine einigermaßen sichere Aussicht auf gerichtlichen Erfolg genießt[805]. Als erste eigenständige Verjährungsregel wurde mit dem Inkrafttreten des PrPG § 25 c WZG in das WZG eingefügt, der das Modell der zweifachen Verjährungsfrist übernahm und es darüber hinaus auf sämtliche Verletzungsansprüche ausdehnte.

---

800 Vgl. *RGZ* 16, S. 6; *Tetzner*, Mitt. 1982, S. 61.
801 Gesetz zur Stärkung des geistigen Eigentums und zur Bekämpfung der Produktpiraterie vom 7. März 1990, BGBl. 1990, S. 422.
802 *BGH*, GRUR 1955, S. 351.
803 Vgl. *Ingerl/Rohnke*, § 20 MarkenG, Rn. 2. Die Anwendung der mit ähnlichem Regelungsgehalt ausgestatteten wettbewerbsrechtlichen Sondervorschrift des § 21 UWG wurde mit der Begründung abgelehnt, daß zum einen nicht jeder zeichenrechtliche Verstoß einen Wettbewerbsverstoß darstelle und zum anderen die Verletzung eines Zeichenrechtes der deliktischen Verjährung näher stehe als dem Wettbewerbsrecht.
804 *BGH*, GRUR 1968, S. 367 (370); vgl. *BGH*, GRUR 1984, S. 820 (823).
805 *RGZ 157*, S. 14 (20) zu § 852 II BGB; *Palandt/Thomas*, § 852 BGB, Rn. 4.

Auch gegenwärtig findet die Zweifristenregelung in den weitestgehend übereinstimmenden[806] patent- und markenrechtlichen Vorschriften der § 141 PatG[807] und § 20 MarkenG[808] seinen Niederschlag.
Die „eigentliche"[809] Verjährungsfrist beträgt sowohl für Ansprüche wegen Verletzung eines Patentes, als auch wegen Verletzung einer Marke drei Jahre, wobei beide Ansprüche von dem Zeitpunkt an verjähren, zu dem der Berechtigte von der Verletzung seines Rechtes und der Person des Verpflichteten Kenntnis erlangt hat (§ 141 S. 1 PatG; § 20 Abs. 1 MarkenG)[810]. Der Beginn der Verjährungslaufzeit weicht für beide Verjährungen von der allgemeinen Regelung des § 198 BGB ab.
Diese Vorschriften des Patent- und Markengesetzes sind gegenüber den allgemeinen Verjährungsregeln des BGB spezieller. Die dreißigjährige Verjährungsfrist der §§ 194 ff. BGB ist subsidiär[811]. Ihre Verjährungslaufzeit beginnt ab dem Zeitpunkt der Verletzungshandlung. Auf den Zeitpunkt der Kenntnis von der Schutzrechtsverletzung kommt es nicht an.

Allein die mit einer dreijährigen Verjährungsfrist verbundenen Ansprüche wegen Verletzung des Patent- oder Markenrechtes sind vorliegend von Interesse. Mit dieser kurzen Frist ist die Gefahr der Verjährung der Verletzungsansprüche verbunden.
Ein Bedürfnis, auf den Lauf dieser dreijährigen Verjährungsfrist einzuwirken, besteht immer dann, wenn sich die Parteien zu der Durchführung einer Media-

---

[806] Vgl. *Fritze*, GRUR Int. 1997, S. 143 (145).
[807] Die Vorschrift des § 141 PatG findet über Art. 2, Art. 64 EPÜ auch auf europäische Patente Anwendung.
[808] § 20 MarkenG übernimmt im wesentlichen die bereits in § 25 c WZG enthaltenen Regelungen über die Verjährung von Verletzungsansprüchen, vgl. *Fezer*, § 20 MarkenG, Rn. 3; *Berlit*, S. 135; *Ingerl/Rohnke*, § 20 MarkenG, Rn. 2.
[809] Vgl. *BGHZ 6*, S. 195 (201).
[810] Grundsätzlich wird von dem Vorliegen von Kenntnis im Sinne des § 141 S. 1 PatG dann ausgegangen, wenn der Berechtigte aufgrund der ihm bekannten Tatsachen eine Klage mit Aussicht auf Erfolg erheben kann, *BGH*, GRUR 1974, S. 99 (100) für § 852 BGB.

tion entschlossen haben. Denn zu einer Mediation zwischen Schutzrechtsinhaber und Verletzer kann es nur kommen, wenn der Berechtigte bereits Kenntnis von der Verletzung hat, mithin alle Voraussetzungen des Anspruches für gegeben hält[812] und die Laufzeit der kurzen Verjährung nach dem Patent- oder Markengesetz demzufolge bereits begonnen hat.

Hat die Mediation einen schwierig aufzubereitenden Sachverhalt mit erheblichem Umfang und Unklarheiten zum Inhalt, oder besteht die Schwierigkeit, die eigentlichen Zielrichtungen der Parteien aufzudecken, so wird auch eine sorgfältig durchgeführte Mediation einige Zeit in Anspruch nehmen. Der Schutzrechtsinhaber muß sich nach Kenntniserlangung von der vorliegenden Schutzrechtsverletzung regelmäßig erst einmal darüber bewußt werden, wie seine weitere Vorgehensweise auszusehen hat. Zu einer Mediation, die für ihn ein neues und ungewohntes Mittel der Streitbeilegung darstellt, wird er sich erst nach reiflicher Überlegung, unter Abwägung der Vor- und Nachteile entscheiden. Die eigentliche Konfliktbewältigung kann mehrere Sitzungen in Anspruch nehmen. Fühlt sich jedoch eine Partei aufgrund des bevorstehenden oder näher rückenden Ablaufes der Verjährungslaufzeit unter zeitlichen Druck gesetzt, steht dies einer gütlichen Einigung entgegen. Die betreffende Partei wird vielmehr Klage erheben, um damit die Wirkung des § 209 Abs. 1 BGB herbeizuführen, also die Unterbrechung der Verjährung.

II. Wirkung der Mediation auf die Verjährungsfrist des Verletzungsanspruchs

Diese Problematik stellt sich nicht, wenn sich die Mediation auf die Verjährungslaufzeit auswirkt.

---

[811] *Tetzner,* Mitt. 1982, S. 61, Fn. 2, nach dem der dreißigjährigen Verjährung nur lückenfüllende Wirkung zukommt.

[812] Die Kenntnis des Verletzten muß sich auf alle Tatsachen erstrecken, die ihm eine einigermaßen gesicherte Basis für eine Klage bieten, vgl. *BGH,* GRUR 1988, S. 832 (834) (für § 21 UWG).

Den Parteien selber ist es aufgrund der Regelung des § 225 S. 1 BGB und der hierzu ergangenen Rechtsprechung und Auffassung der Literatur[813] nicht möglich, in bestimmten Fällen Einfluß auf den Lauf der Verjährung zu nehmen. Nach § 225 S. 1 BGB kann die Verjährung durch Rechtsgeschäft weder ausgeschlossen, noch erschwert werden, weshalb die Parteien auch nicht von vornherein[814] auf die Einrede der Verjährung verzichten können[815]. Der Grund hierfür liegt darin, daß die Verjährungsvorschriften öffentlichen Interessen, wie des Strebens nach Rechtssicherheit und Erhaltung des Rechtsfriedens dienen und einen hohen Gerechtigkeitsgehalt besitzen, über den der Einzelne zu entscheiden nicht ermächtigt sein soll[816]. Den Teilnehmern ist es insofern nicht möglich, vor einer Mediation vertraglich auf eine spätere Geltendmachung der Verjährungseinrede zu verzichten und hierdurch eigenständig die Gefahr einer Verjährung auszuräumen.

1. Verjährungsunterbrechung und Verjährungshemmung nach dem BGB

Die allgemeinen Vorschriften der §§ 202 - 207, 208 - 220 BGB über die Hemmung und Unterbrechung der Verjährung finden auch auf das Patent- und Markenrecht Anwendung[817]. Nach den allgemeinen Vorschriften des BGB wird die Verjährungslaufzeit von Ansprüchen aus Patent- und Markenverletzungen, beispielsweise durch Anerkenntnis der Verpflichtung (§ 208 BGB) im Falle

---

813 RG, JW 1937, S. 27; *BGH*, NJW 1998; S. 902; *BGH*, NJW 1986, S. 1608 (1609); *Erman/Hefermehl*, § 225 BGB, Rn. 1; *Palandt/Heinrichs*, § 225 BGB Rn. 2; *MüKo/von Feldmann*, § 225 BGB, Rn. 2, 3.

814 Vgl. *RG*, JW 1937, Nr. 4, S. 27; *Palandt/Heinrichs*, § 225 BGB, Rn. 2; *Püschel*, S. 12.Zulässig ist dagegen der Verzicht auf die Einrede der Verjährung, wenn er erst nach dem Ablauf der Verjährung erfolgt, *MüKo/v. Feldmann*, § 225 BGB, Rn. 3; vgl. *Erman/Hefermehl*, § 225 BGB, Rn. 1; *ders.* § 222 BGB, Rn. 8; *Püschel*, S. 83.

815 Grundsätzlich bezieht sich § 225 BGB nur auf die unvollendete Verjährung, *BGH*, WM 1982, S. 403 (404, 405). Gesetzliche Ausnahmen von § 225 S. 1 BGB sehen §§ 477, 480, 490, 638 Abs. 2 BGB und § 439 Abs. 4 HGB vor. Siehe hierzu ausführlich *Merschformann*, S. 42 ff. .

816 Vgl. BGH, GRUR 1972, S. 721; *MüKo/v. Feldmann*, § 225, Rn. 1; *Erman/Hefermehl*, § 225, Rn. 1; *Püschel*, S. 7; *Mes*, § 141 PatG, Rn. 12,13; *Koch*, S. 1, m.w.N.

eines Schiedsgerichtsverfahrens (§ 220 Abs. 1 BGB) und bei einem Güteverfahren, das mit einem vollstreckbaren Vergleich enden kann (§ 209 Abs. 2 Nr. 1a BGB), unterbrochen oder gehemmt. Hinzu kommt die Sonderregelung des § 27a Abs. 9 UWG, die für die Verfahren vor den Einigungsstellen zur Beilegung von Wettbewerbsstreitigkeiten eine Verjährungsunterbrechung anordnet. Die Verjährungsproblematik ist auch durch den Gesetzgeber erkannt worden. In der jüngst eingeführten Experimentierklausel des § 15a EGZPO[818] ist nun explizit klargestellt, daß die vor den anerkannten Gütestellen geschlossenen Vergleiche als Vergleiche im Sinne des § 794 Abs. 1 Nr. 1 ZPO zu qualifizieren sind. Eine Verjährungsunterbrechung erfolgt gemäß § 209 Abs. 1 BGB zwar grundsätzlich, sofern Klage erhoben wird. Der Erhebung einer Klage wird gemäß § 209 Abs. 2 Nr. 1a BGB aber gleichgestellt, wenn ein Anspruch durch Geltendmachung eines Antrages bei einer Gütestelle der in § 794 Abs. 1 Nr. 1 ZPO bezeichneten Art geltend gemacht wird. Dies ist im Rahmen des § 15a EGZPO möglich. Der Durchführung des obligatorischen Schlichtungsverfahrens nach § 15a EGZPO kann demnach verjährungsunterbrechende Wirkung zukommen[819].

Die Unterbrechung der Verjährungsfrist hat nach § 217 BGB zur Folge, daß mit dem Ende der Unterbrechung eine neue Verjährungsfrist zu laufen beginnt und die bis zur Unterbrechung verstrichene Zeit außer acht bleibt, während im Unterschied dazu bei der Verjährungshemmung die vor der Hemmung verstrichene

---

[817] *Schulte*, § 141 PatG, Rn. 4; *Benkard/Rogge*, § 141 PatG, Rn. 5; *Fezer*, § 20 MarkenG, Rn. 13 ff.; *Busse*, § 141 PatG, Rn. 34; *Ingerl/Rohnke*, § 20 MarkenG, Rn. 20.

[818] s.o. § 7 II, 1.

[819] *Ponschab/Brinkmann*, Mitteilungen der Rechtsanwaltskammer für den Oberlandesbezirk München 2000, S. 273 (274), für Art. 5 des BaySchlG. Der Gesetzgeber hat die Verjährungsproblematik nicht abschließend erfaßt. Weiterhin als Problem erweist sich die Regelung des § 15a Abs. 3 S. 1 EGZPO. Gemäß dieser Vorschrift können die Parteien einen Güteversuch vor einer sonstigen staatlichen oder nichtstaatlichen Gütestelle einvernehmlich unternehmen. Diese sonstigen Gütestellen sind in der Regel nicht von der Landesjustizverwaltung eingerichtet worden und fallen mangels Anerkennung

Zeit auf die mit Wegfall des Hindernisses wieder laufende Zeit angerechnet wird, § 205 BGB[820].

Die Mediation im gewerblichen Rechtsschutz ist von keinem dieser Regelungsbereiche erfaßt, insbesondere besteht bei der Mediation gerade nicht die Möglichkeit, daß sie mit einem vollstreckbaren Vergleich enden kann[821], so daß auch § 209 Abs. 2 Nr. 1a BGB, der von der Stellung eines Güteantrages in der im § 794 Abs. 1 Nr. 1 ZPO bezeichneten Art ausgeht, keine Anwendung findet[822]. Denn die Mediation läßt sich nicht unter den dort erfaßten Katalog subsumieren. Die in einer Mediation erfolgenden Schlichtungsverhandlungen sind auch nicht in ein pactum de non petendo, d.h. in eine Vereinbarung, den fälligen Anspruch einstweilen nicht geltend zu machen[823], umzudeuten. Hierdurch bestünde zwar grundsätzlich die Möglichkeit, eine Verjährungshemmung durch eine dilatorische Einrede nach § 202 Abs. 1 BGB zu erwirken[824]. Von dem Vorliegen eines solchen Stillhalteabkommens wird aber nur dann ausgegangen, wenn der Wille der Parteien eindeutig darauf gerichtet ist, für den Schuldner ein Leistungsverweigerungsrecht zu begründen[825] oder eben die Klagbarkeit der Forderung vorübergehend auszuschließen[826]. Sowohl das Begehren des Schuld-

---

grundsätzlich nicht unter § 794 Abs. 1 S.1 ZPO. Eine Hemmung bzw. Unterbrechung der Verjährung würde in dieser Konstellation nicht ohne weiteres eintreten.

820 *Fezer*, § 20 MarkenG, Rn. 13, 15; Fritze, GRUR Int. 1997, S. 143 (145); *Palandt/Heinrichs*, § 202 BGB, Rn. 1.

821 s.o. § 2 III.

822 Zu berücksichtigen ist weiterhin, daß auch die alleinige vertragliche Abrede, eine Gütestelle anzurufen, die Wirkung des § 209 BGB nicht auslöst, vgl. *Soergel*, § 209 BGB, Rn. 10 ff. .

823 *BGH*, WM 1977, S. 895 (897); *BGH*, NJW 1973, S. 316 (317); *MüKo/v. Feldmann*, § 202 BGB, Rn. 8; *Palandt/Heinrichs*, § 202 BGB, Rn. 8; vgl. *Ingerl/Rohnke*, § 20 MarkenG, Rn. 20.

824 Vgl. *BGH*, WM 1977, S. 895 (897); vgl. *BGH*, BB 1978, S. 1692 (1693); *Kohte*, EWiR 1999. § 202 BGB, S. 931; *Ingerl/Rohnke*, § 20 MarkenG, Rn. 20; *Erman/Hefermehl*, § 202 BGB, Rn. 8.

825 *BGH*, NJW 1983, S. 2497; *BGH*, NJW 1998, S. 2274 (2277); vgl. *BGH*, NJW 1999, S. 1101.

826 *BGH*, NJW-RR 1989, S. 1048 (1049); vgl. *BGH*, NJW-RR 1991, S. 375; vgl. *Ingerl/Rohnke*, § 20 MarkenG, Rn. 20.

ners, als auch die Zustimmung des Gläubigers müssen eindeutig erkennbar sein, was aber auch durch schlüssiges Verhalten möglich ist[827].

Bloße Verhandlungen über den Streitgegenstand werden von daher nach überwiegender Ansicht[828] als nicht ausreichend angesehen werden, sofern sie nicht gesetzlich angeordnet sind, da die bloße Teilnahme an Verhandlungen noch nicht zu einer für ein pactum de non petendo erforderlichen Willenserklärung führt[829]. Zu berücksichtigen ist zudem, daß mit dem Scheitern der Verhandlungen auch das pactum de non petendo entfällt[830], so daß der Schutzrechtsinhaber in diesem Fall gerade nicht vor der Erhebung der Einrede der Verjährung durch den Anspruchsgegner geschützt wäre. Er sähe sich vielmehr der Willkür seines Gegners ausgesetzt, der es im Extremfall in den Händen halten würde, eine Verjährung der Verletzungsansprüche herbeizuführen oder nicht.
Eine gesetzliche Anordnung der Verjährungshemmung bzw. Unterbrechung besteht aufgrund der §§ 202 ff. BGB insoweit nicht.

a) Einfluß des § 852 Abs. 2 BGB

Eine Verjährungshemmung könnte sich jedoch aus § 141 S. 2 PatG i.V.m. § 852 Abs. 2 BGB[831] bzw. § 20 Abs. 2 MarkenG i.V.m. § 852 Abs. 2 BGB erge-

---

827 Vgl. *BGH* NJW 1983, S. 2497; *BGH* NJW-RR 1989, S. 1948 (1049); *Püschel,* S. 73; *Palandt/Heinrichs,* § 202 BGB, Rn. 8; vgl. *Ingerl/Rohnke,* 20 MarkenG, Rn. 20.

828 *MüKo/v. Feldmann*, § 202 BGB, Rn. 9; vgl. *Staudinger/Peters*, § 202 BGB, Rn. 18; vgl. *Ingerl/Rohnke,* § 20 MarkenG, Rn. 20; vgl. *Peters*, NJW 1982, S. 1857 (1858). Bloßes Verhandeln führt nur in den gesetzlich geregelten Ausnahmefällen zu einer Hemmung, vgl. §§ 852 Abs. 2, 639 Abs. 2 BGB.

829 Im Regelfall richtet der Schuldner an seinen Gläubiger die Bitte, mit der Durchsetzung des gegen ihn bestehenden Anspruches noch zu warten. Läuft in dieser Wartezeit die Verjährungsfrist ab, soll der Schuldner dem Gläubiger dies nicht im Wege der Verjährungseinrede entgegensetzen dürfen, vgl. *Püschel,* S. 71; *Palandt/Heinrichs,* § 202 BGB, Rn. 8.

830 Vgl. *Soergel,* § 202 BGB, Rn. 9.

831 Die Bestimmung wurde durch Art. 4 des Gesetzes zur Änderung schadensersatzrechtlicher Vorschriften vom 16.8.1977 (BGBl I, 1577) neu als Abs. 2 in § 852 BGB eingefügt und ist seit dem 1.1.1978 in Kraft, wobei der jetzige Abs. 3 zuvor den Abs. 2 bildete.

ben. Beide Vorschriften enthalten eine Verweisung[832] auf § 852 Abs. 2 BGB, eine Bestimmung, die 1977[833] nach Vorbildern im Bereich der Gefährdungshaftung[834] geschaffen wurde und die eine Verjährungshemmung im Falle schwebender Verhandlungen über den zu leistenden Schadensersatz anordnet. Die Verjährung ist so lange gehemmt, bis eine der Parteien die Fortsetzung der Verhandlungen verweigert, § 852 Abs. 2 BGB.

Fraglich ist, ob die Mediation eine „schwebende Verhandlung" im Sinne des § 852 Abs. 2 BGB darstellt. Dies wäre dann der Fall, wenn der Begriff der „schwebenden Verhandlungen" auch ein Schlichtungsverfahren umfaßt[835]. Die Mediation stellt eine spezielle Form eines Schlichtungsverfahrens dar[836]. Der Begriff der Verhandlung ist extensiv auszulegen[837]. Es genügt jeder bloße Meinungsaustausch zwischen dem Berechtigten und Verpflichteten über den Schadensfall, aufgrunddessen der Berechtigte annehmen kann, sein Begehren werde von der Gegenseite noch nicht endgültig abgelehnt[838]. Eine Vergleichsbereitschaft muß nicht geäußert werden[839]. In dieses weite Verständnis der „schwebenden Verhandlung" fügt sich auch die vorgerichtliche Mediation ein, die, unterstützt durch den Mediator, inhaltlich oftmals weitergeht als bis zu

---

[832] Der auf § 852 Abs. 2 BGB verweisende Satz 2 des § 141 PatG wurde durch das GPatG vom 26.7.1979 eingefügt.

[833] *BGBl* I, S. 1577 in der Fassung des Art. 4 des Gesetzes zur Änderung schadensrechtlicher Vorschriften vom 16.8.1977. Geltung hat § 852 Abs. 2 BGB n.F. mit Wirkung vom 1. Januar 1978 und erfaßt alle Fälle, in denen die Verjährung nicht bereits nach der alten Fassung eingetreten ist (Art.5, Art. 8 des genannten Gesetzes).

[834] Vgl. § 14 StVG, § 39 LuftVG, jeweils a.F.; die gegenwärtigen Neufassungen verweisen ebenso wie § 11HPflG nur noch pauschal auf § 852 BGB, vgl. *Püschel*, S. 107.

[835] Vgl. *Walter*, ZZP 103 (1990), S. 141 (164).

[836] Vgl. *Arfin*, Hastings Law Journal 95 volume 7/4, S. 893 (903); vgl. *Labes*, DZWir 1998, S. 353 (359f.); vgl. *Stadler*, NJW 1998, S. 2479 (2482);*Gottwald*, WM 1998, S. 1257, der Mediation als „Modell der Streitschlichtung" anführt; vgl. *Strempel*, NJ 1999, S. 461 (462); vgl. *van Raden*, BB 1999, S. 17 (19); vgl. *Krapp*, ZRP 1994, S. 115 Fn. 7; vgl. *Heinze*, 18 AIPLA (1990), S. 333 (312).

[837] Vgl. BGH, VersR 1969, S. 857 (859); vgl. *BGH*, VersR 1965, S. 1149 (1151); vgl. *BGH*, VersR 1962, S. 615 (616); *Schulte*, § 141 PatG, Rn. 4; *Mes*, § 141 PatG, Rn. 12; vgl. *Püschel*, S. 107f.

[838] *BGHZ 93*, S. 64 (66); *BGH*, DB 1991, S. 2183;vgl. *OLG Düsseldorf*, OLGR 1993, S. 243 (244).

[839] *MüKo/Mertens*, § 852, Rn. 64; *Palandt/Thomas*, § 852, Rn. 18.

einem bloßen Meinungsaustausch. Wenn aber bereits bloße Verhandlungen unter die Vorschrift des § 852 Abs. 2 BGB zu subsumieren sind, dann hat dies erst recht bei einem Schlichtungsverfahren[840] mit einem darüber hinaus gehenden Inhalt zu gelten und damit auch bei der Mediation.

Die Vorschrift des § 852 Abs. 2 BGB ist demzufolge grundsätzlich anwendbar.

aa) Anwendungsbereiche der § 141 PatG, § 20 MarkenG und des § 852 Abs. 2 BGB

Die Vorschrift des § 852 Abs. 2 BGB regelt aber letztlich nur die Verjährungshemmung für Schadensersatzansprüche.

Der auf § 852 Abs. 2 BGB verweisende § 141 PatG ist von seinem Wortlaut her weiter als § 852 Abs. 2 BGB[841]. Der Anwendungsbereich der patentrechtlichen Vorschrift des § 141 PatG umfaßt nämlich die Verjährung aller zivilrechtlichen Ansprüche wegen Verletzung des Patentes[842], also nicht nur den Schadensersatzanspruch nach § 139 Abs. 2 PatG, sondern auch den Unterlassungsanspruch nach § 139 Abs. 1 PatG[843] und den grundsätzlich in Form des Vernichtungsanspruches in § 140 a PatG geregelten Beseitigungsanspruch[844].

---

[840] Zustimmend *Prütting*, JZ 1985, S. 261 (269) Fn. 123a; vgl. *Walter*, ZZP 103 (1990), S. 141 (166), der mit „Verhandlungen" gerade die Schlichtungsverhandlungen subsumiert.

[841] Vgl. *Busse,* § 141 PatG, Rn. 7.

[842] *Busse,* § 141 PatG, Rn. 5; *Benkard/Rogge*, § 141 PatG, Rn. 2; *Schulte*, § 141 PatG, Rn. 4; **A.A.** *Tetzner*, § 48 PatG, Anm. 2, der hinsichtlich der alten Regelung den § 48 von der Unverjährbarkeit des Unterlassungsanspruches ausgeht; ähnlich auch *Reimer/Neumer*, § 48, Rn. 1.

[843] Die Verjährung des Unterlassungsanspruches kann nicht mit der Begründung ausgeschlossen werden, daß dieser, solange Wiederholungsgefahr bestehe, immer wieder neu entstehe, vgl. *Bernhardt/Kraßer,* § 35, S. 644. Vielmehr ist § 198 S. 2 BGB einschlägig, wonach die Verjährung von Unterlassungsansprüchen mit der Zuwiderhandlung beginnt, vorausgesetzt, die gemäß § 141 PatG erforderliche Kenntnis des Verletzten liegt vor.

[844] Von der Regelung des § 141 PatG werden nicht Ansprüche aus Lizenzverträgen, auf angemessene Vergütung der Benutzungshandlung (§ 13 Abs. 3), aus Lizenzbereitschaftserklärung nach § 23, aus Zwangslizenz (§ 24), aus § 85 Abs. 5, 6 oder aus § 55 PatG erfaßt, da diese keine Ansprüche wegen Verletzung darstellen. Es handelt sich hier um Ansprüche, die das Gesetz einräumt, obwohl keine Patentverletzung vorliegt.

Einen vergleichbaren weiten Anwendungsbereich weist § 20 MarkenG auf, der sich auf sämtliche Ansprüche der §§ 14 – 19 MarkenG bezieht und somit Verletzungs-, Unterlassungs-, Schadensersatz-, Beseitigungs-, Widerrufs-, Vernichtungs- und Auskunfts- und Rechnungslegungsansprüche zum Gegenstand hat[845]. Im Unterschied dazu ist die Regelung des § 852 Abs. 2 BGB bereits seinem Wortlaut nach auf Schadensersatzansprüche beschränkt und demzufolge auf andere Ansprüche im Zusammenhang mit Patenten und Marken nicht anwendbar[846]. Durch die explizite Verweisung auf § 852 Abs. 2 BGB ist nicht davon auszugehen, daß sämtliche bei einer Schutzrechtsverletzung entstehenden Ansprüche von dieser Regelung analog erfaßt werden sollen. Die übrigen Ansprüche stellen darüber hinaus eigenständige markenrechtliche bzw. patentrechtliche Ansprüche dar, für die eine eigene Verjährungsfrist aus § 20 MarkenG oder § 141 PatG läuft und die in § 852 Abs. 2 BGB gerade nicht namentlich erwähnt sind.

Die Regelung des § 141 S. 1 ist darüber hinaus erst nachträglich eingefügt worden, und es ist anzunehmen, daß der Gesetzgeber eine eigene verjährungshemmende Regelung für alle Ansprüche aus der Verletzung eines Patents in das Patentgesetz eingebracht hätte, wenn er alle Ansprüche hiervon erfaßt sehen wollte.

Ähnliches gilt für das erst 1996[847] in Kraft getretene Markenrecht, das von diesem Zeitpunkt an das Kennzeichenrecht mit einbezog. Hinsichtlich der Verjährungsfristen erfolgte keine Rechtsänderung, denn schon vor dem Inkrafttreten des MarkenG verjährte ein Schadensersatzanspruch in drei Jahren und nur dieser unterlag ggf. den Voraussetzungen des § 852 Abs. 2 BGB. Es ist auch hier davon auszugehen, daß mit der Einführung des MarkenG auch die Verjährungs-

---

[845] *Althammer/Klaka/Ströbele*, § 20 MarkenG, Rn. 2; *Fezer*, § 20 MarkenG, Rn. 4 f.

[846] *Busse*, § 141 PatG, Rn. 7, 16; ***A.A.*** *Benkard/Rogge*, § 141 PatG, Rn. 5,der davon ausgeht, daß die Verjährungshemmung bei entsprechender Anwendung des § 141 PatG für alle sich aus Patentverletzungen ergebenden Ansprüchen und nicht nur für den Schadensersatz gelten müsse.

[847] s.o. Fn. 223.

vorschriften detaillierte Änderungen erfahren hätten, wenn dies dem Willen des Gesetzgebers entsprochen hätte.

bb) Zwischenergebnis

Die Gefahr des Ablaufs der Verjährungsfrist von patent- und markenrechtlichen Verletzungsansprüchen ist durch § 141 S. 2 PatG i.V.m. § 852 Abs. 2 BGB und § 20 Abs. 2 MarkenG i.V.m. § 852 Abs. 2 BGB im Zusammenhang mit einer Mediation beseitigt, die Fragen über diverse Schadensersatzansprüche zum Gegenstand hat. Für die der Durchführung des Schadensersatzanspruches dienenden[848] Ansprüche, wie beispielsweise auf Auskunftserteilung als Annex zum Schadensersatzanspruch, Rechnungslegung und Beseitigung, wird die Verjährungsfrist weder durch § 852 Abs. 2 BGB noch durch andere gesetzliche Anordnungen gehemmt. Eine Wirkung der Mediation auf die Verjährungslaufzeit der überbleibenden Ansprüche im Sinne eine Verjährungshemmung besteht folglich nicht[849].

Konsequenz dieses Ergebnisses ist eine wohl eher restriktive Behandlung der Mediation, zumindest durch die Anspruchsberechtigten der patent- und markenrechtlichen Verletzungsansprüche, aufgrund der für die übrigen Ansprüche bleibenden Gefahr des Ablaufes der Verjährungslaufzeit.

b) Verstoß gegen Treu und Glauben nach § 242 BGB

Vor dem Hintergrund, daß durch die Durchführung einer Mediation mit erheblichen Verkürzungen der Verjährungslaufzeiten der zugrundeliegenden Verletzungsansprüche zu rechnen ist, erscheint dieses Ergebnis hinsichtlich der nicht von verjährungshemmenden, gesetzlichen Regelungen erfaßten Ansprüche unbillig und wenig zufriedenstellend.

---

848 *Tetzner*, Mitt. 1982, S. 61; vgl. *Püschel,* S. 170.

849 Siehe auch *Prütting*, in JZ 1985, S. 261 (269), nach dem in anderen als den gesetzlich normierten Fällen weder eine Unterbrechung, noch eine Hemmung der Verjährung eintritt.

Gerade die Parteien, die ihren Streit durch eine Schlichtung beilegen wollen, sollen ihre Ansprüche der Gefahr einer Verjährung aussetzen müssen. Der gesetzgeberische Wille, Gerichtsverfahren zu vermeiden und auf eine gütliche Einigung hinzuwirken, findet in § 279 ZPO seinen Niederschlag. Nach dieser Vorschrift soll der Richter eines Verfahrens zu jeder Zeit des Verfahrens auf eine gütliche Einigung hinwirken. Der hierin manifestierte Grundgedanke muß auch im außergerichtlichen Vorfeld, in einer Mediation, verwirklicht werden können. Einer gütlichen Einigung stünde es entgegen, wenn der Schlichtungswillige sich in einer Mediation schlechter gestellt sähe, als in einem gerichtlichen Verfahren..

Zwar ist mit den oben genannten Gründen keine Hemmung der Verjährung anzunehmen, ein zufriedenstellenderes Ergebnis könnte aber dann erreicht werden, wenn die nachträgliche Berufung der Gegenpartei auf die Einrede der Verjährung als ein Verstoß gegen den in § 242 BGB manifestierten Grundsatz von Treu und Glauben zu bewerten wäre. Die Berufung auf die Verjährungseinrede verstößt für sich gesehen grundsätzlich nicht gegen den Grundsatz von Treu und Glauben[850]. Trotz alledem kann sich die Rechtslage anders darstellen, wenn der Streitgegner vor der Mediation einer Aufforderung nachgekommen ist und für den Fall der Fortsetzung des Schlichtungsverfahrens schriftlich auf die Erhebung der Verjährungseinrede verzichtet hat[851]. Die Erklärung an sich verstößt zwar gegen § 225 S. 1 BGB und ist somit unwirksam. Hat der durch den unwirksamen Verzicht Verpflichtete aber bei dem Berechtigten durch sein gesamtes Verhalten, einschließlich dieser Verzichtserklärung Vertrauen erweckt, er werde sich keinesfalls auf die Verjährung berufen, so kann trotz der Unwirksamkeit der schriftlich fixierten Verzichtserklärung in der abredewidrigen Erhebung der Verjährungseinrede eine unzulässige Rechtsausübung liegen[852]. Als

---

850 *Tetzner*, Mitt. 1982, S. 61 (67); vgl. *MüKo/v. Feldmann*, § 194 BGB, Rn. 11.

851 Vgl. *Prütting*, BB 1999, Beilage 9, S. 7 (12).

852 *BGH*, NJW 1974, S. 1285 (1286); *BGH*, NJW 1979, S. 866 (867); vgl. *BGH*, NJW 1991, S. 974 (975); *BGH*, NJW 1998, S. 902 (904); vgl. *Peters*, NJW 1982, S.1857 (1858);

ausreichend ist hierbei ein Verhalten des Anspruchsgegners anzusehen, das in dem Berechtigten den Eindruck erweckt, eine vollständige Befriedigung des Anspruches oder zumindest eine Einigung mit erträglichem Ergebnis werde auch ohne einen Rechtsstreit erzielt[853], der Schuldner somit mit der Zurückstellung der gerichtlichen Geltendmachung einverstanden sei und nur sachliche Gründe entgegenhalten werde[854]. Gleiches gilt, wenn sich die Parteien auf Verhandlungen vor einer Schlichtungsstelle eingelassen haben[855], womit der hier zugrundeliegende Gesichtspunkt des Vertrauensschutzes auch auf die Mediation zu übertragen ist[856]. Läßt sich der Anspruchsgegner auf eine Mediation über den streitigen Verletzungsanspruch ein, so erweckt er beim Schutzrechtsinhaber den Eindruck, er bevorzuge zumindest eine gütliche außergerichtliche Einigung. Die Annahme, allein das Einlassen auf eine Mediation illustriere seine Bereitschaft, eine vollständige Befriedigung des Anspruches herbeizuführen, würde zu weit gehen. In jedem Fall wird der Schutzrechtsinhaber aber ein erhöhtes Vertrauen in die Ernsthaftigkeit des Anspruchsgegners bezüglich der Durchführung der Mediation setzen. Eine durch den Anspruchsgegner verfaßte Verzichtserklärung verstärkt dieses Vertrauen, unabhängig von seiner Wirksamkeit[857].

Der Vertrauensschutz des § 242 BGB besteht dabei allerdings nur so lange, wie auch die den Einwand der unzulässigen Rechtsausübung begründenden tatsächlichen Umstände fortdauern. Fallen diese Umstände fort, beispielsweise weil sich eine Partei erkennbar nicht an die Verzichtserklärung hält, so hat dies weder den Neubeginn der Verjährung noch ihre Hemmung zur Folge[858]. Dem Gläubiger

---

Tetzner, Mitt. 1982, S. 61 (67); vgl. *Palandt/Heinrichs*, § 225 BGB, Rn. 2, vor § 194 BGB, Rn. 10; vgl. *Busse*, § 141 PatG, Rn. 41; *Erman/Hefermehl*, § 222 BGB, Rn. 11; *Ingerl/Rohnke*, § 20 MarkenG, Rn. 24.

[853] *MüKo/v. Feldmann*, § 194 BGB, Rn. 11; *Palandt/Heinrichs*, § 225 BGB, Rn. 2, § 242 BGB, Rn. 38; vgl. *Busse*, § 141 PatG, Rn. 41; vgl. *Ingerl/Rohnke*, § 20 MarkenG, Rn. 24.

[854] *BGH*, NJW 1976, S. 2344 (2345); *BGH*, NJW 1999, S. 1101 (1104).

[855] *BGH*, NJW 1983, S. 2075 (2076).

[856] Vgl. *Risse*, BB 1999, Beilage 9, S. 1 (4).

[857] Zu den Folgen, eines sich zu seiner Verzichtserklärung in Widerspruch setzenden Mediationsteilnehmer verweise ich nach oben.

[858] *BGH*, NJW 1991, S. 974 (975); vgl. *Ingerl/Rohnke*, § 20 MarkenG, Rn. 21.

wird vielmehr die Pflicht auferlegt, seinen Anspruch innerhalb einer ihm vorgegebenen angemessenen Frist, die in der Regel wenige Wochen, in Ausnahmefällen auch einige Monate umfaßt[859], gerichtlich geltend zu machen[860].
Entgegen Risse[861], der annimmt, der vertragliche Verzicht auf die Erhebung der Einrede sei über § 242 BGB möglich, bewirkt der Vertrauensschutz eine andere Rechtsfolge. So lange Vertrauensschutz besteht, ist die Berufung auf die Einrede der Verjährung, die eine Ausnutzung des guten Willens des Schutzrechtsinhabers und zugleich einen Mißbrauch der Mediationszwecke darstellt, als unzulässiger Rechtsmißbrauch und damit als Verstoß gegen den Grundsatz von Treu und Glauben nach § 242 BG zu bewerten. An der Unwirksamkeit des vorzeitigen Verzichtes auf diese Einrede (§ 225 S. 1 BGB) vermag § 242 BGB nichts zu ändern. Jedoch liegt in der Geltendmachung der Einrede ein Verstoß gegen § 242 BGB[862].

2. Zwischenergebnis

Die Untersuchungen haben gezeigt, daß trotz der bestehenden Gefahr des Ablaufes der Verjährungslaufzeit keine umfassende Wirkung der Mediation auf die Verjährung der marken- und patentrechtlichen Verletzungsansprüche in Form einer Verjährungshemmung besteht. Die Fälle einer Verjährungshemmung sind gesetzlich abschließend normiert und lediglich die Mediation über einen Schadensersatzanspruch ist von der Vorschrift des § 852 Abs. 2 BGB umfaßt.
Aufgrund des klaren Wortlautes und des gesetzgeberischen Willens ist eine Subsumtion der übrigen Ansprüche unter die genannte Vorschrift abzulehnen. Den Parteien ist es aufgrund der Regelung des § 225 S. 1 BGB auch nicht möglich, vor Ablauf der Verjährungslaufzeit wirksam auf die Erhebung der Verjährungs-

---

859 *MüKo/v. Feldmann*, § 225 BGB, Rn. 3.
860 *RGZ* 115, S. 135 (139); *RGZ* 144, S. 378 (383f.); *BGHZ* 9, S. 1 (6).
861 *Risse*, BB 1999, Beilage 9, S. 1 (4).
862 Vgl. *Staudinger/Dilcher*, § 222 BGB, Rn. 20; vgl. *Erman/Hefermehl*, § 222 BGB, Rn. 8, 11.

einrede zu verzichten. Dieses Ergebnis würde jedoch denjenigen benachteiligen, der sich ernsthaft um eine gütliche Streitbeilegung bemüht und den Erfolg der Mediation im gewerblichen Rechtsschutz bereits im Vorfeld verhindern, was wiederum dem derzeitigen Trend der Förderung außergerichtlicher Schlichtungsbemühungen zuwiderliefe. Um dem Vertrauensschutz des Schutzrechtsinhabers, der davon ausgeht, sein Gegner handele mit ähnlicher Intention und werde sein Entgegenkommen nicht ausnutzen, und den Vorteilen, die eine Mediation im gewerblichen Rechtsschutz mit sich bringt, Rechnung zu tragen, ist die eigentlich so klare Trennung zwischen außergerichtlicher Mediation und gerichtlichem Verfahren über § 242 BGB zu korrigieren. Zwar ändert § 242 BGB an der Unwirksamkeit einer vorzeitigen Verzichtserklärung nichts. Die Berufung des Schuldners auf die Einrede der Verjährung ist aber als treuwidrig und unwirksam anzusehen, wenn der Schutzrechtsinhaber aufgrund des Verhaltens seines Anspruchsgegners dahingehend Vertrauen schöpfen durfte und dies auch getan hat, sein Anspruchsgegner werde sich auf sachliche Einwendungen beschränken. Dies ist vor allem bei einem vertraglichen Verzicht als auch bei einem Treffen vor einer Schlichtungsstelle anzunehmen und muß demzufolge auch gelten, wenn sich die streitigen Parteien auf eine Mediation einlassen. Die Berufung auf die Einrede der Verjährung stellt in diesen Fällen eine unzulässige Rechtsausübung und damit einen Verstoß gegen § 242 BGB dar.

§ 9 Zusammenfassung der wesentlichen Ergebnisse

Abschließend sollen die wichtigsten Erkenntnisse der vorstehenden Analyse noch einmal kurz dargestellt werden:

In Deutschland besteht grundsätzlich das Bedürfnis für die Einführung der Mediation als eine für den gewerblichen Rechtsschutz neue Form der außergerichtlichen Beilegung von Streitigkeiten. Die gegenwärtig zur Verfügung stehenden

Schlichtungsstellen, Prozeß- und Anwaltsvergleiche und auch das neue Schiedsrecht stellen keine hinreichend zufriedenstellenden Möglichkeiten dar, die eine Mediation überflüssig machen würden.
Eine speziell für Patent- und Markenstreitigkeiten eingerichtete Schlichtungsstelle existiert nicht.
Der Prozeßvergleich stellt einen Titel im Sinne der §§ 704, 794 Abs. 1 Nr. 1 ZPO dar und steht dem Sinn und Zweck einer unverbindlichen Mediation entgegen.
Der Anwaltsvergleich muß als Alternative schon im Hinblick auf die unterschiedliche Interessenwahrnehmung ausscheiden.
Hinsichtlich des Schiedsverfahren stellt sich die Tatsache, daß nicht alle Streitigkeiten des gewerblichen Rechtsschutzes schiedsfähig sind, als unvorteilhaft dar. Zwar wird in dieser Arbeit gezeigt, daß auch nicht sämtliche Sachverhalte aus dem Patent- und Markenrecht mediationstauglich sind. Aufgrund der unterschiedlichen Ausgestaltung beider „Verfahren" läßt das Schiedsrecht die Mediation aber als sinnvoll betrachten.

Der Mediation kommt im gewerblichen Rechtsschutz hohe wirtschaftliche Bedeutung zu, indem sie hilft, bestehende Lizenzverträge zu erhalten und den Parteien die Möglichkeit bietet, neue Verträge zu begründen, was insbesondere im Patentrecht aufgrund der zeitlich begrenzten Verwertungsmöglichkeit des Schutzrechtes von extremer Wichtigkeit ist.
Auch nach der gegenwärtigen Rechtslage wird noch kein ausreichender Sukzessionsschutz für den Lizenznehmer im Zusammenhang mit einfachen Lizenzen gewährleistet. Hat der Lizenzgeber die für den Lizenznehmer nachteiligen Wirkungen nicht bedacht, beruht die mißliche Lage demnach auf Mißverständnissen, wird durch die Mediation die Möglichkeit geschaffen, diese auszuräumen und einem endgültigen Vertragsbruch entgegenzuwirken.

In einer Mediation können darüber hinaus flexiblere Ergebnisse, die den Bedürfnissen der Parteien angepaßt sind, erzielt werden. Die Lösungssuche erfolgt hier nicht anspruchsorientiert, wie dies in einem staatlichen Verfahren der Fall ist.

Im internationalen Verkehr kann es in Ermangelung eines Gemeinschaftspatentes gegenwärtig im Patentrecht zu einer unterschiedlichen Bewertung der Rechtslage durch die einzelnen nationalen Gerichte und damit zur Rechtsunsicherheit kommen. Das bestehende EPÜ vermag dies nicht zu verhindern, denn das Europäische Patent stellt ein „Bündelpatent" dar, das sich aus einzelnen nationalen Patenten, die den jeweiligen nationalen Rechtsordnungen unterliegen, zusammensetzt.

Besser stellt sich Rechtslage im Markenrecht dar. Hier besteht eine GMVO, die mit Ausnahme des Gerichtsstandes des Verletzungsortes eine grenzüberschreitende Wirkung gerichtlicher Urteile ermöglicht.

Solange kein einheitlicher gerichtlicher Schutz gewährleistet wird, stellt die Mediation eine Möglichkeit zur Erlangung grenzüberschreitenden Rechtsschutzes dar.

Sachverhalte des gewerblichen Rechtsschutzes sind in der Regel öffentlichkeitswirksam.

Grundsätzlich besteht aufgrund des - mit wenigen Ausnahmen - im Patent- und Markenverfahren geltenden Öffentlichkeitsgrundsatzes die Gefahr, daß zum einen auf einen Prozeßteilnehmer öffentlicher Druck ausgeübt wird, der auch eine Partei zum Nachgeben zwingen kann. Zum anderen können hierdurch Informationen über Schutzrechte an die Öffentlichkeit gelangen, die eine Kopie des Schutzrechtes erst ermöglichen oder dazu verleiten. Das gegenwärtig bestehende Problem der Produktpiraterie wird hierdurch keineswegs bekämpft.

Diese Gefahren könnten durch ein nicht öffentlich ausgerichtetes Mediationsverfahren eingedämmt werden.
Durch eine nicht öffentliche Mediation läßt sich aber nicht das Bedürfnis nach einem Geheimnisschutz gegenüber dem Mediator und vor allem gegenüber dem Mediationsgegner, der für gewöhnlich ein potentieller Konkurrent des Schutzsuchenden ist, verwirklichen. Hier helfen aufgrund der Unzulässigkeit eines Geheimverfahrens lediglich detailliert abgefaßte vertragliche Regelungen. Das Restrisiko des Vertragsbruches bleibt allerdings immer.

Bei mangelnder Dispositionsbefugnis über den Streitgegenstand können sich Sachverhalte aus dem gewerblichen Rechtsschutz als mediationsuntauglich erweisen, wie dies beispielsweise bei der patentrechtlichen Zwangslizenz der Fall wäre. Einigen sich die Beteiligten aber über die Erteilung einer Zwangslizenz, stellt die Grundlage der Einigung aber bereits keine Zwangslizenz, sondern die Erteilung einer „freiwilligen" Lizenz dar.
Im Markenrecht stellt sich dieses Problem nicht. Zwangslizenzen gibt es hier nicht, was sich mit der unterschiedlichen Funktion des Ausschließlichkeitsrechtes im Patent- und Markenrecht erklären läßt.

Im Patent- und Markenrecht können auch grundsätzlich Nichtangriffsabreden in einer Mediation vereinbart werden. Wirksamkeit erlangen die Abreden allerdings nur dann, wenn sie in Übereinstimmung mit den dargestellten rechtlichen und gesetzlichen, insbesondere den kartellrechtlichen Grundsätzen stehen. Auffallend ist, daß sich die Vereinbarung einer Nichtangriffsabrede mit internationaler Wirkung sowohl im Patent- als auch im Markenrecht aus wettbewerbsrechtlicher Sicht als problematisch darstellt, obwohl für den patentrechtlichen Bereich durch die neuen TT - GVO für eine Erleichterung besteht.

Bestehen mehrere Inhaber an einem Schutzrecht, stellt sich die Frage, ob ein Einzelner befugt ist, mit verbindlicher Wirkung für die anderen eine Mediation durchzuführen.
Die Miterfinder und mehrere Markeninhaber werden je nach Vorliegen einer Zweckvereinbarung als Bruchteilsgemeinschaft oder Gesamthandsgemeinschaft eingestuft. In Anlehnung an die herrschende Meinung ergeben sich bei einer analogen Anwendung der Vorschrift des § 744 Abs. 2 BGB auf die Gesamthandsgemeinschaft aber keine unterschiedlichen Rechtsfolgen für die Schutzrechtsinhaber aufgrund ihrer rechtlichen Einordnung als Bruchteils- bzw. Gesamthandsgemeinschaft. Ihnen ist es nur bei Vorliegen der Voraussetzungen des § 744 Abs. 2 BGB möglich, eigenmächtig und ohne die Zustimmung der übrigen Teilhaber eine Mediation durchzuführen, die Fragen über das betreffende Schutzrecht zum Gegenstand hat. Da im Falle einer solchen Notgeschäftsführung der Einzelne in Vertretung der anderen Mitinhaber handelt, wirkt ein erzieltes Mediationsergebnis für und gegen die abwesenden Schutzrechtsinhaber.

Die Einführung einer obligatorischen Mediation verstößt nicht gegen Verfassungsrecht. Sie stellt sich aber speziell im Zusammenhang mit Sachverhalten aus dem Bereich des gewerblichen Rechtsschutzes als sinnvoll dar und sollte der freiwilligen Entscheidung der Parteien überlassen bleiben. Eine klare Trennung von gerichtlichem Prozeß mit rechtsstaatlichen Garantien einerseits und flexiblerer nicht anspruchsorientierter Schlichtung andererseits, ist hier vorzugswürdig.

Eine Hemmung oder gar Unterbrechung der bestehenden zivilrechtlichen Ansprüche wird durch eine Mediation nicht bewirkt. Läßt sich der Anspruchsgegner aber auf eine Mediation über den streitigen Verletzungsanspruch ein, so erweckt er beim Schutzrechtsinhaber den Eindruck, er bevorzuge zumindest eine gütliche außergerichtliche Einigung. Die Berufung auf die Verjährungseinrede in einem nachfolgenden Prozeß ist folglich als rechtsmißbräuchliches Verhalten zu qualifizieren und verstößt gegen § 242 BGB.

Dem Mediationsergebnis kommt weder eine Titelfunktion zu, noch ist ihm die Wirkung eines Schiedsgutachtens zuzusprechen. Auch ein grundsätzlicher Verzicht auf staatlichen Rechtsschutz kann nicht in die Teilnahme an einer Mediation hineininterpretiert werden.
Demnach bleibt das Risiko, daß eine Partei eine Mediation nur eingeht, um die andere Partei auszuhorchen, sie folglich mißbraucht. Allein durch exakte vertragliche Vereinbarungen kann eine Partei wenigstens insoweit geschützt werden, daß sie diese gegebenenfalls gerichtlich durchzusetzen vermag.

LITERATURVERZEICHNIS

Achterberg, Norbert	Der Begriff „Rechtsprechung“ im materiellen Sinne in: Festschrift für Christian-Friedrich Menger Köln –Berlin – Bonn – München 1988 Hrsg.: Hans Uwe Erichsen, Werner Hoppe, Albert v. Mutius
Adam, Günther	Zwangslizenzen in: BWV 1975, S. 192 ff.
Albrechtskirchinger, Georg	Gewerblicher Rechtsschutz in der internationalen Diskussion in: Festschrift für Ottoarndt Glossner, Heidelberg 1994, S. 11 ff. Herausgeber: Alain Plamtey, Karl-Heinz Böckstigel, Jens Bredow
Althammer, Werner/ Ströbele, Paul/ Klaka, Rainer	Markengesetz; Kommentar 6. Auflage, Köln, Berlin, Bonn, München 2000
Altmann, Gerhard/ Fiebiger, Heinrich/ Müller, Rolf	Mediation: Konfliktmanagement für moderne Unternehmen Weinheim – Basel 1999

Akers, Noel J. — The European Patent System: an introduction for patent searchers
in; World Patent Information, Vol. 21 (1999) No. 3, S. 135 ff.

Apel, Jürgen — Umfang und Grenzen von Auskunftsansprüchen unter Berücksichtigung der Spezialvorschriften infolge des Produktpirateriegesetzes, in BRAK 1996, S. 252 ff.

Arfin, Miriam — The Benefits of Alternative Dispute Resolution in Intellectual Property Disputes
in: Hastings Communications and Entertainment Law Journal 95 Volume 7/4

Arnold, Tom — Patent Alternative Dispute Resolution Handbook 1991

ders. — New Law of Willful Infringement
in: Patent Litigation, 1988 – Patent, Copyrights, Trademarks and Literary Property Course Handbook
Series No. 258

Axster, Herbert — Die Behandlung der Machtposition im Kartellgesetz
in: GRUR 1958, S. 221 ff.

Bandisch, Günter	Zur Vermittlertätigkeit von Rechtsanwälten in: Blankenburg/Gottwald/Strempel (Hrsg.),Alternativen in der Ziviljustiz, Köln 1982, S. 41 ff.
Bartenbach, Kurt/ Volz, Franz-Eugen	Die Aufgabe eines Schutzrechtes gemäß § 16 ArbEG bei mehreren Arbeitnehmererfindungen in: GRUR 1978, S. 668 ff.
Bastard, Benoit/ Cardia-Vonèche, Laura	Die unaufhaltsame Verbreitung der Familienmediation in: Familiendynamik 1992, S. 319 ff.
Baumbach, Adolf/ Lauterbach, Wolfgang Albers, Jan Hartmann, Peter	Zivilprozeßordnung mit Gerichtsverfassungsgesetz und anderen Nebengesetzen – Kommentar 58. Auflage, München 2000
Baumbach, Adolf/ Hefermehl, Wolfgang	Warenzeichenrecht 12. Auflage, München 1985
Baumbach, Adolf/ Hefermehl, Wolfgang	Kommentar zum Wettbewerbsrecht 19. Auflage, München 1996
Baumgärtel, Gottfried	„Geheimverfahren" im Zivilprozeß zur Wahrung von Geschäftsgeheimnissen nach Schweizer Vorbild ? in: Festschrift für Habscheid, 1989, S. 1 Hrsg.: Walter Lindecker, Dieter Pfaff, Günter H. Roth, Peter Schlosser, Eberhard Wieser.

Bechthold, Rainer — Kommentar zum Kartellgesetz
2. Auflage, München 1999

Becker-Bender, Walter — Das Urheberpersönlichkeitsrecht im musikalischen Urheberrecht
Heidelberg 1940

Beckmann, Albert — Staatsrecht II - Die Grundrechte
4. Auflage, Bd. 2
Köln – Berlin – Bonn – München 1997

Behrens, Fritz — Die außergerichtliche Streitschlichtung nach dem Modell Nordrhein-Westfalen
in: DRiZ 1997, S. 236 ff. .

Beier, Friedrich-Karl — Ausschließlichkeit, gesetzliche Lizenzen und Zwangslizenzen im Patent- und Markenrecht
in: GRUR 1998, S. 185 ff.

ders. — Die herkömmlichen Patentrechtstheorien und die soziale Konzeption des Erfinderrechtes
in: GRUR 1970, S. 1 ff.

ders. — Die Bedeutung des Patentsystems für den technischen, wirtschaftlichen und sozialen Fortschritt
in: GRUR Int. 1979, S. 227 ff.

Beier, Friedrich-Karl/ Strauss, Joseph	Das Patentwesen und seine Informationsfunktion – gestern und heute in: GRUR 1977, S. 282 ff.
Benkard, Georg	Patentgesetz/Gebrauchsmustergesetz – Kommentar 9. Auflage, München 1993
ders.	Persönlichkeitsrecht und Erfindungsschutz in: GRUR 1950, S. 481 ff.
Bercovitch, Jacob	Resolving international conflicts Boulder – London 1995
Berger, Klaus-Peter	Das neue Recht der Schiedsgerichtsbarkeit RWS – Dokumentation 21, Köln 1998
Berlit, Wolfgang	Markenrechtliche und europarechtliche Grenzen des Markenschutzes in: GRUR 1998, S. 423 ff.
Bernhardt, Wolfgang/ Krasser, Rudolf	Lehrbuch des Patentrechts 4. Auflage, München 1986
Beschluß des Bundesvorstandes	Außergerichtliche Streitschlichtung fördern in: DriZ 1998, S. 226 ff. .
Besemer, Christoph	Mediation - Vermittlung in Konflikten Karlsruhe – Königsfeld, 1995

Bessong, Otto	Die Rechtsnatur der Patentlizenzerteilung in: GRUR Int. 1958, S. 286
Bettermann, Karl August	Hundert Jahre Zivilprozeßordnung in: ZZP Bd. 91 (1978), S. 365 ff.
Bettinger, Torsten	ICANN´s Uniform Domain Name Dispute Resolution Policy in: CR 2000, S. 234 ff.
Bezzenberg, Horst	Gedanken zum europäischen Patentrecht in: GRUR Int. 1987, S. 367 ff.
Blakeney, Michael	Trade Related Aspects of Intellectual Property Rights: A Concise Guide to the TRIPs Agreement London 1996
Blessing, Marc	The Mediation Rules of WIPO and Others: A Ticket To Paradise Or Into A Better Mousetrap? in; WIPO – Conference On Rules For Institutional Arbitration And Mediation, S. 120 ff. Genf 1995
Blomeyer, Arwed	Einzelanspruch und gemeinschaftlicher Anspruch von Miterben und Miteigentümern in: AcP 159 (1960), S. 385 ff.
Bureau Of National Affairs	Resolving Disputes Without Litigation Special Report, 1985

Bowes, Theodore — Arbitration of Patent Disputes
in: 22 IDEA (Journal of Law and Technology), 1981, S. 271 ff.

Brandi-Dohrn, Matthias — Sukzessionsschutz bei der Veräußerung von Schutzrechten
in: GRUR 1983, S. 146 ff.

Brandi-Dohrn, Matthias/ Gruber, Stephan/ Muir, Ian — Europäisches und Internationales Patentrecht
4. Auflage, München 1998

Brändle, Dieter — Kann und darf die Auslegung und Ermittlung des Schutzbereichs eines europäischen Patents in verschiedenen Ländern zu unterschiedlichen Ergebnissen führen
in: GRUR 1998, S. 854 ff.

Breidenbach, Stephan — Mediation
Struktur, Chancen und Risiken von Vermittlung im Konflikt
Köln 1995

ders. — Mediation – Komplementäre Konfliktbehandlung durch Vermittlung
in: AnwBl 1997, S. 135 ff.

Breidenbach, Stephan/ Henssler, Martin — Mediation für Juristen
Köln 1997

Brinkhof, Jan — Nichtigerklärung europäischer Patente
in: GRUR Int. 1996, S. 1115 ff.

Brinks, Henry/ Fritze, Ulrich — Einstweilige Verfügungen in Patentverletzungssachen in den USA und Deutschland
in: GRUR Int. 1987, S. 133 ff.

Brunda, Bruce — Resolution of Patent Disputes by Non-Litigation Procedures
in: 15 AIPA Q.J. (American Intellectual Property Association) 1987, S. 73 ff.

Bryne-Sutton, Quentin — Arbitration and Mediation in Art-Related Disputes
in: Arbitration International 1998, S. 447 ff.

Bueb, Wolfgang — Zur Stellung des einfachen Lizenznehmers gegenüber dem Patentverletzer
in: GRUR 1938, S. 470 ff.

Bühling, Jochen — Die Markenlizenz im Rechtsverkehr
in: GRUR 1998, S. 198 ff.

ders. — Geheimhaltung, Offenbarung und Veröffentlichung von Daten in Informationsnetzwerken
in: GRUR 1997, S. 151 ff.

Bühring-Uhle Christian	Arbitration and Mediation in International Business The Hague-Boston- London 1996
Busse, Rudolf	Patentgesetz und Gebrauchsmustergesetz – Kommentar 5. Auflage, Berlin – New York 1999
ders.	Warenzeichengesetz – Kommentar 5. Auflage, Berlin – New York 1976
Bussmann, Kurt	Freie Übertragbarkeit der Marke in: GRUR 1949, S. 170 ff.
Bußmann, Joachim	Die patentrechtliche Zwangslizenz Dissertation Frankfurt a. Main, 1975
Byung-II, Kim	Der Schutz von Geschäfts- und Betriebsgeheimnissen in Korea und Deutschland Dissertation, München 1998
Calé, Richard	Rechtsgemeinschaft an Patenten in: GRUR 1931, S. 90 ff.
Calliess, Christian/ Ruffert, Matthias	Kommentar zum EU-Vertrag und EG-Vertrag Darmstadt 1999
Casper, Matthias/ Risse, Jörg	Mediation von Beschlußmängelstreitigkeiten in: ZIP 2000, S. 437 ff.

Christoph, Michael	Wettbewerbsbeschränkungen in Lizenzverträgen über gewerbliche Schutzrechte nach deutschem und europäischen Recht Regensburg 1998
Chrocziel, Peter	Gewerbliche Schutzrechte als Gegenstand eines Schiedsverfahrens in: Festschrift für Preu, S. 176 ff., München 1988 Herausgeber: Manfred Bohlig, Matthias Brandi-Dohrn, Lutz Donle, Michael Buddenberg, Stefan Schweyer
ders.	Einführung in den Gewerblichen Rechtsschutz und das Urheberrecht München 1995
Collier, John/ Lowe, Vaughan	The Settlement of Disputes in International Law Oxford 1999
Comment	Enforcing International Commercial Arbitration Agreements - Post Mitsubishi Motors Corp. V. Soler Chrysler – Playmouth in: 36 Am. U. Law Review 1986, S. 57 ff.
Conti, Adam	ADR Synopsis auf: www.contilaw.com/adrsyn.html

Coulson, Robert — Arbitration and Other Forms of Aternative Dispute Resolution – General Overview, in: WIPO Worldwide Forum on the Arbitration of Intellectual Property Disputes
Genf 1994

Curley, James — Arbitration of Patent-Antitrust Disputes: Business Expendiency vs. Public Interest
in: 18 IDEA (Journal of Law and Technology), 1976, S. 107 ff.

Damme, E./ Lutter, R. — Das Deutsche Patentrecht
3. Auflage, Berlin 1925

Dembinsky, Anja — Das Schlichtungsverfahren – eine sinnlose Zwangsinstanz ?
in: BRAK – Mitt. 1998, S. 66 ff.

De Witt, Kalle — Mediative Elemente in der familienrechtlichen Arbeit
in: FamRZ 1998, S. 211 ff.

Diamond, Sidney — Markenschutz und öffentliches Interesse
in: GRUR Int. 1981, S. 599 ff.

Diedrich, Frank — Grundlagen der Schiedsgerichtsbarkeit
in: JuS 1998, S. 158 ff.

Dilßner, Heike/ Munske, Barbara	Mediation in der Bundesrepublik Deutschland 96/97 Bonn 1996
Dörmer, Sigrid	Streitbeilegung und neue Entwicklung im Rahmen von TRIPS: eine Zwischenbilanz nach 4 Jahren in: GRUR 1998, S. 919 ff.
Dreiss, Uwe	Zum Geleit in: Mitteilungen der deutschen Patentanwälte 2000, S. 121 ff.
Drube, Walther	Der Schutz der Geschäfts- und Betriebsgeheimnisse Dissertation, Breslau 1929
Duve, Christian	Mediation und Vergleich im Prozeß Köln 1999
ders.	Was ist eigentlich ADR ? Überblick über die außergerichtliche Streitbeilgeung in den USA in: BB 1998, S. 15 ff.
Ebel, Hans-Rudolf	Kommentar zum Kartellrecht Stand: Mai 2000
Ebmeier, Marie-Theres/ Schöne, Sigrid	Der einstweilige Rechtsschutz Düsseldorf 1997

Eichele, Karl | Obligatorische vorgerichtliche Schlichtung
in: ZRP 1997, S. 393 ff.

Eiholzer, Heiner | Die Streitbeilegungsabrede
Hrsg.:Peter Gauch
Freiburg Schweiz 1998

Emmerich, Volker | Kartellrecht
8. Auflage, München 1999

Enders, Theodor | Beratung im Urheber- und Medienrecht
Bonn 1999

Engels, Stephan | Die Rechtsnatur der Markenlizenz unter der
Geltung des Markengesetzes 1995,
Dissertation, Köln 1999

Engländer | Zur Behandlung der Patentrechtsgemeinschaft
in: GRUR 1924, S. 53 ff.

Enneccerus, Ludwig/ Nipperdey, Hans Karl | Allgemeiner Teil des Bürgerlichen Rechts
2. Halbband, 15. Auflage
Tübingen 1960

Erman, Walter | Handkommentar zum Bürgerlichen Gesetzbuch
1. Band, §§ 1-853; MHG, ProdHaftG; VerbrKrG,
HausTWG, AGBG
Münster 2000

Ernst, Bernd	Der Schutz des Betriebsgeheimnisses nach Vertragsende Dissertation, Köln 1961
Ernst, Jürgen	Obligatorische Streitschlichtung im Zivilprozeß – Chancen und Probleme in: Deutscher Juristentag 62, Bremen 1998, O 51ff.
Ewig, Eugene	Mediation aus Sicht der Anwaltschaft in: BRAK-Mitt. 1996, S. 147
Fernandez, Carmen/ Spolter, Jerry	International Intellectual Property Dispute Resolution: Is Mediation a Sleeping Giant ? in: Dispute Resolution Journal 1998, vol. 53, S. 62 ff.
Fezer, Karl-Heinz	Kommentar zum Markenrecht 2. Auflage, München 1999
ders.	Ausschließliche Zuständigkeit der Kennzeichnungsgerichte und der Gemeinschaftsmarken in: NJW 1997, S. 2915 ff.
Finger, Peter	Die Offenkundigkeit des mitgeteilten Fachwissens bei Know-how-Verträgen in: GRUR 1970, S. 3ff.

Finkelstein ADR in Trademark and Unfair Competition Disputes

Fischer, Ernst Verwertungsrechte bei Patentgemeischaften
in: GRUR 1977, S. 313 ff.

ders. Schadensersatz für den nicht ausschließlichen Lizenznehmer
In: GRUR 1980, S. 374 ff.

Fischer, Friedrich Grundzüge des Gewerblichen Rechtsschutzes
2. Auflage
Köln – Berlin – Bonn - München 1986

Fischer, Ernst Verwertungsrechte bei Patentgemeinschaften
in: GRUR 1977, S. 313 ff.

Forkel, Hans Gebundene Rechtsübertragungen
Erster Band: Patent, Musterrechte, Urheberrecht
Köln – Berlin – Bonn – München 1977

Ders. Buchbesprechung: Patent- und Know-how Lizenzvertrag
in: NJW 1990, S. 2805 ff.

Freitag, Robert Verpflichtung, Nichtbenutzung eingetragener Warenzeichen nicht geltend zu machen ?
in: GRUR 1973, S. 175 ff.

Fritze, Ulrich | Durchsetzung von Rechten des geistigen Eigentums – Verfahren und Sanktionen bei einer Verletzung von Patenten und Marken (TRIPS und das deutsche Recht)
in: GRUR Int. 1997, S. 143 ff.

ders. | Bemerkungen zur einstweiligen Verfügung im Bereich der gewerblichen Schutzrechte und im Wettbewerbsrecht
in: GRUR 1979, S. 290 ff.

Fromm, Friedrich Karl/ Nordmann, Wilhelm | Kommentar zum Urheberrecht
8. Auflage
1994 Köln

Gamm v., Otto-Friedrich | Die Warenzeichenlizenz
in: WRP 1960, S. 299 ff.

Ganssmüller, Helmut | Zur Konkurrenz der Gesamthands- und der Gesamthänderklage, insbesondere bei der Personengesellschaft
in: DB 1954, S. 860

Gaul, Dieter/ Bartenbach, Kurt | Patentlizenz- und Know – how – Vertrag
3. Auflage, Köln 1993

Dies. | Handbuch des gewerblichen Rechtsschutzes
Band II, 5. Auflage
Köln 1994

Gehrlein, Markus | Wirksamkeitsmängel von Schiedsgutachten
in: VersR 1994, S. 1009 ff.

Geigy, Jürg | Die Zwangslizenz im englischen, französischen, deutschen und schweizerischen Patentrecht
Dissertation, Basel 1958

Geimer, Reinhold | Notarielle Vollstreckbarerklärung von Anwaltsvergleichen – Betrachtungen zu § 1044b ZPO –
in: DnotZ 1991, S. 266 ff.

Gläßer, Ulla/ Beneschovsky, Raphael | Juristenausbildung zum Dobermann oder Kuschelanwalt
in: NJW 1999, S. 1238 ff.

Gloor, Prisca | Mediation – Ein Vermittlungsverfahren für familiäre Konflikte
Zürich 1993

Glossner, Ottoarndt/ Bredow, Jens/ Bühler, Michael | Schiedsgericht in der Praxis
3. Auflage, Heidelberg 1990

Goll, Ulrich | Obligatorische Streitschlichtung im Zivilprozeß
in: ZRP 1998, S. 314 ff.

Goméz Segade, José | Zwangslizenzen für pharmazeutische Erfindungen
in:
GRUR 1973, S. 95 ff.

Gottwald, Walther	Modelle der freiwilligen Streitschlichtung unter besonderer Berücksichtigung der Mediation in: WM 1998, S. 1257 ff.
ders.	Alternativen in der Rechtspflege in: BRAK – Mitt. 1998, S. 60 ff.
Gottwald, Peter	Zur Wahrung von Geschäftsgeheimnissen im Zivilprozeß in: BB 1979, S. 1780 ff.
Grabinski, Klaus	Kann und darf die Bestimmung des Schutzbereichs eines europäischen Patents in verschiedenen Ländern zu unterschiedlichen Ergebnissen führen ? in: GRUR 1998, S. 857 ff.
Grauel, Holger	Bericht der Bundesregierung zur Produktpiraterie in: MarkenR 2000, S. 91 ff.
Greger, Reinhard	Vom „Kampf ums Recht" zum Zivilprozeß der Zukunft in: JZ 1997, S. 1077 ff.
Groß, Rolf	Klageänderung und Klagerücknahme in: JR 1996, S. 357 ff.
Grossrau, Eberhard	Ist die Strafgewalt und die Bußgeldkompetenz von Verwaltungsbehörden mit Art. 92 GG vereinbar? in: NJW 1958 S. 929 ff.

Günther, Klaus/ Hoffer, Heike — Mediation im Zivilrecht, insbesondere im Wirtschaftsrecht
in: Mediation in der Anwaltspraxis
(Hrsg.: Henssler/Koch), S. 355 ff.

Gurry, Francis — Confidentiality in Mediation
in: WIPO – Conference on Mediation, S. 37 ff.
Genf 1996

Haberstumpf, Helmut — Handbuch des Urheberrechts
Neuwied, Kriftel, Berlin, Luchterhand 1996

Habscheid, Walther — Das Schiedsgutachten als Mittel der Streitentscheidung und der Streitvorbeugung
in: Festschrift für Winfried Kralik, Wien 1986,
Hrsg.: Walther Rechberger, Rudolf Welser

Haertel, Kurt — Europäisches Patentübereinkommen (EPÜ)
22. Lieferung, Köln – Berlin – Bonn – München 1998
Hrsg.: Friedrich-Karl Beier, Kurt Haertel und Gerhard Schricker

ders. — Die Harmonisierung des Europäischen Patentrechts
in: GRUR Int. 1981, S. 479 ff.

Hager, Günter — Zur Notwendigkeit einverständlicher Schlichtung bei interpersonellen Konflikten
in: JZ 1998, S. 1158 ff.

Haltermann, Britta/ Boysen, Uwe	Außergerichtliche Streitbeilegung – Deutschland ein Entwicklungsland ? in: ZRP 1995, S. 28 ff.
Hansens, Heinz	Der Anwaltsvergleich gemäß § 1044b ZPO in: AnwBl 1991, S. 113 ff.
Harte-Bavendamm, Henning/ Bomhard, Verena von	Strategische Aspekte der Gemeinschaftsmarke in: WRP 1996, S. 534 ff.
Hartmann, Peter	Das neue Gesetz zur Förderung der außergerichtlichen Streitbeilegung in: NJW 1999, S. 3745 ff.
Haugg, Norbert/ Raden, Lutz van	Bedeutung des nationalen gewerblichen Rechtsschutzes in: Mitteilungen der deutschen Patentanwälte 1997, S. 169 ff.
Haugg, Norbert	50 Jahre Deutsches Patent- und Markenamt in München in: GRUR 1999, S. 785 ff.
Hediger, F.	Die Marke und ihre Übertragbarkeit nach schweizerischem Recht Dissertation, Basel 1954

Heermann, W. — Schadensersatz und Bereicherungsausgleich bei Patentrechtsverletzungen
in: GRUR 1999, S. 625ff.

Henssler, Martin/ Koch, Ludwig — Mediation in der Anwaltspraxis
Bonn 2000

Heinze, William — Patent Mediation: The Forgotten Alternative In Dispute Resolution
in: 18 AIPLA (American Intellectual Property Law Association Quaterly Journal) 1990, S. 333 ff.

Held, Hans-Jörg — Die Markenlizenz sowie Beziehungen zu der Übertragbarkeit der Marke, Winterthur 1958

Henn, Günter — Patent- und know - how Lizenzvertrag
2. Auflage, Heidelberg 1989

Herbst, Reimer — Die rechtliche Ausgestaltung der Lizenz und ihre Einordnung in das System des Bürgerlichen Rechts
Dissertation, Göttingen 1968

Hering, Hartmut — Gewerblicher Rechtsschutz
Berlin – Heidelberg - New York 1982 (neuste?)

Herms, P. — Die Veräußerung des Rechtes an der Erfindung
Dissertation, Leipzig 1912

Hess, Cordula — Rechtsfolgen von Patentverletzungen im Europäischen Patentrecht, Berlin 1987

Hill, Richard — The Theoretical Basis of Mediation and Other Forms of ADR
in: Arbitration International 1998, S. 173 ff.

Hirte, Heribert — Interessen und Verfahren bei der Mitteilung von Entscheidungen des Bundespatentgerichtes
in: Mitteilungen der deutschen Patentanwälte 1993, S. 292 ff.

Hollander, Seymor — Mediation from „Pledge" to Industry-Wide Promise
in: J.PTOS (Journal of the Patent and Trademark Office Society) Volume 80, No 7, S. 449 ff.

Holznagel, Bernd — Mediation im Umwelt- und Planungsrecht
in: JURA 1999, S. 71 ff.

Horn, Wieland — Patentverletzungsprozeß und Nichtigkeitsverfahren
in: GRUR 1969, S. 169ff.

Horn, Wolfgang — Das öffentliche Interesse an Zwangslizenzen
in: Mitteilungen der deutschen Patentanwälte 1970, S. 184 ff.

Hövelmann, Peter — Streitgenossen vor dem Patentamt und dem Bundespatentgericht
in: Mitteilungen der deutschen Patentanwälte 1999, S. 129 ff.

Hoyningen-Huene, Dagmar von — Mediation – Eine Alternative zum gerichtlichen Verfahren
in: JuS 1997, S. 352 ff.

Hubmann, Heinrich/ Götting, Horst-Peter — Gewerblicher Rechtsschutz
6. Auflage, München 1998

Hubmann, Heinrich/ Rehbinder, Manfred — Urheberrcht
10. Auflage, München 1998

Huchel, Brigitte/ Huchel, Uwe — § 1044 b ZPO: Der Anwaltsvergleich
in: MDR 1993, S. 939 ff.

Hueck, Alfred — Das Recht der Angestelltenerfindung
in: BB 1948, S. 438 ff.

Ilzhöfer, Volker — Patent-, Marken- und Urheberrecht
3. Auflage, München 1999

Ingerl, Reinhard — Die Gemeinschaftsmarke
Stuttgart-München-Hannover-Berlin-Weimar-Dresden 1996

Ingerl, Reinhard/ Rohnke, Christian — Kommentar zum Markengesetz
München 1998

Isay, Hermann — Fragen der Patentgemeinschaft
in: GRUR 1924, S. 25 ff.

ders. — Patentgesetz
Berlin 1903

Jabbusch, Wolfgang — Begrenzung der konzentrationsfördernden Wirkungen des Patentschutzes durch Erweiterung des Instituts der Zwangslizenz
Köln-Berlin-Bonn-München

Jackermeier, Siegfried — Die Löschungsklage im Markenrecht
Köln – Berlin – Bonn – München 1983

Jarass, Hans/ Pieroth, Bodo — Grundgesetz Kommentar
5. Auflage, München 2000

Jestaedt, Bernhard — Patentschutz und öffentliches Interesse
in: Festschrift für Fritz Traub
Frankfurt am Main, 1994
Herausgeber: Ulrich Loewenheim, Thomas Raiser

Joliet, René — Zielkonflikte zwischen gewerblichem Rechtsschutz und Gemeinschaftsrecht ?
in: GRUR 1992, S. 240 ff.

Junker, Abbo — Discovery im deutsch – amerikanischen Rechtsverkehr
Heidelberg 1987

Kaskell, Peter — Center for Public Resources und nicht-gerichtliche Beilegung von Wirtschaftsstreitfällen
in: Schiedsgerichtsbarkeit im deutsch-amerikanischen Wirtschaftsverkehr, Band 5, S. 85 ff.
Köln – Berlin – Bonn – München 1985

Kellerhals, Miriam — Der Benutzungszwang im Gemeinschaftsmarkenrecht
in: GRUR Int. 1999, S. 14 ff.

Kempf, Ludwig — Zur Problematik des Musterprozesses
in: ZZP 73 (1960), S. 342 ff.

Kent, Paul — Das Patentgesetz, Kommentar
1. Band, Berlin 1906

Kern, Eduard — Rechtsnatur und Zukunft des Bundespatentamtes
in: NJW 1960, S. 1429 ff.

Kirchhartz, Peter — Nichtangriffsklauseln in Patentlizenzverträgen
Dissertation, München 1982

Kisch, Wilhelm — Der Staat und die Entstehung von Schutzrechten an Geistesschöpfungen
in: GRUR 1951, S. 175 ff.

ders. | Die Patentgemeinschaft
in: GRUR 1952, S. 267 ff.

Klaka, Rainer | Die einstweilige Verfügung in der Praxis
in: GRUR 1979, S. 593 ff.

Klaka, Rainer
Schulz, Andreas | Die Europäische Gemeinschaftsmarke
Bonn 1996

Klauer, Georg/
Möhring, Phillip | Patentrechtskommentar
Band I (§§ 1-36 a des Patentgesetzes)
3. Auflage München 1971

Klawitter, Christian | Kein Schutz des einfachen Patent – Lizenznehmers bei Veräußerung des Patents durch den Patentinhaber
in: MDR 1982, S. 895 ff.

Klingsberg, David | New Methods of Dispute Settlement in the United States especially Mini-Trials
in: Schiedsgerichtsbarkeit im deutsch-amerikanischen Wirtschaftsverkehr, Band 5, Köln – Berlin – Bonn – München 1985

Knaak, Roland | Die Rechtsdurchsetzung der Gemeinschaftsmarke und der älteren nationalen Rechte
in: GRUR Int. 1997, S. 864 ff.

Koch, Frank — Die gerichtliche Geltendmachung der Aufrechnung als Mittel der Verjährungsunterbrechung nach § 209 Abs. 2 Nr. 3 BGB
Dissertation, Hamburg 1995

Kohler, J. — Handbuch des deutschen Patentrechts
Mannheim 1900

Kohte, Wolfhard — Hemmung der Verjährung durch konkludentes Stillhalteabkommen
in: EwiR 1999, S. 931 ff

König, Reimar — Außergerichtliche Konfliktlösung und das neue Schiedsverfahrensrecht
in: Mitteilungen der deutschen Patentanwälte 1999, S. 347 ff.

ders. — Die Rechtsnatur der Patenterteilung und ihre Bedeutung für die Auslegung von Patentansprüchen
in: GRUR 1999, S. 809 ff.

Kornblum, Udo — Die Rechtsnatur der Betimmung der Leistung in den §§ 315 - 319 BGB
in: AcP 168 (1968), S. 450 ff.

Kouker, Ludwig — Verteidigung und Durchsetzung der Gemeinschaftsmarke in der Europäischen Union
in: Mitteilungen der deutschen Patentanwälte 2000, S. 241 ff.

Körner, Eberhard	Der Bestand bzw. Fortbestand von Schutzrechten und Know-how als Voraussetzung der Lizenzgebühren – bzw. Schadensersatzpflicht in: GRUR 1982, S. 341 ff.
ders.	Zur vertraglichen „Verdinglichung" einfacher Lizenzen in: Mitteilungen der deutschen Patentanwälte 1983, S. 230 ff.
Krabel, Achim	Kommt das Patent durch staatlichen Verleihungsakt zustande ? in: GRUR 1977, S. 204 ff.
Krapp, Thea	Modelle zur alternativen Konfliktlösung an amerikanischen Zivilgerichten in: ZRP 1994, S. 115 ff.
Kraßer, Rudolf/ Schmid, Hans Dieter	Der Lizenzvertrag über technische Schutzrechte aus der Sicht des deutschen Zivilrechts in: GRUR Int. 1982, S. 324 ff.
Kraßer, Rudolf	Der Schutz des Know-how nach deutschem Recht in: GRUR 1970, S. 587 ff.
ders.	Die Wirkung der einfachen Lizenz in: GRUR Int. 1983, S. 537 ff.
Kretschmer, Friedrich	WIPO: Schiedsgerichtsbarkeit und gewerblicher Rechtsschutz in: GRUR 1992, S. 589 ff.

Krieger, Ulrich	Das Recht zur Benutzung einer Marke in: Festschrift für Heinz Rowedder München 1994 Hrsg.: Gerd Pfeiffer, Günther Wiese, Klaus Zimmermann
Kröger, Bernd/ Bausch, Thorsten	Produktpiraterie im Patentwesen in: GRUR 1997, S. 321 ff.
Kuhbier, Hans	Nichtigkeitsverfahren – Popularklage oder Parteiprozeß ? in: GRUR 1954, S. 187 ff.
Kumm, Alfred	Probleme der Geheimhaltung von technischen Erfindungen im Interesse der Staatssicherheit in: GRUR 1979, S. 672 ff.
Kunz-Hallenstein, Hans Peter	Die absolute Bindung der Marke an den Geschäftsbetrieb und ihre Aufhebung durch das Erstreckungsgesetz in: GRUR 1993, S. 439 ff.
Kunze, Gerd	Die Verzahnung der Gemeinschaftsmarke mit dem System der internationalen Registrierung von Marken unter der gemeinsamen Ausführungsordnung zum Madrider Abkommen und dem Madrider Protokoll in: GRUR 1996, S. 627 ff.

Kur, Annette	Die gemeinschaftliche Markenbenutzung-Markenlizenzen und verwandte Tatbestände in: GRUR 1990, S. 1 ff.
Kürschner, Wolfgang	Parteiöffentlichkeit vor Geheimnisschutz im Zivilprozeß in: NJW 1992, S. 1804f.
Labes, Hubertus	Verfahrensoptionen der Alternativen Streitbeilegung („ADR") in: DZWir 1998, S. 353 ff.
Labes, Hubertus Lörcher, Torsten	Das neue deutsche Rechts der Schiedsgerichtsbarkeit in: MDR 1997, S. 420 ff.
Lachmann, Jens-Peter	Unternehmensgeheimnisse im Zivilrechtsstreit, dargestellt am Beispiel des EDV-Prozesses in: NJW 1987, S. 2206 ff.
Landfermann, Hans-Georg	Grußwort in: Mitteilungen der deutschen Patentanwälte 2000, S. 123 ff.
Leeb, Hermann	Entlastung der Justiz – Notwendigkeit, Gefahren, Chancen in: BB 1998, Beilage 10, S. 3 ff.

Lehmann, M./ Schönfeld, Th. — Die neue europäische und deutsche Marke: Positive Handlungsrechte im Dienste der Informationsökonomie in: GRUR 1994, S.481 ff.

Leonhard, Marc — Internationaler – Industrieanlagenvertrag: Konfliktvermeidung und Konflikterledigung in: BB 1999, Beilage 9, S. 13 ff.

Leßmann, Herbert — Weitergeltung der Lizenzen bei Veräußerung des zugrundeliegenden Schutzrechtes bzw. anderweitiger Lizensierung in: DB 1987, S. 145 ff.

Lew, Julian — ICC Working Party on Intellectual Property Disputes and Arbitration in: Objective Arbitrability Antitrust Disputes Intellectual Property Disputes, ASA Special Series No. 6, Zürich 1994

Lichtenstein, Erich — Der Lizenzvertrag im engeren Sinne in: NJW 1965, S. 1839 ff.

Liedl, Günter — Das einstweilige Verfügungsverfahren in Patentsachen und die Industriemesse in Hannover in: GRUR 1964, S. 54 ff.

Lindenmaier — Anmerkung zum Urteil des BGH vom 20. Mai 1953 Aktz.: I ZR 52/52 (Deutsches Patentamt) in: GRUR 1953, S. 385 ff.

ders.	Die schöpferische Leistung als Voraussetzung der Patenterteilung in: GRUR 1939, S. 153 ff.
Lindner, Michael/ Schrell, Andreas	Die Gemeinschaftsmarke im Überblick in: WRP 1996, S. 94 ff.
Lionnet, Klaus	Arbitration and Mediation – Alternatives or Opposites ? in: Journal of international Arbitration 1987, S. 69 ff.
Lörcher, Gino	Mediation: Rechtskraft über Schiedsspruch mit vereinbartem Wortlaut ? in: DB 1999, S. 789 ff.
Lüdecke, Wolfgang	Welchen Einfluß hat die Veräußerung des Patentes auf bestehende Lizenzverträge ? in: GRUR 1964, S. 470 ff.
ders.	Erfindungsgemeinschaften (Rechte und Pflichten des Miterfinders), Berlin 1962
ders.	Zur rechtlichen Natur der Lizenz in: NJW 1966, S. 815 ff.
Lüdecke, Wolfgang/ Fischer, Ernst	Lizenzverträge Frankfurt a. Main, 1957

Lüke, Gerhard — Die Prozeßführungsbefugnis
in: ZZP 76 (1963), S. 1 ff.

Mager, Heinrich — Einfache Lizenz bei Veräußerung des Schutzrechtes
in: GRUR 1983, S. 51 ff.

Mähler, Gisela/ Mähler, Hans-Georg — Mediation im Spektrum außergerichtlicher Konfliktbeilegung
in: AnwBl. 1997, S. 535 ff.

Maier, Hans Jakob — Handbuch der Schiedsgerichtsbarkeit
Berlin 1979

Maltzahn v., Falk — Zur rechtlichen Beurteilung von Nichtangriffsabreden über technische Schutzrechte
in: Festschrift für Otto-Friedrich von Gamm
Hrsg.: Wiili Erdmann, Hans-Kurt Mees, Henning Piper, Otto Teplitzky, Wolfgang Hefermehl, Peter Ulmer
Köln-Berlin-Bonn-München, 1990

Mangold, Hermann/ Klein, Friedrich — Das Bonner Grundgesetz
Band 1, Berlin – Frankfurt a. Main 1957

Mankiewicz — Die Zwangslizenz für Erfindungen im französischen Recht
in: GRUR Int. 1955, S. 205 ff.

Matschke, Wolfgang	Außergerichtliche Konfliktbeilegung in: AnwBl 1989, S. 456 ff.
McCarthy, Thomas	Mc Carthy´s Desk Encyclopedia of Intellectual Property Second Edition Washington 1998
Mediger, Harald	Was hat bei der Zurückziehung einer Einspruchsbeschwerde zu geschehen ? in: GRUR 1967, S. 180 ff.
Meibom, Wolfgang von	Grenzüberschreitende Verfügungen im internationalen Patentverletzungsverfahren in: Mitteilungen der deutschen Patentanwälte 1996, S. 181 ff.
Meibom, Wolfgang von/ Pitz, Johann	Experimental Use and Compulsory Licence Under German Patent Law in: Patent World 2000, S. 27 ff.
Meier-Beck, Peter	Die einstweilige Verfügung wegen Verletzung von Patent- und Gebrauchsmusterrechten in: GRUR 1988, S. 861 ff.
Merschformann, Ralf	Der Umfang der Verjährungsunterbrechung durch Klageerhebung Berlin 1992, zugleich Dissertation, Freiburg 1991

Mes, Peter | Kommentar zum Patentgesetz und Gebrauchsmustergesetz
München 1997

ders. | Arbeitsplatzwechsel und Geheimnisschutz
in: GRUR 1979, S. 584 ff.

Meurer, Ludwig | Prozessuale Fragen der Zwangslizenz
in: GRUR 1936, S. 18 ff.

Meyer, Andreas | Die EG-Gruppenfreistellungsverordnung zum Technologietransfer
in: GRUR Int. 1997, S. 498 ff.

Miller, Arthur/ Davis, Michael | Intellectual Property
2. Auflage, St. Paul, MN 1990

Mitteilungen der Komission | Förderung der Innovation durch Patente – Folgemaßnahmen zum Grünbuch über das Gemeinschaftspatent und das Patentschutzsystem in Europa
in: GRUR Int. 1999, S. 335 ff.

Mitter, Hans | Die patentrechtliche Lizenz im Falle einer Änderung in der Person des Patentinhabers
Dissertation, Leipzig 1907

Mossinghoff, Gerald/ Kuo, Vivian | World Patent System Circa 20XX, a.d.
in: IDEA (The Journal Of Law and Technology), vol. 38, no. 4 (1998); S. 529 ff.

Mugdan, B.	Gesamte Materialien zum Entwurf eines Bürgerlichen Gesetzbuches Band 2, Berlin 1899
Motive	Motive zu dem Entwurf eines Bürgerlichen Gesetzbuches Band II, Recht der Schuldverhältnisse Berlin 1896
Mühlendahl v./ Ohlgart	Die Gemeinschaftsmarke München 1998
Münchener Kommentar	Münchener Kommentar zur Zivilprozeßordnung Band 1, §§ 1 – 354 1. Auflage München 1992 Band 3 §§ 803 – 1048 EGZPO – GVG – EGGVG 2. Auflage, München 2000.
Münchener Kommentar	Münchener Kommentar zum Bürgerlichen Gesetzbucht Band 1, Allgemeiner Teil (§§ 1-240) 3. Auflage, München 2000 Band 5, Schuldrecht Besonderer Teil III (§§ 705-853) 3. Auflage, München 1997
Münchener Vertragshandbuch/ Bearbeiter	Vertragshandbuch zum Wirtschaftsrecht Band 3 /1. Halbband, 4. Auflage München 1998 Herausgeber: Rolf Schütze, Lutz Weipert

Musielak, Hans-Joachim — Zivilprozeßordnung – Kommentar mit Gerichtsverfassungsgesetz
München 1999

Nakamara, Hideo — Zweck des Zivilprozesses
in: Festschrift für Hans Friedhelm Gaul, 1997,
Herausgeber: Eberhard Schilken, Ekkehard Becker-Eberhard, Walter Gerhard

Nerlich, Jörg — Außergerichtliche Streitbeilegung mittels Anwaltsvergleichs
in: MDR 1997, S. 416 ff.

Nertz, Christoph — Der Anspruch auf Zahlung einer angemessenen Vergütung bei rechtswidriger Benutzung fremder Immaterialgüterrechte
Frankfurt am Main 1995

Neumeyer, Fredrik — Zwangslizenz für Patente
in: GRUR Int. 1958, S. 1 ff.

Nieder, Michael — Außergerichtliche Konfliktlösung im Gewerblichen Rechtsschutz
Weinheim 1999

Niklisch, Fritz — Verfahrensgarantien bei der Erstellung von Schiedsgutachten
in: Festschrift für Arthur Bülow, Köln-Berlin-Bonn-München,
Herausgeber: Karl-Heinz Böckstigel, Ottoarndt Glossner

ders. — BOT – Projekte: Vertragsstrukturen, Risikoverteilung und Streitbeilegung in: BB 1999, S. 2 ff.

ders. — Schiedsgerichtsverfahren mit integrierter Schlichtung
in: RIW 1998, S. 169 ff.

Nirk, Rudolf — Gewerblicher Rechtsschutz
Stuttgart-Berlin-Köln-Mainz 1981

Osten, Horst von der — Schadensersatzberechnung im Patentrecht
in: Mitteilungen der deutschen Patentanwälte 2000, S. 95 ff.

Osterrieth, Christian — Patentrecht
München 2000

Over, Uwe — Die neue Gemeinschaftsmarke anmelden oder abwarten ?
in: WRP 1996, S. 274 ff.

Pagenberg, Jochen — Betrieblicher Know-how-Schutz in gerichtlichen Auseinandersetzungen in: CuR 1991, S. 65 ff.

Pakuscher, Ernst Karl — Zur Zuständigkeit des Bundesgerichtshofs und des Bundespatentgerichts in Patentnichtigkeitsverfahren in: GRUR 1995, S. 705 ff.

ders. — Das neue zentrale Berufungsgericht in den USA – ein Schritt in die europäische Richtung in: GRUR Int. 1983, S. 71 ff.

Palandt, Ernst Otto — Bürgerlichen Gesetzbuch Kommentar 60. Auflage, München, 2001

Paradise, Gregg — Arbitration of patent infringement disputes: Encouraging the use of arbitration through evidence rules reform in: Intellectual Property Law Review 1997, S. 159 ff.

Peetz, Wolfgang-Martin — Die Nichtangriffsklausel in Lizenzverträgen Dissertation Göttingen 1961

Peters, Frank — Vergleichsverhandlungen und Verjährung in: NJW 1982, S. 1857 ff.

Pfaff, Dieter — Grenzbewegungen der Schiedsfähigkeit – Patentnichtigkeit im Schiedsverfahren
in: Festschrift für Heinrich Nagel, Münster 1987
Herausgeber: Walther J. Habscheid und Karl-Heinz Schwab

Pfanner, Klaus — Die Zwangslizenzierung von Patenten
in: GRUR Int. 1985, S. 357 ff.

Pfeiffer, Axel — Hätte Columbus gewußt, was aus seiner „discovery“ wird
in: GRUR Int. 1999, S. 589 ff.

Pfeiffer, Gerd — Knappe Ressource Recht
in: ZRP 1981, S. 121 ff.

Pickrahn, Günter — Produkt- und Markenpiraterie Gesetzliche und Rechtliche Grundlagen für Grenzbeschlagnahmungen National und in der EU
in: VPP-Rundbrief 2000, S. 14 ff.

Pietzcker, Eduard — Patentgesetz
Teil I (§§ 1 – 12)
Berlin – Leipzig 1929

Pinzger, G. — Der Schadensersatz des einfachen Lizenznehmers
in: GRUR 1938, S. 148 ff.

Pinzger, Werner — Das deutsche Warenzeichenrecht
Bonn 1937

Piper, Henning — Zu den Anforderungen an den Schutz der bekannten Gemeinschaftsmarke nach der Gemeinschaftsmarkenverordnung
in: GRUR 1996, S. 657 ff.

Pitschas, Rainer — Der Kampf um Art. 19 IV GG
in: ZRP 1998, S. 96 ff.

Pitz, Johann — Das Verhältnis von Einspruchs- und Nichtigkeitsverfahren nach deutschem und europäischen Patentrecht
Rechtswissenschaftliche Forschung und Entwicklung Band 456
München, 1994

ders. — Economic Aspects of Patent Litigation in Europe
In: Patent World 1999, S. 21 ff.

Plant, David — Alternative Dispute Resolution
In: Patent Litigation by Tom Arnold
New York City 1988

ders. — Some aspects of mediating intellectual property disputes
in: WIPO conference on mediation
Geneva, 1996

Ponschab, Reiner	Mediation in der anwaltlichen Tätigkeit in: Mediation für Juristen, Köln 1997 Hrsg.: Breidenbach, Stephan und Henssler, Martin
Preibisch, Wolfgang	Außergerichtliche Vorverfahren in Streitigkeiten der Zivilgerichtsbarkeit Dissertation, Berlin 1982
Preu, Albert Brandi-Dohrn, Matthias Gruber, Stephan	Europäisches und internationales Patentrecht 4. Auflage, München 1995
Proppe, Helmut	Außergerichtliche Verfahren – Alternative zur Ziviljustiz ? in: JA 1990, S. 65 ff.
Prosi, Gerhard	Entspricht der Patentschutz noch den Wettbewerbserfordernissen? in: WuW 1980, S. 641 ff.
Prütting, Hanns	Schlichten statt Richten in: JZ 1985, S. 261 ff.

ders. Mediation – eine Alternative zum gerichtlichen Verfahren
Anmerkung zu v. Hoyningen-Huene JuS 1997, S. 352 ff.
in: JuS 1997, S. 1152

ders. Mediation und gerichtliches Verfahren – ein nur scheinbar überraschender Vergleich
in: BB 1999, Beilage 9, S. 7 ff.

ders. Die Durchsetzung urheberrechtlicher Ansprüche im internationalen Bereich
in: Die Entwicklung des Urheberrechts im europäischen Rahmen von Hanns Prütting, Jörg Reinbothe, Volker Schöfisch, Jürgen Becker, Abbo Junker, Joachim Gerth, Martin Schaefer
München 1999

ders. Zur Rechtsstellung des Schiedsrichters – dargestellt am richterlichen Beratungsgeheimnis
in: Festschrift für Karl-Heinz Schwab, München 1990
Herausgeber: Peter Gottwald und Hanns Prütting

ders. Obligatorische Streitschlichtung im Zivilprozeß – Chancen und Probleme in: Verhandlungen des zweiundsechzigsten deutschen Juristentages 1998 in Bremen, Band II/1, O 11 ff.
München 1998

ders. — Anmerkung zum BGH - Urteil vom 23. 11. 1983 – VIII ZR 197/82 abgedruckt in: NJW 1984, S. 669=DB 1984, S. 770=MDR 1984, S. 485 in: ZZP 99 (1986), S. 93 ff.

Prütting, Hanns/ Weth, Stephan — Geheimnisschutz im Prozeßrecht in: NJW 1993, S. 576 ff.

dies. — Die Vertretung einer Gewerkschaft im Betrieb – Geheimverfahren zum Nachweis der Voraussetzungen in: DB 1989, S. 2273 ff.

PTC Research Report Muskat, Arnito — Alternatives to Court Litigation in Intellectual Property Disputes: Binding Arnitration and/or Mediation-Patent and Nonpatent Issues in: 22 IDEA (Journal of Law and Technology), 1981, S. 271 ff.

Püschel, Jörg — Die Auswirkungen schuldnerischen Verhaltens und der Einfluß von Verhandlungen auf die Verjährung Dissertation, Hamburg 1982

Raden, Lutz van — Zukunftsaspekte des gewerblichen Rechtsschutzes Köln – Berlin – Bonn - München 1995

ders. — Außergerichtliche Konfliktbeilegung im gewerblichen Rechtsschutz in: GRUR 1998, S. 444 ff.

ders.	Außergerichtliche Konfliktregelung im gewerblichen Rechtsschutz in: BB 1999, Beilage 9, S. 17 ff.
Rahman, Detlef	Ausschluß staatlicher Gerichtszuständigkeit Köln – Berlin – Bonn – München 1984
Ramm, Thilo	Schiedsgerichtsbarkeit, Schlichtung und Rechtsprechungslehre in: ZRP 1989, S. 136 ff.
Rayner, W.B.	Arbitration: Private Dispute Resolution as an Alternative to the Court in: University of Western Ontario Law Review (1984), Volume 22, Number 1, S. 33 ff.
Redies, F.	Zum Recht der „Angestellten – Erfinder" in: GRUR 1937, S. 410 ff.
Reimer, Eduard/ Schade, Hans/ Schepper, Helmut	Das Recht der Arbeitnehmererfindung Kommentar 6. Auflage, Berlin 1993
Reimer, Eduard/ Neumer, Rudolf	Kommentar zum Patent- und Gebrauchsmustergesetz 3. Auflage Köln – Berlin – Bonn – München 1968

Renk, Heidemarie — Außergerichtliche Streitschlichtung als Entlastung der Justiz
in: DRiZ 1998, S. 57 ff.

Reichsgerichtsrätekommentar — Das Bürgerliche Gesetzbuch mit besonderer Berücksichtigung der Rechtsprechung des Reichsgerichtes und des Bundesgerichtshofes
Kommentar
Band II, 4. Teil (§§631-811)
12. Auflage, Berlin – New York 1978

Risse, Jörg — Die Rolle des Rechts in der Wirtschaftsmediation
in: BB 1999, Beilage 9, S. 1 ff.

ders. — Wirtschaftsmediation
in: NJW 2000, S. 1614 ff.

Rogge, Rüdiger — Die Nichtigerklärung europäischer Patente in Deutschland
in: GRUR Int. 1996, S. 111 ff.

Rogge, Rüdiger — Einstweilige Verfügungen in Patent- und Gebrauchsmustersachen
in: Festschrift v. Gamm
Köln - Bonn – Berlin – München 1990
Hrsg.: Henning Piper, Otto Teplitzky

Röhl, Klaus — Erfahrungen im Güteverfahren
In: DRiZ 1983, S. 90 ff.

Rosenberg, Leo/ Schwab, Karl-Heinz/ Gottwald, Peter — Zivilprozeßrecht
15. Auflage
München 1993

Rosenberger, Hans-Peter — Nochmals:Zur Frage des Fortbestandes der einfachen Lizenz bei Übertragung des Patentes
in: GRUR 1983, S. 203 ff.

Sack, Rolf — Zur Vereinbarkeit wettbewerbsbeschränkender Abreden in Lizenz- und Know-how-Verträgen mit europäischem und deutschen Kartellrecht in: WRP 1999, S. 592 ff.

ders. — Zur Vereinbarkeit von vertraglichen und gesetzlichen Nichtangriffspflichten im gewerblichen Rechtsschutz mit Art. 85 und Art. 30, 36 EG-Vertrag, S. 740 ff.
in: Festschrift für Fikentscher
Tübingen 1998
(Hrsg. Rolf Sack, Bernhardt Großfeld, Thomas Möllers)

Schack, Heino — Einführung in das US – amerikanische Zivilprozeßrecht
4. Auflage, München 1995

Schade, Hans	Zwangslizenz in: Mitteilungen der deutschen Patentanwälte 1964, S. 101 ff.
ders.	Die gemeinschaftliche und die Doppelerfindung bei Arbeitnehmern in: GRUR 1972, S. 510 ff.
Schaffner, Heike	Veranstaltungsbericht: Mediation für Juristen in: AnwBl 1997, S. 139 ff.
Schaefer, Franz Walter	Die Patentlizenz im englischen Recht im Vergleich zum deutschen Recht, Dissertation München 1998
Schäfers, Alfons	Anmerkung zu einem gemeinschaftsrechtlichen Gemeinschaftspatent in: GRUR 1999, S. 820 ff.
Schanda, Reinhard	Die Wirkung der Markenlizenz gegenüber Dritten in: GRUR Int. 1994, S. 275 ff.
Schatz, Ulrich	Ausübungszwang und Zwangslizenzen im Gemeinsamen Markt in: GRUR Int. 1968, S. 273 ff.
Schlötelburg, Martin	Die unaufhaltsame Vergemeinschaftung des Gewerblichen Rechtsschutzes in Europa in: Mitteilungen der deutschen Patentanwälte 1999, S. 222 f.

Schlosser, Peter — Die Schiedsfähigkeit im engeren und im weiteren Sinne
in: Neues deutsches Schiedsverfahrensrecht, DIS – MAT IV (Deutsche Institution für Schiedsgerichtsbareit e.V, 1998

ders. — Das Recht der internationalen Schiedsgerichtsbarkeit
Band 1, Tübingen 1975

Schmidt, Georg — Neue Ansätze in der außergerichtlichen Konfliktregelung
in: ZRP 1984, S. 119 ff.

Schmidt, Frank — Wirtschaftsmediation – die nicht gesehene Chance
in: BB 1998, Beilage 10, S. 6 ff.

Schneider, Jochen — Mediation im Wirtschaftsrecht
in: Mediation für Juristen, Köln 1997
Hersg.: Breidenbach, Stephan und Henssler, Martin

Schneider, Egon — Die Beweisvereitelung
in: MDR 1969, S. 4 ff.

Schönherr, Fritz — Zur Begriffsbildung im Immaterialgüterrecht
in: Festschrift für Alois Troller, S. 57 ff.
Stuttgart – Basel 1976
Hrsg.:Paul Brügger

Schramm, Carl/ Wiedemann, Siegmar — Der Patentverletzungsprozeß
Patent- und Prozeßrecht
3. Auflage, Köln – Berlin – Bonn - München 1987

ders. — Privatklage und öffentliches Interesse
in: GRUR 1954, S. 384 ff.

Schreiber, Klaus — Effizienz des Rechtsschutzes im Zivilrecht
in: Jura 1991, S. 617 ff.

Schricker, Gerhard — Urheberrecht – Kommentar
2. Auflage, München 1999

Schubert, R. — Zur Frage der Wirkung einer von einem Gemeinschafter erhobenen Klage auf die anderen Mitglieder der Gemeinschaft
in; JR 1986, S. 101f

Schulte-Beckhausen, Thomas — Die gerichtliche Durchsetzung von Ansprüchen wegen Verletzung der Gemeinschaftsmarke
in: WRP 1999, S. 300 ff.

ders. — Internationale Zuständigkeit durch rügelose Einlassung im Europäischen Zivilprozeßrecht
Bielefeld 1994

Schultz-Süchting, Rolf — Einstweilige Verfügungen in Patent- und Gebrauchsmustersachen
in: GRUR 1988, S. 571 ff.

Schulze, Erich — Die Zwangslizenz
Frankfurt am Main – Berlin 1960

Schuster, Paul — Zivilprozeß und Güteverfahren
in: Blankenburg/Gottwald/Strempel (Hrsg.), Alternativen in der Ziviljustiz, S. 189 ff., Köln 1982

Schütze, Rolf — Schiedsgericht und Schiedsverfahren
2. Auflage, München 1998

Schütze, Rolf/ Tscherning, Dieter/ Wais, Walter — Handbuch des Schiedsverfahrens
2. Auflage, Berlin - New York 1990

Schwab, Karl-Heinz/ Prütting, Hanns — Sachenrecht
28. Auflage, München 1999

Schwab, Karl-Heinz/ Walter, Gerhard — Schiedsgesetz – Systematischer Kommentar
5. Auflage, München 1995

Schwackenberg, Wolfgang — Einführung einer obligatorischen Streitschlichtung
in: AnwBl. 1997, S. 524 ff.

Schwanhäusser — Anmerkung zum Urteil des BGH
Aktz.: X ZR 63/77 (KG Berlin)
in: GRUR 1977, S. 543 ff.

Schwank	Die Entwicklung des Markenwesens und die freie Übertragbarkeit der Marke Dissertation, St. Gallen 1935
Schwerdtner, Peter	Das patentrechtliche Nichtigkeitsurteil und seine zivilprozessualen und zivilrechtlichen Auswirkungen in: GRUR 1968, S. 9 ff.
Schweyer, Anne-Barbara	Patentnichtigkeit und Patentverletzung und deren Beurteilung durch internationale private Schiedsgerichte nach dem Recht der Schweiz, Deutschlands, Italiens und Frankreichs Band 15, München 1981
dies.	Zuständigkeit internationaler Schiedsgerichte zur Entscheidung über Fragen der Nichtigkeit und Verletzung von Patenten in: GRUR Int. 1983, S. 149 ff.
Sedemund-Treiber, Antje	Grußwort in: Mitteilungen der deutschen Patentanwälte 2000, S. 124 ff.
Sefzig, Wulf-Rüdiger	Das Verwertungsrecht des einzelnen Miterfinders In: GRUR 1995, S. 302 ff.

Singer, Horst Dieter — Territoriale Marktaufteilung mit Hilfe von Warenzeichen-, Patent- und Urheberrechten in dem Europäischen Wirtschaftssystem Dissertation Bochum 1975

Skaupy, Walther — Know-how-Vereinbarungen und Kartellrecht in: GRUR 1964, S. 539 ff.

Sobota, Katharina — Mediation – alternative Konfliktlösung in: JA 1999, S. 261 ff.

Soergel/Bearbeiter — Kommentar zum Bürgerlichen Gesetzbuch
Band 2 §§ 104 – 240
13. Auflage, Stuttgart – Berlin – Köln - Mainz
Band 4 Schuldrecht III (§§ 705-853)
11. Auflage, Stuttgart – Berlin – Köln - Mainz
1989

Stadler, Astrid — Außergerichtliche obligatorische Streitschlichtung – Chance oder Illusion in: NJW 1998, S. 2479 ff.

dies. — Der Schutz von Unternehmensgeheimnissen im Zivilprozeß in: NJW 1989, S. 1202 ff.

Stauder, Dieter — Grenzüberschreitender Rechtsschutz für europäische Patente in: GRUR Int. 1997, S. 859 ff.

ders. Zur Gestaltung des künftigen Patentverletzungsverfahrens in Europa in: GRUR Int. 1975, S. 86ff.

ders. Patent- und Gebrauchsmusterverletzungsverfahren in der Bundesrepublik Deutschland, Großbritannien, Frankreich und Italien, Köln – Berlin – Bonn – München 1989

ders. Umfang und Grenzen der Auskunftspflicht im gewerblichen Rechtsschutz und Urheberrecht in: GRUR Int. 1982, S. 226 ff.

Staudinger, Julius von Julius von Staudingers Kommentar zum Bürgerlichen Gesetzbuch mit Einführungsgesetzen und Nebengesetzen
1. Buch, Allgemeiner Teil
§§ 1 – 240
13. Auflage, Berlin 1995
2. Buch, Recht der Schuldverhältnisse
§§ 741 – 764
13. Auflage Berlin 1996
3. Buch, Sachenrecht
§§ 854 – 882
13. Auflage, Berlin Jahr 1995

Stech, Jürgen Unklagbare Ansprüche im heutigen Recht in: ZZP 77 (1966), S. 161 ff.

Steup, Elisabeth — Der Vergleich – eine Aufgabe für den Patentanwalt in: Mitteilungen der deutschen Patentanwälte 1992, S. 94 ff.

Storch, Klaus — Die Rechte des Miterfinders in der Gemeinschaft in: Festschrift für Albert Preu München 1988, S. 38 ff. Herausgeber: Manfred Bohlig, Matthias Brandi-Dohrn, Lutz Donle, Michael Buddenberg, Stefan Schweyer

Straub, Wolfgang — Mehrfache Berechtigung an Marken Bern 1998

Street, Laurence — Mediation in: Worldwide forum on the arbitration of intellectual property disputes, Geneva 1994, S. 247 ff.

Strempel, Dieter — Außergerichtliche Konfliktlösung (Mediation) in: ZRP 1998, S. 319 ff.

ders. — Mediation: Chancen vorgerichtlicher Konfliktbearbeitung in: NJ 1999, S. 461 ff.

Strohm — Wettbewerbsbeschränkungen in Patentlizenzverträgen nach deutschem und amerikanischen Recht München 1971

Stumpf, Herbert/ Groß, Michael | Der Lizenzvertrag
7. Auflage, Heidelberg 1998

ders. | Technology and Arbitration
6. Internationaler Schiedskongreß
Mexiko 1978

Stürner, Rolf | Die Aufgabe des Richters, Schiedsrichters und Rechtsanwalts bei der gütlichen Streiterledigung
in: JR 1979, S. 133 ff.

ders. | Die gewerbliche Geheimsphäre im Zivilprozeß
in: JZ 1985, S. 453 ff.

Tetzner, Heinrich | Kommentar zum Patentgesetz und zum Gebrauchsmustergesetz 2. Auflage, Nürnberg – Düsseldorf, 1951

ders. | Ist der unmittelbare Gegenstand eines jüngeren, mit dem älteren, aber nicht veröffentlichten Patent identischen Patentes im Verhältnis zwischen beiden Rechten zu respektieren ?
in: GRUR 1978, S. 73 ff.

ders. | Zwei aktuelle Fragen aus dem Patentrecht
in: GRUR 1973, S. 62 f.

ders. | Verjährung zivilrechtlicher Ansprüche wegen Patentverletzung
in: Mitteilungen der deutschen Patentanwälte 1982, S. 61 ff.

Thomas, Heinz/ Putzo, Hans | Zivilprozeßordnung
23. Auflage, München 2001

Tönnies, Jan | Als was gilt das „gilt als“ ?
in: GRUR 1998, S. 345 ff.

Thun, Andrea | Zur Markenrechtsfähigkeit der Gesellschaft bürgerlichen Rechts
in: GRUR 1999, S. 862 ff.

Thur v., Andreas | Der Allgemeine Teil des Deutschen Bürgerlichen Rechts
München – Leipzig 1918

Trittmann, Rolf | Die Auswirkungen des Schiedsverfahrens-Neuregelungsgesetzes auf gesellschaftsrechtliche Streitigkeiten
in: ZGR 1999, S. 340 ff.

Troller, Alois | Immaterialgüterrecht
Band I, 3. Auflage, Basel – Frankfurt am Main 1983

Ullmann, Eike — Anmerkung zum Urteil des OLG Nürnberg vom 8.5.1984 – 3U 652/83

Valle, Domenico — Der Schutzbereich europäisch erteilter Patente
in: Mitteilungen der deutschen Patentanwälte 1999, S. 166ff.

Venrooy, Gerd van — Der partiell rechtlose Patentlizenzgeber
in: Mitteilungen der deutschen Patentanwälte 2000, S. 26 ff

Villinger, Bernhard — Rechte des Erfinders/Patentinhabers und daraus ableitbare Rechte von Mitinhabern von Patenten (I) und (II)
in: CR 1996, S. 331 ff und 393 ff.

Vollmer, Bernhard — Die Betriebserfindung
in: NJW 1954, S. 92 ff.

Völp, Fromut — Weitergeltung der Lizenz bei Veräußerung des Schutzrechtes
in: GRUR 1983, S. 45 ff.

Wagner, Gerhard — Obligatorische Streitschlichtung im Zivilprozeß: Kosten, Nutzen, Alternativen
in: JZ 1998, S. 836 ff.

ders. Sicherung der Vertraulichkeit von Mediationsverfahren durch Vertrag
in: NJW 2001, 1398 ff.

Wagner, Klaus - R. Alternative Streitvermeidung: Notarielle Beurkundung, Betreuung und Schlichtung
in: BB 1997, S. 53 ff.

Walleser, Fritz Das Patentmonopol in der Marktwirtschaft
in: GRUR 1963, S. 512f.

Walter, Gerhard Dogmatik der unterschiedlichen Verfahren zur Streitbeilegung
in: ZZP 103 (1990), S. 142 ff.

ders. Neuere Entwicklungen im internationalen Zivilprozeßrecht
in: Festschrift für Gerhard Lüke, S. 921 ff.
München 1997, Hrsg.: Hanns Prütting, Helmut Rüssmann

Weick, Günter Vorbeugung und Beilegung von Konflikten in internationalen Verträgen in: FS für Coing, S. 545 ff.
München 1982, Hrsg.: Norbert Horn, Klaus Luig und Alfred Söllner

Weigand, Frank-Bernd Alternative Streiterledigung
in: BB 1996, S. 2106 ff.

Weiß, Frank	Obligatorische Streitschlichtung im Zivilprozeß – Chancen und Probleme in: Deutscher Juristentag 62, 1998, Bremen
Weltrich, Herbert	Noch einmal: Schlichten statt Richten in: DRiZ 1996, S. 267 ff.
Wilke, Dietrich/ Jungeblut, Dieter	Abmahnung, Schutzschrift und Unterlassungserklärung im gewerblichen Rechtsschutz 2. Auflage, München 1995
Winkler, Rolf	Deutsches internationales Schiedsverfahrensrecht in: BB 1998, S. 597 ff.
WIPO-World Intellectual Property Organisation	The WIPO arbitration center and ist services in: ASA (Association suisse de l´arbitrage) special Series No. 6, Zürich 1994
dies.	The Sevices of the WIPO Arbitration Center, WIPO Publication No 445 (E) Genf 1995
Wirth, Richard	Betriebserfindung, schöpferischer Wille und unmittelbarer Erfindungserwerb in: GRUR 1937, S. 407 ff.

Wittenzeller, Ursula — Errichtung eines Schiedszentrums bei der WIPO – Alternative für die Beilegung von Streitigkeiten im Bereich des gewerblichen Rechtsschutzes ? in: Mitteilungen der deutschen Patentanwälte 1995, S. 147 ff.

Wittkämper, Gerhard — Das Geschäfts- oder Betriebsgeheimnis des Zeugen im Strafprozeß in: BB 1963, S. 1160 ff.

Wolff, Jürgen — Die Geheimhaltungspflicht der Banken in: WM 1998, S. 695 ff.

Wollschläger, Christian — Bagatelljustiz ? Eine rechtshistorische, rechtsvergleichende und empirische Untersuchung zur Einführung des vereinfachten Verfahrens am Amtsgericht in: Blankenburg/Leipold/Wolschläger (Hrsg.) Neue Methoden im Zivilverfahren, Köln 1991, S. 13 ff.

Wunderlich, Detlef — Die Gemeinschaftliche Erfindung Schriftenreihe zum Gewerblichen Rechtsschutz, Band 12, München-Köln-Berlin-Bonn 1962

ders. — Alternativen zur Justiz in: DRiZ 1995, S. 325 ff.

Zeller, Oscar — Gemeinschaftserfindungen in: GRUR 1942, S. 247 ff.

ders. | Die Mitberechtigung an der Erfindung
Marburg 1925

Ziege, Hans-Joachim | Der vollstreckbare außergerichtliche Vergleich
nach § 1044 b ZPO
in: NJW 1991, S. 1580 ff. .

Zöller, Richard | Zivilprozeßordnung, Kommentar
22. Auflage, Köln 2001

ZPO-Kommission | Entlastung der Zivilgerichtsbarkeit
in: DRiZ 1987, S. 245 ff.

Erich Waclawik

Die Bedeutung des rechtsgeschäftlichen Willens und seiner Erklärung für die Geltung von Verträgen

Am Beispiel des Versuchs der Beschränkung der Irrtumsanfechtung

Frankfurt/M., Berlin, Bern, Bruxelles, New York, Oxford, Wien, 2001. IX, 88 S.
ISBN 3-631-38028-3 · br. € 23.-*

Die Erörterung der Bedeutung des rechtsgeschäftlichen Willens und seiner Erklärung für die Geltung von Verträgen blickt im deutschen Zivilrecht auf eine lange Geschichte zurück. Das BGB hat diese Grundfrage nicht ausdrücklich beantwortet; die Diskussion ist daher weiterhin in Bewegung. In neuerer Zeit wird hierbei die Auffassung vertreten, der Rechtsgeschäftslehre liege als Grundkonzept die Willenstheorie zu Grunde. Die Untersuchung geht der Berechtigung dieser These nach. Ihr Schwerpunkt bildet dabei die Erörterung einer Kontroverse, deren Entscheidung von der Richtigkeit dieser These abhängt: Die Einschränkung der Irrtumsanfechtung wegen ihrer Verwendung als „Reurecht". Die Untersuchung kommt zu dem Ergebnis, dass eine solche Einschränkung nicht notwendig, sondern im Gegenteil systemwidrig ist. Ferner wird nachgewiesen, dass der Rechtsgeschäftslehre kein ideologischer Ansatz zu Grunde liegt, auch nicht die Willenstheorie.

Aus dem Inhalt: Bisherige Begründung der Beschränkung der Irrtumsanfechtung · Das neue „Prinzip des Rechtsausschlusses" · Wege des geltenden Rechts zu dem durch den Irrtum verhinderten Vertrag · Erkenntnisse aus dem Streit um das „Reurecht" des Irrenden